赫德与晚清中外约章研究

杨秀云 ◎ 著

教育部人文社会科学研究规划基金项目（项目批准号 18YJA770020）
本书获湖南第一师范学院马克思主义理论学科经费资助

知识产权出版社
全国百佳图书出版单位
——北京——

图书在版编目（CIP）数据

赫德与晚清中外约章研究 / 杨秀云著 . —北京：知识产权出版社，2021.12
ISBN 978-7-5130-8033-0

Ⅰ. ①赫… Ⅱ. ①杨… Ⅲ. ①赫德（Hart, Robert 1835—1911）—人物研究 ②中英关系—国际关系史—史料—清后期 Ⅳ. ① K835.617=43 ② D829.561

中国版本图书馆 CIP 数据核字（2021）第 279254 号

责任编辑：刘　江　　　　　　　责任校对：潘凤越
策划编辑：宋　云　　　　　　　责任印制：孙婷婷

赫德与晚清中外约章研究

杨秀云　著

出版发行	知识产权出版社有限责任公司	网　　址	http://www.ipph.cn
社　　址	北京市海淀区气象路 50 号院	邮　　编	100081
责编电话	010-82000860 转 8388	责编邮箱	hnsongyun@163.com
发行电话	010-82000860 转 8101/8102	发行传真	010-82000893/82005070/82000270
印　　刷	北京九州迅驰传媒文化有限公司	经　　销	新华书店、各大网上书店及相关专业书店
开　　本	720mm×1000mm　1/16	印　　张	21.5
版　　次	2021 年 12 月第 1 版	印　　次	2021 年 12 月第 1 次印刷
字　　数	386 千字	定　　价	98.00 元
ISBN 978-7-5130-8033-0			

出版权专有　侵权必究
如有印装质量问题，本社负责调换。

序　言

李育民

在晚清历史中，赫德是一个具有特别身份的英国人，对近代中国社会产生了重要影响。作为清政府国家机构中不同寻常的"客卿"，年仅28岁的赫德从1863年便开始担任中国海关总税务司，直至1908年休假离职回国。在近半个世纪里，他不仅将中国海关变成了"政府中的政府"，而且借机以"顾问"之名，广泛涉足政治、经济、外交、军事、文化、教育、邮政等领域，并留下了深深的印记。其中，赫德在外交领域尤为积极，大量中外约章的签订和制定，与之更有着密不可分的联系。学术界对赫德较为关注，并涉及中外约章，但对此缺乏系统完整的专题研究，杨秀云的博士论文《赫德与晚清中外约章研究》杀青出版，弥补了这一缺失。条约是近代中国的一个基本问题，该著从这一角度把握赫德在近代中国的历史地位，同时对于深入认识近代中外约章，深化晚清时期中外关系的认识亦不无裨助和学术意义。

赫德参与中外约章的订立，且在其中发挥了独特的作用，这是一个值得探究的历史现象。该著从晚清中外条约关系的演进、清政府外交力量的虚弱、英国与其他列强的支持，以及赫德自身的良好素质等方面，揭示了产生这一现象的各种因素。无疑，这是中国蒙受列强压迫这一特殊时代的产物，而赫德自己因缘时会而呈现出来的个人才识，则提供了必不可少的主观条件。由此，作者从时代、国家及个人的视角，对近代中国历史中具有典型意义的"客卿"来由，作了较为全面的剖析。

在此基础上，对于赫德斡旋缔结或参与制定的中外条约及涉外章程或规章，作者作了系统的梳理，并作了初步的研究。这些条约和章程等共60余个，作者撷其要者（约40个），将其分为操纵缔结、斡旋商订的中外约章，以及主持制定的涉外章程或规则等三大类别。各大类别之中，主要依据约章的拟订先后、内容的逻辑顺序等历史线索，对赫德插手约章的谈判、商订、修订及运作等方面作了较为系统的探析。这些条约章程，不少为前人所忽视或有所涉猎，如中英、中日、中德等邮件、包裹联邮章程，以及有关租借地的中德青岛设关征税章程、中日大连设关章程等，尤其是关于中丹《天津条约》的订立始末，作者对此作了考证性的探讨，并从这个西方小国迫使大清国与之订约的史实，深刻揭示中国国际地位的衰落、赫德与其他外国人对中国外交的干涉，以及清政府外交因应的失策。又如，关于中法《越南条款》的订立，该著探讨了此前对交涉过程中关注不够的问题，如中法双方在争执是否保持中国的"威望体面"，以及以何种语言为条约作准文字，等等，由此反映了晚清外交的举步维艰。此外，还有其他研究有欠深入的问题，如商订各海口引水总章、长江通商章程等，作者亦作了进一步的探究。

通过对上述案例的探讨，作者剖析了赫德在中外条约和各涉外章程问题上的态度和立场，以及在交涉过程中的策略手段。关于前者，作者探讨了赫德对英国、列强、清廷，以及他本人等各方利益的维护，尤其是唯英国利益至上，从而对于作为中国官员的赫德，为何屡屡得到来自英国的种种赏赐与荣誉，作了较清晰的诠释。对于后者，作者多方位总结分析了赫德绞尽脑汁，使出浑身解数所施展的策略手段，如软硬兼施、威逼利诱；让虚名，求实利；抓大放小，先易后难；两面见好，不偏不倚；笼统含混，模棱两可，等等。这些策略和手段，不仅从另一个角度反映了赫德的态度和立场，而且有助于了解他在中外间的复杂矛盾中，如何实现自己的意图，促成上述各相关约章的订立。与此相关，作者还探讨了赫德的缔约观及其特点，更深化了对这位"客卿"的认识。一方面，赫德承认条约是外国逼勒的产物，侵害了中国的国家权益，呼吁西方改进中外条约关系；另一方面，赫德却要求中国严格守约，维护条约特权。而其处境尴尬，内心矛盾的特点，正是列强口头讲"公理"，实际奉行强权政治的形象反映，无疑蕴含着中外间不可克服的矛盾和冲突。

正是通过以上综合考析，作者最后对赫德在此问题上的言行作为作了总体评价，认为：一方面，赫德"调停有功，但功绩有限"；另一方面，赫德"也有过"，虽不必负全责，"但作为英国通过对海外殖民地的统治来建设大英帝国的代表人物之一，在调停活动中，他始终以英国利益为重，同时还要兼顾其他列强权益"。赫德"极力敦促清廷加紧内政和外交改革，连推带拽着助力中国融入'国际大家庭'，实质就是以使中国以半殖民的地位成为世界资本主义体系的附庸"。总之，"在晚清中外缔约活动中，赫德作为西方代表的作用始终大于中国的'客卿'"。作者力求在实证研究的基础上，作出实事求是的客观评价，无疑较为中肯公允。

以上种种说明，该著弥补了以往研究的不足，在此领域取得了新的进展，对当今中外关系亦可提供有益的借鉴。系统探讨赫德与晚清中外约章，内容繁杂，涉及面广，是一个有着相当难度的新课题。作者尽可能广泛查阅相关史料，力求做到论有所据，为此作了很大的努力。由于该课题本身具有的难度，所涉中外资料的限制，以及主观条件等原因，该著还存在种种不足。从研究范围而言,赫德参与的中外约章未能穷尽,如赫德拟订的通商口岸招工章程,为李鸿章谈判《马关条约》的献计献策,等等,均未涉及;赫德与约章订立后的实施情况,亦未作进一步的纵深拓展。从研究深度来看,对该课题的相关理论把握不够,在观点凝练和理论分析方面,均有诸多缺失;对相关条约和章程的评析还有待进一步加强,问题意识亦有不足。在资料收集方面有欠充分,尤其是相关外文史料严重不足,还有待进一步挖掘和充实。尽管存在种种不足,但作为一项探索性的研究,该著既深化了对赫德的认识,又从新的视角对晚清中外约章作了探讨,为该领域研究的进一步扩展提供了有益的启示。

前　　言

条约是指国家间签订的有关某方面权利和义务的文书，它对缔约国具有必须遵守的法律约束力，否则须承担国际责任。中国近代条约制度研究专家李育民先生认为，近代中国的条约制度是一个以条约为主干的体系，主要包括四个方面：一是中国政府与各国政府所签订的正式条约，还有协定、条款、章程、照会，等等；二是正式条约外的各种合同、章程、协定等；三是中国政府为履行条约规定及办理相关事物而颁布的御旨、法令、章程等；四是外国方面根据条约在华建立的机构和实行的各种制度。[1]由此可知，条约制度是一个极其庞杂的体系。本书所论及的晚清中外约章既有清政府与外国政府协商订立的正式条约、章程、条款、协定、合同及节录、条件、专条、办法等，也有清政府为履行条约规定，或为防止他国侵渔，经与外国协商并征得同意后，颁行的国内法性质的章程、条款等。后者虽然只是由清政府单方面制定，毋庸外国政府签押批准，似乎只能归于清政府的外交文件，而非国际法意义上的条约，不具有条约的性质，不具备国际条约那样的契约性和法律约束力。但是，在半殖民地的中国，这些国内法均涉及外国人，或是专门针对外国人，在一定程度上具有条约的性质和效力，且具备条约的形式要件，比如，它们的出台是列强主动要求的结果，它们的颁行及更改均要征得外国的同意，清政府不敢擅自更改，如有关会讯、引水、长江通商行轮等十余个章程便属于此类。

从国家主权地位上讲，一部晚清历史就是一部西方列强的侵华史和中国沦为半殖民地半封建社会的屈辱史。晚清 70 年，中西交往的不断演进，都是先以战争或武力开路，继则以条约确立法则，攫取纸上条约特权，终则将纸上利权转化为现实利益的途径来实现的。晚清 70 年，中国人民是在被 500 多个中外约章束缚下屈辱地度过的。可以说，一部中国近代史，就是一部不平等约章的历史；晚清时期的中外关系，就是一种中外条约制度关系。晚清"客卿"兼来华外国顾问赫德（Robert Hart, 1835—1911）是推动这种条约关系的重要角色。

赫德，英国北爱尔兰人，19 岁来华，28 岁担任清政府海关总税务司。在

---

[1] 李育民. 近代中国的条约制度［M］. 长沙：湖南师范大学出版社，1995：8-9.

华54年，担任总税务司48年。这个70%以上的时间在中国度过，2/3的时间掌握着中国近代海关的洋人，依仗维多利亚时代英国的强盛，利用海关与清政府的特殊关系，参与晚清很多重大事件。如在列强磋磨索取条约权益，抑或在将既得条约权益付诸实践的漫长过程中，赫德一直是置身其中的极其活跃且有影响力的人物。这位本已忙得不可开交的总税务司不辞辛劳、乐此不疲地在晚清众多中外约章的谈判交涉中反复折冲斡旋，直接或间接参与谋划缔结的中外约章60多个，为史上罕见。这些约章有中英、中法、中葡、中德、中日、中丹等双边约章，也有中国与列强的多边约章。有些约章内容涉及国家的许多重要主权，有的则只是某一具体问题的细节规定。此外，还有为数更多的约章条款的实际运作，与他有千丝万缕的联系。

可以说，赫德近半个世纪"业余外交"的谈判缔结约章（以下简称缔约）是一部近代中国条约制度史的缩影。清政府最高领导层的这位座上宾是近代中国历史上一位相当重要而复杂的特殊人物，虽然当代人对其印象模糊或陌生，但也有人誉之为"横跨中西方世界的巨人"。曾经上海、北京等地有过的赫德路，上海外滩的赫德全身铜像等无疑说明了这个炙手可热的权势人物在中国有过的显赫地位。在对近代中国内政、外交施加的全面而深刻的影响，以及承受的重磅抨击与赞誉方面，来华洋人无人能出其右。时人眼中对赫德的普遍印象是既"食其禄者忠其事"，又"内西人而外中国"，这些评价看似矛盾对立却又内在统一，使赫德的形象更加耐人寻味。

赫德谋划的晚清中外交涉缔约活动犹如一面镜子，从一个独特的角度记录了近代中国从封闭走向世界的最初脚印，在近代中国条约制度史上留下了浓墨重彩的一笔，已往学界对此虽有所涉猎，但相对于赫德插足中外缔约交涉的频繁程度及其深远影响又很显不足。中共十八大以来，习近平总书记发表了一系列关于学习历史的重要论述，学界对中国近现代历史进行了全新的审视。赫德晚清谈判缔约折射了清末国内外复杂的政局变动和矛盾冲突，这是一个极其庞杂的领域，非有全面的研究，要对赫德或近代条约制度作出全面正确的评价是很难的。笔者特以自己的博士学位论文为基础，对以下内容展开较为深入全面的探究。

第一，追溯赫德缔约的宏大历史背景。赫德屡屡插手晚清外交谈判，常被贴上"业余外交顾问"标签，学界对其中的独特原因却关注不够。为研究需要，书中首先严谨梳理了赫德缔约活动的宏大历史和政治背景，从晚清半殖民地化不断加深，中外条约关系日益演进，外交人才匮乏，英国政府、英籍华官及其他西方列强对赫德的助力，以及赫德精通汉语、熟悉中国、工作勤勉、处事谨慎圆通等主客观方面作了探析。

第二，重点深入翔实地考察赫德如何主导操控、参与斡旋、伺机操纵近代中外约章的谈判、商订、修订及运作。根据赫德在数十个中外约章交涉缔结中的作用影响（中方谈判代表、谈判调停人、幕后操纵者、翻译或顾问等），以及约章的内容、性质，将赫德插手的所有约章分为三大类型进行梳理。在对每一类约章的梳理中，主要以问题为中心展开研究。

第三，将视野深入赫德缔约的态度立场、策略手段。已往学界不乏对近代主要中外条约的谈判缔结或者对赫德业余斡旋外交的论述，涉及赫德缔约态度立场及策略手段的却极为罕见。赫德协调中外激烈冲突，尤其中英冲突时，该维护谁的利益？怎样调和各自内部的纷争和强烈对抗，达成和解条约？本书对此类问题的分析不吝笔墨。

第四，深入分析探讨赫德的条约观和缔约特点。赫德毫不讳言中外条约是列强武力逼迫的结果，却为什么还要中国遵守条约？他是如何看待这些条约的？除了回答这些问题，本书还对赫德缔约的阶段性特点和总体性特点进行了归纳总结。

第五，力求全面客观评价赫德缔约。赫德缔约对近代中西关系带来什么利弊得失？在扼要梳理中外学界对赫德交涉缔约截然不同的评价后，结合史料，不囿于成见，不溢美，不隐恶，从积极作用和负面影响上不加隐讳地提出见解，并从理性思考和批判的视角揭示其给后人带来的教训和启示。热衷于中国近代史研究的人，多是对国家和民族的前途命运充满关切和心存省思的人，希望从过往历史的兴衰成败中总结教训，启迪后人，引发国人的反思和警醒。

此外，篇后附有赫德插手斡旋的60余个约章，以利于读者对赫德缔结约章的全貌有个整体了解。

如何看待赫德外交斡旋缔约这个庞杂的领域，一定程度上体现出对待历史研究的态度。从事历史研究，最起码应秉持严谨的学术研究态度，以确凿的史料作为立论依据，从历史事实出发进行探讨。本书除了使用大量的中文史料，还力求查阅尽可能多的英文资料，如英国外交档案，重要的外文报刊，晚清国际法译、编著，等等。同时，注意中外文献的比对互证，由于中外文献会不由自主以本国利益为切入点，带有主观色彩，但当众多中外文献互相比对时，其中的客观色彩就会清晰显现；注重用全面的观点去考察问题，并把历史事件放在特定的历史条件中加以辩证分析。

近代中国外交缔约，一直在世界列强欺凌愚弄的屈辱而漫长的泥沼里艰难前行，每一步都如履薄冰。本书论述的这段苦难历程，既有宏大的历史叙事，也有经过考证的历史细节，还有从历史细节中推敲出的理论分析、教训反思和追问冲动，以揭示赫德晚清缔约情景下的中国沉重、屈辱而悲怆的遭遇。尽管写作时力求少纠缠条约商订运作的详细过程，多从问题入手聚焦赫德的作为和作用，注重理论的凝练，得出有用的历史启示和结论，但由于交涉过程极其复杂，且与赫德的缔约立场、策略及评价等内容的分析密切相关，因此宁使在赫德的作为和作用上使本书稍许拖沓，也得充分展现当时的实情。本书虽然无力对赫德斡旋缔结60余个约章的所作所为进行一一探究，但还是对其插手谈判、商订、修订及运作的40余个主要约章进行梳理考察，这些约章涵盖多边和双边约章，内容涉及领土主权以及通商口岸、关税、鸦片贸易等商业利益，缔约时间从19世纪60年代到20世纪初，基本上代表了赫德晚清缔约的全貌。另外，不囿于侵略与反侵略的角度立论，多从国际法和国家利益层面剖析其涉华约章历程中的协作和冲突。

历史无情亦有情，19世纪的中国遭遇了千年未有之大变局，赫德缔约的历史算是中国历史上颇具悲剧性的时期，是中国对外开放史的一个注脚。一百多年后的今天，中国又面临新一轮百年未有之大变局，但今日的中国与世界，早已不是晚清时期的中国与世界。今天中国特色社会主义制度在世界上显示出了强大的优越性，中国在国际上的地位不断提高，在国际事务中的影响力不断增强，对外开放的大门也越开越宽。在中国共产党迎来百年华诞之际，自豪的中国人在回首中国历史上中外冲突极为激烈的这段历史时，不能仅仅简单地把赫德中外缔约的历史定义为屈辱的被侵略的历史，更要在新一轮百年未有之大变局发生之时，从前人的足迹汲取经验和教训，引以为鉴。

本书旨在完善、丰富和深化对赫德的理论研究，拓展对近代中外关系和条约制度的理论研究，进一步揭示近代中外条约关系的形成、特点、规律，分析赫德缔约的利弊得失，揭示近代中外关系转型的艰难过程，进而探讨近代外交与中国内政互动关系。同时，希冀为新时代纷繁复杂的全球外交和中外条约关系提供一定的借鉴，为近现代外来在华官员及相关人物的研究提供思路，剖析来华外人对晚清社会及西方国家的影响，并为今天如何利用、对待外籍雇员提供一定的启迪，也能启示国人，必须重视培养外交人才，充分借助外力，同时对于当今供职于世界各地的华人，应充分利用、挖掘他们所在国家的优势，为实现中华民族的伟大复兴贡献力量。

本书能够顺利地与读者见面，首先应该感谢我的博士生导师李育民先生的悉心指导和严格要求，感谢湖南师范大学历史文化学院资料室为本人查阅资料提供便利，感谢湖南第一师范学院马克思主义学院领导们的鼓励和大力支持，感谢湖南第一师范学院图书馆的管理员热心帮忙查找资料，还要感谢知识产权出版社在著作出版工作上的大力支持，也要感谢我的先生和儿子及所有家人的全力支持。

  由于本书的写作在外交缔约领域具有一定的创新性和对外文资料的广泛要求，因此，在理论体系的建构、资料的广泛查找、对海内外最新研究成果的引用等方面，都有不小的难度。加之作者水平有限，本书在理论分析与具体内容的编排等方面难免存在疏漏与不足之处，敬请专家和读者批评指正。

杨秀云

2021 年 7 月 12 日

目　录

第一章　赫德晚清中外缔约的历史背景 ······················· 1

第一节　晚清中外条约关系的演进 ··························· 1
第二节　晚清外交力量的虚弱 ····························· 6
第三节　英国与其他列强的支持 ··························· 14
第四节　赫德自身的良好素质 ····························· 21

第二章　赫德操纵缔结的中外约章 ··························· 30

第一节　缔结中葡澳门主权条约 ··························· 30
第二节　斡旋越南地位条约 ····························· 52
第三节　操纵中英哲孟雄主权及通商约章 ······················· 80
第四节　签订中英香港鸦片贸易协定 ························· 94

第三章　赫德参与斡旋的中外约章（上） ······················· 101

第一节　协助中丹签订天津综合条约 ························ 101
第二节　协商中外首次"对等"修约 ························· 109
第三节　商订中英滇案交涉条约 ··························· 117
第四节　干涉中英有关缅甸地位与朝贡约章 ····················· 128
第五节　插手中法越南勘界谈判 ··························· 138

第四章　赫德参与斡旋的中外约章（下） ······················· 147

第一节　争揽英德借款合同 ····························· 147
第二节　斡旋《辛丑条约》交涉 ··························· 159

第三节　插手1902年中英商约谈判 ⋯⋯⋯⋯⋯⋯⋯⋯⋯ 177
第四节　插手中葡澳门设关和通商条约 ⋯⋯⋯⋯⋯⋯⋯ 187

第五章　赫德操纵制定的专门约章 ⋯⋯⋯⋯⋯⋯⋯⋯⋯⋯⋯ 192

第一节　制定长江通商和内港行船章程 ⋯⋯⋯⋯⋯⋯⋯ 192
第二节　商定中国引水章程 ⋯⋯⋯⋯⋯⋯⋯⋯⋯⋯⋯⋯ 205
第三节　谋划海关查处偷漏走私的会讯章程 ⋯⋯⋯⋯⋯ 218
第四节　包揽中外邮政联邮章程 ⋯⋯⋯⋯⋯⋯⋯⋯⋯⋯ 230
第五节　代订租借地设关征税章程 ⋯⋯⋯⋯⋯⋯⋯⋯⋯ 243

第六章　赫德的缔约态度和立场 ⋯⋯⋯⋯⋯⋯⋯⋯⋯⋯⋯⋯ 256

第一节　英国利益至上 ⋯⋯⋯⋯⋯⋯⋯⋯⋯⋯⋯⋯⋯⋯ 256
第二节　维护清政府的统治和利益 ⋯⋯⋯⋯⋯⋯⋯⋯⋯ 264
第三节　谋取自身权益 ⋯⋯⋯⋯⋯⋯⋯⋯⋯⋯⋯⋯⋯⋯ 270
第四节　"内西人而外中国"兼顾列强利益 ⋯⋯⋯⋯⋯⋯ 275

第七章　赫德的斡旋手段和策略 ⋯⋯⋯⋯⋯⋯⋯⋯⋯⋯⋯⋯ 282

第一节　威逼利诱　软硬兼施 ⋯⋯⋯⋯⋯⋯⋯⋯⋯⋯⋯ 282
第二节　让虚名争实利 ⋯⋯⋯⋯⋯⋯⋯⋯⋯⋯⋯⋯⋯⋯ 285
第三节　笼统承诺　含混过关 ⋯⋯⋯⋯⋯⋯⋯⋯⋯⋯⋯ 288
第四节　奉行不偏不倚的"骑马"政策 ⋯⋯⋯⋯⋯⋯⋯⋯ 290
第五节　抓大放小　先易后难 ⋯⋯⋯⋯⋯⋯⋯⋯⋯⋯⋯ 292

第八章　赫德的条约观与缔约特点 ⋯⋯⋯⋯⋯⋯⋯⋯⋯⋯⋯ 296

第一节　赫德的条约观 ⋯⋯⋯⋯⋯⋯⋯⋯⋯⋯⋯⋯⋯⋯ 296
第二节　赫德缔约特点 ⋯⋯⋯⋯⋯⋯⋯⋯⋯⋯⋯⋯⋯⋯ 304

第九章 赫德缔约之评价与启示 ······ 307
第一节 赫德缔约之评价 ······ 307
第二节 赫德缔约之启示 ······ 313

参考文献 ······ 318

附录 赫德参与签订的主要中外约章 ······ 326

第一章　赫德晚清中外缔约的历史背景

法国史学家布洛赫曾引阿拉伯谚语"人之像其时代，胜于像其父亲"，以说明理解任何历史现象都不能脱离其所发生的特定时代。[1]赫德能在晚清诸多中外交涉中屡奉清廷之命抑或频频擅自伺机介入，居间斡旋，纵横捭阖，明里暗里谈判拟订60余个中外约章，既有当时国内外各种复杂的客观因素，也有其自身的主观条件和特质。客观上，近代资本帝国主义蛮横贪婪地向世界各地频发冲击，长期闭关锁国毫无准备的清政府仓促应对，败下阵来后被迫签订一系列不平等条约，由此进入条约制度时代。此后列强动辄以武力侵略或威胁逼签各种约章，抑或逼迫清廷颁行有利于他们的种种章程，进一步加深了中国的半殖民地化。清政府因早期交涉屡屡吃亏，外交人才匮乏，外交大臣运筹帷幄和掌控时局的能力不足以应付各种复杂的外交场合，也缺乏真正能够被列强所信任和认可的外交人物，不得已经常求助于"客卿"赫德。作为中国海关总税务司，赫德有诸多常人难以企及的机遇和条件，在强大的英国政府和众多英籍华员的有力协助以及其他列强的支持下，精通汉语与中国官场文化，圆通谨慎、精明能干的他得以频频插手中外约章的拟订。

第一节　晚清中外条约关系的演进

传统中国的外交对象主要是周边藩属国家，实行的是华夷秩序理念下的朝贡体制。而鸦片战争后订立的首批不平等条约将中国拽进了条约制度时代，中国的对外关系不再是纳贡和册封，而是在不平等条件下与西方国家签订各种约章。早在18世纪后即已习惯欧洲条约体制，并精于设置条约陷阱的西方国家，一方面施以种种武装侵略逼迫清政府订立条约，另一方面一旦在华获得某项权益，不管合理与否，总欲设法取得条约依据。到晚清灭亡时，中国的条约制度经历了一个形成、发展和完备的过程，所订各种约章500多个，中国成为一个一切遵守国际条约和国际法的欧洲国际关系体制下的国家。

---

[1] 罗厚立.语语四千年：傅斯年眼中的中国通史［N］.南方周末，2004-08-13（D30）.

一、华夷秩序的破灭和近代中国条约制度的产生

鸦片战争前,清政府还是沿袭传统的对外关系模式——华夷秩序。在与属国的关系上,实行朝贡体系。"此种关系在礼治、仁政的光环下,一直掩盖着作为个体的(在社会是人,在世界是国家)明确的得益。比如,它强调'大信不约',忽略明确利益关系的条约手段;强调朝贡关系,忽略实际存在的平等贸易关系。"❶ 除了俄国以外,到19世纪初,中国没有与其他国家建立条约关系。中外之间没有正规的外交或经济关系,也就没有常设的外交机构。清朝具有外交性质的事务均由理藩院和礼部分管。这种外交模式的长期实行,造成中国人心理上的普遍孤傲,不能平等地处理与邻国及海外各国的关系。

1648年,《威斯特伐利亚和约》签订后,条约体系开始成为欧洲国家处理主要国际关系的准则。但直到鸦片战争前,西洋各国多次企图通过谈判、缔结条约,使中国放宽最好是解除对外贸易的各项禁令,均遭遇了"滑铁卢"。清政府始终严守华夷秩序,坚持"大信不约",不懂明定利益关系的条约概念和手段。这就与资本主义国家形式上推崇的国家主权平等、国际法原理和势力均衡,而本质上弱肉强食和向外扩张性的不平等的"世界国家秩序"产生了冲突。中外所处发展阶段的差距,中西文明的迥异,列强的侵略政策,使中外冲突成为必然。中西关系经过一段顽强的相持后,鸦片战争与《南京条约》及其附属条约终于打破了清帝国的封闭。

《南京条约》开创了一种中外交涉的"新方式"——炮舰出条约,开了中国历史上以不平等条约来规范中外关系的恶例。朝贡体系被冲决了,尔后必须遵循全新的西方规则。对朝贡体系失效的不甘心与对这套新规则的陌生让清政府在以后的交往中一次又一次碰得头破血流。炮舰出条约,条约代表的全是强者、胜者的意志,英国逼订不平等条约的示范作用很快得到西方各国的群起效尤,不但美、法强国不断以武力威逼清廷,甚至连荷兰、比利时、丹麦、普鲁士、西班牙等国家纷纷要求"援例"订约,颠顸而吓破胆的清政府本着所谓的"一视同仁"原则,怀柔远人,慷慨允准。这些国家在协定关税和领事裁判权上比英国走得更远,它们互通声气,彼此援引,拓展了对中国的联合侵略。而当时中国的缔约大臣"好像完全没有体会到,他们正在签订断送中国关税主权的证书,从而为他们的国家招致了无穷后患"。❷

---

❶ 李扬帆.走出晚清:涉外人物及中国的世界观念之研究[M].北京:北京大学出版社,2005:217.
❷ 莱特.中国关税沿革史[M].姚曾廙,译.北京:生活·读书·新知三联书店,1958:35.

第一批不平等条约的签订，表明近代中国条约制度的产生。中华民族数千年的唯我独尊和闭关自守在西方强国巨大的优势冲击下解体了，"与世界其他国家结成了条约关系"[1]。确立了架构近代中外关系的不平等条约体系，从此进入到以书面协议来规范国家间权利和义务关系的条约制度时代。此后不管有理与否，外国政府总是伺机逼签约章，仰仗约章，袒护本国国民，欺压中国，与清政府论争不休。清政府"虽自甘孤立，却孤立不了；虽欲自主，却自主不了"[2]，从此日益被沦为半殖民地。日本人高柳松一郎在谈到赫德之所以能掌握中国行政实权的外因时就说，"因多年习惯而筑成之总税务司之地位，中国政府在外债与关税之关系上又屡用国际的文书确认之是"[3]。

二、近代中外条约制度的演进

中国条约制度的开创一直被视为不得已而求其次的传统惯例"羁縻"政策的应用，[4]列强的活动依然被限制在沿海的通商口岸。尽管条约充分表达了贸易自由和国家平等这样的概念，但纸上赋予的条约权利，并不能完全支配和约束中国人的行动。中国实际上远不具备或者说不可能完全按照条约办事，部分原因是中国不甘心华夷秩序的失效，比如，"咸丰帝更以'自古要盟不信'为据，认为订约'本属权宜'，明确提出不必信守"[5]。列强却把最细微的过失都看作对条约特权的侵犯，也不管这特权是中国颁赐给他们的，还是他们强行索取的，正如英国使臣所言，"在像中国这样的国家里……一项条约的订立是各种困难的开始，而不是终结"[6]。

《南京条约》签订后的10余年，中外双方都不满意。中国以为英人桀骜贪婪，英人以为中国仇外挑衅，违反条约。为进一步扩大侵略，外交经验丰富的英国从条约上寻找缝隙，1854年，其驻华公使包令提出了广泛的修约要求，后有法美加入修约行列。修约遭拒后，英法共同发起了对华战争，随后俄美借调停之机诱惑清廷订立《天津条约》。同样逼订了《天津条约》的英法并不以此约为满足，再次挑起战争，逼订《北京条约》。俄国乘机诱签《瑷珲条约》

---

[1] 赫德.这些从秦国来——中国问题论集[M].叶凤美，译.天津：天津古籍出版社，2005：33.
[2] 陈诗启.中国近代海关史（晚清部分）[M].北京：人民出版社，1993：序1.
[3] 高柳松一郎.中国关税制度论[M]//沈云龙.近代中国史料集刊：第74辑.台北：文海出版社，[出版年不详]：122.
[4] 陶文钊.费正清集[M].林海，符致兴，等译.天津：天津人民出版社，1992：88.
[5] 李育民.晚清时期条约关系观念的演变[J].历史研究，2013（5）：85.
[6] 马士.中华帝国对外关系史：第2卷[M].张汇文，姚曾廙，杨志信，等译.北京：商务印书馆，1963：163.

《北京条约》及一系列勘界条约，掠夺中国100多万平方公里的领土。彼时通过接受条约体系安抚侵略者被认为是拯救朝廷的唯一办法。经历了两次鸦片战争的经验教训，清政府已经意识到条约及守约的重要性，条约一经签订便具有了法律效力，"字字皆成铁案"，不管平等与否，中国必须遵守。稍有出入，列强即挟持条约，纠缠不已。此后，中国的对外关系均要依照各项条约的规定而行。这些第二批不平等条约是对已往条约的巩固和发展，完全置中国于刀俎之上任列强宰割。条约内容几乎囊括列强在华的主要特权，条约制度的适用范围也已由沿海延伸至内地。至此，条约制度已基本形成。

此后，主要资本主义国家为了充分享受各项条约特权，一方面要求清政府严格遵守所订条约，如赫德在其呈递的《局外旁观论》中对此进行反复强调。另一方面又在伺机攫取新的约章特权，动辄诱使或强迫清政府订立条约来约束清政府，或者为其不合法的行为索取条约依据。还有更多的资本主义国家参与进来勒索条约。同时中国也为了因应时势的需要，在赫德的操纵协助下，主动与列强协商制定了一些约章，以期对列强的肆意侵略有所规范和束缚。

（一）外国逼立不平等约章

首先，西欧诸小国取得条约特权。第二次鸦片战争后的1861—1874年，与中国订约的有普鲁士（德国）、葡萄牙、丹麦、荷兰等10国。这些国家的订约，多有英法等列强为其说项，如丹麦和葡萄牙订约如愿以偿，多有赫德的插手。约中关于商务条款，也给英美等国若干方便。

其次，边疆危急中勒索新条约。19世纪60年代开始，列强倡导合作政策，主旨在于把实施条约的责任加给清政府，同时又对中国周边不断蚕食，逼签不平等条约。因沙俄侵占伊犁而引发了《里瓦几亚条约》《中俄伊犁条约》和《改订陆路通商章程》的缔结。中法战争期间，赫德及其亲信金登干斡旋签订了《中法停战条件》和《中法越南条款》。英国则先是提出修订条约，紧接着借滇案屡次恫吓，逼签《烟台条约》及其续约，由此引发《香港鸦片贸易协定》的交涉和拟订。英国还侵犯中国的属国缅甸并订立《缅甸条款》，又借侵入西藏与中国展开旷日持久的交涉，最终以《藏印条约》和《藏印条款》的签订而结案，赫德在这些交涉中积极周旋。此外，明治维新后的日本相继勒索《中日友好通商条约》《北京专条》，其后《马关条约》逼迫中国承认朝鲜自主，中国的朝贡体系至此完全瓦解。从第二次鸦片战争到中日甲午战争，从《天津条约》到《马关条约》，中国被迫签订了160多个不平等条约，使中国的主权全面受到严重损害。

再次，瓜分狂潮中中外约章的新发展。在瓜分中国的狂潮中，各列强再次

4

勒索了一系列约章。如赫德为英国挣得揽借对日赔款的英德借款草合同和续借款合同。列强还为争夺租借地、划分势力范围、铁路修筑、矿产开采和工厂投资权等问题纷纷展开争夺、谈判并订立许多约章。由列强瓜分中国而引发的"最恨和约，祸国殃民"的义和团反帝运动，在废除条约制度上却起了作用，运动失败后订立的《辛丑条约》完全使清廷沦为洋人之朝廷，大大加深了中华民族的耻辱与灾难。赫德的观察说出了当时"幽默和戏剧性的一面"：朝廷曾竭力驱逐的使团却依旧留在北京，朝廷却整个儿逃到几百英里之外去寻找庇护之所；曾呵护团民和憎恨传教士的亲王们现在却流离失所，传教士占据了他们的府第；几个星期前曾索要洋人性命的高级官员，如今却相继自行结束生命！❶此外，清政府还被迫同意对1854年、1856年，以及从1870年以来一再不断地反对的条约进行修改。❷这才又有了《辛丑条约》订立后的一系列商约修订谈判。以上条约的谈判和缔结都有赫德的直接或间接插手，赫德施加了不同程度的影响。

（二）主动因应协商制定的专门约章

中国近代以来的对外关系，民族自卫与忍辱屈服交替出现，犬牙交错，一波三折，清王朝因不堪强敌相逼而被迫应战，又因实力不济而屈辱缔约。除了列强发动侵华战争屡次逼勒签订或修订条约外，清廷也根据时代的变化，被迫主动与各国协商，制定颁行一些属于国内法性质的约章，其中由赫德经手的有：1865年颁行的《中英上海海关扣留案件条款》，三年后又将其修改和增补为《会讯船货入官章程》；与各国协商拟订的《各海口引水总章》；从1861年到1898年，赫德几度拟订、修改《长江各口通商暂行章程》与《内港行船章程》等。此外，还有从19世纪末到20世纪初，赫德与各国签订的邮政章程，大连和胶澳租借地海关设关征税章程，等等。

总之，到《辛丑条约》签订及随后几年，不但条约制度的内容又发生了新的变化，而且覆盖面较已往更广，更具体，几乎所有严重损害一个国家主权的条款都获得了正式的条约依据。至此，条约制度在中国发展到了最高峰，中国的国际地位衰落得无以复加。尤其非同寻常的是，中国的约章虽说是协商签订的，而事实上它们都是由外国谈判者匆忙地草拟和缔结的。无怪乎曾有美国政要说，在近代中国，列强勒订的各种条约、条款，不仅使"中国作为一个国

---

❶ 赫德.这些从秦国来——中国问题论集[M].叶凤美，译.天津：天津古籍出版社，2005：75.
❷ 马士.中华帝国对外关系史：第3卷[M].张汇文，姚曾廙，杨志信，等译.北京：商务印书馆，1963：383.

家地位低下",而且"中国人作为民族同样地位低下"❶,中国社会全面"沉沦"至谷底。几乎所有条约都不同程度地涉及关税和税率、通商及通商口岸等与海关密切相关的问题,作为海关总税务司的赫德自然就成了交涉缔约双方的顾问或中介,比如清政府和西方国家都经常让赫德负责研究对方所提货税问题,希望能提出对中国可行,也能使条约国接受的货税方案,等等。

第二节　晚清外交力量的虚弱

清政府因长期坚持闭关锁国和朝贡体系,没有建立起专门的外交机构,亦无专门的外交人才,更缺乏近代外交理念。近代伊始一切外交事务均责成毫无近代外交知识的地方官兼办,遭到了种种本不该有的损失。因而,清政府在逐渐向真正的近代外交转型的过程中,"借材异国"实属必然。其时恰逢赫德初涉中国海关,精明能干的他极愿助清廷一臂之力,与清政府对外交人才的"求贤若渴"一拍即合,赢得了朝廷无比的信任、倚重和大力支持,因而能经常主动或被动地介入晚清的外交谈判,充当清廷顾问、翻译、代表或幕后操纵者等多重角色。

一、晚清外交力量的虚弱

被列强仓促拽入近代国际社会的清政府,外交理念缺乏,外交人才匮乏,在近代国际交往中屡屡被挟制、欺骗和愚弄,吃尽了苦头。

鸦片战争前的中国,军事征讨与行政同化,抑或不理不睬与拒绝交往,构成最基本的外交关系。从19世纪起,西方国家纷至沓来,逐渐取代亚洲国家而成为清王朝对外关系的主要对象。但是中国在对外关系上没能及时作出相应调整,依然顽固地坚持天下观念、朝贡体系。长期的闭关锁国使得中国对西方国家的虚实一无所知,甚至连它们的国名与方位亦混淆不清,更遑论有知晓西方各国政治知识或懂得近代外交的人才。因此,也就不难理解清廷面对西方的入侵大感惊愕,不知所措。鸦片战争前后一段时间里,朝廷和皇帝不愿与洋人打交道,一切夷务只是责成地方官办理。因此,站在前沿处理对外交涉的不是训练有素的近代外交人才,而是毫无近代外交理念的地方官。地方官既无国际法或国际权利方面的知识,史上又无成例可循(历史上中国只有在100多年前

---

❶ 布热津斯基.大失败——二十世纪共产主义的兴亡 [M].军事科学院外国军事研究部,译.北京:军事科学出版社,1989:179–180.

与俄国谈判缔结过条约，此外，"从来没有受过一个条约里相互取与的规定的约束"❶），更不懂洋人的行径作风，因而在处理对外事务中屡遭愚弄和侵害。第一批不平等条约的签订就是清政府在军事和外交谈判上双重失败的结果。在1861年总理衙门成立前，外交是清政府政治事务链条中最为薄弱的一环。

1. 不了解外国的侵略意图，丧失了本不该丧失的权利

两次鸦片战争前后国人始终没有弄清楚英国的侵略意图，前一次把禁烟仅当成内政，而不知有外交，更没料到英国竟然以此为借口发动大规模的武装侵略。因此，在外交谈判中举措失当，该放松的坚持不放，该坚持的却轻易丢弃。例如，轻易丧失关税主权，奉命赴粤筹划税饷事宜的钦差大臣伊里布，没意识到关税也是国家主权，竟约来英方官员马礼逊、罗伯聃等人共同会商中国税则；也不知道外贸及借重互惠原则的必要，轻易允准低税率。而朝廷得知税收较已往有盈无绌即允准明定关税，以为这项税则的使用和征课依旧保持在中国手里，就不是在牺牲国家利益，❷ "反以为岁入确可以因此为增加，又可以省去对外交涉之烦累"❸。英国乘机把清政府邀请它会商税则写入《天津条约》，变成永久权利，以后清政府无法提高关税，致使丧失关税自主权。直到甲午战败赔款告急，朝廷才幡然领悟，半个世纪以前的协定税则原来是加给自己的财政桎梏。❹又如，最惠国待遇条款后患无穷，其始于耆英及其助手黄恩彤轻易应允英人可"一体均沾"给予他国的新恩惠。美、法、比、瑞典、挪威等国要求"援例"订约，清政府未设法拒绝，以为如此可免一国独占，又可施恩各国，无法预见即将到来的灾难性后果。后来各国坚持把最惠国条款解释为，能够均沾中国让与他国的种种特权而不履行相应的义务，成为各国永无止境的要求和侵略的根据时，国人才认识此一条款为自己带来的灾难。领事裁判权的丧失一开始也是无意识的，反而觉得中外各按本国法律管理自己的国民，既便利又公道。

正因对于远大的和实质的利害，中方代表顾不到，更没想到，所以在谈判时才会漫不经心，粗枝大叶。伊里布主张"洋务只可粗枝大叶去画，不必细针密缕去缝"。西方外交家极为重视的条约语法和字句，中国代表"并不细加审

---

❶ 马士.中华帝国对外关系史：第1卷［M］.张汇文，章巽，倪徵㻋，等译.北京：商务印书馆，1963：374-375.
❷ 莱特.中国关税沿革史［M］.姚曾廙，译.北京：生活·读书·新知三联书店，1958：36.
❸ 高柳松一郎.中国关税制度论［M］//沈云龙.近代中国史料集刊：第74辑.台北：文海出版社，［出版年不详］：122.
❹ 莱特.中国关税沿革史［M］.姚曾廙，译.北京：生活·读书·新知三联书店，1958：36.

查，一览即了"。❶费正清也说，中国议约的高级官员对西方侵略者的法律概念竟如此漠不关心，以致他们没有看一眼有重大影响的条约条款，而只是对英国关于撤退军舰的诺言感兴趣。❷甚至到了1895年，张之洞和英国资本家克萨商谈借款的合同时，中国官员多为一问三不知，有的竟在大庭之中打起瞌睡。

与中国的颟顸无知形成鲜明对比的是，列强们对大问题固然要强势占先，细小问题也斤斤计较，既争利权，也细究名词，甚或无中生有。比如《南京条约》不遗巨细，多至56款，像夷字称谓也占一条。1860年的中法《北京条约》还被一传教士悄悄地在第6条的中文本里加上了法国传教士可在中国任何省份租用或购买土地的内容，法文本中则无此规定。

2. 主次不分，因小失大

清朝各级臣僚由于外交见识与能力的局限，在交涉中主次不分，因小失大的事情屡屡发生。他们基本能接受《南京条约》及附约里的各种苛刻条件，对以后鸦片的贩卖禁止与否毫不涉及，倒是对今后双方文书来往要用平等语气一条耿耿于怀，认为这是"冠履倒置"。碰到外交问题，不是积极解决，而是一再推诿，避而不见。1854年，英、法、美三国正式提出修约要求，两广总督叶名琛却借口避而不见。三国公使被各衙门踢来踢去后，决定借"亚罗号"事件把局面闹大。《天津条约》签订后不久，英法联军赴京换约，此举本应高度重视，如若谈判得力，也许可以避免后续战争。可是僧格林沁将换约一举和侵略战争等同对待，击退强行进京的英法公使。后续谈判破裂，载垣则把英方代表巴夏礼和威妥玛等人扣为人质。奕䜣命巴夏礼致书联军统帅额尔金联系议和，巴夏礼在以中文书写的信纸旁边写有英文字数行（实为巴夏礼的签名和年月日）。可当时朝中无人识此文字，为防他作祟，不敢即发。结果延宕多日，并处死了大约20名随行人员。野心勃勃伺机扩大侵略的英法联军总司令额尔金趁机怒占北京，火烧圆明园，强迫签订更为屈辱的《北京条约》，僧格林沁很快追悔莫及。经过再次重创，才知跟洋人交涉，对方总以条约为根据。赫德为此深感可惜，可惜之前"很少有中国人懂得条约为何物，懂得条约威力的人就更少了"。❸

一句话，后人在谴责列强野蛮残暴的同时，也要认识到在道咸两朝中国初涉国际事务时，外交知识及灵活因应关系最大。而泱泱大清国上下不但没有人了解国际事务，而且没有人愿意了解，朝廷和兼办外交的疆吏督抚对近代外交

---

❶ 中国史学会. 鸦片战争：第5册 [M]. 上海：神州国光社，1954：419，514.
❷ 茅海建. 天朝的崩溃 [M]. 北京：生活·读书·新知三联书店，2014：466.
❸ 赫德. 这些从秦国来——中国问题论集 [M]. 叶凤美，译. 天津：天津古籍出版社，2005：124.

知识和外国语言均极陌生和无知，面对突如其来的外交变局，惶惶然不知所措，只凭臆度应付外交，吃了暗亏还不自觉，屡犯错误实属必然。

第二次鸦片战争和纷至沓来的外来困扰和打击，对清廷君臣重新反思夷务提供了强烈的刺激，此后朝廷精英逐渐认识到中国必须以平等的关系来进行对外交往，逐渐抛弃了天朝上国的理念，开始逐渐向真正意义上的近代外交的艰难转型。1861年，成立办理外交的专门机构总理衙门，但衙门大臣均是外交门外汉，对商务、税务也不懂，虽然后来逐步对近代外交有了一定的认识和经验积累，悟出了一些因应方针，但其外交理念和能力与近代激烈竞争的国际大环境要求相去甚远。军机处和总理衙门实际上无主持大计之人。时人对掌管总理衙门20余年的掌门人奕䜣的评价是"身无大才、心无大志的平庸之辈"。❶ 奕䜣给赫德的印象"并不很聪明，他对于外国政治或政治经济学还没有十分精通"。❷ 曾国藩认为"两宫才地平常"，地位仅次于奕䜣的文祥"规模狭隘，亦不知求人自辅"。❸ 奕䜣集团自我评价是："臣衙门办理交涉事件垂二十余年，每念时势艰难，从不敢稍涉孟浪"❹，即在外交上抱妥协态度。1876年文祥死后增补的沈桂芬、李鸿藻、王文韶三人素质和才能均平庸低下，对洋务甚为隔膜。清流派要员张佩纶曾公开批评他们：身为"谋国者"，却"颇有苟安之心，惮为远大之举"，"言和则唯，言战则否；言偿款则有，言军饷则无；言调兵分防则勉为补苴，言增兵大举则相顾色骇。充此数弊，事机坐失，劳费转增。"❺ 1883年取代奕䜣集团的奕譞集团掌管军机处和总理衙门，被时人讥讽为"易中驷以驽产，代芦菔以柴胡"❻"一蟹不如一蟹"❼。久居中国，熟谙华事的英使威妥玛，归国后的日记记载："总理衙门，与欧洲各国之外部迥然不同。凡各国使臣至总理衙门，必具酒果，王大臣以次陪客同坐，一若以饮食为交涉之要务也者。"又："中国虽事权不归一，然大臣仍不敢各抒己见，每使臣发言，则各人以目相视，大臣视王，新入署之大臣又视旧在署之大臣。若王一发言，

---

❶ 虞和平, 谢放. 中国近代通史（3）：早期现代化的尝试（1865—1895）[M]. 南京：江苏人民出版社，2007：8.
❷ 邢超. 致命的倔强：从洋务运动到甲午战争[M]. 北京：中国青年出版社，2013：63.
❸ 虞和平, 谢放. 中国近代通史（3）：早期现代化的尝试（1865—1895）[M]. 南京：江苏人民出版社，2007：8.
❹ 故宫博物院. 清光绪朝中法交涉史料：第2卷[M]. 北京：故宫博物院文献馆，1932：17.
❺ 顾廷龙, 戴逸. 李鸿章全集10[M]. 合肥：安徽教育出版社，2008：29.
❻ 李慈铭. 越缦堂日记：第42册[M]. 上海：商务印书馆，1920：13.
❼ 黄濬. 花随人圣庵摭忆[M]. 上海：上海古籍书店，1983：503.

则各人轰然响应，亦莫非是言；若王不言，诸大臣必不敢先言也。"❶上述言论从一个侧面说明了当时中国外交人员素质堪忧。

即使如时人眼中具有相当真才实学的，即使是总理衙门成立后也经常直接参与对外交涉的地方督抚曾国藩、李鸿章等国家肱骨之臣，面对纷至沓来的种种外交纠纷，未曾踏出国门，不懂洋文的曾国藩以为处理夷务根本不外孔子"忠信笃敬"四字。❷同样看不懂洋文却又站在晚清外交前沿的重臣李鸿章，既要维护传统外交体制，又要处理截然对立的现代民族国家关系，即使忙得焦头烂额也是穷于应付。谭嗣同曾经多次引用张之洞的话评价李鸿章："某国当与，某国当拒，某国善良，某国凶狡，吾之联之而备之者，其道何在，宜更无一人知之矣。稍知之者惟一合肥（李鸿章），国家不用之而谁用乎？"❸尽管清政府后来也创办了一些培养学习外国语言的学校，派遣了留学生，但相对于近代中国频发的外交纠纷，这些人才实在是杯水车薪。当时了解外国和资本主义新事物的人更是屈指可数。赫德曾粗略估计："一万个中国人不到一个人了解外国的任何事物"；"十万个中国人不到一个人了解外国的革新和发明"；"一百万人中不到一个人对于西方情况或机械的优越性有所认识"。❹所以才"自处处人，两无是处"❺。

上述评论虽非完全准确，但面对前所未有之大变局，朝廷紧缺运筹帷幄之外交人才却是不争的事实。这种情况恰为赫德登上中国外交舞台提供了契机。

二、清政府对赫德的倚重和支持

19世纪60年代的内忧外患，使清朝传了十代的江山社稷命悬一线，就在清政府在内无深知夷务之大臣，在外无究心抚驭之疆吏之时，来华已有数年的赫德奉命赴京，很快赢得了清廷的信任、青睐和倚重。事实上，中国与西洋国家打交道300年来，不少对外交涉事务，一直是依赖一些外国人出主意，甚至代为办理。近代与各国订立条约和涉外事务，多为外人促成已成为传统。所以，赫德登上中国政治舞台时，外交人才极其缺乏的中国，现代外交理念才崭露头角，一批向外国侵略者靠拢乃至乞求援助的官场人物，不得已只好"借材

---

❶ 徐珂.清稗类钞//邢超.致命的倔强：从洋务运动到甲午战争［M］.北京：中国青年出版社，2013：67.

❷ 李瀚章.足本曾文正公全集：书札.卷18［M］.长春：吉林人民出版社，1995：2350.

❸ 何执.谭嗣同集［M］.长沙：岳麓书社，2012：177.

❹ 陈诗启.中国近代海关史（晚清部分）［M］.北京：人民出版社，1993：270.

❺ 郭廷以.近代中国史纲：上册［M］.香港：香港中文大学出版社，1980：1.

异国"。清政府亟需可信赖的公仆和顾问，颇具才情的赫德也就恰逢其时。在此后诸多对外交涉中，赫德主动或被动地充当起清廷的顾问、翻译、谈判代表或幕后操纵者等多重角色。

（一）总税务司——总理衙门的一个特殊属僚

经历内忧外患的清王朝尽管对列强已由消极的屈从走向了主动的投靠，但对时局敏感的恭亲王奕䜣决心锐意变革，与有望推动当时中国改革的赫德产生了共鸣。因而以奕䜣为主的缺乏近代国家治理理念，只受过传统儒学，而昧于世界大势的朝廷核心人物接受了赫德的启发和诱导，在同治中兴及其嗣后多年开展了一系列的改革。

最为引人注目的是赫德开创的中国海关史上的"赫德时代"，中国旧海关从此脱胎换骨。近代中国海关是列强共管的国际机构，其主要任务是履行条约以及各国赋予的任务，亦即赫德所言负有"国际奇特的职务"。[1] 不同于隶属于国家财政部门的一般国家海关，中国近代海关隶属于处理外交的总理衙门，因为半殖民地中国的关税问题自始至终和外国侵略、通商贸易及不平等条约捆绑在一起，清政府自然把它看作一种夷务，由总理衙门统辖海关。这样赫德不止为清政府的臣仆，更是总理衙门的属僚。赫德的这种特殊身份使他凭借海关这个大本营，除了处理最基本的征税工作外，也常常参与商讨那些严格说来与海关无关，却关系到中国内政外交关系的事务。

（二）赢得清廷青睐

第二次鸦片战争后，英、美、法等国驻京公使不断叨扰，原来签订的条约要修改；此外，外国人掠卖华工问题愈演愈烈，海关违章处分和商务等问题也要尽快解决。面对这一大堆复杂棘手的国际问题，可君臣上下不懂外国语言，对于资本主义新事物一无所知或知之甚少。恰逢此时，颇具才情的赫德好管闲事，人在海关，却心系多处。做好充分准备的赫德第一次赴京呈递禀呈，赢得了当权人物恭亲王奕䜣的好感和信任，奕䜣认为赫德所言"不无可采之处"[2]。1863年11月，总理衙门任命赫德为中国海关总税务司，第二年就赋予他对海关一切属员的任用、管理权。不到两年，总税务司的办公处所从上海迁至北京，以备奕䜣等人随时咨询。赫德经常在衙门与文祥、宝鋆、董恂、恒祺等大臣打交道，对中国皇帝俯首帖耳，竭力拉拢中国官吏。他经常热心主动地就税务、洋务和外交问题献计献策，有时提议比较中肯，清政府也间或从中获利；

---

[1] 陈诗启.中国近代海关史（晚清部分）[M].北京：人民出版社，1993：164.
[2] 文庆，贾桢，宝鋆.筹办夷务始末：第5册 咸丰朝卷79[M].上海：上海古籍出版社，2008：453.

有时还为总理衙门提供最迫切需要的服务，解了燃眉之急。如1860年清政府的对英法各800万两赔款，由海关洋税作抵，于1866年上半年如期完成，显示了海关的守信用和高效率。

在赫德担任总税务司期间，中国海关税收增加数倍，大大超过人们的预期，巨额的海关税款，使海关成为清王朝统治的重要支柱，在支撑中国财政、偿付赔款及为贷款提供担保方面起了重大作用。这也开启了以后以海关税收和直接向外国政府支付巨额赔款的先例。奕䜣认为洋人管理海关，并不侵吞，而是将税收如数上缴，办事确属公正。❶赫德也一直认为并告诫各关外籍税务人员，他们都是为清政府服务的，而不是来取代和统治中国人的。这使得总理衙门相信赫德虽系英国人，但是一位能为他们效劳的人，"办理各国之事，毫无窒碍"。海关税收的卓有成效，使得赫德名声显赫，赢得了清政府的信赖，使清廷一定程度上容忍了海关人员的到处插手侵权，也忽视了洋雇员的优厚待遇等负面因素，反而对海关、对赫德倚重有加，连续45年让赫德掌管中国海关这个关键的政府部门。赫德也就有了更多的机会向清政府谏言献策和施加影响，成为朝廷和各省督抚求助的对象及洋务和外交顾问。总理衙门几乎无事不征求他的意见，并多言听计从，以致对他有须臾不可离之势。总理衙门也清楚，赫德尽管是一外国人，但贪恋总税务司这个薪俸甚巨的职位，所以还算肯为中国出力。❷

（三）外交缔约中的倚重和委派

正是由于清政府的极度倚重，总理衙门的所有外事工作，赫德几乎没有袖手旁观过，不是赫德的积极争取就是受清政府委派，参与到各种对外事务中，例如，为总理衙门起草、翻译外交文件，直接或间接参与外交谈判，拟定、通读、翻译和校对条约，力促清政府派使出洋，等等。

19世纪60年代，赫德向恭亲王和总理衙门的同僚们对各种问题呈递条陈，比如，开放扬子江和沿海的贸易问题；准许外国船只从事沿海贸易及在沿海运输土货问题，对这种贸易的征税和子口税单问题；鸦片的处理问题，管制食盐走私问题，等等。赫德的这些提议受到恭亲王的全部支持并获得皇帝批准，这些提议随后成了赫德帮助清政府制定几个长江通商或收税章程、中外会讯问题和引水问题等相关约章的基础。另外随着欧洲小国索订条约、外国掠卖华工和中英修约等问题的出现，都亟待赫德的帮助，赫德也提供了咨询和辅

---

❶ 郭廷以.近代中国史纲：上册[M].香港：香港中文大学出版社，1980：191.
❷ 文庆，贾桢，宝鋆.筹办夷务始末：第5册 咸丰朝卷79[M].上海：上海古籍出版社，2008：452，449.

弼，帮助清政府制定了约束外国掠卖华工问题的相关章程，也为中丹天津条约、中英新订条约的商定"出谋划策"。

19 世纪 70 年代以后，中国边疆危急四起，中英藏印、缅甸问题，中法越南问题、中葡澳门边界问题纷争不断，以及甲午战争后中国对日赔款引发的列强激烈揽借中国贷款等，这一切使得赫德的业余外交活动更趋频繁，陈诗启认为这是此后"数十年间压倒海关一切的活动"，海关几乎成为"业余外交部"。❶ 这期间有 20 余个条约都由赫德在明里或暗里一手促成。当然，这一切尽管有赫德的积极干预，但都离不开清政府的咨询和授命。如赫德对中法越南战争的成功斡旋，就有慈禧太后的有力支持。赫德出力和顺从，太后自然不会亏待他。太后曾热情地希望赫德留任，并于 1889 年 2 月敕封他祖宗三代一品一级文官衔，还有荣誉证书。在中国的历史上，首次把这样的殊荣赐给一个外国人。

20 世纪前后，总理衙门（1901 年改为外务部）对赫德依然依赖有加，一再推迟赫德请假回国的申请，年迈的赫德只得顺从。因甲午战后牵涉一大堆外交事务，需要赫德这个参谋顾问的协助。比如，1898 年的借款协议所需要的厘金工作、新近成立中国邮政局的发展需要与外国订立互寄邮件章程，由于割让胶州、大连所需要的租借地海关安排，内地河流对轮船的开放，长江章程的修改，以及西江流域的开放，辛丑条约的谈判等，都是须臾不可离开赫德的。

事实上，从 1898 年 7 月的《各国内港行船章程》至 1907 年 6 月的《中日大连海关试办章程》的签订，其间的十余个约章的谈判签约或是赫德决断或因赫德斡旋促成。中国对外的许多重要谈判几乎都控制在他手中，而中国的外交官员们几乎就是橡皮图章，只是在赫德谈判的结果上签字。赫德自己也觉得，由于这些问题及潜在危险，总理衙门不愿意让他走是有道理的。❷ 义和团运动的发生，看到中国处于最危急的时候，赫德甚至忘记了自己的年龄和不良的健康状况，依然坚持工作。1902 年 2 月，外务部致赫德札称，因其办理税务功效卓著，"上意甚为倚畀"，此后中国的商税事宜"正赖襄助一切"。❸ 这一时期，慈禧和光绪皇帝专门接见了他，并给予赐赏，以后几乎每年的春节，他都能觐见慈禧太后。1904 年底，赫德这样告诉金登干，总理衙门没有批准他请假回国的要求，因为海关、邮政、借款等 40 多年来一直由他掌管，"外务部依

---

❶ 陈诗启.中国近代海关史（晚清部分）[M].北京：人民出版社，1993：164.
❷ 魏尔特.赫德与中国海关：下册 [M].陈敖才，陆琢成，李秀凤，等译.厦门：厦门大学出版社，1993：353.
❸ 中国近代经济史资料丛刊编辑委员会.中国海关与邮政 [M].北京：中华书局，1983：107.

赖我，每当办理重要事件，总可指望我的协助，而且各国官员和商人都听从我和尊重我"。❶赫德此说虽有自诩之嫌，但当时清政府挽留赫德留华确是事实。1911年9月，赫德病逝，在英国为其举行葬礼的同日，清政府在安立甘教堂举办追悼会并加恩封赏他为太子太保。

综上所述，赫德能促成60多个中外约章的签订，从清政府自身来讲，是因为缺乏近代外交理念、国际法知识及外交人才，而赫德办理海关的卓有成效、赫德的恭顺和热心插手赢得了朝廷的认可，乃至倚重和大力支持。每当条约谈判或签订激起中国地方当局的反对时，总会有恭亲王或慈禧太后的全力支持。如果没有他们的支持，许多条约的协商签订就无法完成。陈炽曾说，海关厘税岁入全仰赫德鼻息以为盈虚，清政府对赫德"倚任多年，毫无疑虑，中外大臣，皆遵而信之！"❷陈旭麓说，"晚清，慈禧在朝内主政40余年，李鸿章以封疆大吏辅政40余年，赫德以总税务司干政50余年，他们是互相结纳，构成了那时的政治格局"❸。

第三节 英国与其他列强的支持

赫德能够在晚清外交舞台上叱咤风云，成为中外缔约的重量级人物，除了中国的倚重和支持外，还得到了其强大的祖国——维多利亚时代英国——的强有力支持，当然，也离不开其他西方国家的认同和协助。

一、英国是赫德在华活动的坚强后盾

赫德一生几乎与英国维多利亚女王时代（1837—1901）相始终，而从1861年到1911年，赫德掌管中国海关50余年期间恰为大英帝国如日中天之时，是英国资本主义积极向外扩张，在全球范围内建立殖民地、半殖民地的大英帝国的狂热时代。英国以其坚船利炮，"不可一世地冲开了老朽的中华帝国的大门，并在侵略中国上稳执牛耳达数十年之久"❹。当时英国遍布世界的殖民地需要大量的英国臣民去为国家效力，因而英国的年轻人有着比别国同龄人多

---

❶ 陈霞飞.中国海关密档——赫德、金登干函电汇编（1874—1907）：第7卷[M].北京：中华书局，1995：752.
❷ 赵树贵，曾丽雅.陈炽集[M].北京：中华书局，1997：96.
❸ 陈旭麓.中国近代史十五讲[M].北京：中华书局，2008：104.
❹ 杨国伦.英国对华政策（1895—1902）[M].刘存宽，张俊义，译.北京：中国社会科学出版社，1991：译序1.

得多的发展机会,"青年的赫德显然是生遇其时"❶。赫德在清廷的地位作用只是英国霸权在世界的折射之一,维多利亚时代在其属地上声名显赫的英国人比比皆是,赫德便是其一。

(一)英国政府官员的支持

英国作为近代西方列强向中国发起攻击和勒订不平等条约的领头羊,❷ 要想干预和施压中国内政外交,在华索取最大权利,需要精心选择并倚靠和支持横跨中外利益的、实施外籍税务司制度的近代中国海关及其掌舵人赫德。

1. 从英国赴华外交人员到中国海关总税务司

1854年,英国外交部贝尔法斯特学院招考赴华外交人员,赫德经该学院推荐被免试录用。同年5月到达香港,当翻译学员,得到了香港总督兼公使约翰·包令爵士的许多忠告和帮助。几个月后任英国驻宁波领事馆助理兼翻译工作,开始学习汉语。1858年来到广州时,已能说一口流利的汉语,差不多成为一个中国通了,很快得到重用,参与机要。先进入英国驻华外交机构,后转入海关。1854年英、美、法三国领事在上海施行关税代征,强迫清政府"邀请"洋人帮办税务,随后《北京条约》确立外国人税务司制度。第一任总税务司是英国人李泰国,后因其回国休假,推荐赫德代其职。1863年11月15日,赫德正式取代李泰国。总税务司控制着海关,不啻掌握着清政府的命脉;此后由于英国的支持和商业优势地位,赫德一直掌管中国海关直到去世。

中国海关虽是一个列强共管的国际官厅,但这个"异乎寻常的机构"最主要又处在英国的控制之下。英国政府为保护自己的商业优势和政治利益,力求把中国海关办成对华关系的基石,确保海关由英国人管理,并由英国人担任高级职位,所以从各个方面给赫德以有力支持,英国在华攫取的权益很大部分是通过赫德掌控的中国海关来实现的,赫德自然也成了英国在华利益的代言人。

2. 从海关到外交

最初海关的管辖范围只限于帮办税务、严查漏税、港务行政和支用吨税等四项,有了英国这个坚强的后盾,同时也为了满足英国广泛的侵略要求,稳坐总税务司宝座的赫德自然不会把自己的行动仅限于海关税务领域,而是设法扩大其职权包括统辖关务,办理税务一切事宜;还有督察、培养关员以及海关行政以外的其他一切事务,到处插手中国事务,尤其热衷中外交涉。在晚清诸多条约的签订过程中,他所起的作用有时超过正式的外交官,因而英国也经常倚

---

❶ 布鲁纳,费正清,司马富.赫德与中国早期现代化:赫德日记(1863—1866)[M].陈绛,译.北京:中国海关出版社,2005:6.
❷ 李育民.近代中外关系与政治[M].北京:中华书局,2006:95.

重、利用赫德从华攫取最大权益。"研究上一般都认为海关就是中国与列强、或列强之间外交交涉的一部分"❶，因此赫德得以屡屡利用其洋人、洋雇员、翻译、中介等多重身份，在中国和外国驻华使馆之间往复周旋，成为中外交涉舞台上的名角。英国在倚重、利用赫德从中国获取种种权益的同时，也尽力给予他支持。

首先，英国对赫德的倚重。由于海关的重要性，赫德的精明，以及与清政府的特殊亲密关系，英国在华外交官事实上常常离不开这位英籍中国雇员。来华初期，赫德就为英国收集了不少有关《天津条约》的情报。1859年4月，英国驻华公使卜鲁斯在香港得到赫德的一份备忘录，内称据可靠消息：皇帝不满条约，尤其是对外国使臣驻京一节极为不满，已决定不予接见；北京和天津正在进行军事准备；由僧格林沁率兵5万阻抑联军进京，大沽、天津重修炮台……后来事件的演变与赫德提供的情报及预测完全一致。卜鲁斯在1861—1862年间多次对英国外交大臣罗素称赞赫德的性格和能力，一再强调，如果没有赫德的帮助，他对处理海关的程序问题，就不能很好地加以解决。以后历届驻华公使，对于赫德，也可以说是须臾不可离。英国政府"当命令彼之驻华公使时，常附加 what in doubt，consult Robert Hart 一语，即此可知英政府信彼之深"。❷"只要有疑难，就去咨询赫德"在英国外交当局，已成惯例。《阿礼国传》一书的作者也说，英国在中国的使馆一直没有情报组织，使英国在这方面节省了一笔费用，因为"一切必要的消息都可以从海关那里得到"。❸

不仅如此，英国还多次点名要求赫德参与中英交涉谈判，如中英修约、滇案交涉，等等。这也是1885年赫德能够始允就任英国驻华公使，复又拒绝，英国政府不但不恼怒，反而加以首肯的一个重要原因。高柳松一郎分析个中原因之一为"实则彼以海关制度之存续为一生事业，且欲因此而支持英国之势力也"。❹假如当初赫德在海关未为英国如此卖力，英国坚持要其就任，那么赫德也就无缘插手之后的30余个中外约章的谈判和缔结了。1885年署理英国公使的欧格讷，也和赫德维持极为密切的关系。当然也不排除英国公使和中国海关总税务司之间偶尔也有小摩擦，但是在维护英国大局和根本利益上，二者始

---

❶ 滨下武志.中国近代经济史研究：清末海关财政与通商口岸市场圈[M].高淑娟，孙彬，译.南京：江苏人民出版社，2008：319.

❷ 高柳松一郎.中国关税制度论[M]//沈云龙.近代中国史料集刊：第74辑.台北：文海出版社，[出版年不详]：28，128.

❸ 丁名楠，余绳武，张振鹍，等.帝国主义侵华史：第1卷[M].北京：人民出版社，1992：201.

❹ 高柳松一郎.中国关税制度论[M]//沈云龙.近代中国史料集刊：第74辑.台北：文海出版社，[出版年不详]：127.

终保持高度的一致。

其次,在中外交涉上力挺赫德。英国清楚地知道,它在19世纪末期的中国,能身居有约国家的外交领导地位,这不过是它在对华贸易中能独占鳌头地位的反映。而这些又与赫德掌管的中国海关及赫德在中外交涉中对英国起着莫大的作用有关,所以英国政府及官员对赫德的总税务司地位竭力维护,并对赫德的要求尽量满足,对赫德的建议也极为重视并尽力支持。这些在海关从事"业余外交"活动中,表现尤为突出。

在中英修约中,赫德因为得到英国驻华公使阿礼国和清政府的信任,得知双方的谈判要求,同时掌握了大量的海关资料,因而他的意见占了上风。在中法越南交涉中,英国政府给予赫德的帮助就更多。英籍华官金登干首程去巴黎之前曾通过关系私下秘密征询英国外相格兰威利勋爵的意见时,勋爵赞许赫德的计划。时任英国外交副大臣的朱利安、庞斯福德爵士也与赫德结交甚深,再加上英国垄断资本的代言人、议员、大军火商斯·伦道尔的支持,才使赫德得以在中国为所欲为而不被英国政府掣肘。伦道尔还明确表示,他愿意作为沟通赫德与英国政府联系的"一个直接渠道",希望赫德能对他的能力具有信心,加快行动,并转告赫德:"我与格勋爵的接触是私人而秘密的,如你能提出确实建议,现在是谈判的有利机会。"❶ 提出任命赫德为驻华公使的也是庞斯福德爵士,而他又是英国格兰斯通首相的心腹。❷1886年,金登干赴里斯本交涉澳门问题前,也前去拜访庞斯福德,英国外交部备函为金登干向英驻葡公使介绍,并嘱咐给予金登干以帮助。

英国银行也支持赫德维护英国利益的交涉活动。英国在中国的丽如银行和汇丰银行就多次应赫德要求,向清政府提供借款,如甲午战争期间的战争借款和之后两次战败赔款,赫德都曾向它们商借过。英国通过银行的放贷,既牟取了巨额利润,又攫取到各种利权。

(二)英籍华官的支持

赫德之所以能促成诸多晚清中外条约,除了英国政府、官员的力挺外,还离不开一些英籍华官的大力协助,特别是金登干、赫德胞弟赫政以及众多的英籍海关税务司多次参与中外交涉。

竭尽全力支持赫德的英籍华官首推金登干(1833—1907),他与赫德一样,是同属于英国维多利亚时代,为了英国在东方的殖民事业而献身的一代。1874

---

❶ 对外贸易部海关总署研究室.中国海关与中法战争[M].北京:科学出版社,1957:53.
❷ 陈霞飞.中国海关密档——赫德、金登干函电汇编(1874—1907):第4卷[M].北京:中华书局,1992:129.

年8月，中国改设中国海关总税务司署伦敦办事处，金登干为办事处主任。他在这个职位上一干就是34年，直到1907年12月去世时止。他是赫德在各个领域的亲信和得力助手，两人34年间经常保持函电往来。清政府时常将机密之事委于赫德，而赫德转而依赖金登干这个得力助手及其与伦敦的关系协助完成，比如指示金登干在欧洲进行各种公开或秘密活动，为中国收集情报、商借外债、办理外交。金登干对赫德言听计从，还两次代表清政府与法国及葡萄牙谈判并签订条约，是赫德直接听取英国政府指示，操纵清朝外交所依赖的重要人物。

从中法越南交涉中就可以看出金登干是怎样历尽艰辛，"出色地"完成赫德的指示的。所以1885年4月，金登干代表中国政府与法国代表在草约上签字时，赫德忙致电感谢："好极了！办得不错！我庆祝和感谢你。"之后的中法北京条约谈判，为处理双方的分歧，金登干殚精竭虑，常常和赫德商量到深更半夜，甚至凌晨三四点。❶ 张寄谦说，金登干在关键的时刻起了最后结束中法战争的关键作用，"完成了一般外交人员都难以完成的特殊使命"。❷ 法国总理茹费理曾反复对金登干说，谈判的整个荣誉应归于赫德，它的"真正的创始人"，至于它的成功则全靠金登干的忠诚、才智和不屈不挠地执行了赫德的指示。❸ 同样，在中葡澳门问题的交涉上，金登干也是一个积极协助者和具体操作者。这从他致其母函中可见一斑。他说：我"已经承担起如同在巴黎一样的巨大的责任。毕乐曾公正地承认，那时我如不这样做的话，那草约根本就不可能签订""这次谈判在某些方面甚至比巴黎谈判更加困难"。❹ 赫德曾向清政府褒扬金登干在澳门问题上"竭力磋商，始克次第就绪，实为数十年来不可多得之员"。❺ 正是赫德和金登干两人齐心协力，共同努力，才成功地促成数个中法、中葡约章的缔结。金登干逝世时，《泰晤士报》发文指出："事实上，如果没有金登干的效忠、机智与才干，则赫德的所有那些胜利的外交，任何一项也难以实现。"❻

---

❶ 陈霞飞.中国海关密档——赫德、金登干函电汇编（1874—1907）：第8卷 [M].北京：中华书局，1995：420，425-476.

❷ 张寄谦.金登干（J.D.Campbell）与中国海关 [J].近代史研究，1989（6）：47，53.

❸ 陈霞飞.中国海关密档——赫德、金登干函电汇编（1874—1907）：第4卷 [M].北京：中华书局，1992：125.

❹ 邱克.英人赫德与中葡澳门交涉史料 [J].岭南文史，1987（2）：59.

❺ 邱克.英人赫德与澳门问题 [J].广州研究，1987（12）：65.

❻ Mullan W. Wright: Hart and the Chinese Customs [M]. Published for the Queen's University, 1950：194.

赫德的胞弟赫政在赫德的业余缔约史上也是一个不可或缺的人物。为期近6年的中英藏印谈判，赫德推荐赫政先是以翻译身份，继则以特派代表兼翻译身份，直接参与整个谈判过程，赫德则在背后全程充当谈判的操盘手。在中法越南勘界谈判中，赫德亦派赫政作为翻译全程参与谈判，赫政事无巨细都及时向赫德汇报，赫德据此不断向清政府呈递条陈节略，干预影响勘界交涉。

此外，赫德的外交工作还得到了许多英籍税务司的协助。如1902年的中英商约谈判中，三名英国人即代理总税务司裴式楷、海关税务司贺璧理和戴乐尔作为随员参与了谈判。许多在华英籍海关人员得到过英国政府的褒奖。在英国人眼里，"几百个英国人为了英国和世界各国对华贸易的利益，为了保护英国在华的财政和航运利益，在中国海关工作了整整一生"[1]。

二、其他西方国家的支持

中国海关作为列强共管的国际机构，不仅是中国政府财政收入的重要来源，而且要履行条约以及各国赋予的任务，更是中国外债的主担保，因而中国海关与各列强也有千丝万缕的联系，赫德插手的中外交涉自然也与西方各国有不同程度的关系。而且，在华西人中，就数赫德位高权重，清政府的信任和倚重，使赫德一言九鼎，"各国政府不得不在他面前讨好卖乖"。[2] 外国代表们经常与赫德进行联系和谈判，并在征税和交涉事务方面提供支持和帮助。美国公使蒲安臣曾说"由于他的机敏和能力已经赢得每一个人的尊敬。我们美国人特别对他有好感"。[3] 还告诉美国国务卿西华德外国商界也欢迎他的就任。

与中国直接进行谈判签约的西方国家，如丹麦、葡萄牙、法国、德国等对赫德的依赖和支持最为突出。丹麦这类小国，来华交涉全凭英国公使威妥玛和赫德的帮助，所以对赫德的建议多持赞同态度。葡萄牙在澳门问题上如果没有赫德帮其同英国一体协助鸦片税厘并征，它几乎没有与清政府订立条约的契机。所以在订立《拟议条约》时，几乎对赫德言听计从。后来葡萄牙谈判代表罗沙虽一度违背赫德的警告，索要过多，但由于清政府态度的强硬和赫德的反复劝说，罗沙基本上采纳了赫德的建议。强国法国虽然一开始对赫德的调停

---

[1] 魏尔特.赫德与中国海关：上册[M].陈敖才，陆琢成，李秀风，等译.厦门：厦门大学出版社，1993：568.

[2] 斯潘塞.改变中国[M].曹德骏，竺一莘，周定国，等译.北京：生活·读书·新知三联书店，1990：92.

[3] 马士.中华帝国对外关系史：第2卷[M].张汇文，姚曾廙，杨志信，等译.北京：商务印书馆，1963：50.

建议不以为然，坚持索要赔款，但后来经赫德指使金登干赴法一再磋商，法国态度有了软化，放弃赔款，并最终接受了赫德倡议的停战条件，签订条约，结束了战争。另一强国德国在英德借款和续借款问题上则完全支持赫德的谈判，如数按期提供了赫德所定的德国贷款份额，对赫德拟定的谈判条件毫无异议。1902年商约谈判，德国驻京公使甚至建议，"由于英国主持的贸易谈判经常符合各国的利益，最好是让英国先发条约谈判的球"。❶ 这与赫德的"各国同议更难"，由英国先议的主张可谓异曲同工。

由于赫德的特殊地位和作用，有些条约的制定还是赫德受列强委派订立的，也有条约是外国咨询赫德后订立的。前者如《各海口引水总章》即是，因为当时列强间的矛盾非常尖锐，无法调和，只好请出赫德，委托他来订立一部各方都能接受的引水法规。后者如《辛丑条约》，在勒索中国赔款，搜刮中国财源上，各列强反复咨询赫德，赫德尽力效劳，知无不言。一些中国国内法性质条约的制定，比如，《会讯船货入官章程》，数个长江通商章程等的出台，各列强也是给予认同和支持的。还有赫德代表中国与法、德、日等国协商缔结的诸多联邮章程，与德日签订的租借地收税章程等，缔约国对赫德的代表资格是认可的，对赫德的谈判建议基本上也是赞同的。

另外，赫德的外交工作有许多是依靠海关职员的大力协助完成的。以赫德为首的一批各国外籍海关洋员，凭借不平等条约的特权和他们"双重身份"的特殊地位，也取得了清政府各省督抚的赏识、信任，成为他们的外事顾问。这些外籍海关洋员以海关为据点，唯赫德马首是瞻，积极支持或参与赫德进行的干涉中国内政外交的活动，"起了某种外交机构的作用"。❷ 在赫德任中国海关总税务司时，由赫德指派海关洋员参与中外条约的修订，已成惯例。❸ "在各港口的外国税务司像在北京的赫德一样周旋于外国条约权利和中国利益之间，经常履行准外交职能。"简言之，赫德及其海关处在条约体系的中心，无论对整个条约体系作何评价，他们的工作是条约体系最富建设性的方面之一。❹

综上所述，赫德在晚清50多年中，能促成60多个中外约章的签订，个中缘由很多，但英国和其他列强的信任、倚重和支持是必不可少的。如果没有它

---

❶ 魏尔特. 赫德与中国海关：下册 [M]. 陈敖才，陆琢成，李秀凤，等译. 厦门：厦门大学出版社，1993：430.

❷ 陶文钊. 费正清集 [M]. 林海，符致兴，等译. 天津：天津人民出版社，1992：51.

❸ 陈霞飞. 中国海关密档——赫德、金登干函电汇编（1874—1907）：第4卷 [M]. 北京：中华书局，1992：274.

❹ 费正清，赖肖尔. 中国：传统与变革 [M]. 陈仲丹，潘兴明，庞朝阳，译. 南京：江苏人民出版社，1992：336.

们的支持，许多约章的协商签订就无法完成。阿礼国对此说得很清楚，"尤其是英国公使和中国总理衙门对他的信任能够完成当时任何其他人都不能完成的任务"。❶ 当然，赫德操纵拟订的关税、贸易、行船政策等使西方国家获益良多，尤其是他首创了以海关税收向列强支付赔款，使帝国主义强加于中国的不平等条约体系得以运转，海关保证了中国履行税收方面的条约义务，这也赢得了各国的称誉。因此，赫德成为英国和各列强都器重的人物。

第四节　赫德自身的良好素质

19世纪中叶，一浪接一浪的外国人涌入中国，伺机侵入中国各个领域，各国在华势力此消彼长，竞争非常激烈。中国内部的权力之争也使得各机构领导频繁更替。在此情形之下，赫德作为外国人能在中国一个重要政府部门的首要职位上一任终身，并干预中外交涉长达半个世纪之久，除了前述他赶上的绝佳机会等一些客观条件以外，还有其自身才能、修养和性格上的过人之处。《泰晤士报》评价赫德"是一个具有非凡才能和人格的人"。❷

一、受过良好的教育

赫德于1835年2月20日出生于北爱尔兰一个普通家庭，父母为酒类杂货店经营者。他10岁后在都柏林美以美教派学校就学四年，15岁时考上贝尔法斯特的最高学府皇后学院，在此三年接受了全面的文化及宗教教育，其间遇到了特别优秀的老师，接受了良好的逻辑学和英国文学教育，培养了缜密的逻辑思维能力和清楚、准确、流畅地用英语写作的艺术，在希腊语和拉丁语及经济学和法学方面也受到很好的教育和训练，他成绩优异，每年都获得奖学金。此外，还受到了基督教的严格训导，甚至有人说赫德文化学习上的收获，恐怕"远不如作为资本主义对外扩张的精神支柱的基督教所给予他的力量"。❸ 早期严格的清教徒传统和基督教的进取、正直、仁慈、同情等启发性教育、基督徒"坚实的理智方面"等构成赫德一生的推动力。虔诚教徒的身份，使赫德经常

---

❶ 魏尔特.赫德与中国海关：上册[M].陈敦才，陆琢成，李秀风，等译.厦门：厦门大学出版社，1993：506.
❷ 赫德爵士之死——非凡的生涯[M]//《泰晤士报》.帝国的回忆：《泰晤士报》晚清改革观察记.方激，编译.重庆：重庆出版社，2014：356.
❸ 汪敬虞.赫德与近代中西关系[M].北京：人民出版社，1987：19.

认为是本着"良知""人道"在帮助中国"进步"。❶

赫德成长环境的熏陶和所受的教育对他后来的事业有着不可估量的价值。一是获得了时任外交部部长克拉勒得恩伯爵（曾经的皇后大学的名誉校长）提供的赴中国为英国政府效力的免试录用机会，这是个改变其一生的发展机遇。二是训练了缜密清晰的逻辑思维能力、语言表达能力和快速流畅的写作能力，使其在以后工作中，面对各种纷繁的事物，总是善于抓住主要问题，处理得井井有条。在拟写约章条文、奏章条陈、海关通令以及数量令人难以置信的书信、电文和日记时都能轻车熟路，快捷高效。三是养成了刻苦好学的习惯，熔铸了吃苦耐劳、含蓄谨慎、坚韧顽强、乐观进取的品质和性格。在斡旋中外交涉中，即使遭受接二连三的挫折，也始终以坚忍不拔的毅力去努力调停，直至达成和解协议。四是培养了敏捷的思维和超前的判断力，在风云变幻中善于观察现象并超越现象，捕捉先机，进而快速预测出事物发展的前景和采取行动。

二、精通汉语，熟悉中国官场作风

赫德在中国能够青云直上，在晚清外交中到处插手，讲得上话，是因为他勤学苦练，精通汉语，能说善写，此语言强项使得赫德轻松地周旋于晚清官场，谙熟官场作风和规则，能在外交斡旋中充分发挥他的翻译和中介作用。

1854年10月，赫德担任英国驻宁波领事馆编外译员始学汉语，因勤学苦练，次年便开始阅读《红楼梦》。❷ 凭着坚毅、机智和勤奋，不到四年，赫德担任联军委员会秘书时，已能说一口流利的中国话。阿礼国曾热情地称赞赫德的翻译技巧，"任何翻译，不管其知识和才能多优越，都无法像目前在委员会里的翻译那样成为有效的工具"。❸ 赫德后能通晓中国古代典籍，翁同龢曾对于赫德熟于《孟子》旁及《墨子》也暗暗称奇。在学习汉语和阅读中国传统经典著作的过程中，赫德认识到儒家谆谆教诲的忠信、勇气、正义、诚实等美德对于当时的中国和世界都很有用处，对中国文化产生了仰慕和崇敬，对中国基本上能抱一种友善、谅解的态度。赫德接触中国文化多了，自然会潜移默化，

---

❶ Fairbank, Bruner, Matheson. The I.G. in Peking: Letters of Robert Hart, Chinese Maritime Customs, 1868—1907 (Vol-1)[M].The Belknap Press of Harvard University Press Cambridge, Massachusetts and London, 1975: 567.

❷ 布鲁纳，费正清，司马富.步入中国清廷仕途：赫德日记（1854—1863）[M].傅曾仁，刘壮翀，潘昌运，等译.北京：中国海关出版社，2003: 51.

❸ 魏尔特.赫德与中国海关：上册[M].陈敖才，陆琢成，李秀凤，等译.厦门：厦门大学出版社，1993: 349.

接受中国人的某些思维方式，"按照中国方式行事和参与中国的公事议论"❶，开始变得中国化。

对汉语运用娴熟和对中国的了解，使赫德能很快就融入各种中外交际、交涉场合，很快熟悉了中国官员的秉性、欠缺和弱点，熟悉官场礼节和中国士大夫的习气，以及他们的行事规则和官场作风。如在谈判中，尽量保住中国人看重的面子问题，而让出实利。在条陈奏折的行文中，善于以中国人易理解和接受的语言、方式深入浅出地辩解说理，表达自己的观点。更主要的是，赫德因此能在交际、交涉中占据优势，成为清政府与列强交涉沟通的桥梁。在诸多外交谈判和约章拟订中，赫德成了不可或缺的翻译、或代表、或顾问、或调停人、或执笔人，甚或多种角色兼而有之。

三、谨慎圆通的处事态度

赫德在中国半个世纪身居高位，一帆风顺，这与他的性格特征及为人处事的态度也密切相关，他的谨慎圆通有口皆碑。马士说："他的最优秀的品质则是他的谨慎。"❷这在赫德的工作和外交活动中均有突显，并在很大程度上成就了他的事业和业余外交活动。

赫德对狡悍跋扈，阴狠自大，缺乏远见和圆通应变能力的晚清第一任海关总税务司英国同胞李泰国多有不满和担忧，并时刻警告自己不要重蹈他的覆辙。早在1863年，赫德就认识到不能用英国人直截了当的处事方式来对付中国人，得用中国人自己的手段去对付中国人。❸初次赴京，赫德就给奕䜣和文祥留下了"稳重而又圆通"的良好印象，得到了热情的接待。恭亲王在任命赫德为总税务司的札谕中即称："该总税务司谨慎圆通，并富经验……应更勤慎。"❹得知总税务司署迁往北京前夕，赫德一再告诫自己："切不可自鸣得意。事实上，我的成功越大，我就越谦虚，越谨慎，免得被人看出真正的我是多么软弱和愚蠢！""我务须头脑冷静，兢兢业业；更加谨慎小心，更加如履

---

❶ 布鲁纳，费正清，司马富.步入中国清廷仕途：赫德日记（1854—1863）[M].傅曾仁，刘壮翀，潘昌运，等译.北京：中国海关出版社，2003：419.

❷ 马士.中华帝国对外关系史：第3卷[M].张汇文，姚曾廙，杨志信，等译.北京：商务印书馆，1960：426.

❸ 布鲁纳，费正清，司马富.步入中国清廷仕途：赫德日记（1854—1863）[M].傅曾仁，刘壮翀，潘昌运，等译.北京：中国海关出版社，2003：358.

❹ China.The Maritime Customs：Documents Illustrative of Origin, Development, and Activities of China Customs Services（6），Statistical Department of the Inspectorate General of Customs（Shanghai），1937—1940：143-144.

薄冰！"❶

在工作和外交活动中，赫德时时处处保持着他的谨慎圆通。上任伊始就表明他的愿望是提供服务而不是进行统治，是平等地和雇主们相处，并尽一个雇员的能力为他们提供忠诚的服务而不是显示自己的优越。❷即使是对打心眼里瞧不起的中国官员，甚为不满的清廷外交举措，抑或战败后任人宰割的清政府，赫德都能做到态度谦虚、谨慎，总以忠实臣仆的商量口吻，献计献策。即使是在不得已向清政府提出令人不快的建议，或在极其尴尬的环境里，也尽量表现出对中国人的尊重，以对方能够理解、接受的方式提出建议，劝告他们如何保持其必需的东西，处处体现理解和同情，保住中国官员的面子，而不会发号施令或急躁冒进。

这点在中外交涉谈判中发挥得淋漓尽致。每次交涉，他都小心谨慎，灵活圆滑，动之以情晓之以理，采取了比较隐蔽的手段，把许多非法活动合法化，如鸦片走私、苦力掠卖；把一些侵犯中国主权的活动说成是维护中国主权的行为，比如港口引水、内河内港行轮、澳门主权问题等。这样，常常给人一种似乎站在公正公允的立场，使中外"化干戈为玉帛"，使得清政府对他感激不尽，而越发倚重他。即使在庚子事变后，人为刀俎我为鱼肉的情况下，赫德依然恭顺、谨慎地在朝廷、廷臣及列强间奔走斡旋，并告诫各分关人员，"不是要排挤中国政府任命的官员，海关总署有义务同他们和睦相处，忠诚地工作，避免任何摩擦"❸。有时面临总理衙门的责难和舆论压力时，他便即刻回归清政府雇员的角色。

总之，作为一个出身平民、地位重要、身份特殊、处境微妙的外籍中国雇员，赫德不像其他傲慢已经融化在血液中的帝国主义的代表，他步步谨慎，事事通达圆滑，所以才能在总税务司的位子上长期稳坐如泰山，也才得以有机会介入诸多中外交涉，并促成协议的达成。

四、勤奋顽强的品质

赫德具有勤奋、顽强、坚忍、热心肠、好脾气、富有同情心等优良品质，这也是有助他成功谈判缔约的重要因素。高柳松一郎在谈到总税务司之所以能

---

❶ 布鲁纳，费正清，司马富. 赫德与中国早期现代化：赫德日记（1863—1866）[M]. 陈绛，译. 北京：中国海关出版社，2005：429，428.

❷ 魏尔特. 赫德与中国海关：上册[M]. 陈敉才，陆琢成，李秀凤，等译. 厦门：厦门大学出版社，1993：555—556.

❸ 同上：354.

掌握行政实权的内因时说，"其品质伎俩，深得中国政府之信任"，❶这点同样适用于赫德的业余外交。

赫德处事的勤勉顽强有目共睹，也令人叹服和为之动容。在华50多年里，赫德要管理中国海关总署及庞大的分关，工作量惊人。他曾写道："每星期两天花在英国公函上，两天花在中国事务上，两天办理半官函，一天处理琐事。""时间是十分紧的。有这么多的铁要同时在火里炼，这么多的梭子要同时织出布来，在这个门，一批公众正等着结果，而（总理）衙门则在另一个门，等着报告和提意见。"❷他还要参加不能用时间计算的大量的业余外交活动，比如谈判、翻译及拟定条约，要插手中国的教育、海防、邮政等内政。以至于赫德说："对以往四十八年当中做成的每一件事的发轫和倡议，几乎都有接触。"❸此外，赫德还要保持跟金登干每周一次的通信往来及与欧洲其他人的通信，并坚持天天写日记。

以上庞杂的工作和事务样样耗时费力，而赫德事无巨细都谨小细微，认真对待，以至于经常超负荷地工作。从他和金登干34年的通信中，人们能充分感受到他工作的紧张忙碌。在中法《北京条约》谈判中，为了处理双方的分歧，赫德倾心投入，常常工作到深更半夜，甚至凌晨3点。❹工作的忙碌在赫德的"客卿"生涯中从未停歇过，即使到了六七十岁高龄的时候依旧如此。下面摘录片段书信以资佐证：

1893年2月12日"连续十四年工作从未休假的极度劳累（在过去六年半中我没有一天不到办公室），对我来说，实在是太过分了"。❺

1895年10月27日"我每天难以在二十四小时以内完成我一天的工作，但是，我不敢进舱里休息，怕的是别人来掌舵，会把船搞翻或者偏离航向，我

---

❶ 高柳松一郎.中国关税制度论［M］//沈云龙.近代中国史料集刊：第74辑.台北：文海出版社，［出版年不详］：122.

❷ Fairbank, Bruner, Matheson. The I.G. in Peking: Letters of Robert Hart, Chinese Maritime Customs, 1868—1907（Vol-1）[M].The Belknap Press of Harvard University Press Cambridge, Massachusetts and London, 1975: 495.

❸ 马士.中华帝国对外关系史：第2卷［M］.张汇文，姚曾廙，杨志信，等译.北京：商务印书馆，1963：弁言2.

❹ 陈霞飞.中国海关密档——赫德、金登干函电汇编（1874—1907）：第8卷［M］.北京：中华书局，1995：455-458，463，473，476.

❺ 陈霞飞.中国海关密档——赫德、金登干函电汇编（1874—1907）：第5卷［M］.北京：中华书局，1994：661.

真是又累又困，但是我得忍受"。❶

1897年7月4日"一天二十四小时，对应该做的工作来说，是太不够了。即使一天有七十二小时，我也不见得有多少空闲的时间！"❷

1906年1月7日 "我非常安静但又非常忙碌地度过了圣诞节和新年，既没有招待客人，也没有外出应酬，只是把自己关在室内用全部时间去处理积压的和眼前的工作"。❸

赫德还经常搭上自己的探亲假❹。从1854年7月赴港来华，到1908年4月离京返英的在华54年间，赫德只有两次请假回国，即1866年请假回英6个月、1877年请假一年赴欧洲。两次回国的时间不超过三年。其余数十年如一日，都在紧张忙碌地工作，忍受住孤独寂寞，近乎苛求自己。比如，赫德的婚姻持续了45年，他和妻子真正在一起生活的日子，只有13年。从41岁开始，30多年，赫德在北京过着独身生活。他也曾对工作倦怠过，也曾归心似箭，渴望休息，这些他对金登干有过很多的倾诉。中法战争期间，他一再说："我确实很厌倦，也不可能永远在职。……我感到非常孤独——工作非常繁忙冲淡了一些我的孤独之感；不过，孤独一直陪伴着我。"❺ "我厌倦工作，渴望摆脱身上的重负。面对我的周围，从头到脚整个范围内有这么大的责任，经常要如此地谨慎行事……使人感到疲劳。我真的渴望着要休息！……我想和妻儿在一起，想休息。"❻

赫德无数次想回国探亲，总是因为种种事情的羁绊不能成行。1885年底，他提出从1886年初起休假两年。总理衙门答应让他休假，但是缅甸、香港和澳门交涉把他拖住了。结果，到1888年初，赫德仍在任上，渴望着休假。1894年上半年，赫德要求请假回家，被批准等到11月才能走。可朝鲜危机使他又一次错过了回家的时机，总理衙门让他过一两年再申请。结果，1898年的借款协议所需要的厘金工作、新近成立的大清邮政局的发展、由于割让胶州

---

❶ Fairbank, Bruner, Matheson. The I.G. in Peking: Letters of Robert Hart, Chinese Maritime Customs, 1868–1907（Vol-1）[M].The Belknap Press of Harvard University Press Cambridge, Massachusetts and London, 1975: 1038.

❷ 同上：1124.

❸ Fairbank, Bruner, Matheson.The I.G.in Peking: Letters of Robert Hart, Chinese Maritime Customs, 1868—1907（Vol-2）[M].The Belknap Press of Harvard University Press Cambridge, Massachusetts and London, 1975: 1493.

❹ 海关职员都有固定的探亲休假。海关外籍人员，五年期满，可以半薪休假一年。

❺ 陈霞飞.中国海关密档——赫德、金登干函电汇编（1874—1907）：第3卷[M].北京：中华书局，1992: 168.

❻ 同上：295–296.

以及展拓九龙租借领土所需要的海关安排、内地河流对轮船的开放、长江章程的修改，以及西江流域的开放，都是需要认真处理的重要海关问题。1899年，65岁的赫德写道："当中国这样困难的时候我要离开了。但我看不出我再留下来有什么用。所以当我9月份从北戴河回来的时候，我要开始收拾行李了。明年这时候，我将在回家的路上了。"然而到了第二年，发生了义和团运动，中国正处于最危急的时候，赫德忘记了自己的年龄和不良的健康状况，坚持留下来工作。❶此后，他除了参与《辛丑条约》的斡旋外，还直接间接拟议签订了涉及多国的邮政章程、中葡通商、租界设关征税等近20个条约。甚至到1906年5月，清政府公布了收回海关主权的谕旨，赫德依然欲"寻找加强海关的任何机会和决不放过一切机会"❷。详察赫德一生的所作所为，舍我其谁的担当意识始终顽强支撑着他，每逢朝廷有危难、无人支撑的时候体现尤为突出。

曾担任中国海关帮办和税务司等要职的英国人魏尔特称赞赫德："为其使命的献身精神如同圣贤与先知一样令人起肃，他的道德品质和他的聪明才智融为一体，它们如此和谐，正是完成其任务所需要的。""他长期严于律己，使自己决不做会干扰完成这项任务的事情，也决不忽视这类事情。战胜困难是他永远的动力，……这种生涯意味着永远不停的折磨，一场没有暂喘机会的战争。"❸此处尽管魏尔特过于溢美，但绝非毫无根据之虚言。尽管赫德有其追求贵族生活和爵士梦的目标，人们对其具体活动存在争议，但对于他勤勉顽强的工作则无不表示敬佩。诚然，要是没有他的勤奋顽强，赫德是无法介入那么多的中外交涉和缔约谈判的。

五、精明干练的工作能力

赫德的普通家庭背景原本无法使他得到政府的空缺，但是，他精明干练的工作和活动能力、超强的政治敏锐性和决断力使他如愿以偿，成为近代中国历史舞台上一个举足轻重的人物。

来华不到十年，赫德凭着非一般的机智、耐心和远见，由一个无足轻重的编外翻译上升为掌握中国海关大权的总税务司，青云直上。1859年，在为

---

❶ 魏尔特. 赫德与中国海关：下册[M]. 陈敉才，陆琢成，李秀凤，等译. 厦门：厦门大学出版社，1993：353.
❷ 陈霞飞. 中国海关密档——赫德、金登干函电汇编（1874—1907）：第7卷[M]. 北京：中华书局，1995：952.
❸ 魏尔特. 赫德与中国海关：下册[M]. 陈敉才，陆琢成，李秀凤，等译. 厦门：厦门大学出版社，1993：562–563.

《天津条约》的换约和卜鲁斯的接触中，他提供的材料和作出的判断的准确性令卜鲁斯对其刮目相看。总理衙门刚一成立，卜鲁斯忙急召远在南方的赫德赴京，打探北京官场的气候。之后赫德抓住首次赴京机会，使一开始对他比较冷淡，似乎有点儿看不上他的恭亲王很快被他精心准备的文件和数据所打动。赫德将所观察到的走私贸易的猖獗、中国海关官员的腐败无能和沿海秩序的混乱对中外贸易造成的严重危害等困扰清政府的问题整理成文字和数字材料，包括七个清单和两个禀呈，内容主要为：外国商船载运土货往来论、子口税、外国鸦片走私问题、商税轻重之议等及其解决方案，以极其友善、恭顺的态度呈递恭亲王。他的谦恭、对海关的了然于心与解决问题的中肯建议很快获得了奕䜣的满口称赞。奕䜣甚至说："中国官员几乎无人可信。对比之下，外国人的报告较为可靠。"❶ 遂要求赫德留在北京，协助总理衙门处理外交事务。卜鲁斯盛赞赫德"机敏、善意和谦逊"❷，称其北京之行为"辉煌的成就"。

此后，赫德积极创造取代李泰国的条件，很快即如愿以偿。1863年11月上谕让其取代李泰国，理由之一是赫德"所办各事，诸臻妥协，并具成效"。❸ 有人说，"他的成功来自他看准和抓住时机的能力"❹。费正清评价赫德"头脑聪明，文化敏感"❺。主持海关之前的这段经历，显示出他引人注目的特殊能力。

主管海关后，赫德更加卖力地工作，且将其能力、权力和精力在各个领域发挥到极致。在涉及中外交涉谈判订约方面，赫德总是伺机插手，协调各方关系，充分施展其才。有条件时，他就顺理成章地干预；没有条件，他就努力创造条件介入其中。前者如中英间的修约、中英藏印和缅甸交涉、香港鸦片贸易协定、英德借款与续借款、多国邮政章程，以及各种收税、行船、会讯、租借地设关征税章程的拟订，等等；后者如中丹天津条约、中葡澳门条约、中法越南条约、各国辛丑条约等的谈判与缔结。以上诸多交涉，要平衡中国和英国及各列强间的利益，尤其是中法越南纷争中，出主意和幕后牵线的人何其多，唯有赫德和金登干联手斡旋成功，没有高度的政治才能和外交技巧是行不通的。

---

❶ 王宏斌.赫德爵士传——大清海关洋总管[M].北京：文化艺术出版社，2000：43.
❷ 马士.中华帝国对外关系史：第2卷[M].张汇文，姚曾廙，杨志信，等译.北京：商务印书馆，1963：50.
❸ China.The Maritime Customs：Documents Illustrative of Origin, Development, and Activities of China Customs Services（6），Statistical Department of the Inspectorate General of Customs（Shanghai），1937-1940：143-144.
❹ 布鲁纳，费正清，司马富.步入中国清廷仕途：赫德日记（1854—1863）[M].傅曾仁，刘壮翀，潘昌运，等译.北京：中国海关出版社，2003：297.
❺ 赵长天.孤独的外来者——大清海关总税务司赫德[M].上海：文汇出版社，2003：64.

此外，赫德清楚，因税务机关处在引发争端和敌视的特殊位置，所以在履行约章时宜作"灵活"隐蔽的处理，尽量照顾到商人的利益。他告诫下属，与商人对抗不是海关职员的办事原则，只有贸易繁荣，税收才能迅速增加，为此，征税工作尽量提供方便，减少羁绊。虽然知道这样做有损中国利益，但他拿捏了清政府的短视和脾性，只要税收有增加，就不会真正怪罪于他。

总之，赫德的特殊才能是熟悉他的人都交口称赞的。魏尔特褒奖赫德"是具有推动作用和控制力的天才，是光芒四射的核心人物"。[1] 金登干也说赫德具有"超人的天赋"，这些天赋"包括思想和意志的力量，注意力集中的能力和创造性的思想，机智和判断力，对书籍的爱好和惊人的记忆力"。[2] 如果说英国人的言论不乏夸张和恭维之嫌，那么日本人高柳松一郎的评价——"现行海关制度，悉由彼之组织的才能以至致之，若非彼博得部下悦服中外信任之大人格，虽有英国为之后援，恐亦不能安于总税务司之地位也"，[3] 则是比较公允的。

毋庸讳言，作为外国人，赫德能够在50多年里，持续主管中国政府一个极其重要的部门，并经常插手中国外交，斡旋缔约60余个，自身没有非凡的品质和能力是无论如何也做不到的。清末在挑选赫德的继承人时，一群高级税务司联名签字向英国驻华公使萨道义建议："这个人必须具备综合品质……必须有足够的能力和经验，判断力，并能小心翼翼地安全可靠地执行海关工作。他应该是一位没有偏见和偏袒的有正义感的人。但是他将要求并保持职员的很高的纪律、教育和举止标准。……他必须非常精通汉语和中国事务，他必须在有影响的中国官员中间有名气并得到尊敬。此外，他必须得到同事的信任，英国外交部的支持，驻北京的外国公使的接受，或至少不被反对。"[4] 不妨说，这些建议其实就是赫德在华工作能力、品质和经验的总结和真实写照。

综上所述，正是由于当时中国的历史环境和政治土壤，适宜产生赫德这样的人物，也因为英国维多利亚时代强有力的支持，赫德紧紧抓住这绝佳的机会，乘势而上，并竭力去超越它，从而得以纵横于中外各种交涉与众多条约的磋商拟订。

---

[1] 魏尔特.赫德与中国海关：上册[M].陈敉才，陆琢成，李秀凤，等译.厦门：厦门大学出版社，1993：序1.

[2] 陈霞飞.中国海关密档——赫德、金登干函电汇编（1874—1907）：第5卷[M].北京：中华书局，1994：368.

[3] 高柳松一郎.中国关税制度论[M]//沈云龙.近代中国史料集刊：第74辑.台北：文海出版社，[出版年不详]：127.

[4] 魏尔特.赫德与中国海关：下册[M].陈敉才，陆琢成，李秀凤，等译.厦门：厦门大学出版社，1993：455.

第二章　赫德操纵缔结的中外约章

赫德在华期间，经常有意介入或不可避免地被牵扯进中国复杂的对外交涉，通过"专门建议和主动协助"，扮演着不同的角色：中国官方代理人、或顾问、或翻译、或调停者、或幕后操盘手，等等。他在公开或幕后策划谈判、拟订约章中扮演的角色不同，所起的作用也就各异。在中葡澳门问题交涉和中法越南交涉中，赫德最初都是以清政府代理人的身份直接参与其中，前一交涉先是与葡萄牙擅订《拟议条约》，接着幕后操纵金登干在里斯本谈判签订《会议草约》、在北京拟订中葡《和好通商条约》等。后一交涉中遥控其派去巴黎的金登干代签《中法停战条件》、代拟《中法越南条款》。在中英藏印交涉中，赫德派其弟赫政先是充当翻译，后则作为中方谈判代表介入其中，自己作为谈判的实际操盘手在幕后操纵，代拟代签了《藏印条约》和《藏印条款》。此外，代表清政府直接谈判和拟定了中英《香港鸦片贸易协定》。

第一节　缔结中葡澳门主权条约

清政府在两次鸦片战争中连遭败绩，引发了世界资本主义国家侵华的连锁反应，他们纷纷扑向中国。原来对清廷尚属"恭顺"的葡萄牙乘机欲将原来"骗租""强租"的澳门从法理上据为己有，一方面乘清政府穷于应付英、法侵略军和太平军之际不断扩占澳门周边地区，另一方面假法、英等国之威强使清政府与之订立条约，攫取各种特权，尤其觊觎澳门及其周边地区的领土权。在晚清40多年的中葡订约问题交涉中，葡萄牙与清政府拟定和续订的各种约章达11个。这段时间，正是赫德从署理总税务司到成为总税务司和清廷重要外交顾问的时期，亦是赫德对清廷的外交影响从崭露头角到全面干涉甚至越俎代庖的一个阶段。他直接或间接参与了中葡所有11个约章的谈判交涉。虽然提出了些许积极中肯的主张，但也曾背着清政府进行私下交易，或明助暗损，严重损害了中国的领土主权。

一、《和好贸易条约》谈判力挺中国

澳门自古以来就是中国的领土。16世纪初葡萄牙泛舟东来，几度窥伺中

国，企图与中国建立贸易关系，均遭拒绝。最终于1553年运用"要挟"和"恭顺"并重的手段获得在澳门的借居权，每年缴纳500两白银的租金，但中国政府依然拥有澳门的土地、行政、防卫等主权。此后这种封建式的租借关系延续了几百年。

近代中国被迫割让香港后，葡萄牙看出当朝政府经不起武力，威胁可以使其软化，遂欲援香港例与清廷立约，攫取澳门主权，对清廷步步进逼。先是宣布澳门为自由港，后停止交纳澳门租金，不断扩大占领区并对其实行殖民统治。经过20年的投机钻营，葡萄牙当局认为占领澳门已成事实，为获得法律上的承认和依据，从1853年起谋求同清廷商谈条约，结果一再被拒。1862年，葡萄牙借法国驻华公使之助，复求与清政府商谈订约，并拟定了中葡《和好贸易条约》。时值赫德代理中国总税务司，经常出入总理衙门，从而得以插手此条约的交涉。

葡萄牙自知凭己之力无法说服清廷同其订约，于是请求法国公使哥士耆为其反复向总理衙门说项。1861年5月，澳门总督兼全权公使基玛良士随哥士耆来到天津，请哥士耆代转请求立约照会和帮忙。总理衙门害怕哥士耆挑拨生事，允其请求，派总理衙门大臣恒祺、三口通商大臣崇厚为议约大臣。一开始恒祺、崇厚并没有对解决澳门问题作充分准备，反而对哥士耆所说的"居中排解，为我出力"抱有幻想。赫德获悉葡使来意后，于1862年5月28日和6月8日两次致函总理衙门提出以下建议：一是要求葡萄牙派驻中国通商口岸之领事须为可靠之员，且不得干预贸易。二是中国有权继续在澳门设关征税。因为"澳门绕越私入内地洋药（即鸦片），每月有五六百箱之多，而随此大宗洋药，其余进出口各项货物均系漏税之件，以致百弊丛生，若能在彼设关，即与粤关税务大有裨益"❶。三是言明澳门仍是中国土地，葡人只准在此居住，须得向中国缴纳租银，数额应由原来的500两增至1.2万两。四是葡萄牙不得援例享受"一体均沾"之优待。若葡萄牙不肯答应这些条件，"即不准设立条约是也。……以免国事受损失"❷。五是不许他国干预澳门问题。鉴于法英公使为葡萄牙公使游说，赫德建议总理衙门"令其勿管"，"此系中国之事，别国毋庸过问"❸。

---

❶ 中国第一历史档案馆，澳门基金会，暨南大学古籍研究所.明清时期澳门问题档案文献汇编：第2册[M].北京：人民出版社，1999：615.
❷ 邱克.英人赫德与中葡澳门交涉史料[J].岭南文史，1987（2）：58.
❸ 中国第一历史档案馆，澳门基金会，暨南大学古籍研究所.明清时期澳门问题档案文献汇编：第2册[M].北京：人民出版社，1999：615.

看到赫德的这些建议，总理衙门才开始重视澳门主权。6月20日，基玛良士将事先参照中英条约拟写的条款交恒祺审阅。恒祺根据赫德的建议要求葡方归还澳门、恢复旧制。无此思想准备的基玛良士说此事甚难商办。第二次会谈时，恒祺在重申原来要求的基础上增加在澳门设官收税，驻澳葡人每年须缴地租1.2万两等要求。这次基玛良士由于有备而来，态度狂傲，声称澳门之地给予葡国已有300多年，葡国本可不还。英国与葡国既然都是外国，自应一视同仁。为什么英国可以占领香港，而仅要他归还澳门，未免有些不公。况且英国之所以不要澳门而要香港，正是因为澳门有葡国的占住。❶他俨然以"列强"成员自居。面对基玛良士的凶狠气势和蛮横狡辩，加上哥士耆屡次向中方施压，缺乏现代国际法知识的恒祺不敢据理力争，只是穷于应付。经过一个多月的谈判，慑于葡法勾结，中方始放弃收缴地租、收回澳门、设官收税的正当权利，但澳门仍应由中国设官管辖，葡方表示同意，但必须明确中国所设官员的职权等同于英美诸国驻扎澳门或香港之领事。8月1日，双方达成妥协，中国仍在澳门设官，纳租一节，悬而不决。1862年8月13日，中葡《和好贸易条约》在京签字，共54条，并约定两年之后在天津换约。这是葡萄牙与中国谈判拟订的第一个正式条约。它使葡萄牙"一体均沾"了西方列强在华攫取的一切特权。澳门言明由中国在彼设官，清廷放弃收回澳门的主张。❷当时的总理衙门及签约大臣并没有意识到条约的极大危害，尤其在澳门主权问题的丧失上表现得相当懵懂无知，竟然认为葡萄牙同意"澳门仍由中国设官"的规定是个为清政府在澳门设官、收税、稽查等事宜上作了通盘打算的妥筹办法。❸

此后基玛良士在条约上多处做了手脚，在葡文和英文上改动多达6处，尤其是涉及澳门主权的第二款和第九款上的擅自篡改，成了日后换约时双方争执的焦点。中文本第九款言明，葡国君主谕令澳门官员"帮同防备该处"，以及"仍由大清国大皇帝任凭仍设立官员驻扎澳门"。❹据此驻澳葡方官员有义务帮助清廷防守中国领土澳门，澳门管辖权方面照旧由中国派官管理。而在葡文本中基玛良士删去了"帮同防备该处"及两个"仍"字❺，几个字的改动使得中葡文的意思谬以千里，变成居澳葡人出于友好帮助中国，清廷派驻管辖本国领

---

❶ 庄树华. 澳门专档: 第3册 [M]. 台北: "中央研究院"近代史研究所, 1995: 25.
❷ 中华书局编辑部, 李书源. 筹办夷务始末: 同治朝（一）卷8 [M]. 北京: 中华书局, 2008: 325-326.
❸ 中国第一历史档案馆, 澳门基金会, 暨南大学古籍研究所. 明清时期澳门问题档案文献汇编: 第2册 [M]. 北京: 人民出版社, 1999: 656.
❹ 王铁崖. 中外旧约章汇编: 第1册 [M]. 北京: 生活·读书·新知三联书店, 1957: 188.
❺ 何志辉. 近代澳门司法: 制度与实践 [M]. 北京: 中国民主法制出版社, 2012: 43.

土之官员反倒成了客驻葡国之中国"领事"。

获此巨利的葡萄牙对换约迫不及待，提前三个月即派澳门总督兼全权公使阿穆恩赴津换约，这一反常举动促使总理衙门再次细审条约，才意识到条约第九款规定"于体制稍有窒碍"，❶ 要求酌为删改，否则坚决不予换约。赫德很清楚这一条款的重要性，曾对薛焕说："如果你们希望澳门被认为是中国领土，条约就必须修改；如果你们希望将它看成是葡萄牙的领土，条约可以维持原样。"因他最关注在澳门设立海关，遂建议总理衙门，"明确宣布澳门仍属中国领土"。但又担心中国单方面变更条约可能会得罪葡萄牙及其背后的法国，建议条约第二款加上大意为"澳门作为中国的领土，不应无常驻官员，但葡萄牙人已在此久居，应允准其继续自行治理，不加任何干预"的一句。或者删去第二款，在关于条约口岸这款前加上"葡萄牙人除继续常住澳门外，应允准其贸易通商，等等"。还建议总理衙门大臣薛焕，如果可能的话，引导葡萄牙公使先提出增添或变更内容。赫德还就澳门海关是否设定事宜与恒祺进行商议和讨论。❷ 赫德在中葡的这次交涉上费了不少口舌，他的建议较已往稍有补救。不过，他的建议没能引起清廷的足够重视。由于葡萄牙当局反对清廷对条约进行任何修改，最终条约未获批准和互换。

二、收购澳门的玛斯计划

1867年冬，赫德多次劝告总理衙门乘葡萄牙日益衰落贫困之时，收购澳门。清政府认为这样不但可使澳门长期以来的偷漏税课、招纳叛亡、拐骗丁口者得到稽查，还可打消法、俄、美等欲购澳门作为泊船驻兵之所的图谋。赫德先与1868年春卸任回国的西班牙驻华公使玛斯秘商赎买澳门事宜，并将1862年条约中不妥之处加以修改，欲将赎买澳门和换约事托玛斯与葡萄牙一并交涉处理。1868年4月11日，总理衙门照会玛斯正式提出收回澳门，收购经费为100万两，另给玛斯和赫德筹办费用30万两。赫德与玛斯反复斟酌，拟写和翻译了1862年条约的各个细节，并令玛斯不得更改定稿。赫德请求总理衙门派海关职员金登干携带中国致葡萄牙女王之国书及条约修改后的汉洋文交于玛斯，随同玛斯前往里斯本帮办。可是葡国女王恰于此时被推翻，玛斯也于1869年1月病逝。赫德转而建议将收购澳门事"或改交出使之蒲安臣接办，

---

❶ 中华书局编辑部，李书源.筹办夷务始末：同治朝（三）卷25 [M].北京：中华书局，2008：1113.

❷ 布鲁纳，费正清，司马富.赫德与中国早期现代化：赫德日记（1863—1866）[M].陈绛，译.北京：中国海关出版社，2005：164，167，176.

或经交金登干接办，或俟大西洋国使臣前来议约再办"。❶但总理衙门不同意，决议另候筹商，金登干只好将国书和条约原件交回。1868年蒲安臣使团出使欧洲时，赫德建议，把澳门的一切葡属财产出售给美国，美国在适当的时候按照已经商定的条件，将它归还给中国。❷但遭到法国和葡萄牙的反对。以后，赫德一直伺机重拾玛斯计划，但均未成功。❸

在中葡《和好贸易条约》谈判及换约前后，赫德主要站在维护清廷的立场为总理衙门出谋划策，清政府采纳了他的部分意见。葡萄牙占据澳门合法化的努力落空后并不就此罢休，此后数年，不是屡求俄、法等强国公使转圜，就是多次设法尝试另议新约，始终未能与清政府签订一个有效的正式条约，原因在于它旨在侵占澳门的领土主权，而不仅仅是为了"利益均沾"。

到了1886年，因中国欲在香港实行鸦片税厘并征，需要葡萄牙当局的协助，葡萄牙抓住这个送上门来的机会肆意要索。在中法交涉中斡旋成功的赫德对清政府反复蛊惑游说，为财政所困的清政府只好同意与葡萄牙重启谈判。在历经一年半（1886年7月—1887年12月）的澳门谈判、里斯本谈判和北京谈判中，签订了数个条约，葡萄牙实现了梦寐以求的夙愿，获得"永居澳门及属地"的法律依据。赫德利用清政府对他的信任和倚重，采取多种手段，上演了一场直接干预决断中国与葡萄牙的谈判，并获成功的"好戏"。

---

❶ 中国第一历史档案馆，澳门基金会，暨南大学古籍研究所. 明清时期澳门问题档案文献汇编：第3册[M]. 北京：人民出版社，1999：29.
❷ 魏尔特. 赫德与中国海关：下册[M]. 陈敖才，陆琢成，李秀风，等译. 厦门：厦门大学出版社，1993：181.
❸ 虽然在1868—1869年，清政府以巨款收回澳门的玛斯计划没有成功，但赫德始终对此寄予希望。在以后中葡数度谈判中，一有机会或谈判陷入僵局时，赫德就伺机重拾玛斯计划。在里斯本谈判中，金登干与澳门总督罗沙会面时谈到过一次，与葡萄牙外交大臣会面时也提到过。里斯本谈判陷入困境之后，金登干也提到过。但罗沙经常说澳门被看成是葡萄牙皇冠上最明亮的宝石。金登干认为收回澳门大概不可能。北京谈判中，总理衙门也向赫德提起玛斯旧案，询问赫德能否照那个方法办。1889年金登干再次询问罗沙葡国是否会出售澳门，罗沙说："虽然那里的只有少数几个葡萄牙人，但葡萄牙的臣民——混血儿有好几千……澳门被看成是葡萄牙皇冠上最明亮的宝石。"但金登干坚持认为"葡萄牙拥有的殖民地已超过了它的需要或管理能力，而且它现在需要钱"，随着葡萄牙困境的增加，出售的机会自会出现。1891年2月26日，赫德致函金登干，还在探寻当时是否到了重提讨论过去的"玛斯计划"的时候了。赫德听说葡萄牙有议员提议出卖一些殖民地，于6月14日、15日接连急电金登干速去里斯本。可葡萄牙外交部部长德·瓦尔帮伯爵告诉金登干："政府和议会都不会出售葡萄牙在任何地方的任何殖民地，国王也同样反对出售"。"此外，关于澳门的事葡萄牙在任何情况下都应和中国磋商，如果中国不同意，那就一事无成。"赫德一直希望能够实现玛斯计划，但在他有生之年始终未能实现。

三、擅订《拟议条约》

借滇案交涉获得中国新关应同时征收鸦片正税和厘金亦即鸦片税厘并征的条约依据后,赫德奉命帮同中方代表邵友濂赴香港谈判洋药税厘并征事宜。港英当局提出:缉私和征收洋药税厘,香港必须和澳门一视同仁,同样办理。在赫德的劝说下,清政府决定在与港英当局签订鸦片协定之前,令赫德特去澳门,相机筹商。

1886年7月23日,一抵达澳门,赫德即与澳门总督罗沙进行晤商,很快达成初步共识:香港愿办之处,澳门亦愿照办。在随后的反复交涉中,赫德建议将澳门永远租于葡萄牙,但免收租银,而罗沙不喜欢"永租"二字,要中国答应葡萄牙"居用"澳门地方。赫德知道"所谓居用字样,非是产业,其事系关紧要"❶。但为了与葡萄牙的合作获得成功,赫德蒙蔽总理衙门,竟把罗沙当时提出的"永远居住并占据澳门",说成"居用"澳门。而懵懂的总理衙门以为"居用"和"永租而不交租银"之间没有多大区别,所以没有表示异议。交涉之初(8月1日),邵友濂被调任北上,赫德遂成为中方唯一的代表,得以操纵整个后续会谈。到了8月4日,澳督允办停泊趸船、设立税务司二事,但对添设海关一事则搁置不议。

接着罗沙进一步提出拆撤澳门附近稽查各类货物和征收厘金的局卡及割让澳门西侧一水之隔的对面山等要求,❷ 并依此拟定一份条约草案。清政府自然对此断然拒绝,电示赫德,"澳外厘卡系征收各货厘金,不止洋药一项,碍难撤回。对面山至内港之中途,均系中国地方,葡国欲驻扎管理,万不能行。总税司前电,澳督所愿只居用澳门一语,今忽添此两端,均于中国有损,断难允准。总税司再从长计议。倘彼仍执前说,只可暂行罢议"❸。其实,罗沙提出的是"占据和统治对面山"(ocupacao e governo da Lappa),赫德为了减少阻力,把它说成是"驻扎管理对面山至内港之中途"。同样,对于清廷的坚决反对,赫德也没有如实地转告罗沙,反而称"中国正在考虑割让对面山的提议"。❹ 因为1886年12月24日金登干致赫德函中说"您没有把总理衙门不可让拱北

---

❶ 中国第一历史档案馆,澳门基金会,暨南大学古籍研究所.明清时期澳门问题档案文献汇编:第3册[M].北京:人民出版社,1999:206.
❷ 黄庆华.中葡关系史(中)[M].合肥:黄山书社,2006:755.
❸ 中国第一历史档案馆,澳门基金会,暨南大学古籍研究所.明清时期澳门问题档案文献汇编:第3册[M].北京:人民出版社,1999:211.
❹ 黄庆华.中葡关系史(中)[M].合肥:黄山书社,2006:756-757.

（即对面山）的话早些电告他是个缺憾"。❶ 赫德的左右欺瞒，使罗沙产生了种种错觉和贪欲。赫德很了解清廷的底细，根本就不担心所谓的"暂行罢议"，这不过是清廷在关键问题时惯用的迫使对手让步的一种要挟手段。

8月15日，赫德向总理衙门转达罗沙的三个条件：将卡子撤回，准葡国人永远驻扎管理澳门，以及将对面山借葡国驻扎。次日，赫德再电总理衙门，澳督言必须借驻对面山及关闭卡子。总理衙门的答复是澳外厘卡不容澳门干预，其留撤俟洋药新章开办后，中国酌情而定。❷ 事实上，早在8月10日，赫德已擅自与罗沙商定了并签押了《拟议条约》四款及《续订洋药专条》十六条。❸ 1886年8月23日，罗沙携带《拟议条约》离澳回国。中英乃于9月11日签订《香港鸦片贸易协定》。

《拟议条约》四款为：①中国允准葡萄牙永据统治该半岛及其属地，嗣后凭此款为例。②葡萄牙应允协助清政府征收洋药税项。③中国罪犯逃匿澳门及其属地，葡方接中方照会后，并经葡方验明正身后交犯。④葡萄牙在中国的罪犯引渡按有约各国成章一体均沾办理。❹ 其中第一、第三款均提到澳门属地。但从会商合作征收洋药税厘一直到签押《拟议条约》，有关"澳门属地"问题，赫德从未对总理衙门或李鸿章提及。可见，将"澳门属地"写入《拟议条约》，全是赫德个人自作主张，中方并不知情。它是赫德"背着总理衙门同罗沙作成的一笔交易"。❺《续订洋药专条》第十九条规定："中国允许葡萄牙驻扎与用及管理对面山及其附近之马骝州二岛。"❻

9月6日，赫德请求总理衙门允准关闭趸船和卡子，❼ 两广总督张之洞强烈反对关闭卡子。港澳交涉结束后，赫德在10月27日向总理衙门递交了一份有关交涉的报告为自己辩解，谈到为何允许葡萄牙永远"居住"（占据）和"管

---

❶ 陈霞飞. 中国海关密档——赫德、金登干函电汇编（1874—1907）：第4卷[M]. 北京：中华书局，1992：433.

❷ 中国第一历史档案馆，澳门基金会，暨南大学古籍研究所. 明清时期澳门问题档案文献汇编：第3册[M]. 北京：人民出版社，1999：212–213.

❸《续订洋药专条》实为二十条. 黄庆华. 中葡关系史（中）[M]. 合肥：黄山书社，2006：759；中国近代经济史资料丛刊编辑委员会. 中国海关与中葡里斯本草约[M]. 北京：科学出版社，1959：10–12.

❹ 中国近代经济史资料丛刊编辑委员会. 中国海关与中葡里斯本草约[M]. 北京：科学出版社，1959：9.

❺ 黄庆华. 中葡关系史（中）[M]. 合肥：黄山书社，2006：763.

❻ 中国近代经济史资料丛刊编辑委员会. 中国海关与中葡里斯本草约[M]. 北京：科学出版社，1959：11.

❼ 中国第一历史档案馆，澳门基金会，暨南大学古籍研究所. 明清时期澳门问题档案文献汇编：第3册[M]. 北京：人民出版社，1999：218.

理"（统治）澳门时辩解道，"至通商条约写明澳门地方驻扎管理之请"并非新鲜事，只是将过去多年相沿之事固定下来而已，葡国并不能从中另生别事，而这些字样也无碍中国日后行动，且有益于两国今日欲办之事。❶ 还声称虽然关卡撤销减少了地方财政，但增加了中央财政。于中国来讲并不重要的对面山由葡萄牙管理，可以起到安抚作用。

实质上，葡文文件和赫德呈递给总理衙门的报告，在某些关键性问题上，其表达方式和内容不尽相同。例如，赫德把《拟议条约》第一款中的"永据统治"在给总理衙门的《申呈》中说成"永驻管理"，这是赫德与罗沙经过反复斟酌而刻意为之。赫德曾这样致函金登干，"地位条款的英文字句必须仔细斟酌"。在赫德、金登干、罗沙、葡萄牙外交大臣巴罗果美之间的函电，以及英文、葡文、法文的相关文件中，所有被汉译成"居用、居住、驻扎"的词句，都是用英文 occupation、葡文 ocupacao 及法文 occupation 一词表达的。❷ 赫德对罗沙的索要大都采取了妥协退让或者许愿的手段，而对总理衙门则采取欺骗威吓，甚至先斩后奏等伎俩。这样，英国和赫德为葡萄牙制造了一个与中国订立占据澳门条约的机会。❸

《拟议条约》是中葡两国议立条约的核心和基础。它不仅实现了葡萄牙多年来同中国立约的愿望，还以法律的形式获取了澳门半岛的管理权。赫德在有关澳门属地、关卡和拱北问题上的擅作让步，使中国在后续谈判中处处被动。

四、幕后操纵《里斯本条约》

由于葡萄牙索要过多，曾纪泽及张之洞等疆吏强烈反对，清廷坚持绝不撤走澳外常关厘卡，更不允澳葡当局占领对面山。此后，为达目的，赫德又暗中进行了一系列活动，先是擅自和葡萄牙约定派金登干前往里斯本谈判，再成功说服总理衙门。赫德幕后操纵金登干与葡萄牙外交大臣巴罗果美围绕《拟议条约》进行了 5 个月的艰难谈判，签订了中葡《会议草约》。

（一）促使葡方放弃要求割让拱北

赫德返回北京后，说服了总理衙门派在英国的金登干出面就近与葡萄牙进行谈判。由于在《拟议条约》中让中国失利太多，赫德希望能有所补救，葡萄牙的讹诈能适可而止。托金登干带给葡国总督一信，内称中国政府反对割让对面山，不要别人合作而可独自进行洋药征税，并劝澳门收回关于拱北（即对面

---

❶ 中国近代经济史资料丛刊编辑委员会.中国海关与中葡里斯本草约[M].北京：科学出版社，1959：7.
❷ 黄庆华.中葡关系史（中）[M].合肥：黄山书社，2006：765.
❸ 黎明.澳门问题的历史回顾[J].云南师范大学学报，1999（6）：27.

山）的要求。❶可是即将吞到肚里的肥肉葡国怎肯吐出来？葡萄牙与金登干的首次谈判就表明要索取《拟议条约》中的全部权利，在对面山与撤销常关厘卡上毫不退让。而群臣的一片反对声浪使得清政府态度坚决，不允割让澳门和拱北，只同意在租赁并按年付款的前提下，准其治理澳门。葡方赶紧解释，《拟议条约》并非割让，但又回避"租赁"字样，要求承认葡萄牙永驻管理澳门及属澳之地，与治理他处无异。但中国坚决拒谈拱北，反对停闭关卡。葡方只好有所松动，由开始坚决要求完全索取到后来只要拱北的一部分。

1886年12月10日，赫德再次告诉金登干，割让拱北是完全办不到的。但如果中国答应地位条款，葡萄牙是否肯给予征税上的合作，并允许设立洋药趸船或堆栈？提醒葡方这是一个承认澳门地位的大好机会。同时又警告葡方，提出管辖权纠纷问题，徒然会刺激中国坚持使用土地原主的权利。中方缉私措施必定极其彻底，这对澳门极为不利。但澳门如能有效合作，就可以取得条约和地位条款。12月14日，赫德反复指导金登干怎样继续对葡萄牙使强加压，如果赫德替葡方办到条约和澳门地位的条款，葡方肯否以它作为交换条件答应设立趸船或堆栈和税务上的必要合作，强调中国不能给拱北，也不能停闭关卡。错过这次机会，就错过了与中国订约的机会，中国将再也不会承认葡萄牙在澳门的地位。葡外交大臣看到要求拱北无望，于是提议撤回关于拱北的原提案，但要求明白指出澳门的附属地，其中包括澳门对面拱北岛上实际上久已是澳门属地的那一部分，答应中国在澳门海面上设立趸船，但要求停闭澳门四周关卡。赫德再次要金登干转达，由于曾纪泽等极力反对澳门地位条款，与总理衙门谈判会更加困难。如经由赫德斡旋，只要葡萄牙立刻答应征税合作，就能办到地位条款，所以要力劝葡萄牙就此答应。否则，两个星期后就只能取得永久租赁，再迟一个月必致毫无所得。❷可是葡方似乎不为赫德的说辞所动。

面对葡萄牙的贪婪，总理衙门不肯继续谈判，但经赫德磋磨后，还是于1887年1月5日核准拍发给金登干第989号电，表示正式割让土地办不到。葡萄牙如给予征税上的合作，中国允许谈判商约。唯澳门地位只能照如下择一办理：①澳门一切照旧，葡萄牙以商约换取中国征税上的合作；②中国永久租给葡萄牙通称为澳门之地，免租金，葡萄牙照旧治理；③中国允葡萄牙照旧治理澳门，葡萄牙缴纳年租关平银五百两。赫德要金登干说明他极力敦促按上述基础解决。理由是与中国友好相处，澳门即可恢复繁荣，否则，中国缉私必将

---

❶ 陈霞飞.中国海关密档——赫德、金登干函电汇编（1874—1907）：第8卷［M］.北京：中华书局，1995：554.

❷ 同上：431，558-561.

其扼杀。❶ 葡外交大臣不明白不提澳门的条约怎样可以算是承认澳门。金登干答复说，订约这一事实就已经是承认了。

随后，赫德要金登干向葡方详细说明，中方所需要的合作是准设陆上堆栈，澳门对于中国的征税工作给予协助，或者不反对水上趸船，听凭中国自行征税，澳门四周的关卡仍须继续。这样中国可以默认"澳门由葡萄牙设治管理"的现状或者用条约正式加以承认。如果正式承认，就必须特别申明永久租赁，免付租金；或不提永久租赁字样，而每年交付关平银五百两；葡方想要索取更多的权利，是没有希望的。因为中国从未承认过澳门是葡萄牙的领土。中国认为总督所拟地位条款草案就是正式割让中国土地，而总理衙门所拟草案不是割让土地，也丝毫不改变现状。但是这已使中国答应尊重它从来所不肯承认的澳门地位，即澳门可由葡萄牙单独治理。并说无论合作与否，中国自2月起开征洋药税厘。❷

葡内阁认为可以答应趸船办法，但拱北要求维持现状。于是赫德要金登干转向外交大臣探询可否按下述要求订立地位条款，双方同意："①澳门陆地领土由葡萄牙继续治理；②澳门水域的外国船只继续受葡萄牙的管辖；③澳门水域的中国船只，凡与税务无关的民刑事件，都受葡萄牙的管辖，但税务事宜等应受中国海关的管辖；④在拱北设中国海关，由总税务司属下的税务司管理，按照通商税则征税；⑤各分卡由税务司管理，只查验单据，而不征税；⑥中国船只可以随意出入澳门，捐税上不受歧视；⑦澳门制订法令，规定所有中外船只须将洋药卸入海关趸船；⑧葡萄牙须于情势需要时，支持税务司。"并要金登干机警地强调第六点，隐约提示地位条款的价值。并施以恫吓说，中国对于这一切，能允准，也可禁止；能给予，也可收回。中国船只如果都不去澳门，澳门怎能继续生存。还说，严厉的缉私措施已经准备好了。要金登干"用那个噙着骨头的狗，追逐池子中的影子而一切落空的寓言，比喻说明实利胜于空名，实利胜于形式。追求空洞形式有失去实利的危险，而且永久地租赁究竟比有问题的所有权强得多。考虑胜利并不重要"。❸

但金登干很快回电说，赫德的第989号电所提供的方案是无法令人接受的。也在同一天，赫德进一步解释："拱北：总理衙门决不承认拱北是澳门的附属地。关于地位，总理衙门只肯在租赁或者按年付款的条件下，准许或者承

---

❶ 陈霞飞.中国海关密档——赫德、金登干函电汇编（1874—1907）：第8卷［M］.北京：中华书局，1995：565．

❷ 同上：567–568．

❸ 同上：569–570．

认葡萄牙治理澳门。关于合作，至少必须依照已提出的'拟议条约'办理。关于前途展望，总理衙门想停止谈判，但我已设法维持。"第二天，赫德再电金登干，"总理衙门愿缔结通商条约，附有地位条款，承认葡萄牙在租赁或付款条件下治理澳门本土，此外决不再多让。总理衙门所要求的合作是能确保洋药税厘征足，这点也决不可少"。❶

看到中方态度坚决，葡萄牙知道自己没有讨价还价的资本。1月19日，葡外交大臣让金登干转达其提供的两个方案，可择其一作为接受的磋商基础。第一方案：①中国承认葡萄牙永久占据和治理澳门及其附属地，但拱北除外；②葡萄牙未经中国允许不得将澳门让予第三国；③澳门协助中国的洋药征税工作，同意水上堆栈，由赫德派欧籍税务司管理；④停闭澳外关卡。第二方案：①订立包括一切通商条款的商约；②葡萄牙协助中国洋药征税工作，其条件与香港所议定的大致对等。前一方案前两款比较符合中国愿望，并且实际等于永久租赁不付租金。❷ "拱北除外"是金登干要求加进去的。此后双方最重要的分歧在于关卡的保留与拆撤上。清政府主张保持原有的关卡和趸船，然而葡方认为两者只能保留一项。

（二）关卡的保留与拆撤

1月22日，赫德对以上两个方案都提出了一些修改意见并说明了理由。赫德婉言告诫葡萄牙"各卡如在税务司管理下，按固定税则及章程办理，即可将各卡对澳门的不利影响减至最低"，暗示自己可以有权对葡萄牙人提供方便。但外交大臣认为趸船办法须以停闭关卡作为交换条件。葡内阁会议批准在陆上设立堆栈，由葡萄牙人经理，并附设中国洋药处，由税务司管理。澳门四周关卡应即停闭。如合作经证明有采取进一步措施的必要，双方可就此点进行协商。但总理衙门坚持保留香港和澳门的关卡。因为关卡除了征收洋药的关税和厘金外，还对一般货物征收通常关税及广东省当局代征一般货物的特别捐。赫德转告外交大臣，葡方如不在关卡问题上让步，谈判必定决裂。金登干认为，如坚持关卡问题，绳子难免会断，"内阁接受堆栈而不提拱北，已冒了不少危险，如允设堆栈而容关卡可以留存，一定会使现政府倒台，因此是办不到的"。外交大臣说，如关卡绝对必须保留，则必须有某种补偿以满足舆论，才能答应堆栈。补偿方法可采取把岛上的一部分租给葡方。❸

---

❶ 陈霞飞.中国海关密档——赫德、金登干函电汇编（1874—1907）：第8卷［M］.北京：中华书局，1995：571.
❷ 同上：573.
❸ 同上：575–578，580–584.

赫德回答，总理衙门只能在下述两个办法中择一办理：①用第一基础，但删略关于停闭关卡的第四款；②用第二基础另加第一基础的第二款，即答应永不出让澳门。无论合作与否，他将于3月份内布置洋药税厘并征工作。❶

这时法国《时报》和《辩论报》都提到了澳门，《辩论报》说中国恐不会将澳门让给葡萄牙。外交大臣决定内阁在关卡上让步。2月28日，总理衙门批准下述基础：①签订修好通商条约；②条约内承认葡萄牙永久占据和治理澳门及其附属地；③葡萄牙承担条约义务，未经中国许可永不出让澳门；④条约内订明澳门当局按与香港相同办法对于中国征收洋药税厘给予合作；⑤关卡继续保留，但改归总税务司管辖。赫德要求澳门须同香港一样，自4月1日起开始合作，允税务司在澳门租用住宅，办公则在别处。外交大臣基本答应这些条件，但要求在4月1日合作前，先签订草约，可沿1885年《中法和议草约》的程序为例，将中葡谈判结果"实现以草约或议定书形式确认谈判成果"。在澳门实施与香港相同的征税政策之前（即4月1日），由双方皇帝或国王授权签字。同时要求不提关卡，以便更易为议会及舆论所接受。❷

（三）《里斯本条约》拟订及影响

1887年3月5日，赫德告诉金登干，自2月1日起在各口岸开征洋药税厘，4月1日起，赫德将接管香港和澳门四周的关卡，但此时的赫德仍面对相当大的压力，发牢骚说，"我这一头对于成败的关系，多于里斯本那一头"。"像这样碰运气的外交，我也不愿意多管。"❸

3月17日，总理衙门奏陈，据赫德转葡国电："一、派使来华，拟议通商条约；二、葡国永驻澳门，管理一切；三、葡国不让其地与他国；四、香港所允办法，澳门亦类推办理。"以上四层，可授权金登干在彼画押为据。并认为香港六厂自开办以来抽收的税厘几乎是收支两抵，"于帑项无裨"，税厘并征后，应统一由税司经理。至于澳门，因久为葡国盘踞，现在纵使不准其永远居住，也是空言，反而对税务有碍，无收回之可能。即使令其补缴所欠之地租，或征收以后之地租，也未必能行。而如果当下议约有成，则权有专归，向之偷漏税课、招纳叛亡者，皆可控制。所以建议"所议各节似宜照行，以示羁縻而防后患"。如果允准，则"饬令金登干先行画押，俾得香澳一律开办"。至于

---

❶ 陈霞飞.中国海关密档——赫德、金登干函电汇编（1874—1907）：第8卷［M］.北京：中华书局，1995：585.
❷ 同上：588-592.
❸ 陈霞飞.中国海关密档——赫德、金登干函电汇编（1874—1907）：第4卷［M］.北京：中华书局，1992：502，511.

1862年原定未换之约,"所有应增删各节,应俟该国使臣到华,再由臣等详细复议"。❶ 同日皇上朱批"依议",并批准在香港、澳门分别设立海关九龙关和拱北关,仍归粤海关监督兼辖。此后张之洞、广东巡抚吴大澂、粤海关监督增润等纷纷向总理衙门力陈税司代收百货常税厘金的弊端。但奕劻在李鸿章的怂恿之下,本着赫德的意旨反复陈奏,主张照赫德所拟办法,与葡萄牙立约,以便洋药税厘能早日开征。如此,不惜以"海疆重地"的领土主权换取区区鸦片税厘。

赫德指示金登干草约应包括以下内容:"包括确认葡萄牙永久占据和治理澳门及其附属地,葡萄牙承允未经中国首肯永不出让,并承允在洋药征税工作中合作与香港相同。草约内不必提关卡。"但要说明关卡在总税务司管理下,继续执行职务。草约只是谈判基础已获致协议的备忘录,因此以用笼统字句,而不用确切字句为妥。❷ 3月23日,金登干将葡萄牙外交大臣巴罗果美所拟草约修改后发给赫德。总理衙门和赫德只是稍有修改。双方基本达成一致。26日,金登干和巴罗果美分别代表中葡双方在《里斯本条约》(亦称《中葡会议草约》)上签字。条约共四款:①两国在京互换含有"一体均沾"条款的通商条约;②中国准葡国"永驻管理澳门以及属澳之地";③未经中国同意,葡国不能将澳地让与他国;④洋药税征事宜澳门依照香港办法类推办理。❸ 由于草约内为减少葡方阻力,未明提"保留关卡"字样。但28日金登干与外交大臣交换关于草约第4款的信件,说明"澳门关卡将与香港一样继续存在,并在总税务司管理下执行职权;临时合作自4月1日起实行,正式合作于条约批准后开始"。❹

28日,葡萄牙国王敕令签字,并说明草约并不等于条约。清政府于4月2日在香港、澳门附近分设中国海关的分关(澳门附近的分关称拱北海关)。一星期后,为谈判《里斯本条约》在里斯本待了四个半月的金登干离开里斯本。

这个草约明显有利于葡萄牙,所以赫德致电总督:"您已经击败了我。您已获得比我们两人当初商定的草案内更多的利益,而我所得反倒少了。"又向金登干坦言:"草约已使葡萄牙大有收获,但我相信中国也可得利。"还指示金登干把条约内容秘密通知英国公使转达英国外交部。要金登干转告葡萄

---

❶ 中国第一历史档案馆,澳门基金会,暨南大学古籍研究所.明清时期澳门问题档案文献汇编:第3册[M].北京:人民出版社,1999:225-227.
❷ 陈霞飞.中国海关密档——赫德、金登干函电汇编(1874—1907):第8卷[M].北京:中华书局,1995:595-596.
❸ 王铁崖.中外旧约章汇编:第1册[M].北京:生活·读书·新知三联书店,1957:505-506.
❹ 陈霞飞.中国海关密档——赫德、金登干函电汇编(1874—1907):第8卷[M].北京:中华书局,1995:601.

牙外交大臣绝对不能说中国割让了土地，以免给谈判条约制造困难，葡方依允。尽管有损中国利益，条约的签字，还是使赫德如释重负，4月1日致函金登干："条约终于签字了！愿它从此安息，而不致像鬼魂一样跑到此地再来扰人。"❶ "我们现在给澳门的也就是中国为取得港澳两处的合作而付出的代价。至于我们给澳门的，对于中国不算什么，而对葡萄牙却所获甚大。葡萄牙'占领'澳门已三百多年，并已作为葡萄牙的殖民地而'治理'了四十多年，因此占领和治理已经很久，并且也成为今天的事实。中国方面既无所举动以改变这局面，其他国家也派遣了领事而或多或少地加以承认。当然中国可能有一天会找到葡萄牙而使这种局面无法继续。那是葡萄牙害怕的事，既然害怕就要设法避免。中国现在所作的只是说一声她'承认'这局面并且不去变动它——让'事实'像从前一样地继续下去，再加上给葡萄牙的一个'明文'或文件以取得葡萄牙对中国鸦片征税工作的合作。葡萄牙方面承担了未经中国首肯决不滥用这'明文'而出让澳门。这样，双方政府的体面都照顾到了，否则，局面会完全像过去一样。因此这笔交易我们可以认为做得相当成功。……你一直经历了不少焦虑和困难。感谢你那头已完成的工作，并且完成得很出色！"❷

但《里斯本条约》在中国朝野引起轩然大波，受到多方责难，斥为"为了一碗海关肉汤而出卖主权"。张之洞、总理衙门大臣曾纪泽都反对履行条约。张之洞5月16日的奏折历数了葡人永居澳门的7个弊端，可惜条约已立，势难中止，只好提出几条补救措施。❸

《里斯本条约》成为随后中葡在北京签订的中葡《和好通商条约》的蓝本。它是葡萄牙占据澳门300多年来中葡两国对澳门地位作出规定的唯一的正式条约。❹ 它要求中国同意放弃澳门租金，以及中国作为土地所有者放弃对澳门的基本主权换取葡萄牙同意协助中国海关当局查禁鸦片走私和征收关税。条约的第二、第三款后来引来无数争执，尽管张之洞、吴大澂奏章数上，鉴于此条约的束缚，清廷没有采纳，反而采纳了赫、金出卖澳门的办法。6月1日和3日，香港和澳门相继进行合作。

---

❶ 陈霞飞.中国海关密档——赫德、金登干函电汇编（1874—1907）：第4卷 [M].北京：中华书局，1992：517，603.
❷ 同上：518–519.
❸ 中国第一历史档案馆，澳门基金会，暨南大学古籍研究所.明清时期澳门问题档案文献汇编：第3册 [M].北京：人民出版社，1999：245–250.
❹ 黎明.澳门问题的历史回顾 [J].云南师范大学学报，1999（6）：27.

五、斡旋《和好通商条约》

中葡《里斯本条约》只是初步协议，未经正式批准，根据草约规定，中葡双方将于1887年7月举行签订中葡《和好通商条约》的谈判。1887年6月29日，葡萄牙前任澳门总督罗沙奉命赴京，急于将草约改为正式条约。赫德回京前后，又一再致电李鸿章和奕劻，大肆兜售其"澳门永租葡国"无可避免的主张，企图诱使清政府放弃澳门。赫德在北京谈判中继续发挥他的重要作用。

（一）建议被罗沙拒绝

面对国内舆论和谴责呼声，7月2日，总理衙门给赫德看了张之洞严斥《里斯本条约》的一件奏折，要赫德必须设法办好这事。赫德心里当然很清楚《里斯本条约》使得中国官吏恨他，对此事反对很厉害。[1]但他不甘心自己导演的外交就此功亏一篑，便利用总理衙门害怕税厘并征办法失败的心理，进行恫吓。就在张之洞抗疏之际，罗沙于7月下旬抵北京。

早在3月31日，赫德致电葡外交大臣预先劝诫全权代表，未与赫德商量，不可向总理衙门提新要求。[2]就在罗沙赴华之前再次嘱咐金登干，罗沙如果适可而止，一切都会顺利，如果想取得双重保障，条约翻译词语译得过重，就会将事情弄糟。同时又为成功斡旋给自己带来好处甚为得意，"总的来说，我们业已胜利。现在我已将各通商口岸往来香港和澳门的民船贸易，从粤海关监督的掌握中抢了过来，置于税务司们的管辖之下"[3]。罗沙抵京后叠次去总理衙门会晤，开呈节略、地图各件，不顾赫德劝告在《里斯本条约》的基础上增加了三项要求：一是要求在条约内用条款承认澳门是葡萄牙的；二是企图以别款规定澳门是一个处于特殊地位的中国地方，在捐税负担上享受特殊待遇；三是在地图上将澳门属地范围扩充到包括关闸以南的澳门半岛以及青洲、氹仔、路环、小横琴、大横琴等岛屿。

赫德奉劝罗沙在取得能够到手的东西以前，不能再提新问题，稳妥之举是先不指明附属地，只缔结条约。条约内有了"澳门及其附属地"字样，将来自有办法。俟葡萄牙占据和治理澳门已成定局，将来再在纸面上规定澳门的附属

---

[1] 陈霞飞.中国海关密档——赫德、金登干函电汇编（1874—1907）：第4卷[M].北京：中华书局，1992：604–605.

[2] 陈霞飞.中国海关密档——赫德、金登干函电汇编（1874—1907）：第8卷[M].北京：中华书局，1995：603.

[3] 陈霞飞.中国海关密档——赫德、金登干函电汇编（1874—1907）：第4卷[M].北京：中华书局，1992：597，615–616.

地。❶但罗沙坚持己见。

7月31日,赫德告诉金登干,害怕总理衙门在新立条约中另换一套,连拱北都不答应,罗沙关于"澳门属地"的定义很难通过,就更不用说罗沙单子上六七个新的岛屿名称。以为倘若罗沙只要一个普通的条约和草约,赫德可以替他办到,如果再想要别的,赫德就不一定能帮多大的忙了。❷

但罗沙对赫德的建议还是不以为然。结果总理衙门坚决拒绝了罗沙提出的附属地要求。赫德建议地位条款的英文字句可反复推敲,要包含所要表达的意思。他预料用永久占据等字就可达到目的。中文要含蓄,提及就行,不必说得太细太多,照赫德原来所拟就行。而罗沙决定要使用自己新拟办法,它不但带有强占意味,而治理澳门的词句则意味着割让领土。见罗沙压根不听从自己,赫德有点气馁和气恼,"此事无论怎样结果,我都无所谓,我只要不在两片磨盘间伤了手指就够了"。8月13日,罗沙在与总理衙门晤谈中,提出了"澳门属地"的专款,索要包括除拱北以外的他想要的所有地方,惹得总理衙门要改变主张,说"附属地反倒比澳门大,馒头比蒸笼大,怎么能行"。还说,如果必须划定澳门的附属地,那就派张之洞去划定!❸赫德劝罗沙将条款撤回,设法转圜,但没用。

8月16日,赫德面递总理衙门一份大意如下的节略:清政府允许葡国永远居守管辖澳门及其属地,与葡国管理其他所属地方无异。至于该属地,乃是1886年3月中葡《会议草约》订立时所有葡萄牙经已居守管辖之各处。总理衙门认为,罗沙呈交的澳门地图,所画红线界址太宽,其中所添列洲岛各名目均在香山县内,须查明各处向来情形,方能定议。目前先定通商、缉私两项。葡国以缉私允中国,中国以通商允葡国,两两持平。8月27日张之洞、吴大澂折奏,澳门围墙内为租界,墙外关闸内为民地,历年葡人渐图混占墙外地,至今居民相持不从。"港若认真,各埠各口均无偷漏,与葡无涉,港若漏私,葡亦无能为力……"❹

9月1日,罗沙辩驳,"一则,所有商酌此事之举,起自中国;一则,凭题明澳门之办法,以定局择自中国;一则,约内言明葡国永驻管理澳门以及澳

---

❶ 陈霞飞.中国海关密档——赫德、金登干函电汇编(1874—1907):第4卷[M].北京:中华书局,1992:610–611.
❷ 同上:615–616.
❸ 同上:618,624.
❹ 中国第一历史档案馆,澳门基金会,暨南大学古籍研究所.明清时期澳门问题档案文献汇编:第3册[M].北京:人民出版社,1999:285–287.

门属地一节,系当时奉旨照准之件"。葡国前许中国者,早已开办。"惟本国确拟两法,中国特择定其一,本国即凭中国所自择自定之一法,拟议立据奏准施行。"要求约内必须写明"澳门及其属地",若须勘合界址,则于换约后办理。❶ 此后一个半月里,总理衙门对罗沙的说辞一直置之不理。

（二）艰难斡旋

此后,广东督抚对澳门经过进一步勘察后,上奏严防葡萄牙越界殃民,请求暂缓立约。9月初,吴大澂带五艘炮船到澳门亲察界址。望厦乡绅六七十人联名上奏,澳门租界只是围墙以内地区,但葡萄牙不断侵夺占用围墙以外地区。请求政府申明界限,防其越界殃民。❷ 一再要求,"暂缓订约或竟作为罢论。葡使若有要求,请饬总理衙门商令葡使暂回澳门与臣清理地界"。张之洞也奏陈,澳门葡人旧租之界及新占之节胶葛太多,葡人与协助洋药稽征并无大益,请旨饬筹妥办。❸ "彼原租者听其安居,久占者量加区别,新占者设法清理,未占者明文杜绝。"并说此次药征改章,澳门协助之益不大,若澳为葡有实属得不偿失。依然建议"缓与立约"。❹

两位封疆大吏的奏折使本来就停滞不前的谈判希望更为渺茫。双方的僵持使赫德觉得谈判到了紧要关头,告诉金登干,总理衙门打算只订立条约,但声明澳门疆界在划定以前暂时仍维持现状。而罗沙所受的训令是凡草约已经应允的必须在条约内要全部确认。❺ 之后,罗沙稍作让步,要求中国允许葡萄牙永远居守管辖澳门及其属地,与其管理所属之地无异。待议约及换约后,再会议协商界址事宜。❻

但总理衙门不敢轻易迁就葡国,谈判已经完全停止。9月26日,赫德告诉金登干,"总理衙门不肯有所行动。我们可以迫使他们行动,但这意味着谈判整个失败,只有连哄带骗,下种以后顺其自然,慢慢让它开花结果"。10月2日,赫德告诉金登干：总理衙门不敢惹官吏和文人的指责,不肯在条约内重提草约内的各款,也不肯正式批准草约。但可以在草约外答应一个普通条约。

---

❶ 中国第一历史档案馆,澳门基金会,暨南大学古籍研究所.明清时期澳门问题档案文献汇编：第3册[M].北京：人民出版社,1999：295-296.

❷ 同上：301-304.

❸ 同上：315-322.

❹ 王彦威纂辑,王亮编,王敬立校.清季外交史料：卷73[M].北京：书目文献出版社,1987：1327.

❺ 陈霞飞.中国海关密档——赫德、金登干函电汇编(1874—1907)：第4卷[M].北京：中华书局,1992：629-630.

❻ 中国第一历史档案馆,澳门基金会,暨南大学古籍研究所.明清时期澳门问题档案文献汇编：第3册[M].北京：人民出版社,1999：305.

可在约内附有一款，说明澳门现状可以不变。另外允附专条，对于澳门民船贸易从轻订立税则。赫德强烈建议罗沙接受，"他接受了之后，总理衙门永不会再找澳门麻烦，也不会重提领土问题。如他不接受的话，总理衙门就要以撕毁草约来报复。这件事以后永远不会再提起，将来也永远不会友好解决。反之，如他接受的话，那么再过十年二十年，现在的大臣不在了，仍然会有①草约、②条约、③专条记录在案，可以为后任大臣们所遵循。特别是现在的反对情绪到那时都将消失，葡萄牙的治权更加巩固之后，占据自然可以被人承认"。❶

（三）葡萄牙以草约胁迫

谈判一直停顿，总理衙门置之不理。到了10月11日，总理衙门最终去征询北洋大臣李鸿章的意见，希望他能结束这一久悬不决的问题。

10月19日，李鸿章回复总理衙门，澳门本是孤岛，向无属地之说，中国边海岛屿，从无此岛属于彼岛之事，与外洋体例不同，本可以此辩驳。但直到前一天看到原议草约规定了，中国坚准葡国永驻管理澳门以及属澳之地，才知道这是英葡事先设置的蒙混侵占陷阱。现在既经总署奏定，奉旨画押，而西人向专以要约为信，以行其诈虞。久居澳门的罗沙明知澳门无属地，所以"此次明是挟诈而来，意殊叵测"。粤中自去年英葡合并稽征洋药之议起，葡人就向民众夸示澳门附近各岛将来必归澳门所辖，以致众议沸腾。于上年12月刻有澳门《船政厅章程》，其中第一章第一款即首列澳门以及属地，及属大西洋海面之语。"葡使挟有成约，又系我属英使要来，其词甚直，其党甚固。"认为张之洞"疏中筹置于各节，似有条理"。亦有"扼要之论，彼似未细审葡使来意，又未见议约全文，故一则曰分界，再则曰缓议之殊易，而未深察尊处为难情形。该此事不难于折辩之有词，而难于挽回之尽善也"。❷

到了10月25日，罗沙擅自拟好中葡条约澳门条款及专约送呈总理衙门，其中第二款有："因大西洋居守管辖壕境澳及其属地，即是中国所称澳门……是以大清国允其永远照依现时情形不改。""此次订约，并非将中国田地让与西洋国，作西洋国之地，止系将在彼多年已有之情形，允为照旧不改。一面由西洋国允，不让与他国"，还说在澳门及属地之华民，须遵守其章，否则，任由他迁，葡萄牙购回其居之地。后罗沙又致函强调"前立之草约，原系贵国所派

---

❶ 陈霞飞.中国海关密档——赫德、金登干函电汇编（1874—1907）：第4卷 [M].北京：中华书局，1992：640，642.

❷ 中国第一历史档案馆，澳门基金会，暨南大学古籍研究所.明清时期澳门问题档案文献汇编：第3册 [M].北京：人民出版社，1999：331-333.

之委员,经奉贵国大皇帝谕旨画押为凭",要求中方按前送拟稿办理。10月29日,葡国翻译官又递交了《和好通商条约》拟稿,重申葡国永远居守管辖澳门和不得将澳门让与他国,还有商定以后两国派员会订界址等内容。❶

就在前一天,李鸿章又劝说总理衙门应严守条约,其函称,既然两国有约在先,此事又涉及洋药并征全局,绝不能轻易与澳葡决裂,应设法斡旋。围墙以内为原租,应严词杜绝葡久占、新占,及欲占之地。万不得已时只能通融办理。❷

有了李鸿章的这番建议,11月11日,奕劻上奏清廷:罗沙叠次所提通商各款,与1862年未换之约基本相同。只有澳门界址含混不清,如现在非要划清,势必引发争执而导致罢议,更恐其阴结强国为助。所以界址问题经商定俟勘明再定。之前,双方不得任意增减。这样,"目前既不至龃龉,即或一时未能勘定,亦不至再被多占",不得将澳门让与他国一层专立一条,以免各国觊觎。❸

谈判历经困难和周折,草约已被承认和确认,但又为引渡问题起争执。

(四)引渡问题及签订《和好通商条约》

双方在引渡罪犯问题上意见相左,害怕谈判因此破裂的赫德竭力游说总理衙门和李鸿章。总理衙门要求澳门"收到公文以后立刻引渡",而罗沙则坚持"在收到公文,并验明正身"以后再引渡。总理衙门不肯加"验明正身"几个字,而罗沙又非加不可。❹ 11月23日,赫德为葡国帮腔,认为葡方全权已作种种让步,但总理衙门必欲订立无法接受的引渡条款,谈判因此即将决裂,解决中葡关系的机会从此失去。赫德以为如罗沙继续留在北京情形也许会更坏,而离开此地总理衙门或者会让步。赫德劝总理衙门将引渡条款完全删去,但未被采纳。葡萄牙所提的引渡条款虽合于国际公法和惯例,但中国提出的条款是由于当地情形不得已而为之。赫德又致函总理衙门进行威逼利诱,声称各处办理洋药税厘并征一年来,皆有成效,然而最要最难的港澳两处系试办,非常策,如葡国约章未能议妥,恐港澳会同将为罢局,并征一节将由多征少费转为多费少征。"逃犯一层,在该国断不欲留有此辈在澳,在中国或交或不交,何有出入,其案甚少,其事甚微,虽其理极有之甚大,而彼此两处或日久竟可无

---

❶ 中国第一历史档案馆,澳门基金会,暨南大学古籍研究所.明清时期澳门问题档案文献汇编:第3册[M].北京:人民出版社,1999:349-350,354-361.

❷ 同上:351-353.

❸ 同上:365-366.

❹ 陈霞飞.中国海关密档——赫德、金登干函电汇编(1874—1907):第4卷[M].北京:中华书局,1992:658.

其事，两国交涉间何必据以此无用者较量，致误有用之大事。"最好将此事留待订约后遇有此等事出，再妥商办理，而不应因此事伤及并征大局。最后还是请总署勉允所拟，以免罗沙负气回国，因小失大。❶又致函李鸿章，请其帮忙说服总理衙门。

11月24日，赫德还在责怪里斯本，要是听从他3月间所提三点劝告（①立即派总督高士度从澳门去北京订立条约；②不向公众公布草约；③准备好良好的引渡条款），事情早已办好了。并认为双方所争的引渡问题并非实际问题，引渡案件难得发生，况且都是要验明正身的! 赫德非常害怕谈判破裂，那将使他在南方为鸦片而做的一切工作落空。❷因而次日再次致电总理衙门，不可因小失大，西例视交犯极重。故目前可暂虚此条，候他日另议，赶快将条约办定。❸

到11月26日，罗沙已经绝望，赫德也以为毫无希望，但还是尽力促进了一下，结果竟成功了，最后的难题在27日解决了。在赫德和李鸿章的影响下，总理衙门仍照过去的办法解决引渡问题。29日，奕劻奏报葡约议成请求派员画押，同日获谕旨批准。12月1日，清政府代表奕劻等和罗沙签署中葡《和好通商条约》和中葡《会议专约》，赫德于同一天代表中国政府与葡方签署《会订洋药如何征收税厘之善后条款》。对于引渡犯人问题双方将另行订立专条。❹条约内容与草约差不多一致，澳门的"居住"权已获确认，引渡条款与其他条约的规定相同。

通过《和好通商条约》，西方小国葡萄牙获得了永居澳门的法律依据，还均沾了西方列强侵华的各种特权，前提是对中国缉拿洋药走私进行合作。其他两个约章对葡澳当局协助中国缉私鸦片的具体措施和办法进行具体的规定。

1888年4月28日，双方互换《和好通商条约》和《会议专约》批准书。洋药税厘并征总算尘埃落定，赫德高兴极了，希望再也不同大型谈判打交道，同时也颇为得意，"我贯彻我的主张来反对那个大人物张之洞，广东总督，还是有些道理的!"❺6月22日，葡政府发表条约正式生效的公报。

---

❶ 中国第一历史档案馆，澳门基金会，暨南大学古籍研究所.明清时期澳门问题档案文献汇编：第3册［M］.北京：人民出版社，1999：369—370.
❷ 陈霞飞.中国海关密档——赫德、金登干函电汇编（1874—1907）：第4卷［M］.北京：中华书局，1992：658.
❸ 中国第一历史档案馆，澳门基金会，暨南大学古籍研究所.明清时期澳门问题档案文献汇编：第3册［M］.北京：人民出版社，1999：370.
❹ 陈霞飞.中国海关密档——赫德、金登干函电汇编（1874—1907）：第4卷［M］.北京：中华书局，1992：652，658.
❺ 同上：725.

中葡《和好通商条约》对中国的危害极大。一是以条约的形式肯定了葡萄牙对澳门的永驻、管理权利；二是澳门划界问题悬而未决，这个隐患使得中葡两国为之长期纷争不断；三是中国被迫撤走在澳门附近的常关厘卡巡船；四是西方列强进一步篡夺了中国海关权力；五是列强的鸦片利益得到了保护和扩大。走私受到控制后，通过海关的鸦片反受鼓励，迅速增加，致使鸦片泛滥至全国各地，毒害中国民众。

余　论

有关损害澳门利权的草约或条约的谈判，国内反对声浪一直不断，特别是张之洞、吴大澂等督抚有过坚决抵制，他们曾一再实地勘查，剖陈利害，多次向清廷上奏，坚决要求缓订或改订条约，竭力反对签订有损国权的条约，尤其抵制葡萄牙"永驻管理澳门"。清政府之所以不顾一切反对，同意让出如此多的利权，原因是错综复杂的：首先，也是最为重要的一点，是赫德的连哄带骗和对中国的威逼利诱。在英国提出香港洋药税厘并征须与澳门一体办理的要求后，赫德便积极配合，大肆活动。签订的《拟议条约》对香港及其属地的管辖权、引渡问题作出了对中国不利的规定，这些对后续的交涉造成严重束缚。葡方以后据此为要，进行勒索，陷清廷于极度被动之中。当中方反对时，赫德便施展威逼利诱的办法，逼清廷作出让步。其次，为了获得一个交换条件——葡萄牙协助清政府查缉洋药走私，使中国海关税收能增加几百万两。不过，征收洋药税厘的实质只是"凡英国在香港施办之件，则葡国在澳类推办理"[1]。再次，清廷的交涉指导思想有偏差。清廷愿与葡国立约也基于这样一种指导思想，"从前总理衙门两次商办此事，一议通商约，一议给价收回……我既不能收回，既乘此机会与之约定不得让与他国，方可永杜后患"。并且由于对国际法的蒙昧无知，把"永久占据权"简单地看成"澳门是我们借与他（葡萄牙）的"，对它的法律效力及对国家尊严和主权领土的严重侵犯并不十分清楚，只知道它与租界"迥不相同"[2]。

从19世纪60年代到80年代中葡之间的交涉，赫德一直是插手其中的，并且所起作用越来越大，而他对待中国权益的态度前后天壤之别。在1862年《和好贸易条约》谈判阶段，初涉中国外交领域、年轻气盛的赫德富有正义感，

---

[1] 中国近代经济史资料丛刊编辑委员会. 中国海关与中葡里斯本草约[M]. 北京：科学出版社，1959：74.
[2] 王彦威，王亮辑编；李育民，刘利民，李传斌等点校整理. 清季外交史料：4[M]. 长沙：湖南师范大学出版社，2015：1528–1529.

给清廷所提之建议都旨在反对葡萄牙的侵凌，竭力维护中国权益。尽管其外交才能初露锋芒，但其建议中肯，一开始多被采纳。之后得到清政府首肯的由赫德一手策划、操纵的玛斯计划虽然夭折，但其维护澳门主权的出发点不应抹杀。总的来说，19世纪80年代之前，赫德曾反复强调"中国不承认葡萄牙在中国领土或水域的任何主权"，并反对"与澳门总督达成足以解释为，或牵涉到承认葡萄牙主权的任何协议"。❶

但在此后19世纪80年代的中英香港谈判、中葡里斯本及北京谈判和拟订各约章时，在中国打拼了20年的赫德随着自己在清廷政治、外交诸领域影响力的飙升，其私心、欲望也日趋膨胀，为了满足一己私利，抓住清政府的弱点和短视，不惜出卖中国领土、商业等主权。而蒙昧的清政府依然对其信赖有加，甚至让他和金登干充当了中葡谈判的唯一代表或唯一居间人。赫德三次往返于港澳之间，分别与港英总督波温和澳葡总督罗沙磋商。为了包揽中国的海关兼管常关的目的及维护英国利益尤其英国鸦片商的利益，赫德在交涉中违背了公平正义原则，欺蒙、威逼利诱中国，甚至背着清政府与罗沙达成了出卖澳门的《拟议条约》。赫德以中国的利权，换取了他早已觊觎的，由粤海关监督掌控的各通商口岸往来港澳的民船贸易的管理权。此后，这项权力置于税务司的管辖之下。所以，连马士都说，中葡条约以及它所依据的那个草约，由赫德一手造成，"因此给他的名誉以一次严重的打击"，"他已经逼着中国不过为了商务上的利益而付出了一种可耻的代价"。❷从此，赫德的权势从海关延伸到常关，这正是他梦寐以求的重大收获，用他自己的话说，条约签订后，中国有识之士纷纷反对，一致谴责出卖和践踏中国主权和国家尊严的赫德。确实，赫德在这次中葡交涉中有着不可推卸的责任。当然，赫德只要关税，不顾中国领土及其他主权，以及他的谈判花招和暴露出来的真实面目，也一改清政府眼中过去那种为中国效力的"我们的赫德"的中国友人形象，使清政府在受骗之后对其有所警惕，除海关直辖的邮政、租界设关征税领域外，从此未再授权他代表中国政府与外国议订条约。

---

❶ China.The Maritime Customs：Documents Illustrative of Origin, Development, and Activities of China Customs Services（6），Statistical Department of the Inspectorate General of Customs(Shanghai)，1937-1940：524.

❷ 马士.中华帝国对外关系史：第2卷［M］.张汇文，姚曾廙，杨志信，等译.北京：商务印书馆，1963：428-429.

第二节　斡旋越南地位条约

中法起衅伊始，赫德对清政府的虚弱比较悲观，竭力劝阻清政府不要为徒有虚名的中越宗藩关系而卷入法越矛盾，并企图插手中法谈判，但均未遂愿。"北黎事件"后，赫德更加积极斡旋，主要是胁迫中国答应给法国赔款，因违背了清政府"不允偿款"的既定原则，赫德使出的浑身解数徒劳无功。后利用"飞虎"号事件令金登干赴巴黎直接交涉，赫德通过金登干与法国当局反复磋磨，最终达成《停战条件》。后续交涉李鸿章和法驻华公使巴德诺虽奉命在京谈判，但实际上被排斥在交涉之外，真正的交涉是赫德指使金登干与法国外交部的戈可当继续在巴黎密谈。为了实现中法和平，赫德积极指导，大力斡旋，最终在牺牲中国部分利益的情况下，签订《中法越南条款》，结束了旷日持久的中法越南战争。

一、试图介入天津《简明条约》谈判

从中法起衅到 1884 年 5 月召回驻法公使曾纪泽，赫德深知中越封建宗藩关系的松弛和清政府的虚弱，竭力劝阻清政不要为了维持这种徒有虚名的关系而卷入法越矛盾，否则会遭致重大的民族牺牲。同时，他也企图插手中法谈判。可是，两项尝试均未遂愿。

（一）主张向法国妥协

越南曾在长时间里是中国的藩属，可近代以来法国频频侵犯越南。先是侵占越南南圻，进而逼近北圻（北圻即越南北部，西方人称为东京）。1882 年，法国攻占河内，逼签的《顺化条约》规定越南接受法国的保护权，随后禁止越南同中国联系，并设法使中国放弃对越南的宗主权。几次告知中国驻英法公使曾纪泽，对于只涉及法国和越南的事，对中国无任何解释的必要。曾纪泽坚持中国对越南拥有主权。[1]法越曾几度成立条约，越南事先也没有征得中国同意，清政府也就听之任之。现在法国公然提出要取代中国对越南的保护，使得清政府由观望转向作军事准备。越南问题演进为中法正面冲突，清朝野人士，主和还是主战，议论纷纭，莫衷一是。赫德也在做两手打算。

首先，打探法、中的态度并试图阻抑法中开战。对于中国的和战不定，善搞"业余外交"的赫德密切关注并积极行动。一开始，赫德曾设法用和平方式

---

[1] 魏尔特. 赫德与中国海关：下册[M]. 陈敖才,陆琢成,李秀凤,等译. 厦门：厦门大学出版社，1993：96.

解决中法有关越南事宜。1882年1月16日，赫德建议总理衙门趁法国陷于突尼斯冲突之际，遣使诘问法国对越南北部的觊觎之咎，以此遏制法国吞并越南北部之野心，以图达到避战和保卫藩属国越南。是年底，赫德建议总理衙门主动开放红河，以争取列强在法国吞并越南北部时不会站在法国一方。但总理衙门不为所动。

1882年12月，法国驻华公使宝海和直隶总督李鸿章就解决中法越南问题达成协议草案在即。但次年2月法新内阁总理茹费理及新任外交部部长沙梅拉库拒绝"李宝协议"，另派脱利古取代签约的宝海担任驻华公使，并向越南增兵。

宝海只得设法经赫德向总理衙门磋商，力避中法矛盾进一步升级。宝海跟赫德说，法国不想要战争，因为中国战争的决心会阻止法国前进。赫德也劝总理衙门继续保持强硬，法国可能就会让步，同时自己也应准备应付可能发生的情况，如北京被围，朝廷可向西迁移。❶

宝海被召回后，赫德赶紧令金登干设法打探法国这么做的原因，是否会否决"李宝协议"。并指使金登干在欧洲的英、比报纸上发表电讯，称"公使召回结果很可能使战争拖长，军费高昂，对法无益。中国将动用最精良的部队，可能由欧洲人指挥，或许有欧洲盟国一起作战"。还要金登干在上述报纸上加上一段大意如下的推测性的话：法国在某些部门无偿分发股票以鼓吹吞并，股票将使鼓吹者立即获利而不顾国家后果，但购买者必将蒙受损失，因远征必将失败。内阁反对兼并的话，战争将可避免。❷赫德希冀阻遏法国的侵略。同样，对于清政府，赫德一再奉劝，开战前须慎重。1883年4月18日，赫德奉劝中国，究竟是否管越南事，应该慎重，不要轻易卷入法越矛盾。如不管其事，则越南不过系中国属国，只有按期进贡的具文，而并无他项实际的裨益，则任听法国所为而不管其事。如管其事，越南国仍作中国属国，不管其事致有受损，则不得不管其事，以尽防损取益之道。❸三天后，再次致函总理衙门在越南问题上管或不管要考虑周全，拿定主意。从内心来讲，赫德对战争前景是悲观的。他告诉金登干，如果李鸿章想打仗，"我们，中国，就必将与法国开战。假如法国能放手为所欲为，我们大概将被痛击并遭罚款，但即使这样，也会加速中国的进步"。然又提出警告，中法一旦开战，日本、朝鲜、内地的三合会，乃至俄国也许都会乘机而动。如果法国向北京进军，在11月或第二年3月就

---

❶ 张志勇.赫德与中法越南交涉[J].近代史研究，2019（2）：112.
❷ 陈霞飞.中国海关密档——赫德、金登干函电汇编（1874—1907）：第8卷[M].北京：中华书局，1995：290.
❸ 廖宗麟.中法战争史[M].天津：天津古籍出版社，2002：754-755.

会听见炮声。所以他同情中国,"期待在某个地方会突然出现能扭转局面的人,从而卫护了正义(中国的事业是正义的)"。❶赫德真心希望中国渡过难关,但也考虑了战争的错综复杂性。

其次,针对法国的强硬,主张对法让步。6月,脱利古到上海与李鸿章重启谈判,赤裸裸地向李鸿章表示:"目下情形,只论力,不论理。"只准讨论中越"划界"和边境"通商"两事。❷且极端骄横地警告中国不得再"视越为属国",且今后"不管越事"。并且悍然宣称:"如欲视越为属国,无论明助暗助,势必失和。"❸对于越南纷争,李鸿章主张弃越自保,可以用"华不必明认属国,法不必明认保护"❹的含混方式来解决中法争执。

于是,赫德代拟了解决越南问题的七条办法:①西贡仍归法国;②西贡以北,北纬16度以南,法越自由交往;③北纬16度以北,18度以南,越南国王自主;④北纬18度以北,如果越南同外国商订条约,须先经中国同意;⑤开放河内、海防为通商口岸;⑥开放红河,云南边界择地开放通商;⑦越南照旧向中国进贡。❺主要是奉劝中国承认法国侵占越南的既成事实。

但当时插手谈判的人太多,清政府的态度摇摆不定,赫德向金登干表达了不满和担忧,表示他并不害怕和总理衙门、或和李、或和曾侯、或和任何一个明智的人在一起解决这事件。问题是曾、李各在不同的地方活动,而总理衙门也在单独行动。赫德看不出怎样了结这事件,以及解决问题的权力究竟在哪里,真是"厨子太多煮坏了汤",总理衙门既不肯自己来处理问题,又不肯放权给李鸿章或曾纪泽。赫德为此忧心忡忡。❻

赫德既反对法国侵略中国,也反对中国进行抵抗。认为虽然正义在中国,国际也声援中国,但不会给予中国实际援助,况且法国吞并越南已成事实。以法国强大的军事实力,只要出动十分之一的兵力,中国就会被打败。中国应该尽快妥协,以免遭受重大损失。赫德向金登干抱怨,中国要干预也应最初就宣布开放红河,并让出那里的商务利益给各国以实际利益从而争取它们的同情。但是,中国虽认可赫德的建议却不照办,从而错失很多机会,致使事情更加恶

---

❶ 陈霞飞.中国海关密档——赫德、金登干函电汇编(1874—1907):第3卷[M].北京:中华书局,1992:277-282.
❷ 李长仁.李鸿章全集:第8册·译署函稿[M].长春:时代文艺出版社,1998:4649.
❸ 故宫博物院.清光绪朝中法交涉史料:第4卷[M].北平:故宫博物院文献馆,1932:22.
❹ 李长仁.李鸿章全集:第8册·电稿[M].长春:时代文艺出版社,1998:5034.
❺ 张振鹍.中法战争:第1册[M].北京:中华书局,1996:404-406.
❻ 陈霞飞.中国海关密档——赫德、金登干函电汇编(1874—1907):第3卷[M].北京:中华书局,1992:304-305.

化。事实上是中国没有力量能保住任何东西。❶

1883年8月,越都顺化沦陷,越南政府向法方投降。不得已,清政府只好"保藩固圉",援越抗法。脱利古奉劝清政府不得帮助越南,必须承认法国在北越的保护地位,李鸿章没有明确答应。10月,脱利古单方面宣布停止中法谈判。到了11月7日在中法外交战的最后时刻,赫德向总理衙门发函陈述自己的观点。翁同龢第二天的日记中记载:"赫德有密函,极言启衅当慎,知非游说,衷言也。"❷

得知脱利古与李鸿章的谈判破裂及清政府决定介入法越问题的消息时,赫德赶紧在11月11日给总理衙门呈递一长篇节略,力言甚至渲染中国介入法越矛盾的严重后果,希图恫吓并阻止清政府。他说:若中国以为越南之事于国计有重大关系,以致法国在彼动兵,中国不得不派兵交战防害,应知中国一动手,并非在越南交战,反系在北京城根了事。法国除水师兵船在沿海作战外,其陆兵必将前往北京占地盘踞来要挟。一旦占据了北京,到那时中国何事不答应呢?而中国当时的军力只能应付一两万法兵,如法国出兵四五万,则中国难敌法国。❸但对其说辞清廷不为所动。

(二)伺机插手中法交涉

1883年12月,越南北部山西地区中国驻军防地遭到法军进攻,中法战争正式爆发。越南北部的山西、北宁、太原很快相继失守,1884年3月法军逼近中越边界。❹

就在2月的北宁之战后,法国政府表示不向中国索取赔款,但中国必须承认法国吞并整个越南的事实。而中国由于战场接连失利,加上主和派的鼓噪和天津海关税务司德国人德璀琳从中牵线,中法又重启谈判。

1884年4月初,法军海军舰长福禄诺托德璀琳带给在天津的李鸿章密函一件,提出议和条件四点:①准许云南通商;②承认越南归法国保护;③曾纪泽调回中国;④早日议和,兵费可相让。❺李鸿章立刻电告总理衙门,应同意这些条件。认为将来也只能办到这个地步,现在和议,兵费可免,边界可商。否则,战争恶化局面将不可收拾。❻清廷同意就此续谈,并请下令撤换在巴黎

---

❶ 陈霞飞.中国海关密档——赫德、金登干函电汇编(1874—1907):第3卷[M].北京:中华书局,1992:305.
❷ 赵长天.孤独的外来者——大清海关总税务司赫德[M].上海:文汇出版社,2003:145.
❸ 廖宗麟.中法战争史[M].天津:天津古籍出版社,2002:755-756.
❹ 曹必宏.赫德与中法谈判(1884—1885)[J].历史档案,2005(3):99.
❺ 故宫博物院.清光绪朝中法交涉史料:第13卷[M].北平:故宫博物院文献馆,1932:21-24.
❻ 同上:23.

55

不断谴责法国政府殖民扩张政策的曾纪泽,暂以驻德国公使李凤苞代行职责。但由于廷臣的反对,清廷只好密谕李鸿章不能同意法国的提议。

得知德璀琳为福禄诺与李鸿章的谈判穿针引线时,不甘落后的赫德决心通过总理衙门设法跻身进来。因无法从官方打听到李福谈判的秘密,赫德要金登干立即暗赴巴黎,探询以下内容:①茹费理究竟能接受什么办法,概括说明需要订定的每一条款的主旨。②打听法国政府的确切要求,以便暗地里控制法海军。③德璀琳的调停目的,究竟是在帮法国?帮中国?帮他自己排挤曾侯?或仅仅是业余爱好?④设法了解法国的条件和意图,是否要求撤回曾侯、或坚持要赔款、或能接受的条件。❶ 在赫德看来,最佳措施是金登干去面见茹费理,或者在伦敦联系法国驻英公使瓦亭顿。显然,赫德非常关注这场交涉,并多方准备伺机干预,希望中国在谈判中少失利。但清廷很快撤换了驻法公使曾纪泽,满足了法国提议的首要条件。赫德觉得中国求和心切,会答应法国的条件,决定静观其变,听其自然,不插手为好,时机不宜插手会有害无益。❷ 只好不无沮丧地电告金登干暂停活动。

这一阶段赫德的活动虽有为法国侵略者张目之嫌疑,但也在为中国利益考虑,可是均不奏效。

二、战事再起与赫德积极斡旋

在这个阶段,赫德基本是站在法国一边,胁迫中国答应给法国赔款,但这违背了清政府"不允偿款"的既定原则,所以,尽管赫德使出了浑身解数,交替扮演红脸、白脸,但最终徒劳无功。

(一)索赔问题缘起

1884年5月,福禄诺到天津和李鸿章举行谈判。李对法国的提案只在字面上稍微修改即全部接受。5月11日,两人在天津缔结《简明条款》。全部要旨如下:①法国"保全助护"中越北圻边界。②法国不索赔款,中国同意滇越边境通商;③中越现议条约内,不得有妨碍中国威望体面字样。❸ 这样,法国取代中国保护越南有了法理依据。茹费理对此非常满意,称赞李鸿章,"我快乐地体验了这位中国的政治家是用和我们自己相同的观点去考虑两国利益

---

❶ 陈霞飞.中国海关密档——赫德、金登干函电汇编(1874—1907):第3卷[M].北京:中华书局,1992:529-530.
❷ 中国近代经济史资料丛刊编辑委员会.中国海关与中法战争[M].北京:中华书局,1983:45.
❸ 王铁崖.中外旧约章汇编:第1册[M].北京:生活·读书·新知三联书店,1957:455.

的"。❶李福条约恶评如潮，但只想早日息事宁人的清廷决定执行。

赫德对此条约的心情极为复杂，认为中法争端解决的办法就是简单地承认现状，亦即"谁能抢就抢，谁能抢到手就算是他的！"还说这条约是他所见到的最奇特的文件，它赋予法国在越南为所欲为的权力甚至超过法国国会的法案。他虽然高兴中法将走向和平，但不赞成此条约。他的话既反映了当时的客观实际，又发泄了对德璀琳促成条约而自己被排斥在谈判之外，以及唯恐自身和英国利益受损的无奈和不满。因为赫德真正害怕的是，德璀琳因成功调停这次中法矛盾，会增长其和德国的在华势力，而英国的势力要因此衰沉下去。赫德害怕自己的得意日子也许快完结了。❷同时埋怨英国的调停不力和对他支持不够，还说英国人"从岸上宁可向我掷石头，而不肯扔给我绳子"，要是有一天要金登干把伦敦办事处移到柏林也不要吃惊。❸

在执行这个条款时中法之间再度起衅。《简明条款》第二款，只有"即行调回边界"的规定，未曾明定撤兵地点和日期，后因误会引发了观音桥（即北黎）的军事冲突。❹事后，法国咬定是中国背约，调集大军驻于谅山，要求清军立刻退回华界，否则法海军将据地以索巨款，根本不容中方解释。《申报》怒不可遏指责法国："特于无意中留此闲隙，一面挑衅，一面败盟，然后公然以赔偿为请，庶可塞中国之口，而遂其平时之役。"❺于是，中法两国之间，开始了一场索赔与反索赔的斗争。

（二）支持法国的索赔要求

北黎事件使中法关系再度剑拔弩张，国内主战之声甚嚣尘上。在巴黎，署理中国公使李凤苞也与茹费理展开艰难的交涉。总理衙门为使和谈有转机，决定通过赫德秘密议和。这使得处在懊恼、悲观中的赫德兴奋起来，决心尽力挽回局势，但很快感到了问题的棘手。

在会晤法国代办谢满禄后，7月1日，赫德向总理衙门汇报会晤结果，谢

---

❶ 中国史学会.中国近代史资料丛刊·中法战争（七）[M].上海：上海人民出版社，2000：216.
❷ 中国近代经济史资料丛刊编辑委员会.中国海关与中法战争[M].北京：中华书局，1983：150，158.
❸ 陈霞飞.中国海关密档——赫德、金登干函电汇编（1874—1907）：第3卷[M].北京：中华书局，1992：555.
❹ 5月16日，福禄诺根据法国政府的指示提出修改第二款，要求在20—40天内清军撤回，由法军接收越南北部。可清廷在舆论压力下又有命边境各军"按兵不动"的指示，李称对此"不敢应允"，但福禄诺在给法国政府的报告中说中方答应了撤兵的日期。6月23日，法军突然单方面擅行到谅山附近的北越观音桥"接防"，要求清军退回中国境内，遭到没有接到撤军明令的驻防清军拒绝，法人就炮击清军阵地，遭清军还击，并被击退。
❺ 论法事近日情形[N].申报，1884-08-06（1）.

满禄说确系中国理短,须付赔款,并立即"发电撤兵"。❶ 清廷坚持咎在法方,拒绝赔款,上谕严令拿办任何主张赔款和解的人,并罢免了总理衙门的六位大臣。双方就此僵持。

清政府派赫德赴沪会晤法国新任公使巴德诺尽力促成谈判。赫德为使裂缝的两端能重新接合,未经请示即代表中方答应赔款。7月15日,法国下最后通牒,令华军退出北圻,赔款至少250万法郎,限一星期内答复。❷ 次日,赫德令税务司贺璧理回北京向总理衙门禀报沪上交涉进展:一是巴德诺索偿态度坚决。中国若在京报内明降谕旨,决定撤兵,赔偿法国所有军费,巴德诺同意与中国订约。否则,法军将在中国据地为质,直至所有各费,扫数交清,始将所占之地退还。二是赫德之建议。因法军在上海集结,以便于7月19日行动,如果不依允,则法国需索定属有增无减。赫德此说不无恐吓之意,但赔款之说有悖于清政府的决定,总理衙门采纳了他有关撤兵的建议而拒绝赔款,并复电赫德,已奏派两江总督赴沪与巴德诺会商,要赫德辅助商办一切。但在此之前,他须嘱令法军不能开衅。❸

赫德与巴德诺第三次会晤时,后者同意赔偿军费数额可与有约国商定。❹ 赫德电请总理衙门要求法方将末议所订期限暂缓七日,并示意愿略偿经费、恤费为理。否则,交战不免。赫德屡屡帮法国催迫赔款,清政府自然不悦,只好派遣上海道邵友濂就近直接与巴德诺交涉。赫德虽心有不甘,但仍以威胁的口气致电劝告总理衙门换个名目偿款法国。清政府看赫德周旋无望,只好表示,中国事本理直,如果赫德据理代争不了,法人依然强中国所难,要他先期回京。❺ 好不容易争取到的斡旋机会,赫德哪肯轻易罢手,故回复总理衙门需在沪协商至中法商定的会谈截止日8月1日止,如那时还无法妥议即回京。❻

(三)降低赔款建议被清廷拒绝

赫德依然在按清政府给予赔款的预案与巴德诺交涉,只不过是减少赔款。尽管他认为索要赔款,"法国实属不公,且为数亦属过巨,中国原应不认

---

❶ 中国近代经济史资料丛刊编辑委员会. 中国海关与中法战争[M]. 北京:中华书局,1983:160-161.

❷ 马士. 中华帝国对外关系史:第2卷[M]. 张汇文,姚曾廙,杨志信,等译. 北京:商务印书馆,1963:391.

❸ 中国史学会. 中国近代史资料丛刊·中法战争(五)[M]. 上海:上海人民出版社,2000:417-421.

❹ 中国近代经济史资料丛刊编辑委员会. 中国海关与中法战争[M]. 北京:中华书局,1983:162.

❺ 中国史学会. 中国近代史资料丛刊·中法战争(五)[M]. 上海:上海人民出版社,2000:419,428.

❻ 中国近代经济史资料丛刊编辑委员会. 中国海关与中法战争[M]. 北京:中华书局,1983:164.

赔偿"。可是事已至此,"非可论理,只能论力",而"此时之力,惟法国有之",既然现在只要偿银四千万两,较以后可能要增至四万万两合算,不如现在就偿清。❶ 清政府予以拒绝,遂增派两江总督曾国荃与巴德诺谈判,临行前李鸿章和皇上上谕分别强调"最要者,越南照旧纳贡"❷ 和"兵费恤款,万不能允"。❸ 抵沪后的曾国荃先让邵友濂找赫德商议,赫德认为"惟不言款,则公事难商"。❹ 双方在赔款问题上各不相让,谈判毫无进展。谙习清廷心理的李鸿章密电曾国荃相机行事,万不得已时,可"求恩赏数十万以恤阵亡将士"。❺ 经李的点拨和授意,曾国荃为使和议转圜,允付法方50万两作为抚恤金,清政府闻讯怒责曾国荃违背旨意。巴德诺则嫌数目太小,拒不接受,谈判未果。美参赞何天爵(Chester Helcombe)曾就这件事评论说:"……应该法国赔偿中国,中国断不能赔偿法国。即将来立约时,亦不可允他。至抚恤一层,尚在情理之中。但必须两边比较,譬如,法人死者三十人,每名应给恤银一百两,中国应出三千两;中国人死者有一百人,每名应给恤银一百两,则法国应出一万两。此系天公地道之办法。"❻ 无奈法国恃强凌弱。

赫德还曾建议邀请列国评议,但调停无成效。7月31日,赫德致电向金登干诉苦:"在过去的几周,我工作极为紧张,烦恼焦虑,以致身心交瘁,但是仍然一事无成。法国不肯放弃赔款,而中国坚决不肯偿付赔款。停战期限几天已届满了,孤拔明天就要开始行动。正义在我们这边,而在目前确实法国在实力上占优势。……付赔款而避免战争是上算的,我正为实现这目标而辩论和活动,但我的同情却属于中国的主战派。"❼ 8月2日,巴德诺宣布谈判破裂。

曾国荃将谈判失败归咎于赫德播弄是非,❽ 江苏士绅也请求清廷召回赫德,❾ 军机处也上奏"由总署电令赫德回京,以免从中煽惑"。❿ 8月3日,清政

---

❶ 廖宗麟.中法战争史[M].天津:天津古籍出版社,2002:759.
❷ 郭廷以,王聿均.中法越南交涉档[M].台北:"中央研究院"近代史研究所,1959:1824-1825.
❸ 世续,陆润庠等纂修.清德宗实录:卷187[A/OL].http://www.wenxue100.com/book_ZhuanTiQingShiLu/12_193.thtml.
❹ 中国史学会.中国近代史资料丛刊·中法战争(五)[M].上海:上海人民出版社,2000:439.
❺ 庞淑华,杨艳梅.李鸿章全集:第9册·电稿卷三[M].长春:时代文艺出版社,1998:5128.
❻ 刘伯奎.中法越南交涉史[M].台北:学生书局,1980:59.
❼ 陈霞飞.中国海关密档——赫德、金登干函电汇编(1874—1907):第3卷[M].北京:中华书局,1992:584.
❽ 中国史学会.中国近代史资料丛刊·中法战争(五)[M].上海:上海人民出版社,2000:459.
❾ 曹必宏.赫德与中法谈判(1884—1885年)[J].历史档案,2005(3):101.
❿ 中国近代经济史资料丛刊编辑委员会.中国海关与中法战争[M].北京:中华书局,1983:165.

府又要赫德"即日来京"。❶但赫德还是坚持留在上海斡旋，并不断以战争威胁希图使清廷改变主意。8月3日，赫德将拟写的一个解决办法交巴德诺考虑，内容即中国答应在边疆利益捐输的名义下，十年内每年付给法国八百万法郎，而法国须维持越南进贡作为交换。并解释进贡不过是一种维持惯例的仪式而已，以保持清廷面子。但巴德诺认为进贡等于间接否认法国的保护权，连进贡之虚名也不给清廷保留。但又认为八千万十年付给，有可能接受。当天赫德告诉曾国荃："法公司船悉开出口，恐将在江圻（动手）。"当晚，又转告李鸿章"巴接法廷电，或战或和，听巴酌办"。李鸿章遂致电总理衙门为赫德说情："巴意不提兵费，限十年内岁给百万以为边界经费，即夕复准可免决裂……赫虽胆怯，无坏意，似勿亟调回。"❷但总理衙门没有答应给法方边防经费，仍执意令赫德回京，赫德则顽固地请求留沪续商。赫德此间还建议中、法各请一国调处，但法国不允。

为寻求一个中法都能接受的良策，赫德绞尽脑汁。巴德诺在致茹费理政府的报告中说：赫德为使中国不与法国决裂而遭受毁灭性的后果，想方设法寻求一个双方均可接受的两全之策。由于清廷的寸步不让，后巴德诺曾一度让步将索款数目减至四百万两，托赫德转告清政府。清政府起初依然不肯，赫德特派贺璧理去面劝总理衙门。法国要索未遂，后占领基隆，将赔款升至一千万两。赫德认为可以接受，这笔钱可分十年清还，每年只要一百万两。而且，可乘机收回基隆。否则，法国必将夺取船厂和福建省，法国还将占领台湾不退还，不如趁此了结。❸但清廷无意采纳。8月21日，谢满禄看到索要无望，下旗离开北京，宣告谈判破裂，同时中国驻法公使也从巴黎撤出。至此，赫德看到中法分歧太大，避战求和已无可能，自己实在无能为力，只得于次日快快地离沪回京。

由上可知，在清政府对法宣战前，赫德不管是对清政府还是法国政府，均力主避战求和，并在此指导思想下进行斡旋，这一时期的外交思想与李鸿章不谋而合。可惜清政府拒赔，也明知法国不予接受的同时，却没有积极备战，更没有主动出击，在赫德回京的次日（23日），清廷遭遇了饮泣马江的悲惨结局。中国军舰11艘、商船19艘全被击沉，马尾船厂亦被摧毁。之后，法军控

---

❶ 陈霞飞.中国海关密档——赫德、金登干函电汇编（1874—1907）：第3卷[M].北京：中华书局，1992：592.
❷ 中国史学会.中国近代史资料丛刊·中法战争（四）[M].上海：上海人民出版社，2000：175-176，242，461.
❸ 中国史学会.中国近代史资料丛刊·中法战争（五）[M].上海：上海人民出版社，2000：178，241，485.

制了台湾海峡的制海权。8月26日，清向法宣战，中法战争进入扩大阶段。

（四）放弃赔款，调整方案

谈判破裂，法国恃强再次发动侵略战争，赫德觉得懊恼与挫败，但绝不就此放弃，而是改弦易辙，不再走奉劝清政府满足法国索赔的老路，而是不断调整谈判方案，尽管一再被拒，却毫不气馁。

9月18日，赫德致电指使金登干去巴黎与茹费理会晤，劝其放弃赔款，重点放在与中国订立商约。此时，法军在台湾沪尾的大败，越南北圻清军的增援及国内外形势的变幻，使得法国又试图通过谈判解决中法纠纷。10月16日，茹费理电告巴德诺，不放过任何谈判的机会，迫于法国的舆论、列强的意向，以及法国须照顾的重大利益，中法问题应赶快获取一个光荣的解决。❶早在10月5日，茹费理经赫德等向清政府提出和谈的四个条件，大意为：清军撤出北圻；批准《中法简明条款》，在此条款履行之前，法国占领基隆和淡水，占领时间由友邦调解决定。赫德认为变相赔款的占领淡水、基隆时间由友邦定夺这一条恐难通过。赫德协同德璀琳向总理衙门呈递此方案时夸大法国的威胁："目下遥想台北一带，恐已被法人进踞，而铭军余存之兵勇退入内山矣。复闻法国来华之兵舰将及四十多号，内有铁甲九艘，上等大铁甲一艘，吃水浅之兵舰十四艘。一国之师船聚集如此之多，恐前此中华海面都未曾有。并且税司得有确电，知法外部大臣茹费理已定议，法军在华不可旷日持久，须急速办理：第一，系谋占台南北全郡，并毁各炮台营盘，兼使铭军腹背受敌，难出重围。第二，系派新兵往东京，将西北两路华军竭力抵御，以进攻中国边疆。现得法国官电言，法军与北路华军在长江交仗，法军已夺炮台，计歼华军3000余人，并有法军潜往华军之后以截其归路。第三，系得台地立埠后，煤斤、食物俱全，冬间再扰沿海、沿江各炮台一切。"以此逼迫清政府接受其新拟条款："照税司之意，至多议到如此条款，已是极好。一、系中国如将北圻各军调回边界，法国则商在华各水军不再进扰沿海各处。二、系中国再批准天津简明条约，并照第三款会议通商详细条款。三、法军在淡水、基隆暂不撤回，以俟津约办妥后，再行退出。至法国虽驻淡水、基隆，而该处地方官仍照旧办事，有自主之权。四、兵费一事，法国可以不索，亦可勿庸载在章约。第法国要在淡水、基隆暂管煤矿、海关若干年。"赫德还说，清政府如拒绝新条款，恐怕全台尽失，"非数千万不能赎回。不特中国沿海七省之屏障，一旦恐有不测，从

---

❶ 熊志勇，苏浩．中国近现代外交史［M］．北京：世界知识出版社，2005：133．

此无安枕之时，兼且各国必谓中国自知理短，畏人论断也。"❶当天清政府召集群臣商议的结果是予以拒绝。赫德居然说，要是法国大败，更加不妥。因为法人向来是"败了越要战，反致不肯和"。意即不管战争胜负，总是法国得利而中国失利。总理衙门反唇相讥："中国亦不能相让，亦不怕他，虽打仗无把握，亦要打到底。"❷

可赫德依旧不死心，11月1日，赫德还在劝总理衙门让步，说法国有下台之难处，若不退让，则法国难于自止。而目前在法国已做好一切准备，而中国则仍在设备之时，不如"乘此以息事，实为得机"。❸11月4日，赫德向总理衙门呈上自拟的新办法又被拒绝，于是吐露真相："法相茹费理对人说，现若仍照津约办理，即可了事。"总理衙门答复开仗后津约已作废纸。既然法国及赫德的要求均遭清廷拒绝，赫德只好请总理衙门提出中国可允之办法，由其转述于法国酌商，希望能够成事。11月10日，清政府提出新的议和条件八条。❹次日，清政府同意由赫德请英国出面调停之事。11月15日，清政府通过英国提出自己的议和条件为：修改《天津简明条约》、重订中越边界、法军退出基隆和越南继续入贡等。

英国认为这些条件不可能为法国接受，拒绝转达，并托英人伦道尔电告赫德，"中国必须记住，他是较弱的一方"。尽管赫德在11月16日、17日连续四次致电伦道尔转告英国外相格兰维尔，反复解释此新提案是"中国式的"，法方并无所失，中国政府所争的只是"虚名"，而"给法国政府以实益"。并说，"中国要和平，但为了虚名，他会真打的"。赫德认为法方四点所索的超过了实际需要，这本是无用的、多余的，而它恰恰又是中国不能让步的；其实中国的八点要求也包含法方所真正需要的。"第一提案将惹起广泛而持久的战争和仇恨，而接受第二提案将可取得迅速解决以及永久的友谊。"赫德极力主张先接受第二提案，其余事项留待将来再发展。而且就英国的利益而言也要求迅速解决，"或许我采取了过分倾向中国的观点"，但他认为法国接受会有好处。❺但格兰维尔依然拒绝转交，因为"中法意相差太远，不能调停"❻。当时

---

❶ 中国史学会. 中国近代史资料丛刊·中法战争（六）[M]. 上海：上海人民出版社，2000：5-6.
❷ 同上：16-18.
❸ 廖宗麟. 中法战争史[M]. 天津：天津古籍出版社，2002：765-766.
❹ 陈霞飞. 中国海关密档——赫德、金登干函电汇编（1874—1907）：第3卷[M]. 北京：中华书局，1992：662.
❺ 陈霞飞. 中国海关密档——赫德、金登干函电汇编（1874—1907）：第8卷[M]. 北京：中华书局，1995：356-357.
❻ 中国史学会. 中国近代史资料丛刊·中法战争（六）[M]. 上海：上海人民出版社，2000：141.

一位英国外交官认为，这"是战胜者对战败者的提案"❶。

赫德于12月1日再次向总理衙门呈递了旨在主和的节略。❷

格兰维尔与法驻英公使瓦亭顿接触后，告知曾纪泽，法国拒绝条约草案，要求履行津约，并占据基隆。曾回答二者均不可能！12月9日，赫德又向总理衙门探问，中国可以同意的议和条件除津约五条之外，假如法国同意以下新添内容，中国可否复行批准津约？❸新开之条内容为："中法两国拟定将以上第一条南界字样，改为由谅山至保胜之南划一直线为界。并将第四条中不插入伤碍中国威望体面字样，改为越南照旧进贡与否，由越南自行作主。又将末条以法文为正字样，改为应由两国各按其本国字样办理，若有不同之处，则凭备之英文为正。"❹鉴于已往清廷绝不让利的果决态度，赫德此时开始有点迎合清廷了。但是，由于当时两国军队在越南及我国台湾地区激战，战局未定，均无意就此议和。12月11日，瓦亭顿宣布谈判终止，茹费理宣告上院即将开始新的军事行动。

这一阶段，赫德与英国都认为中国是弱方，只能屈从法方意志，因而想方设法，一计不成又生一计，反复劝告乃至胁迫中国答应给法国赔款，至少也要给予一定的经济利益作补偿。这样就触犯了清廷的谈判底线，所以一再拒绝他的建议，也无视他的恐吓，甚至不惜与法国在战场上火拼。在压制清廷赔款无望后，赫德屡次调整谈判方案，但与清政府的要求相距甚远，未被采纳。因此赫德半年时间的努力调处又一次受挫。

三、中法停战条件的交涉

尽管赫德与英国调停失败，赫德依然毫不气馁，后借"飞虎"号事件，派金登干赴巴黎，与法国当局直接交涉。虽然最初茹费理不信任赫德有调处越事的能力，更不相信金登干有谈判越事的权力。但最终赫德还是设法使其和谈建议得到茹费理的响应。金登干也得到清总理衙门的授权，与法国政府直接交涉，经过反复磋磨，最终就结束战争达成共识，缔结了《停战协定》。

（一）照顾面子和划界的附加条款

1884年10月，中国海关巡洋舰"飞虎"号运粮至灯塔，在台湾附近被侵

---

❶ 中国史学会.中国近代史资料丛刊·中法战争（七）[M].上海：上海人民出版社，2000：280.
❷ 廖宗麟.中法战争史[M].天津：天津古籍出版社，2002：767.
❸ 陈霞飞.中国海关密档——赫德、金登干函电汇编（1874—1907）：第8卷[M].北京：中华书局，1995：362，767.
❹ 廖宗麟.中法战争史[M].天津：天津古籍出版社，2002：767-768.

台法舰捉住，一直被扣留在淡水，法国要求赫德亲赴巴黎解决。这个事件使得黔驴技穷的赫德顿时觉得峰回路转，命令金登干利用赴巴黎向茹费理直接交涉"飞虎"号事件之机调停中法战争。赫德先询问总理衙门，如法国应允用一个附加的或单立的条款，合理地解释条款和文字，能否批准？总理衙门经过商议后允批准。12月16日，赫德电告金登干附加条款为：①草约用三种文字书写，各以本国文字为准，如有歧义，以第三种文字作准。②草约内"威望体面"一词不包含安南王一向定期致送的礼品和贡物，继续与否，由安南王自择。草约内"边界"解释为谅山最南处东西画一直线。赫德传授金登干辩论的理由和解释："贡"可自择，保全了中国体面，中国决不会要求"贡"；现提边界北面都是荒野山地，法国应允并没有委弃任何有价值的东西，而可安静地占有南面的土地；条约可提供充分的边境便利；如予拒绝，必将为了原属中国，而法国还未能到手的东西持久地战争下去；两相比较，法国尽得所欲，毫无所损，保有实益而以虚名惠人。战争的胜利，还能为法国取得什么比现在提请茹费理立刻接受更为有利的东西？❶

赫德请英国政府与瓦亭顿继续调停，让金登干使格兰维尔相信：总理衙门已经应允了，如果法国答应附加条款，中国将照津约批准。现阶段不要提基隆，要点解决了，次要的自可随之解决。总理衙门亦将附加条款电达曾纪泽，向格兰维尔声明，如法国能接受附加条款，中国将批准津约。茹费理认为，新旧提案无甚区别，其中中国所说的边境线和承认中国的宗主权两点不能接受。于是格兰维尔转告赫德"再向法多啰嗦是不明智的，不如等它看到更大困难，或中国多拿出些蛋来摆在我的篮子里再说"。❷

1885年1月，赫德特别嘱咐赴巴黎的金登干，此去的主要目的是试探茹费理对越事的意见和条件，求得茹费理的答复，并趁机秘密转达赫德和议的愿望，并尽可能获得这样一个协议：①中国批准津约，法国解除台湾封锁；②中国允订商务条约，法国撤退基隆军队；③北圻中法军队待在原地不动。赫德特别强调乘此机会操纵中法谈判的机不可失。因为这场"业余外交"所涉及的事务和影响非常重大，至今双方打了个平手，现在已到最后一局了。决定胜负的最后一墩牌现已掌控在赫德手中，即金登干的"飞虎"号之行。❸

---

❶ 陈霞飞.中国海关密档——赫德、金登干函电汇编（1874—1907）：第8卷[M].北京：中华书局，1995：364，366.

❷ 同上：366，373-375.

❸ 陈霞飞.中国海关密档——赫德、金登干函电汇编（1874—1907）：第4卷[M].北京：中华书局，1992：6-8，376.

1月10日，金登干抵巴黎，与茹费理初次晤谈时转达了赫德斡旋之诚意。茹费理指责中国屡提无理之要求，使战事不得不延长，法国已下决心以武力与华决胜负，然仍愿意以确保法国在北圻安南拥有绝对保护权之原则与中国磋商。❶ 赫德为"飞虎"号事件成为其打开茹费理大门的钥匙而欢呼，生怕机会稍纵即逝，反复嘱咐金登干"不要轻易使会谈中断，必须延长，并取得继续会晤的机会，力避得到最后而正式的'不'"。要金登干转达茹费理，赫德和金登干深悉谈判内情，极愿推动和平解决。法总理是否可以接受附加专条？法国的最低条件是什么？❷

但茹费理认为附加条款与津约矛盾，不予接受。津约不提宗主权是有意的，"威望体面"字样决不能解释为含有宗主权的意思。而边界地带是中法都想要的。将来法国在北圻取得胜利之后，中国自会变革条件。他只接受直接来自总理衙门正式送交的提案，以防以后被总理衙门所推翻或否认。❸ 中国若直接正式对法有何新提议，法国政府极愿详加考虑。中国若对法有新提案，须以《天津条约》为根据，同时须由中国政府正式提议；金登干一税务司属员，人微言轻，磋商亦未必有用。赫德得此讯后，知固持越贡事，必难邀法承诺；惟仍冀划界事，法肯与中国磋商，至少欲争宝胜地归中国。❹ 赫德与清政府商议后，得知中国只在八条基础上开议。

（二）放弃朝贡，改争边境划界

僵持一段时间后，由于赫德和金登干的斡旋以及战场形势的变化，中法都有所松动。

1885年1月31日，赫德致电金登干询问茹费理能否接受自柯内、竹南迤南，划向西南在万邦❺以南越过红河那条线作为边境线。此线以北，并非越南地方，向由中国人居住。如能接受此点，可保全中国的荣誉。2月上旬清军在战场上屡遭败绩，清政府有所退让，同意在津约的基础上与法国和解。因而告诉赫德，可以放弃越南朝贡和宗主权，但得在中国滇桂外划一条禁止法国人进入的界线。赫德要金登干向茹费理转达，关于朝贡和边境，已谈到现在的地步，剩下的问题耐心筹划是可以解决的。特别需要筹划的是中国的面子，高压

---

❶ 邵循正.中法越南关系始末［M］.北平：国立清华大学，1935：193.
❷ 陈霞飞.中国海关密档——赫德、金登干函电汇编（1874—1907）：第8卷［M］.北京：中华书局，1995：379-380.
❸ 同上：381.
❹ 邵循正.中法越南关系始末［M］.北平：国立清华大学，1935：194.
❺ 地名系译音。柯内：Konei；竹南：Chonan；万邦：VanIBeng.

和公开表示不信任，都有伤中国的面子，而和解的语言和对中国各种困难的体谅将获得酬答。❶但法国不同意此办法，茹费理再三强调法国必须占有老街，因为它是红河航运的钥匙。同时索要履行条约的担保，但没提赔款问题。

2月13日，法军占领谅山。随后，总理衙门愿意放弃其在谅山以西划边界的建议，取而代之改在老街西北方划边界，并在这条边界上开放贸易市场，建立中国海关。❷至此，赫德立即向金登干总结了他赴法交涉所取得的功绩。原来要对付法国的三个要求即批准天津条约；原则上承认赔款；以天津海关税收担保赔款并占据基隆，以及中国的两个要求即越南的进贡和谅山以南的边界，现在已使中国同意批准天津条约，撤销了安南的进贡，对法国占据基隆保持缄默。而法国也不再要求赔款和以天津海关税收担保赔款。至于剩下的谅山以南的边界，法国答应重新划边界，退让了五分之一，而中国答应以"划界"代替"边界"，并且从谅山到老街画一条线，即不向正西而偏向西北，退让了五分之二。五大项中，只有最后一项的五分之二未解决了，赫德得意他们的"业余外交"相当成功。当然，赫德也清楚面临的问题，就是双方都以为作出很大让步不愿再退让了。可赫德依然乐观地认为"忍耐、坚持和妥善对待，应当能使事情'合拢'"。他亲自死抓住冲突双方，并严守秘密，甚至不让李鸿章知道和插手，并庆幸直接找茹费理的正确性，也庆幸"飞虎号"这场"灾难"倒成了"因祸得福"！❸

但是，茹费理不接受谅山至老街一线，让金登干转达如下："如愿认真谈判，总理衙门必须提出方案。将老街留予黑旗军，等于给他房屋的钥匙。……必须知道总理衙门能给我们什么认真履行津约的保证？我们将不增加要求，我们要求确实履行津约。"❹茹费理未提台湾和赔款。

（三）业余交涉成为唯一的正式外交

1885年2月，法国政府称自2月26日起，米将作为战时违禁品处理，欲以饥饿威胁迫使北京同意其条款。由于英国商人经营着大额的米粮托运，法国此举将使英商损失最重，从而引起了英国人的愤怒。但英国考虑到自身在缅甸和埃及的行动，又不想刺激法国人，所以只是发出个不同意法国单方面对违禁

---

❶ 陈霞飞.中国海关密档——赫德、金登干函电汇编（1874—1907）：第8卷[M].北京：中华书局，1995：384-385.

❷ 同上：388.

❸ 陈霞飞.中国海关密档——赫德、金登干函电汇编（1874—1907）：第4卷[M].北京：中华书局，1992：24-25.

❹ 陈霞飞.中国海关密档——赫德、金登干函电汇编（1874—1907）：第8卷[M].北京：中华书局，1995：390.

品下定义的照会，而是寄希望于调停来尽快结束这场战争。❶

因此赫德要金登干探询：如中国批准并立刻履行津约，法国是否就此解除封锁，并派公使来此商订详细条约？告诉金登干他已获得谈判全权，他已完全掌控谈判，严守秘密，也要求总理衙门如此，皇帝已谕令其他各方停止谈判。还说为了法国，不明提保证，即暂时占据台湾。❷

2月26日，金登干与茹费理进行第五次会谈。赫德提醒金登干让茹费理尽快接受提议的解决方案，抓住实质性的东西，避免快要到站的火车出轨。"重要关键在于认清根本要点，在现阶段任何可以搁起或足使功败垂成之点，都可以不提，俟商订详细条约时再补漏洞。"茹费理明显对事情的发展感到满意，不再提起保证的问题。并同意只通过赫德这个唯一的居间人谈判，且对每一件事保持极度的秘密，直到恢复公开谈判为止。❸此次会谈进展比赫、金二人预料的要顺利。此后，赫德的"业余外交"上升为正式和唯一的外交活动。不久，赫德取得清政府的完全信任，获得了全权谈判的权力。

2月28日，赫德让金登干转告茹费理清朝皇上批准的议和条件四款：第一款中国允准1884年的天津草约，法国除此别无要求；第二款双方尽速停止敌对行动，法国解除台湾封锁；第三款法国派公使北上商订详约，双方规定撤兵日期；第四款授权金登干代中国与法方代表签定本草约，作为初步协议起点。赫德指导金登干如何向法国解释使其易于接受议和四款：①耐心筹商，余则方可到手，顾及中国面子；②第三款，实已提供保证，条约避免使用引起反感的字句；等等。茹费理认为，难以让法国的公众舆论接受一个无赔款规定的条约，除非以真正的商务利益作为补偿。还特别暗示建设铁路的权益。❹

因为赫德和金登干均为英国人，没有中国公民的责任，只有赫德作为中国的正式代表进行沟通才有效。因此，茹费理要求赫德用海关密码直接打电报给他，证实圣旨的发布。圣旨2月27日发下，3月16日茹费理收到想要的确认电报，告知圣旨授权通过金登干传递的四款，并派金登干代表中国签字。❺

尽管赫德一再告诫要保守秘密，但还是泄密了。中国驻柏林公使许景澄企图把谈判纳入正常的外交渠道，拼命往总理衙门打电报，可这些电报都被总理

---

❶ 高嘉懿.中法战争中的晚清外交[J].军事历史研究，2005（3）：114.
❷ 陈霞飞.中国海关密档——赫德、金登干函电汇编（1874—1907）：第8卷[M].北京：中华书局，1995：391.
❸ 同上：392-393.
❹ 同上：394-396.
❺ 同上：402.

衙门悄悄地搁在一边。在伦敦，中国驻英使馆英籍参赞马格里、瓦亭顿、曾纪泽也在打听谈判事宜。总理衙门没有答复曾侯的询电。这些预备性谈判就连李鸿章都被排斥在外，这自然惹得他很不高兴。猜测赫德插手中法谈判的传闻也屡见于各种报端，这些既使赫德得意，又倍感压力，他写道："柏林的插曲是很有趣的，许接连发来电报，但总理衙门不予答复。亲王非常信任我，如果我们成功，我永远都能得到他的强烈支持。从个人来说，我无法再支撑多久，这个压力太大了。我已经开始失眠了。如果这个星期你和茹费理不能解决这个问题，恐怕我得放弃或者叫人来分担赌注了。"❶

3月16日，赫德连发两份电文给金登干：许景澄和李鸿章均无权行事，他才是目前唯一的途径，草约一签字，他的任务即终了，其余问题可由李鸿章去办。草约永久地处置了北圻的所有权问题，并恢复和平。商务问题可以与下一位谈判代表圆满解决。不要让次要的问题延误主要问题——北圻与和平——的解决。❷ 至于中国将在何时何地建铁路等问题可留待随后解决，目前首要问题是使草约签字，使谈判成为可能。所以他一再催促金登干争取尽快签字。但茹费理要求必须得到总理衙门授予赫德全权的凭据。3月17日，金茹会谈时，茹费理强调，不管赫德在中国的地位多高，影响多大，他毕竟不是中国外交大臣，也不是总理衙门或中国政府的负责人，害怕如果他在相信赫德的代表权之下同意了某些条件，而中国政府事后拒不承认。❸

3月22日，赫德让金登干转达茹费理，赫德已向总理衙门进言，法国除津约外别无要求；前提三款是以笼统词句，最简单形式，包含现时所需要的谅解，现阶段不宜用更确切的词句，以免将来总理衙门为完全履行津约时缺少回旋余地；关于对案，避免提新问题；商务谈判留待建立和平后再说。赫德要金登干尽力防止于三款外再有增改，特别避免另提北圻撤兵及停火不包括北圻等。只要草约一签字，其他商务谈判、撤兵等都易解决。❹

经过进一步的解释和谈判，法国外交部的首席政务长官毕乐参加了谈判，

---

❶ Fairbank, Bruner, Matheson.The I.G.in Peking: Letters of Robert Hart, Chinese Maritime Customs, 1868–1907（Vol-1）[M].The Belknap Press of Harvard University Press Cambridge, Massachusetts and London, 1975: 590.
❷ 陈霞飞.中国海关密档——赫德、金登干函电汇编（1874—1907）：第8卷[M].北京：中华书局，1995: 403.
❸ 陈霞飞.中国海关密档——赫德、金登干函电汇编（1874—1907）：第4卷[M].北京：中华书局，1992: 46.
❹ 陈霞飞.中国海关密档——赫德、金登干函电汇编（1874—1907）：第8卷[M].北京：中华书局，1995: 406–407.

茹费理希望对第一款做形式上的修订：中国允准津约，法国宣布除完全履行全部草约外，无其他目的。如中国对此同意，法国将接受中国所提三款。但要求在草约后附加以下解释说明：下令执行李福协定的圣旨和所有驻北圻的中国军队撤回边界的谕旨一颁布，所有海陆军行动将一律停止，中国军队撤入边境后，台湾封锁立即解除，双方所派全权代表尽速谈判和签订和平、友好、通商条约。条约一经签字，经谕旨批准后，法国对战时禁运品（包括大米）的禁阻立即解除。草约不能确立和平，只不过是在为恢复和平而进行的谈判期间暂停敌对行动。最终茹费理同意三款草约和附休战条件的说明。茹费理拒绝金登干要求取消大米禁运的请求，理由是如果和谈失败，中国能得到补充的粮食，法国就会因此而失去现有优势。❶

（四）《停战条件》的拟订

正当一切问题基本协商完毕时，法军再次进攻镇南关遭到惨败。茹费理内阁垮台，形势有利于中国。赫德害怕中国反悔，和谈失败，催促中法高层当机立断，赶快签订停战条约。

3月23—25日，法军再次进攻镇南关，冯子材率部取得了镇南关大捷，扭转了整个中法战局。其后，清军收复了文渊、谅山等失地。茹费理于3月30日要求议会投票拨款两亿法郎，增派5万军队，被议会拒绝，茹费理被迫辞职，第二天新内阁组成。随后，上下议院都投票同意上述拨款。❷

在前线取胜的情况下，为了避免进一步的战斗和误会，总理衙门接受第一款的修正和解释说明，但希望在解释说明中增加几点补充：①鉴于停火和撤兵的命令不能同日递达中法双方及其军队，各地撤兵日期分别规定；②台湾和北海的封锁立即解除；③取消对大米的禁运，因为它只会徒增沪之船夫失业和有失中国体面。如果法国不允，则中国各口岸对法船暂不开放；如果这些被接受，金登干就被授权马上在议定书上签字。❸ 战场上的胜利使中国国内反对议和，中国政府有可能撤回已经答应的让与。❹ 赫德自然不想让旷日持久的艰难谈判就这样功败垂成，3月31日，赫德连发三电，赶紧令金登干密告茹费理，中国在取得战争胜利的情况下，政府还恪守已达成的共识，足可向茹费理证明

---

❶ 陈霞飞.中国海关密档——赫德、金登干函电汇编（1874—1907）：第8卷[M].北京：中华书局，1995：408-409.

❷ 魏尔特.赫德与中国海关：上册[M].陈敖才，陆琢成，李秀凤，等译.厦门：厦门大学出版社，1993：124.

❸ 陈霞飞.中国海关密档——赫德、金登干函电汇编（1874—1907）：第8卷[M].北京：中华书局，1995：413-414.

❹ 中国史学会.中国近代史资料丛刊·中法战争（七）[M].上海：上海人民出版社，2000：403.

中国希望和平和履行《天津条约》的真诚。并示意金登干劝告茹费理，假定关于大米条款必须保留，在文字上要用不致引起反感的措辞。不过赫德极力主张取消这一条，因为禁运大米并不能使法国得到物质利益，反而伤了中国人的面子，也会伤害双方已达成的谅解，正像早霜会损伤嫩果一样，中国愿意续按草约解决，足以说明不必害怕或防备再有阻难。并说如果法方同意，金登干即可签字。❶

茹费理同意关于米的修正条款及总理衙门解释说明中增加的两点补充，但是由于法军的惨败，茹费理内阁已于3月30日倒台。总统格列维迟疑不肯授权毕乐签字。赫德唯恐耽搁有变，电告金登干，总理衙门害怕战场上的胜利促使朝廷听从主战言论，急于尽速解决。一个星期的耽延，也许会使三个月来的努力和成就付之东流，完全搁浅。要金登干建议茹费理迅速签约。茹费理自然喜出望外，但新内阁还没组成，已辞职的他觉得无权约束接任者的政策，无法授权在议定书上签字。格列维总统虽然担心新内阁在谅山挫败后将主战，但他对草约第一款很踌躇，想等新内阁成立再说。❷可此时毕竟是法国既在战场上吃了败仗，又在草约和解释说明书中取得了巨大胜利，所以法国朝野也与清政府一样，恐形势再变，失去良机，就向总统施加压力，使他授权毕乐签字。

为了尽快使草约签字，关于"米"的条款，金登干私签了一封信给茹费理，同意法国政府的解释，在停火期间，法国军舰得继续禁阻运输战时禁运品——包括米在内。这封信只为预备发生争执时使用，如用不着，可以永远不公开。直到4月4日上午12时，金登干对条约签字还没有把握，给赫德发出"我希望今天再给总统压力"的电报。并向毕乐保证，把已签字的文件锁在赫德保险箱，如果没有谕旨，赫德可以把它们都撕掉。毕乐这才去见格列维总统。经过再三考虑，总统授权在草约上签字。条件是茹费理的解释说明必须附在草约上，具有同等效力。❸4月4日下午，金登干和毕乐在巴黎签订中法《停战条件》和《停战条件释义》。

这样，茹费理政府在赫德和金登干的催促下，赶在离职前匆忙完成了中法议和谈判。赫德说从总理衙门把同法国的谈判交给他处理刚好经过九个月，即尘埃落定。赫德纠结了几个月的心总算舒展开来，立即向金登干致以贺电：

---

❶ 陈霞飞.中国海关密档——赫德、金登干函电汇编（1874—1907）：第8卷[M].北京：中华书局，1995：414.

❷ 同上：404，416–419.

❸ 同上：417–420.

"好极了！办得不错！我庆祝和感谢你！"❶

4月6日，法国新内阁成立，佛莱新讷任外交部部长。由于"米"一款的问题是在最后一刻发生的，金登干签署了给茹费理的那封信。法国不相信中国的诚意，4月7日，总统在议会上说，如果中国不尊重津约允让的权利，他们将坚持远征的原议，诉诸武力，并同意拨款。金登干认为，米的那封信是绝对必要的，当时稍一迟疑，恐即须与新部长重新谈起。❷到了当天午夜，还未收到谕旨，法总统要求立拨军费余款，金登干心急如焚。直到4月9日谕旨到了，金登干如释重负。

四、中法《越南条款》的艰难交涉

中法《停战条件》订立后，交涉并未完全结束，之后赫德指导金登干在法国又经过了往复艰难的交涉。虽然李鸿章和法驻华公使巴德诺都奉命在京谈判，但实际上，赫德排斥二者的参与，求得总理衙门允准金登干在巴黎与接替毕乐的法国外交部的戈可当继续谈判，缔结了《越南条款》。

（一）揽得谈判实权

法新任外交部部长佛莱新讷训令驻华公使巴德诺由沪赴京，继续与中国谈判，清任命李鸿章为谈判代表。可实际谈判不是在李巴之间进行的，因为赫德担心在谈判条约细节时，难于同巴德诺打交道，"巴德诺是个危险人物，易于冲动，小题大做，在条约内或将要索过多"。赫德害怕自己包揽的谈判横生枝节，所以在一些具体问题的协商上，继续排斥巴德诺与李鸿章的参与，请求总理衙门允准金登干继续在巴黎与毕乐的继任者外交部的戈可当交涉。金登干也向戈可当暗示，巴德诺可能会把一切都搞糟。如果在巴黎起草和平和商务条约的基本框架，然后送到北京进行详细的谈判，就会节省时间。因为这种要有某种保密和安全程度的条约谈判，在天津和北京举行是很困难的。❸佛莱新讷和总理衙门均接受这个建议。

开谈前，赫德提醒过金登干，商务条约无论派谁谈判，都应训令他在更清楚地了解北圻情况之前避谈细节，而仅解决要点。到4月19日，戈可当草拟了简明的条约十款。金登干请示赫德，"拟先交您与总理衙门磋商后，再由佛莱新讷电巴德诺。巴的行动只限于签字。如衙门同意这一简明的条约，佛莱新

---

❶ 陈霞飞.中国海关密档——赫德、金登干函电汇编（1874—1907）：第8卷［M］.北京：中华书局，1995：420.

❷ 同上：422.

❸ 同上：435–436.

讷可电巴德诺签字，同时衙门亦可电李督签字，巴李之间不必要有任何谈判，是否可行？"❶ 总理衙门对此表示赞同并令金登干按赫德的指示行事。所以，在后续交涉中，法国拟好条约草案后交给金登干，由他电告赫德，然后由赫德递交总理衙门，总理衙门再请清朝最高当局提出修改意见，之后再经由赫德电示金登干与戈可当续商。当双方就某些条款达成协议以后，才交给李鸿章和巴德诺就细节和文字加以核对。所以，李鸿章才会复电张之洞说："议款始终由内（指慈太后，引者注）主持，专倚二赤（指赫德，引者注）虽予全权，不过奉文画诺。"❷ 对自己只能做文字和翻译工作，李鸿章很是愤懑，却又无可奈何。

（二）条约以何国文字作准

在正式条约的拟定中，中法对戈可当拟立的条约草案展开讨价还价，在以何种文字作准的问题上争执不下。

赫德嘱咐金登干谈判时切记："按最惠国待遇条款，任何国家绝不能独享权利……中俄边境贸易办法可作先例参考。铁路虽为法方所欲，究不在津约范围之内。"金登干对戈可当所拟条约草稿作了若干修正，再将其电致赫德续予修改。草约十款中第二款和第十款后来争议最大。第二款为"中国既订明于法国所办弭乱安抚各事无所掣肘，凡有法国与越南自立的条约，不论已订或续订，现时并日后均听办理"。第十款即"中法两国前立各条约章程，除由现议更张外，其余仍应一体遵守。本约内各款，如有疑义，应以法文为准"。总理衙门没做大的变动，但对除第四款、第八款的其他八款均作了增删。第二款拟加"中安可照旧往来，中国如责安方失礼，法国不持异议"。第十款"本约内各款，如有疑义，应以法文为准"拟改为"本约中、法文意义容有不同，将另附准确英译约文，以备参证"。但法国拒绝中方所加内容，坚持安南即使将来有事，也应由法国出面干涉，也不能放弃以法文为准这一原则。金登干认为中国在第二款内拟加的这点，重触旧创，并引起新的困难。赫德认为"曾侯与日意格的铁路计划是不成熟的，是不负责的人的多管闲事"。❸

鉴于总理衙门面对国内的批评和反对，处境困难，赫德致电金登干，中法两方主管外交当局如须圆满解决，必须坚决、镇静而独立地进行。赫德对双方

---

❶ 陈霞飞.中国海关密档——赫德、金登干函电汇编（1874—1907）：第8卷[M].北京：中华书局，1995：426，436.
❷ 中国史学会.中国近代史资料丛刊·中法战争：（四）[M].上海：上海人民出版社，2000：498.
❸ 陈霞飞.中国海关密档——赫德、金登干函电汇编（1874—1907）：第8卷[M].北京：中华书局，1995：443-456.

有争议这两款决心尽力调停。5月11日，赫德要金登干试探，第二款如改为大意是法国承允与中国与安南继续交往中，安南不致有触犯或伤及中国威望体面之事，法国能否同意。❶但戈可当认为第二款是一项最重要的问题，中国只能接受。关于第十款，经金登干一再交涉，法方坚持，津约内曾有规定，现行一般条约都以法文为准。还说在放弃赔款后，无论议会或公众，决不肯再放弃以法文为准这一点。现在条约不能修正1858年《中法条约》第三款的规定。❷但可改用"再1858年6月28日（实为27日，引者注）中法和约章程第三款之规定，李约自适用之"。但是12日戈可当奉佛来新讷之命致函金登干："又是第二款，仿佛中国心目中最要紧的问题，是怕安南对它失礼，无人主持公道。……安南决不会使中国不安，……万一有这事，法国必赶紧秉公使中国满意。至第十款，为清楚起见，最好不用'法文约文'而用'法文原本'字样。"❸

恰在此时，《泰晤士报》发表了大意为巴黎谈判中断，中国图在外交上击败法国，如法国不坚持津约，有再战的危险的文章，使得法国授命巴德诺严格遵守指示谨慎行事。5月14日，赫德要金登干向法方解释，第二款只是感情上的，实际上中国已放弃了而法国已取得了北圻，公众要求政府能挣回一点体面。赫德建议，可否改为，"中国可与安南照旧正常交往，将不受不尊敬的待遇"，或"中国可与安南照旧正常交往，受应有的尊敬"。并将第十款、第六款、第五款的修改意见让金登干转递法方。并要他附带说明现在"赫德的外交上助产任务是保证安全落生，否则不是窒杀婴儿——条约，就是伤了母亲——中国"。次日，金登干密电赫德，"佛莱新讷昨发怒，图将谈判转交巴德诺办理，戈可当劝他候至20日，谈判现有稍纵即逝之势。……第二款可先包含关于礼貌一句。第十款仍有问题。"15日，戈可当表示愿在第二款后加一句，大意为"法国政府方面将注意使安南不对中国及中国臣民失礼"。第六款不予让步。第十款法国有权坚持津约规定的约文以法文为正，这对法国也是一个面子问题，如中方同意，不妨在款内如此说："尽力保证中文约文与本约法文原底相符，同时言明1858年6月27日中法天津和约章程第三款之规定适用于本

---

❶ 陈霞飞.中国海关密档——赫德、金登干函电汇编（1874—1907）：第8卷［M］.北京：中华书局，1995：449–459.
❷ 此款内含"自今以后，所有议定各款，或有两国文字辩论之处，总以法文作为正义。"王铁崖.中外旧约章汇编：第1册［M］.北京：北京：生活·读书·新知三联书店，1957：105.
❸ 陈霞飞.中国海关密档——赫德、金登干函电汇编（1874—1907）：第8卷［M］.北京：中华书局，1995：459–460.

约。"戈可当还说，法文在欧洲专用于一切重要条约，法国可以将谈判等到 20 日。20 日后，"将由巴德诺对所有十款单独负责继续谈判。"❶

在此关键时刻，《帕尔慕尔公报》又登载了一篇惹事的文章，说法国正向中国谈判，以澎湖交换谅山及北圻北部，这使法国的议会、报纸和公众大为激动。而中国和法国的海陆军当局都以放弃澎湖为恨。金登干忧惧，"如现在谈判条约发生阻梗或耽搁，法内阁恐无力对付内外的压力"。❷

5 月 18 日，金登干密电赫德，怀疑巴德诺曾告法外交部，李鸿章心有不平，不甘做次要角色，李巴二人对条约均有意见，巴认为法外交部太软，李对其中某几款很不高兴。所以佛莱新讷才新近命令巴德诺不得与李鸿章再讨论法国外交部与总理衙门已商妥的各款。❸

《帕尔慕尔公报》的几篇文章和当时的谈判使佛莱新讷烦恼沮丧，并开始动摇，觉得该是将谈判转由正式途径由两国全权代表进行的时候了。于是金登干向戈可当力陈转移到天津的危险，戈可当答应劝佛莱新讷候至 20 日。❹

到了 20 日，双方还是互不让步，谈判即将破裂，赫德焦急担心，设法挽救。这天下午，密电金登干，解释了中方坚持第二款的原因，认为中方修改后第二款、第十款对法国无关痛痒，奉劝法国千万不要因为这两款没谈妥而导致全盘失败。"此次谈判中的每一项提议都是事先经过太后亲自主持考虑和批准，她很勇决，力排反对之议，主张和平。""太后在完全放弃北圻并在许多点让步之后，亲笔加进第二款，勾掉第十款。第二款对中国只是为了面子，而第十款实际却很重要。去年津约草草订立，以致中法约文有不符之处，太后已严令不准再有此事。现在既已尽力防止翻译上的错误，何必拘泥于形式上订明以哪种文字为准？我建议法国在这点上让步。至第二款，太后不仅主张和平，且在谅山胜利群议主战之时仍愿忠实履行谈判已取得的协议。她提出第二款，只是为在退让之中，能够挽回一些体面，因此她所加的一款，是应当可以应允的，它只是对中国一个面子上的礼让，它不包含任何宗主权和朝贡的意义。这款的字句简直可以照下面写："中国与安南按本约继续交往，法国承允对中国不致有失礼之事。""请与戈可当密谈，望他再作一番努力。……第二、第十两款再经仔细商酌，或能就绪，目前务请不要急躁，以免功败垂成。第二、第十两款全

---

❶ 陈霞飞.中国海关密档——赫德、金登干函电汇编（1874—1907）：第 8 卷 [M].北京：中华书局，1995：462–466.

❷ 同上：467.

❸ 同上：468.

❹ 同上：470.

部删掉如何？我必须提醒你们，如法国不能在第二、第十两款将顺太后之意，中国方面或将意气用事，其实第二、第十两款对于中国，其一只有感情价值，另一款则有些实际作用，而对于法国来说，两款是都没有实际影响的，这样处理，中国的感情会更好些。"❶

后来总理衙门愿作让步，提议第十款修改如下："本约中法约文业经详细校订相符，除本约各项规定外，所有前立条约章程一概有效。"这样就可与1858年中法和约的第三款发生关系，遇有争议时，以法文为准，而可使总理衙门免受攻击。但戈可当认为这种提法只适用于1858年条约，不适用于本条约。佛莱新讷已等得极不耐烦，孤拔司令等人也在跃跃欲试。❷

关于第二款，总理衙门提出可以在三个办法中择一办理：①中国承允中国与安南照旧交往，安南不致有碍中国威望体面，中国方面对安南亦不干预；②保留原款开首文字，以下增入"至中安往来，法国承允安南不致有碍中国威望体面"；③第二款全删，它的缺漏，可用津约及本约第十款来弥补。赫德向金登干解释，总理衙门最不喜欢第三项，但宁可接受它，以免谈判决裂。也感叹斡旋之难："难啊！虽难但要有耐心；我们已接近顶峰，不是愉快，而是烦恼！"❸

赫德被谈判搅得寝食难安，绞尽脑汁，决定在文字上想办法。5月23日凌晨3时，赫德告诉金登干第二款最好保留戈可当原拟开首字句，另加一段如下："法国方面应允安南仍可继续与中国有国际关系，并不得有碍中国威望体面。"须特别向法方解释，中国不会采取主动，一切主动来自安南，但法国所有的安南是不会采取这样的主动的。因此，"继续国际交往"的词句，听起来意义重大，但实际上是空的，是无关紧要的，完全不同于"照旧交往"。所要求的条款，是为保全进行和平谈判的内阁来反对好战的反对派所必要；但这只不过是给车轮涂上润滑油，以使其无声地牵动火车和货物，即条约不会伤害人们的感情或引起人们的愤怒。❹

于是法国同意再稍加修改。第二款第一段不变动，后面另加一段"至中安按本约往来，法国言明必不致有碍中国威望体面"。第十款，第一段仍保持原文，第二段全删。佛莱新讷还转达对赫德的谢意："我们对赫德爵士为两国利

---

❶ 陈霞飞.中国海关密档——赫德、金登干函电汇编（1874—1907）：第8卷[M].北京：中华书局，1995：470–471.
❷ 同上：471–472.
❸ 同上：473.
❹ 同上：473–474.

益在许多微妙关头所表现的大公友好精神，非常感激。"但法方依然不喜欢第二款的文字，赫德只好再次修订为"本约订立以后，法国承允安南与中国交往不致有碍中国威望体面"。认为法国已在本约内取得所有的东西，这款虽然只是文字形式的问题，但对中非常重要，如能在这点上让步，则全部可以解决，否则将全盘推翻。❶但法方依然不满意。

赫德只好再做转圜，到了5月30日，赫德说总理衙门关于第二款的建议，如用法语说是："En ce qui concern les rapports entre la China et l'Annam, il est entender qu'ils serait de naturea ne point porter alteinte au presitge du celeste Empire et a ne point voiler le present traite，如法方同意，请即电天津……法国还能要求什么呢？"❷法国对此表示同意，但法翻译官故意吹毛求疵，说中文的"威望体面"不能用，他们允用"体面"，但不同意用"威望"，法文本中用dignity代替prestige。对此总理衙门无异议。

（三）《越南条款》的缔结

在第二款、第十款上的分歧解决后，6月9日，李鸿章、巴德诺于天津分别代表中国和法国在中法《越南条款》❸上正式签字。

本条约共十款，主要内容：第一，清政府承认法国对越南的保护。规定，中越边界，越南境内，由"法国约明自行弭乱安抚"。"中、越往来，言明必不致有碍中国威望体面。"本约画押后六个月内，两国派员，会同勘定中国与北圻边界。清政府正式承认法国对越南的殖民统治。第二，法国取得在中国西南通商的特权。规定，中国与北圻陆路交界，允准中、法商运货进出，相关事宜与通商各口无异；此约画押三个月后，两国派员会议北圻与中国边界陆路通商章程。第三，开始夺取中国铁路修建权。规定，日后中国酌拟创造铁路，须向法国商办。法国不得视此条为法国独受之利益。❹

在军事和对外交都有利的情况下停战议和，前线将领和地方纷纷通电谴责议和，但清政府不顾一切，坚主和议，于8月9日宣布停战和议谕旨。旷日持久的中法战争至此终于结束。

条约的签订，使法国对越南的保护权得到条约依据，法国得到了原本想从对越南北圻行使保护权的计划中得到的一切利益。从此，越南成为法国进一步

---

❶ 陈霞飞.中国海关密档——赫德、金登干函电汇编（1874—1907）：第8卷[M].北京：中华书局，1995：475-478.
❷ 同上：479-480.
❸ 此约又称《中法新约》《李巴条约》或《天津条约》。
❹ 王铁崖.中外旧约章汇编：第1册[M].北京：生活·读书·新知三联书店，1957：467-468.

侵略中国的大后方，敲开中国"后门"的法国成为插足中国西南的领头羊。

五、简要评价

中法战争中，清军总体上英勇善战，也得到一些西方评论家的肯定，"黄种的军队第一次同欧洲人短兵相接而没有丢脸"。[1]中法议和及《停战条件》和《越南条款》的签订，无论是在当时还是以后引发的激烈争论实属罕见。这场战争的结束及和平条约的签订，究竟是清政府放弃收复失地之良机，卖国误国、"不败而败"还是"乘胜即收"，"尤为得体"？该褒还是该贬？众说纷纭。同样，对赫德在中法议和及商定条约中的活动该毁还是该誉，也是见仁见智，难有定论。

笔者认为，赫德不遗余力进行斡旋，其目的是要维护英国、自身和清政府的利益，他的一切调停活动都是以此为轴心的，条约缔结的利弊也是因斡旋动机而起。

首先，主观上，赫德要维护英国和自身在华利益，这主要是指英国的商业利益和自己独占总税务司职位；客观上，要捍卫中国的政治权威和统治。这就要求中国有一个安定的环境，因此赫德要力阻、力避中国卷入法越战争。一开始要金登干在欧洲报纸上发表开战将不利于法国的文章，同时竭力劝阻清政府不要轻易介入越南纠纷。但一切皆不奏效，中法战争爆发。之后，赫德又想插手谈判尽快结束战争，在反复压制朝廷应允赔款的同时，一再与法国讨价还价赔款一事，提议或以抚恤名义、或者减少赔款数目，但均被清廷拒绝。赫德最后只得奉劝法国放弃赔款。由于中法在诸多问题上态度都很强硬，赫德和金登干在中法之间往复磋磨，费尽周折，但进展缓慢。后期法国提出"米"为违禁品后，因此举大大损害了英商的利益，赫德遂加快了调停步伐，使尽了各种手段，即使在中国战场取胜的情况下，也敦促双方在之前拟定的条约上赶快签字。可在后续正式条约的谈判中，双方又因越南对中国的礼仪问题和条约作准文字问题展开了激烈争执，谈判几近破裂，法国屡以武力相逼。害怕功败垂成的赫德只好再次使出浑身解数，奉劝双方各让一步，对双方争议的焦点一再提出修订建议，最终在中方让步更多的情况下，促成问题的解决。

其次，赫德为了上述目的斡旋而订立的条约，所带来的危害显而易见：一则中国丧失了唇齿相依的属国越南，从此西南边疆失去屏障。二则法国获得了在中越边境通商和将来在中国修建铁路的优先权。法国对赫德与金登干的斡旋

---

[1] 季南.英国对华外交（1880—1885年）[M].许步曾，译.北京：商务印书馆，1984：187.

再三表示感谢，承认"由于英国的尽力，我们终于成功"[1]。并将两人的法国荣誉军团勋位晋级。三则条约带来的间接后果是，随后英国、日本竞相效仿，迫使中国订约，使缅甸、朝鲜相继脱离中国，分别沦为英、日的被保护国。

再次，赫德主观上是同情支持中国的，条约的签订和战争的结束客观上有利于中国。战争的结局，显得清政府不但示弱各国，也暴露了其外交软肋，争得的只是中越往来"言明必不致有碍中国威望体面"[2]的虚文。但是，纵观赫德对待这场战争的态度和立场，是一直同情并站在中国一方的，他痛恨法国对中国的侵略。但鉴于中国的实力和列强环伺的环境，觉得中国敌不过法国，所以力阻清廷介入法越矛盾。不管谈判过程和最终结局怎样，最终是赫德及金登干的努力斡旋，促成战争的终结，这是应该肯定的。

实际上，中法都希望结束这场"并没有带给任何一方以多大的光荣或利益"[3]的战争，但碍于国家尊严及迫于国内外舆论压力，谁也不会主动向对方示弱，只有继续战斗下去。清政府方面，最初希望避免战争，开战后只想早日结束战争，曾多次寄希望于外国的干预。可结果是，美国奉劝清政府向法妥协：赔款和撤军，英国甚至建议美英德三国一道对中国施压。[4]德国首相俾斯麦先是亲自为法国入侵北越出谋划策，后又示意中国谅山战胜，可乘机议和，否则，战祸无已。[5]当时因朝鲜问题，中国与俄、日关系紧张，且谣传法国人正想在背后帮助日本人与中国交战。国际环境如此险恶，国内形势也不乐观。虽然清军的胜利令人鼓舞，不明清廷和清军底细的人依然高调主张乘胜追击，但朝廷高层均主张尽快和议。因为一年多的战争使中国损失惨重，海军已无反败为胜的机会，苦心经营18年的福州船政局已毁，福建水师丧失殆尽，清政府为筹措军饷已借了7次外债。李鸿章认为，乘谅山收复时议和，"和款可无大损"，否则将兵连祸接。甚至连一向主战的曾纪泽也改变了态度，1885年4月1日，致电劝慰总理衙门，"谅山克，茹相革，刻下若能和，中国极体面，虽稍让亦合算"。[6]在这种严峻的形势下，清廷即使有心也无力继续打下去。所

---

[1] 陈霞飞.中国海关密档——赫德、金登干函电汇编（1874—1907）：第8卷[M].北京：中华书局，1995：489，475.

[2] 王铁崖.中外旧约章汇编：第1册[M].北京：生活·读书·新知三联书店，1957：467.

[3] 马士.中华帝国对外关系史：第2卷[M].张汇文，姚曾廙，杨志信，等译.北京：商务印书馆，1963：405.

[4] 熊志勇，苏浩.中国近现代外交史[M].北京：世界知识出版社，2005：132.

[5] 陈霞飞.中国海关密档——赫德、金登干函电汇编（1874—1907）：第4卷[M].北京：中华书局，1992：49.

[6] 中国史学会.中国近代史资料丛刊·中法战争（六）[M].上海：上海人民出版社，2000：367.

以，慈禧太后"仍愿忠实履行谈判已取得的协议"❶。朝廷谕令前线将士，"若不乘胜即收，不维全局败坏，且孤军深入，战事益无把握。纵再有进步，越地终非我有"。"幸而获胜，尚觉得不偿失；一有蹉跌，更伤国体。""务当懔遵严谕""如期停战""撤回边界。"❷ 所以前线胜利的形势并未使清政府改变其求和政策，反而敦促赫德乘机与法国缔结和约。

在法国方面，早在1884年，茹费理就指示驻沪法使巴德诺"应赶快获得一个光荣的解决"❸。茹费理内阁倒台后，法国更急于从战争泥坑中脱身。但碍于面子和自恃强大的实力，又仍在北宁、河内重新集结兵力，准备反扑。新内阁继续执行在远东的扩张政策，国会通过了增拨2亿法郎与5万人案，准备大举增援，❹ 重新进攻谅山。最终赫德迅速掌控局势并及时加以干预，法国略作坚持并让步后也就接受和议。

时隔近10年时，金登干谈及当年的调停依然认为，如果没有促成议定书的订立，"中国会失去澎湖列岛；战争会继续打下去；中国不付出一笔巨额赔款就不会获得和平！"❺ 可以说，赫德涉足这次谈判，既受到法国当局的欢迎，也得到总理衙门的全面认同和支持。

最后，对于赫德和金登干在斡旋中的辛勤付出应该给予肯定。虽然他们为达到目的有点不择手段，比如压制清政府满足法国的索赔要求，或对清政府威逼利诱，或搞秘密外交等。（不过，在当时中国主战派和"清流派"主战声甚嚣尘上，以及清政府竭力维护藩属朝贡虚名的强烈意志下，赫德要想阻止或结束战争，舍此以外没有更好的办法。）为调停中法战争，赫德与金登干长时间在高强度的忙碌紧张中反复设计筹划，还复奔波周旋，经常忙碌到深夜，甚至凌晨三四点，以至于身体都累出了毛病，这些在他们的函电往来中多有体现。两位客卿能为中法结束战争如此努力，作为中国人，平心而论，对他们的辛勤付出不应该视而不见或一概抹杀。在当时欧洲列强奔走调停都不能转圜，而多路人马插手交涉（如早期在天津的李鸿章和德璀琳，在伦敦的曾纪泽和马格里，后有在柏林的驻德公使许景澄与法国驻德大使顾色尔等）均不见成效的情况下，赫德大胆地采取派金登干赴法直接交涉的举措，殚精竭虑，仅仅5个月

---

❶ 中国近代经济史资料丛刊编辑委员会.中国海关与中法战争[M].北京：中华书局，1983：130.
❷ 台湾文选史料丛刊第四辑：清德宗实录：卷204[M].台北：大通书局，1987：188.
❸ 中国史学会.中国近代史资料丛刊·中法战争（六）[M].上海：上海人民出版社，2000：101-104.
❹ 曹必宏.赫德与中法谈判（1884—1885年）[J].历史档案，2005（3）：105.
❺ 陈霞飞.中国海关密档——赫德、金登干函电汇编（1874—1907）：第5卷[M].北京：中华书局，1994：679.

时间，就结束了旷日持久的战争，不得不佩服他们的斡旋策略和劳累奔波。如果当时没有他们的倾心努力和巧妙周旋，局势也许会更加复杂曲折，尽管战争最后也会结束。"乘胜签订条约，已把损失降到最小。"❶ 对此，大多数外国人，特别是巴黎、伦敦和华盛顿政府官员的评论都是热情的赞扬。❷ 当然，调停成功后，赫德的总税务司位子坐得也就更牢固了，其影响也达到了顶点。

第三节 操纵中英哲孟雄主权及通商约章

1888年，英军侵入西藏，中国与英印之间就西藏划界、通商、印茶输藏等问题展开旷日持久的交涉，赫德推荐其胞弟赫政先是以翻译身份，继则以特派代表兼翻译身份，直接参与整个谈判过程，赫德则在背后全程充当谈判的操盘手。赫政事无巨细都要向赫德汇报情况，请示办法，赫德则频频向赫政密授机宜，指导行动。同时，在清政府面前，赫德又充当了外交顾问和交涉函件的转递者。通过采取威逼利诱和随机应变等手段，赫德先后促成1890年中英《藏印条约》和1893年中英《藏印条款》的签订。

一、中英《藏印条约》交涉

（一）英国侵藏引发交涉

两次鸦片战争之后，英国开始伺机侵略我国西部和西南边陲。除由缅甸觊觎云南外，又从印度窥伺西藏。通过1876年《烟台条约》的另议专条，英国获得派人到西藏"探访路程"的权力，后即为此精心准备。1886年英人马考蕾拟带300余名印度士兵组成的所谓"商业"考察团前往西藏进行考察。西藏地方当局决心阻止他们进藏，并在热纳的隆吐山设卡自卫。鉴于马嘉理事件的后果，清政府为解决当时几成僵局的中英缅甸交涉，决定以承认英国对缅甸的占领，来换取英国取消派员赴藏。❸

但因英商的强烈不满，英国很快背约，欲用武力逼迫清政府开放西藏。硬说西藏士兵在隆吐山是越界设防，侵越哲孟雄（锡金）的边界，阻碍藏印之间的交通和贸易。印度总督要清政府令西藏地方当局撤退驻扎隆吐山的藏兵，但清政府无能为力。1888年3月20日，英军乘机袭击驻守隆吐山的防兵，悍然

---

❶ 高嘉懿．中法战争中的晚清外交［J］．军事历史研究，2005（3）：115.
❷ 魏尔特．赫德与中国海关：下册［M］．陈敖才，陆琢成，李秀风，等译．厦门：厦门大学出版社，1993：128.
❸ 王铁崖．中外旧约章汇编：第1册［M］．北京：生活·读书·新知三联书店，1957：350，485.

发动了第一次侵藏战争。随后几个月，隆吐山、纳荡、对邦、亚东、春丕等地相继失守。清政府下令将主张抵抗的驻藏大臣文硕免职，要求驻华英使转催印督撤兵，一面令新任驻藏帮办大臣升泰前往西藏，督饬藏兵撤退，与英国就地交涉。

升泰于1888年12月抵达仁进岗，当即勒令藏兵退扎数十里。初次会议，谈判决裂。多次调停过中外重要交涉的赫德深知谈判的重重困难和阻力，以及语言的重大障碍，趁机向总理衙门推荐赫政来担任升泰的谈判翻译兼助手，获清廷允准，从而拉开了赫德通过与赫政的频繁函电往来操纵中英藏印谈判的序幕。

（二）赫德的斡旋活动与主张

为使调停成功，赫德精心准备和筹划，反复传授赫政谈判机宜。

1. 前期筹谋

1889年1月初，赫德密电赫政先去访问印度总督及印度政府各部大臣，疏通关系，探探他们的态度。1月下旬又致电赫政，如果印度官员问及通商问题，他可以往以下方面考虑和回答：①对此问题现尚生疏，需要仔细考虑；②所拟通商办法不能过繁，否则将使驻藏大臣惊惶，反而延误通商问题的解决；③提案宜简单明了，仅包括基本要点即可；④以后双方交往日多，商务自会发展。❶赫德要求赫政提案送交升泰之前先征求他本人意见。由此可知，赫德很重视此次中英交涉，并事先积极考虑和筹划。

赫政拜见印度总督及外交大臣等高层人物后探得了印方的真实意图，得知谈判停顿的症结在于印度政府不能容忍清政府对哲孟雄的任何统治，印度必须取得对哲孟雄的绝对保护权，不容他国干涉。据此，赫德认为印度代表笨拙，埋怨其未在军事得手时乘机解决商务问题。如果当时商务问题解决了，现在只谈判疆界问题则容易得多，现在只能在商务和疆界问题上择一解决。❷显然，为使谈判顺利，赫德此说完全将感情的砝码偏向了英国。

2月23日的谈判，因印度政府态度强硬，要求划定西藏和所谓的英属哲孟雄之间的边界，中国驻藏大臣和西藏政府承认英国在哲孟雄境内有完全绝对的统治权，还要承诺藏人永远不得侵扰哲孟雄国境，也不得干预其内政。印度的骄狂、苛刻，导致谈判破裂。次日，赫政请示，"如印度政府仍提出以上条件，我极力主张接受，否则英国大军必定入藏，力迫订约，且哲孟雄实际已在英掌握中"。但赫德指示赫政先暂少露面。3月初，赫德鉴于第一次谈判很快

---

❶ 中国近代经济史资料丛刊编辑委员会. 中国海关与缅藏问题 [M]. 北京：中华书局，1983：83—84.
❷ 同上：85.

破裂，让赫政建议印度代表，重开谈判时，最好能从容、和睦、友好地进行，完全无须以武力或中止谈判相威胁，并要赫政将重开谈判时对方提案全部逐款电告赫德。赫政也要求总理衙门致升泰的指示由他转递，以免升泰对每款都要争辩。这样，赫德兄弟就成了谈判中的直接操纵者，升泰乃至总理衙门所接到的信息都是经赫氏兄弟间接转递或是经其加工过的。为使谈判早日取得成功，3月12日，赫德向赫政传授怎样向升泰解释和施加压力，比如说英国愿加强中国在西藏的地位，中国如要反对，英国就要抛开中国，径自与西藏直接交涉，这样的话难免又惹起军事行动，这样不但对西藏不利，就是对中国也很难堪。❶

2. "照旧"来函和送礼交涉

3月24日，赫政到达仁进岗会见升泰，得知升泰在哲孟雄"照旧"来函和送礼上态度坚决，如能在这点上"照旧"，其他方面可以让步。赫政认为此乃谈判的症结所在，印方坚决反对这样做。

怎样才能使双方的僵持有所松动？一方面赫德指示赫政要学会向双方威逼利诱，进行劝说，先是要赫政返回纳荡如此劝说印度代表：大清帝国是一个自视甚尊的独立的大国，世界各国都得与它以平等地位相待，建立起外交关系，就连英国一向都对它持敦睦邦交政策。印中谈判，实际上影响到中英关系，而不单纯是哲孟雄来函与馈送礼物问题的小事，如能在无损印度利益的前提下，对中国只做某些关于传统体制和文字上的让步，于印度是有益无损的。另一方面赫德又指导赫政怎样去游说升泰，比如，印度统治哲孟雄，目前已成事实，意即不管承认与否，事实就是如此。所以中方在非得坚持要求要哲孟雄"照旧"来函和送礼的问题上，中国必须顾及这一事实。❷ 赫德希望双方各退让一步，以求问题的解决。

接着，赫德又教导赫政试做中间人，揽得实权，而不仅是做翻译。先探明中、印双方要求的最低条件，及所能作出的最大让步，几次磋磨后，就可能达成协议。然后再请双方正式代表出场谈判，要抓住主要问题，并尽量避免次要的不必要的争议，而且对双方所提出的要求，都要尽量削减。不久，赫政电告赫德，哲孟雄从前曾对驻藏两位大臣及西藏宗教当局、政务当局来函送礼。印度谈判代表限制哲孟雄只向西藏宗教当局送礼，而升泰大臣坚持要照从前办法。❸

---

❶ 中国近代经济史资料丛刊编辑委员会.中国海关与缅藏问题[M].北京：中华书局，1983：86.
❷ 同上：88-89.
❸ 同上：89-90.

双方相持不下，英使馆后来通知印度，承认赫政为升泰的代表，与赫政展开谈判。于是赫政遂赴大吉岭与印方谈判。赫德指示他可尽最大努力取得协议，以印度原提草案为基础，试请印度方面修正，使与升泰意见接近。此后赫政取代升泰直接与印方谈判，升泰则退于幕后。

赫政到纳荡访晤英印代表保尔，保尔后函告赫政，印度只能按下列条件重开谈判，即无条件承认印度所指的边界，并承认印度对哲孟雄的绝对统治权。❶

（三）谈判草案的提出和修订

赫德认为双方所要求的实际上只是形式上的争论，根本问题差别不大，有达成一致意见的可能。于是他不经总理衙门同意就私自拟出下列谈判草案，要赫政去试探印度的态度和看法："（一）哲孟雄与西藏边界保持原来状态；（二）英国可在哲孟雄按照与哲孟雄部长所定条约行事；（三）哲孟雄照旧向中国来函并致送礼物；（四）中国承允西藏军队不逾越也不扰及哲孟雄边界；（五）英国承允英国军队亦将尊重西藏边界。"赫德自信只要印度肯接受它作为谈判基础，他就能使中方接受。在条款内最好用笼统词句，避免确切的定义，在基本原则确定后，通商自易解决。❷ 此后草案成为中英间谈判的基础。经保尔与赫政会晤后，印方提出了自己的疑惑，除有关来函和送礼问题须请示赫德外，其余问题赫政作出了回答和解释。

为使双方矛盾有所缓和，后来升泰愿意退让一步，应允哲孟雄每年来函和送礼，可先交印度当局审核后再行转送。

5月8日，赫德就来函和送礼电示赫政向印度作出解释：哲孟雄与中国存在的传统关系，中国不容因哲孟雄受英国保护（并非吞并）而改变，任何有关哲孟雄的条约必须注意到这一点，但草案可用含混词句解决来函和送礼问题。次日又电告赫政强调来函和送礼问题：中国虽不会希冀改变英国在哲孟雄的保护地位，但为了国家体面，也决不会同意伤及面子的事情，特别是书面记录。❸

随后，赫政电告，印度方面已做好越过边界进占春丕的一切准备，军方急欲占领春丕。

印方对赫政依照赫德所作的解释只表示部分赞同，据此另拟了一个草案，规定：一是西藏与哲孟雄交界，仍应照旧，并作了进一步的说明；二是英国政府允许哲孟雄部长向中方致送表示礼貌，并非致敬的函件及与进贡无关的礼

---

❶ 中国近代经济史资料丛刊编辑委员会.中国海关与缅藏问题[M].北京：中华书局，1983：96.
❷ 同上：97.
❸ 同上：98-99.

物；承认哲孟雄已为英国吞并，并非保护。印方的答复，自然使赫德不耐烦，要赫政重申：哲孟雄只是受英国保护，并非吞并。另外，关于来函与送礼的定义等词句，正式条约内都完全不能用。赫德也透露给赫政，总理衙门似愿在边界问题和哲孟雄统治权上让步，但坚持英印商人不得入藏，藏商可出境贸易，英人可入藏游历。❶

7月1日赫政返回仁进岗汇报谈判情况时，得知升泰已使现在当局同意在西藏的亚东设关通商。了解谈判情况后，总理衙门认为印方所提草案"均系酌中办法，即与妥筹商定，从速了结"❷。于是赫政尽快返大吉岭。

对于印方所提方案，赫德对其进行修正后于7月27日电示赫政。要旨为：

（1）与印方重开谈判时将以下方案作底本：①藏哲边界照旧。②英国可在哲孟雄单独行使保护权，哲孟雄部长继续致送禀礼。③中英两国军队不逾越藏哲边界。

（2）条约文本用笼统字句，说明送礼并非进贡，来函亦非致敬。

（3）在以上三款未议定之前，暂缓讨论通商事宜或开放亚东。

（4）升泰要求撤退纳荡驻军一节暂不向印度透露，以免印度认此举侵犯它的保护权而终止谈判。

（5）哲孟雄地位问题，要么哲孟雄受中英联合保护，由英国管辖，而部长照旧向中国送礼；要么哲孟雄受英国单独保护，哲孟雄部长仍继续来函等。赫德倾向前者。

赫德还告诉赫政，总理衙门对本电内容已完全同意。❸

赫氏兄弟就此交换意见后，赫德电示赫政在提出共同保护这一点时，可向印方暗示，如能在此点上取得协议，将来与西藏的商务和往来必可顺利扩大和发展，以劝诱印方接受。❹

（四）条约的签订

8月2日，印方接到赫政转交的赫德所提新约方案。但此后印度迟迟不作答复，赫德不满印度的做法，向金登干抱怨，说印度任意提出自己的条件要中国接受，而中国是有理智和耐心的。并担忧印度的做法，"到头来可能迫使中国打出某张我们所掌握的，而且可能打乱某种推测的牌来。我尽力为促进中英

---

❶ 中国近代经济史资料丛刊编辑委员会.中国海关与缅藏问题［M］.北京：中华书局，1983：103-105.

❷ 同上：107.

❸ 同上：108-109.

❹ 同上：111.

之间取得谅解而努力"❶。半个月后，印度才答复不满这项新提案，不拟确定有关哲孟雄事件的协议，并重申不允许藏方对哲孟雄内政有任何干涉。而中方认为哲孟雄事必须立即订明条约，以使双方有所信守。并再次在长期争执的两个问题上作出让步，同意四件事："一则以分水流之山顶为界，界外仍准照旧游牧；一则由英国一国保护督理；一则两国之兵互允各不犯界；一则通商一事随后另议。"据此，中方完全同意由英国保护哲孟雄，也不提来函和送礼。既然这两个问题已经解决，接下来，赫德电示赫政改为交涉游牧、立约两事，如印度不肯听从，则中国拟与英国政府直接谈判。❷

由于藏、英均已撤兵，而条约未定，升泰担心"藏番候之过久"，又起疑虑，"或被哲夷唆弄，枝节另生"，故10月20日电请总理衙门会商驻英公使电致印督从速定议立约，同时饬知赫德妥速办理。

印方仔细考虑总理衙门的新提案后，认为并不比前议进步多少，也没有任何实际性的让步，反而于9月23日，得寸进尺地要求取得确认印度在哲孟雄的绝对统治权和中国放弃要求致送禀礼的明确保证。11月7日，赫德只好让赫政向印方作出明白解释和保证。英国驻华公使也不满印方的交涉态度，请求英国外交部促使印方迅速解决。❸

印方在得到英使馆有关哲孟雄一切对内对外事务，均可由英国完全主持和停止致送禀礼的肯定答复后，对新提案尚满意，乃邀请升泰和赫政赴印。❹12月12日印度回复了赫德的新提案，提出了重开谈判的协商基础，大意为：第一款，规定藏哲之间的分界线。对于中方提案所附准许藏民游牧的保留条款，不足以在条约内应允任何权利。第二款，依认哲孟雄内政外交均应专由英国一国经办。第三款，中、英分别代表西藏和英国，互允以第一款所定之界限为准，由两国遵守。第四款，日后再商便利哲孟雄通商事。❺

赫德认为这四款为原提各款的引申，电示赫政，可以接受。同时强调任何约章及换文等，只能由升泰签字，以免藏人疑忌，拒绝信守。❻

赫德与总理衙门协商后，对印方所提四款均表同意，只是对其词句稍作

---

❶ 陈霞飞.中国海关密档——赫德、金登干函电汇编（1874—1907）：第5卷［M］.北京：中华书局，1994: 80.
❷ 中国近代经济史资料丛刊编辑委员会.中国海关与缅藏问题［M］.北京：中华书局，1983: 111, 114–115.
❸ 同上: 120–122.
❹ 同上: 124.
❺ 同上: 125–126.
❻ 同上: 126–127.

修改。

至此，赫德以为即将结案，下个月可摆脱哲孟雄事务，希望能在春天离开中国回国度假。可是，印方再次拖延不复，归心似箭的赫德抱怨，哲孟雄事务此时"如同火车进了站一般"，"到了最后解决问题时刻却速度缓慢到使我恼火的地步，我真想一跃而出，马上处理完毕！"❶

印方用英文拟写的条款都是由赫德来负责翻译改定成中文的。❷1890年3月17日，升泰与印度总督分别代表中国与英国在加尔各答签署《藏印条约》。

至此，中英藏印交涉暂时告一段落，未定议的通商、游牧、文移三者留待此约批准后六个月双方派员会商。

二、谈判拟订中英《藏印条款》

《藏印条约》解决了英国对哲孟雄的保护及按照英方的要求划分藏哲边界问题。为解决遗留的通商、游牧、文移三个问题，赫政继续留在大吉岭，协助清驻藏大臣与保尔进行后续交涉。三个遗留问题中，游牧、文移两个问题较易解决。中英争论集中于通商问题，谈判拖延了三年之久。在耗时三年多的漫长谈判中，赫德依旧发挥幕后指挥的作用。

《藏印条约》签订后10天，总理衙门就在问及未议定三款可曾定于何时在何处会议商办，因印方未提续议之事，赫德认为时机尚未成熟，如双方意见参差，反而使已获协议的各点迟迟不获批准。于是总理衙门令赫政继续留在大吉岭候办未定三款，升泰回藏。赫德原以为解决了哲孟雄事务，可于1890年春天回家，可是中国要求赫政留在大吉岭直到有关哲孟雄的事务全部办完为止。赫德不想让一位新手弄糟或败坏他们费劲才达成的谈判，只得继续留在中国。他觉得命运女神既在捉弄他，不让其回家；又在保护他，使他"为中国经办的所有事情都稳操胜券"。❸

尽管英印未提续开谈判之事，1890年4月5日，赫德还是致电赫政早做准备，因为印方绝不仅限于开放亚东，让升泰开导藏方广泛通商，最低应开放春丕，且要赫政向升泰施压，俄人窥伺甚亟，如不早图，将来难免开放全藏。直到11月11日，孟加拉省政府才函询驻藏大臣何时派员来此续开谈判。赫德

---

❶ 陈霞飞.中国海关密档——赫德、金登干函电汇编（1874—1907）：第5卷［M］.北京：中华书局，1994：159，167.

❷ 中国近代经济史资料丛刊编辑委员会.中国海关与缅藏问题［M］.北京：中华书局，1983：131-132.

❸ 陈霞飞.中国海关密档——赫德、金登干函电汇编（1874—1907）：第5卷［M］.北京：中华书局，1994：190.

嘱咐赫政仍照以前办法将谈判情形详细电告他，并于12月25日电示赫政，印度方面如问他有何建议，可答以目前无法提出具体条款，但中国方面所愿讨论的大概不出以下几项原则：①西藏在哲孟雄所享游牧权利，亦可由哲孟雄在西藏同样享受；②印度与西藏的文移往来，仅限于印度政府与中国驻藏大臣之间，由驻春丕的商务委员转递；③另行商定地点，订立章程开放通商，税则应采用中国其他各口通用税则。如对方依此纲领提拟方案，中方可以考虑。❶

（一）开放亚东还是帕里之争

升泰委派西藏粮务黄绍勋与文案委员张昉随同赫政与印方谈判。1891年2月16日，赫政告诉赫德印方要求开放帕里为互市地点，而帕里在春丕内地75里，可能因此造成困难和耽搁。赫德赶紧向赫政传授谈判策略：中国人办事只求面子上光彩好看，通商问题可顺势办理。应先向黄绍勋探听他打算谈什么？他能答应什么或者什么是他权限范围内能够答应的？教唆赫政"不妨把印度方面的条件说得大些，说他们要求开放许多地点，然后再提帕里，照这种方式进行，就可使他情愿开放帕里，甚至同意开放别处。惟有使谈判面子上好像是中国人的胜利，一切行动才可以取得支持。希审慎进行，小心地使你的鱼能够自来上钩"。同时，要他告诉保尔："印度必须虚张声势，多所要索，才能达成目的。无论你要求一点或是几点，反正中国方面总要辩驳一番，要求得多些，帮助就越大，中国代表想要办得光彩，印度多提一点，然后再减掉一些，可使中国代表自己和别人都心满意足，而印度则就此获得实际胜利。❷赫德的此番言论完全不是一个公正调停人的立场，充分暴露了他为了维护英国的利益，处心积虑对付中国的用心。同时也显示了他对中国官场行事作风的透彻了解和充分利用。

印度对于续议三款的答复大意为：（1）通商。印度希望取得不受限制的贸易权，或下列修正方式：①除指定的货物外，其他货物由印度进出西藏免税；②开放帕里；③英人往来莫竹河流域无须护照；④在藏之英人生命财产受保护；⑤印度可驻官员于帕里等地，等等。（2）文移往来由印度驻帕里官员或驻哲孟雄政治专员及中国边境官员传递。（3）游牧由升泰提出解决办法，等等。赫政请示是否应将印方意见全部译交升泰。兄弟俩密商后，赫德让赫政先使黄

---

❶ 中国近代经济史资料丛刊编辑委员会. 中国海关与缅藏问题 [M]. 北京：中华书局，1983：141，143.

❷ 同上：144–145.

绍勋来大吉岭，来了后再把他放在一边。❶黄绍勋到大吉岭后赫政才将印方的意见译交他，并由黄绍勋函寄升泰。

印方的过多要索与早前赫德所拟相差太远。直到5月27日，赫政才收到升泰的答复，对印方所提各款多予以否定，即日赫政将其译交保尔。❷此后迁延到7月6日印度才将答复让保尔转交于赫政，基本上依然坚持上次方案，并声称均是参考1881年中俄条约所拟订，不宜以亚东作为开放通商地点，坚持要求如不能开放江孜或其迤北各地，必须于目前先开放帕里。❸升泰将印方的答复译行拉萨商上后，遭到了藏方的反对。❹印方坚持开放处在西藏和不丹边境由来已久的商道上的帕里，中方（尤其是藏族上层）则宁愿开放靠哲孟雄边界的小村落亚东。所以总理衙门只好希冀赫德去转圜："凡西藏能够答应的，中国无不答应，中国方面已经劝令西藏息兵停战，如此刻再以须牵涉内政的条件，强使藏方接受，或将激起藏人的仇洋心理，甚非得策。因此如藏方反对自由贸易及自由旅行，中国不便强其接受，升大人劝藏人开放亚东，已费过一番气力始能成功。印度方面何不先接受亚东，日后双方交往增繁，藏人明白英国确实旨在友好互惠，通商有益无损，自会多开放几处互市地点。如印方仍不能满意于亚东，亦不必认此事已无可再商，中国可以承允于若干年内不征关税，并设法劝导藏方准许印商租地造屋。将来藏印通商究能发展至如何程度，未可逆料，与其此刻以追求渺不可知的商务强求开放而引种种恶感，何如先以友好态度，小试通商，将来情谊日益敦睦，商务自能因而扩展。以上各点，总理衙门希印度方面能审慎权衡。"❺

显然，总理衙门不开放帕里，只开放亚东的态度极其坚决。赫德只好要赫政劝印方先接受眼前实惠，再徐图将来。因为印方如果充分利用亚东的开放，可消除藏人疑虑，可使它发挥楔子作用，打开更多的发展途径。还让赫政暗中通知印度总督，使他有所预备，并试探总督的态度。❻为使印方妥协，7月23日，赫德又向赫政晓以利害："总理衙门必不会强迫西藏答应他们所不愿接受

---

❶ 中国近代经济史资料丛刊编辑委员会.中国海关与缅藏问题［M］.北京：中华书局，1983：145-146.
❷ 中国第二历史档案馆，中国藏学研究中心.西藏亚东关档案选编：上册［M］.北京：中国藏学出版社，1996：163-165.
❸ 中国近代经济史资料丛刊编辑委员会.中国海关与缅藏问题［M］.北京：中华书局，1983：148.
❹ 吴丰培.清季筹藏奏牍：第2册，升泰奏牍·卷四［M］.拉萨：西藏人民出版社，1979：6.
❺ 中国近代经济史资料丛刊编辑委员会.中国海关与缅藏问题［M］.北京：中华书局，1983：149.
❻ 同上：149-150.

的任何条件",而将提出《缅甸条款》第四款❶就此收场,"这样印度将一无所得,与西藏将照旧隔绝,通商的门路将更难打开了!"两天后,赫德还是指示赫政反复开导印度总督要灵活处理,亚东一开放就可以在那里建立行栈,这岂不比去争没有希望开放的帕里,又不能建立行栈更强?约内不要提及自由旅行一节,日后任凭此项权利自行发展,这样岂不更妥?"总理衙门之意可准货物免税五年。"❷

由于印方的答复遭到了藏方的强烈反对,迟至9月9日赫政才接到升泰致印督的复文。该复文反复申明西藏不愿接受印度提案,最后表示开放亚东以外的互市地点及准英商入藏旅行两事均无法考虑。于是赫德告诉赫政,西藏既只肯开放亚东,他可以劝总理衙门及印度总督从宽解释条文规定,在亚东附近适宜地点开放贸易。赫德认为印方最好还是就此答应下来,如一拒绝,则只好结束谈判,西藏之门将仍然是禁闭的。❸可印度一直不作答复,赫德等得焦急,内心矛盾,既想离开,又心有不甘,对金登干说:"我若是在此事未结束前离去将会感到遗憾,但我的脑袋又不允许我再在这里坚持到春后。"❹

赫政将升泰复文以及总理衙门与赫德的意见先后向印方转递。在中方不可能让步的情形下,印方只能妥协,表示将先派保尔赴亚东查看,再决定如何进行。❺总理衙门即令升泰亲赴亚东与保尔会晤。遵照升泰嘱托,赫政在已往交涉的基础上拟定通商六款、交涉二款、游牧一款、续款二款,于12月15日函送保尔,印方对此基本满意,只有前两款有所添注。此后交涉就围绕赫政所拟草案进行。

(二)印茶入藏交涉及条约的签订

为使交涉不另生枝节,防止总理衙门得寸进尺要求英方作出更大的让步,甚至坚持升泰"电告藏方不许英人置地造屋并派驻官员"之原议,抑或印度可能再次提出原来的要求,赫德要赫政用以下方法应付升泰:"你可以仍旧提出来准英人置地造屋并派商务人员驻寓亚东两点。你说这并不是什么新的要求,而是印度原提条件的一部分,并且已包括在双方谈妥的在亚东立市开关办法之内。你可以在言谈之间把它当作理所当然的事。升大臣争辩时可以告诉

---

❶ 即"至英国欲在藏、印边界议办通商……倘多窒碍难行,英国亦不催问"。
❷ 中国近代经济史资料丛刊编辑委员会.中国海关与缅藏问题[M].北京:中华书局,1983:149-150.
❸ 同上:151.
❹ 陈霞飞.中国海关密档——赫德、金登干函电汇编(1874—1907):第5卷,北京:中华书局,1994:445.
❺ 中国近代经济史资料丛刊编辑委员会.中国海关与缅藏问题[M].北京:中华书局,1983:153.

他，如果不答应，也许会惹翻印度，重新提出已经撤回的要求。如中国不肯自作主张，尽管依顺西藏，印度就将撇开中国径自与西藏交涉办理云云。你可以向他解释置地造屋并无害处，英国驻寓亚东也绝不怙权生事，还可保证和平秩序。"❶ 赫德再次施展了威逼的谈判手段。

因为中英所拟条款必须取得西藏地方的同意，西藏地方表示对赫政所拟并经印方修改各款可接受，但须做一修改：第二条在亚东地方赁买地基自行修建房屋，不能遵依；第四条应禁各物，自来从无盐、茶进藏之规，应仍行照旧；续款第二条，日后两国均以远东设关无益或改移藏内他处设关，或于藏内地方添通商一口或数口，不能依允。藏方以亚东通商系出无奈，绝无复在藏内地方改关及添设商口之事，应于约内注明。❷

对于藏方的修改，英方表示，可以接受不在亚东地方赁买地基建造房栈及改关、添口各事，但是对于印度茶叶不许运入藏内一层，则碍难照办。原来印度阿萨密、孟加拉一带种茶业主及茶商对此表示强烈反对。19世纪中叶以后，英国资本大量投入印度种茶事业，使印度茶叶在国际市场上与中国茶叶激烈竞争，现在想借此机会占领西藏市场。而对于印茶入藏一层，总理衙门也十分重视和谨慎，先是征询了四川总督刘秉璋。刘秉璋说："川茶全靠藏销，岁收十余万（两）充饷，而藏饷专指此款。印茶行藏，藏饷无着，是藏中切身之害。""川省载茶之园户，运茶之商贩，负茶之脚夫多至数十万人，悉赖此为生活。设使印茶行藏，占却川茶销路，必致中外商情星散，饷运周折，即凡业茶之户势亦无所聊生，何堪设想。"❸ 鉴于印茶入藏的巨大危害，总理衙门坚决禁止其入藏，即使谈判因此拖延也在所不惜。

赫德又对条约稍作修改，西藏地方仍不满意。赫政与保尔会晤后，建议灵活处理这个难题，采取障眼法，将茶叶插入第三款"各项军火、器械暨盐、酒、各项迷醉药，或禁止进口，或特定专章，两国各遂其便"内，即写在"盐""酒"之间。❹ 总理衙门允准，并电示升泰，如能照此，即可定议。然而西藏地方坚执在约内写明"英商抵关贸易，不得擅入关内"，否则拒绝出具遵

---

❶ 中国近代经济史资料丛刊编辑委员会. 中国海关与缅藏问题[M]. 北京：中华书局，1983：155-156.

❷ 中国第二历史档案馆，中国藏学研究中心. 西藏亚东关档案选编：上册[M]. 北京：中国藏学出版社，1996：201-202.

❸ 中国近代经济史资料丛刊编辑委员会. 中国海关与缅藏问题[M]. 北京：中华书局，1983：161-162.

❹ 同上：164-165.

守所拟各款的甘结。❶ 升泰只好如实禀告总理衙门，清政府颁布御旨，责成升泰切实开导藏众，取结一层不可少。❷

正在此节骨眼上，升泰在仁进岗突病去世。清政府遂改派驻藏帮办大臣奎焕于10月22日到达仁进岗接办交涉。❸ 为了缓和西藏地方的态度，使僵局有所松动，总理衙门希望对前两款稍作增补，即在第一款"……任听英国诸色商民前往贸易"句后加"至关而止"四字，或在第二款"英商在亚东贸易自交界至亚东"句后加"而止"两字，以便无损印度而安抚藏人。赫德兄弟均认为最好在第二款内加"而止"二字，如此英文约文可不必改动，也无须与印度交涉。❹ 但总理衙门认为加进几个字无损约文原义而可以消除藏人的反抗，因此要求在英文约文内写明。对总理衙门的固执己见，赫政则称，这将妨碍将茶叶列入第三款的机会，并有可能推翻自己已定妥的全部条款，使印度更易有借口自由行动，随时可在边界生事，甚或印方将撇开中国与拉萨商上直接交涉，赫政的此番威胁使得总理衙门只好同意，如果印度对有关茶叶谈判的答复满意，将放弃在英文约本中添加那几个字。由于印方对印茶入藏问题也非常看重，一直没能答复中方。

谈判悬而未决，赫德觉得哲孟雄事件触礁了，不知如何了结，心烦意乱的他不断致函金登干，表达对谈判反复的厌烦和想尽快回国的迫切心情。如8月7日说："由于我对谈判感到那样厌烦，因此哪怕这个新的困难会推翻以前达成的全部协议，我也会觉得松了一口气！今年待下去了。"11月25日说："哲孟雄事件又有反复，是新的困难问题，我不知道我们什么时候能够脱离困难！中国人或许喜欢把谈判延长到世界末日！"12月18日说："哲孟雄问题又'陷入了泥淖'。我还看不见它的结局。"1893年1月15日依然在抱怨："哲孟雄问题仍未解决，情况还像一年前那样：我也担心，如果一年后的情况还是这样，那就更可怜了！……我们的中国朋友们'耐心太多'，但缺乏'实力'，他们像一个大气球，体积庞大，但被人一推就站不住脚。"❺

---

❶ 中国第二历史档案馆，中国藏学研究中心.西藏亚东关档案选编：上册[M].北京：中国藏学出版社，1996：226.
❷ 中国近代经济史资料丛刊编辑委员会.中国海关与缅藏问题[M].北京：中华书局，1983：165-166.
❸ 中国第二历史档案馆，中国藏学研究中心.西藏亚东关档案选编：上册[M].北京：中国藏学出版社，1996：233.
❹ 中国近代经济史资料丛刊编辑委员会.中国海关与缅藏问题[M].北京：中华书局，1983：168-169.
❺ 陈霞飞.中国海关密档——赫德、金登干函电汇编（1874—1907）：第5卷，北京：中华书局，1994：575，623，633，646.

印方的僵持使得赫德指示赫政对其施加压力，逼其让步。说中国之不同意印茶入藏竞争，正如印度方面不肯同意禁止印茶入藏一样，而且由印度方面禁止，并无碍于目前贸易，而中国如答应印茶入藏竞销，必将引起地方上有利害关系的官员要求保护，中国政府势不得不另筹对策。并威胁称，如印方拒不考虑，总理衙门另有他法。❶ 对此，印方也于2月20日作出了毫不退让的答复：印度政府碍难同意禁止印茶入藏。印度已让步甚多，无可再让，如中国不能于茶叶问题稍作让步，则可能全盘失败。急于结束谈判的总理衙门看到交涉已无法取得进展，只得再退让一步，提议于第四款内增加一句："至于印茶第一项，现议俟五年期满酌定税则以后方可入藏销售。"赫德希望印方接受此议，因为一旦通商，实践胜于空谈。但印方依然顾虑重重，担忧五年后，藏人或以高税，或以其他方法禁止印茶入藏，所以拒绝接受此议。总理衙门只得再退让一步，进一步明确纳税事，即"至印茶一项，现议开办时不即运藏贸易，俟百货免税五年限满方可入藏销售，应纳之税可事先商定"，可印方担心中方五年以后仍可用高税禁阻，它提议条款内不专提茶叶，而将其包括在一般免税货物之内，作为唯一办法。这一提议被中方拒绝，急于结束谈判的总理衙门提议不如现在就直接写明印茶入藏时的税率："应纳之税与华茶输英之税即每担税银十两相等。"不等印方的答复，总理衙门最终抛出了可以退让的底线。4月12日赫德将之电告赫政："倘印度拒绝所提办法，必欲现在进行印茶贸易，则总理衙门可于每担茶税增至二十两之后同意办理，如印度对此亦不能接受，则中国可能立即退出谈判。总理衙门特要求你能坚持到底！"❷

又过了一个多月，印方才予以回复，同意在第四款内加如下一句："至印茶一项不即运藏贸易，俟百货免税五年后方可入藏售出，其税率不得过华茶入英之税率。"总理衙门表示同意，也允准汉文本第二款内添写"而止"两个字，不再对英文本进行要求。❸ 这样，双方在主要条款上基本达成共识。哲孟雄问题实际上已解决，赫德非常兴奋，把最后一次解决问题的谈判日期称为他的一个吉日。❹ 还因为，"这次谈判的结果，给海关产生了一个新职位——西藏税

---

❶ 中国近代经济史资料丛刊编辑委员会.中国海关与缅藏问题[M].北京：中华书局，1983：171.
❷ 中国第二历史档案馆，中国藏学研究中心.西藏亚东关档案选编：上册[M].北京：中国藏学出版社，1996：244-250.
❸ 同上：250，252.
❹ 陈霞飞.中国海关密档——赫德、金登干函电汇编（1874—1907）：第4卷[M].北京：中华书局，1992：712.

务司的职位"❶。

但是由于藏方对于允许印茶行藏一款不满，始终拒签遵守切结。急于结案的清政府最终没征得藏众对中英所拟各款的同意即允先行画押。12月5日，中方代表何长荣与赫政同英方代表保尔分别代表中英政府在大吉岭签订了《藏印条款》，亦称《藏印续约》。《藏印条款》共十二款，规定：在亚东开关通商；藏印贸易五年内互免关税；俟百货免税五年限满，印茶可入藏销售，应纳之税不得超过华茶入英纳税之数，等等。❷赫政于1894年1月离开大吉岭。这样，拖延了六个年头的开放西藏通商谈判，才算接近结束。赫德发出了"'扳道工'❸的活并不轻松"的感慨。❹

结　语

作为英国第一次侵藏战争的结果，1890年的《藏印条约》和1893年的《藏印条款》的签订打开了中国西藏的大门，对中国极其不利。一是使英国取得了对哲孟雄的统治。英国诸色商人在藏境享有领事裁判权的保护，而藏民一入哲孟雄境便要受到英国法律管治。二是英国取得了西藏通商特权，包括亚东设关，免收进出口税等，使英印货物从此占领西藏市场，并远及川、滇、青海地区。三是中国损失大量税款。《藏印条款》第四款规定五年议定税则。正如魏尔特所说，英人"可以不受任何令人烦恼的限制地做他们的生意，除了军火、烈酒和其他一些指定的物品以外，一般货物都可以享受五年免税"。❺可事实是，自1894年5月开市到1914年撤关为止，前后20年，亚东关从未征收过关税，❻就税款上讲，中国损失了一大笔。四是埋下了英国侵夺西藏矿产资源和战略地位的战争隐患。1904年英国第二次武装进攻西藏，1913年召集西姆拉会议，企图分裂中国，据西藏为己有。

在中英印藏问题交涉中，赫德始终是幕后的调停者和操纵者，这一切都是通过他与赫政的函电往来进行的，其间彼此往来英文电报计达262件。在《藏

---

❶ 陈霞飞.中国海关密档——赫德、金登干函电汇编（1874—1907）：第5卷[M].北京：中华书局，1994：734.
❷ 王铁崖.中外旧约章汇编：第1册[M].北京：生活·读书·新知三联书店，1957：566-568.
❸ 赫德经常以中国对外交涉上的铁路扳道工或在交叉路口指挥交通的警察自诩。
❹ 陈霞飞.中国海关密档——赫德、金登干函电汇编（1874—1907）：第5卷[M].北京：中华书局，1994：778-779.
❺ 魏尔特.赫德与中国海关：下册[M].陈敖才，陆琢成，李秀风，等译.厦门：厦门大学出版社，1993：245.
❻ 刘培华.近代中外关系史：上册[M].北京：北京大学出版社，1986：362.

印条约》的交涉中,赫德最初所拟四款还算比较公允,但被印方全盘推翻,此后,赫德指示赫政对中方和英印双方均实行威逼利诱,但最初清政府在藏哲划界上也不轻易退让,英印乘武装胜利余威,步步紧逼。由于交涉迟迟不能了结,清政府在交涉中逐渐底气不足,在争论较大的问题上开始让步,赫德所拟草案经过双方多次反复修订,最终多依英国意愿达成协议。为了解决《藏印条约》的遗留问题,1890年底,中方与英印续开谈判,一开始,赫德指示赫政让英方多提要求,再在谈判中逐步降低要求,以满足中方的虚荣心,而英方多获实利。但英印提出开放帕里等过分索求遭到西藏地方的强烈反对,清政府与西藏持相同态度。赫德只得灵活务实地劝英方降低要求,面对清政府和西藏地方政府的强硬态度,英方只好逐步妥协,接受西藏当局的要求,免得空手而归。综合双方的各次交涉情况,赫政拟定了条约底稿。在经过中英双方的不断修订,最终签订了《藏印条款》,暂时缓解了中英矛盾。双方最终能达成协议,除了赫氏兄弟的积极斡旋外,还因中英各自作出了一定的让步:双方同意印度茶叶延期五年再进口,是因为清政府当时正面临日本进攻的潜在威胁;而英国希望在中国东北地区巩固地位,遏制那里俄国势力的发展。

对于中英藏印通商问题,赫氏兄弟为了早日促成和谈,绞尽脑汁,对中英双方使尽了各种手腕,因而一直以来遭到国内学者的猛烈抨击。确实,作为英国人,他们难免有维护自己祖国和本人利益的私心。但是,如果大家对这场交涉的来龙去脉作了仔细探讨的话,也许不难看出:赫德一再放弃盼望已久的回国机会,赫政六年间长期奔波在大吉岭和仁进岗这样的艰苦环境之中,确属不易。

第四节 签订中英香港鸦片贸易协定

鸦片贸易合法化后,外国输往中国的鸦片激增。为了赚取巨额利润,逃避课税,外国鸦片商利用清政府对香港和澳门难以插手的特殊情况,经常将大量鸦片运往香港和澳门,再从那里偷运到中国沿海并转贩到内地,造成中国巨额税收流失。1870年清政府实行鸦片税厘并征,遭港英当局反对,于是派赫德帮同清廷赴香港谈判鸦片厘税并征事宜。香港同意为清廷代劳稽查鸦片,前提是必须和澳门同样办理。清廷遂派赫德赴澳门同葡萄牙谈判此事。赫德以清廷承认葡萄牙对澳门的主权换取澳门同意实施香港协议。之后,赫德代表中方与英国签订了《香港鸦片贸易协定》,香港取得与澳门同等的竞争条件,赫德和海关的权力也得以扩大。

一、鸦片税厘并征的由来

第二次鸦片战争后，鸦片贸易合法化，可鸦片走私不但没有根绝，反而十分严重。外国鸦片商为了逃避课税，充分利用香港和澳门的特殊地位，香港从1842年起已沦为英国的殖民地，澳门则在几百年前"租"给了葡萄牙，清政府的权力难以企及两地。鸦片商为了赚取巨额利润，将大量鸦片运往香港和澳门，再从两地偷运到中国沿海地区，并转贩到内地，致使清政府每年流失巨额税收。赫德估计，仅1869年一年，走私香港的鸦片达3万箱，损失税银"四十五万两"。❶

怎样在港澳两地查禁走私，防堵偷漏，一直是困扰清政府的大问题。1868年，两广总督瑞麟请示朝廷后，决定在毗邻九龙和澳门的边界地区，设立关卡，共计设立厘金局卡十余处。另有巡船稽查走私鸦片民船，征收厘金。后又决定征收鸦片正税，1870年实行鸦片税厘并征。中国政府维护税厘的主权行动，遭到港英当局及其商界的强烈反对。一直密切关注这一问题的赫德曾在1868年修约谈判时提出香港设海关以解决此难题，被英方拒绝。两年后又提出由海关接管港澳周围厘卡，进行税厘并征，又被清廷所拒。英国政府及赫德一直希望总税务司能同时掌管中国的海关和常关，于是借滇案交涉趁机攫取中国海关应同时征收鸦片正税和厘金亦即鸦片税厘并征的条约依据。

《烟台条约》对鸦片征税问题作出新的规定，由新关派人稽查英商贩运入口的洋药，先将之封存于栈房或趸船，俟售卖时，洋商照例完税，买客须在新关纳清厘税，至于厘税数额，由各省酌情办理。❷这样，所有通商口岸的鸦片进口税和厘金的征收权都集中到海关，由海关派员统一征收，叫作"洋药税厘并征"。海关和常关征课本有严格的规定和区别，以防互相侵夺：海关管理轮船贸易的征课，有权在通商口岸稽征鸦片进口税；常关管理民船贸易的征课，有权指令地方督抚征收各地厘金包括鸦片厘金。而《烟台条约》的这一规定使海关取代常关，揽夺了本属于常关的鸦片厘金征收权。鸦片税厘并征数额因港英当局和印英当局的阻挠，一直悬而未决。直到1885年7月，中英才达成一致意见，在此时订立《烟台条约续增专条》规定鸦片税厘并征的数额，即鸦片进口每百斤征税、厘共110两，全国统一。还规定了《烟台条约》所载"派员查禁香港至中国偷漏之事，应即作速派员"。❸1886年5月，英国政府一并

---

❶ 中华书局编辑部，李书源.筹办夷务始末：同治朝（八）卷79［M］.北京：中华书局，2008：3216.
❷ 王铁崖.中外旧约章汇编：第1册［M］.北京：生活·读书·新知三联书店，1957：349.
❸ 同上：471，473.

批准《续增专条》与迁延近10年之久的《烟台条约》。

要使税厘并征切实施行，先得解决香港走私问题。赫德曾提出过解决香港鸦片走私问题的"趸船方案"，即凡运达香港的一切鸦片都存放在具了结的趸船上，只许卸给香港的鸦片农（包税人）或是卸给付清捐税的人，香港当局如接受这个办法，中国海关可以撤去所设关卡。总理衙门寄希望于这一方案能解决鸦片走私问题，让驻英公使曾纪泽就此与英国外交部相商。赫德也辗转将此方案寄呈英国外交部官员庞斯福德，力劝他以此换取撤销"封锁"。但港方劳士（Russel）臬司认为此计划有三不可：一则趸船囤货与岸上行栈有碍；一则香港所食之"药"（鸦片）与其他国在香港所购之"药"，其税何得由香港征收；一则已奉英国部文拒绝。❶因此赫德的"趸船计划"落空。

《烟台条约》及其《续增专条》批准后，1886年，清政府就敦促港英当局遵照执行。因赫德"办理税务二十余年，诸事妥协，所有防弊章程，深为熟悉""既可联中外之情，亦可取切实之效"，❷自然被委派帮同中方代表邵友濂赴香港谈判洋药厘税并征事宜。英国所派谈判代表是驻天津领事壁利南（Byron Brenan），香港方面派出了劳士。

二、支持港澳一体办理

赫德和邵友濂于1886年6月19日抵港。过了10天，香港委员会举行首次会议，赫德重提趸船方案，终被彻底否定。经过多次会议讨论，港英当局抓住清政府急于增加税收的心理提出以下八条："一、凡进口洋药，均应报明。二、所有起岸或挪动，或装船之洋药，皆应请准单。三、所有自香港运往他处之洋药，应于中国海关报明。四、凡有进口或出口之洋药，不得在整箱以下，且应报明字号和号数。五、如查出洋药其斤数在整箱以下者，若无包办洋药商人之牌照并中国充税执照，将其入官。此项牌照应先请发。六、中国船只应在白天出香港口，并将其军器走私之党应行撤去。七、中国在九龙设立税司。八、中国与澳门商定一样章程。"❸香港愿为清政府代劳稽查鸦片，乍听似乎不错，关键是最后一条的交换条件"要求中国与澳门商订一样章程"，即查禁走

---

❶ 陈霞飞.中国海关密档——赫德、金登干函电汇编（1874—1907）：第4卷[M].北京：中华书局，1992：373.

❷ 王彦威，王亮辑编；李育民，刘利民，李传斌，等点校整理.清季外交史料：卷63[M].长沙：湖南师范大学出版社，2015：1318.

❸ 中国第一历史档案馆，澳门基金会，暨南大学古籍研究所.明清时期澳门问题档案文献汇编：第3册[M].北京：人民出版社，1999：199-200.

私和征收洋药税厘方面，香港必须和澳门同样办理。这无疑难住了清政府，因为如若澳门不同香港一样办理，那么原来自香港走私的那部分鸦片就会改由澳门向中国大陆走私（当然也影响香港的鸦片贸易）。港方还会把阻挠制止鸦片走私的责任推给澳门。❶ 这就迫使清政府去求助澳门。

香港方面之所以提出这一要求，是因为，当时清政府以澳门为中国的领土，来往于澳门的船只及货物必须按国内常规关税征税，在香港则按协定关税征税。香港当局对澳门在税收上比香港有优惠早就不满，要求改变这种情况。赫德自然乘机极力鼓吹香港所拟办法的益处，中国应与葡萄牙一体办理。声称这个办法"与趸船办法相同，为中国省事，使香港代劳，并保护国课，使关税、厘金同时能收。香港既愿意与此各节，我们中国应甘受其益，而不失商定妥当办法之机会，拟请照办"。"香港所拟办法，最为妥善，且已足毂。"❷ 赫德此说显然在自欺欺人，因为他很清楚，澳门20年来一直在寻找与清政府修约或订约的机会，唯其索要过多，屡遭拒绝。英国设计的是一个连环套，即不准葡人立约，澳门就不照办，而澳门不照办，香港亦不会照办。葡国一直在澳门主权问题上有很大的野心，这种环环相扣的牵制将给清政府带来极其严重的后果。赫德明确地函告金登干，要谈判，中国就必须应允葡萄牙的缔约要求，而条约中"如果不用若干词句承认葡萄牙在澳门的地位"，此时的葡萄牙是绝对不会接受的。所以清政府也正在为此事伤脑筋。❸

清政府岂能低头求澳门当局的合作？为了能成功实施香港所拟办法，赫德假想出澳门如不合作的危害，来威胁清政府，"澳门若不肯照办，则香港亦不肯应允。澳门系葡人久有之地，中国若欲得回，或需用巨款商换，办法艰难；或将强取，恐葡萄牙将澳门交与法、德、俄及他国，则其难更甚"。接着，赫德提出同澳门合作是可能的，因为听说葡萄牙愿与中国缔约，以整理贸易，并明定澳门权利。然后，赫德又策划了合作的办法和条件，假若葡萄牙乐意接受海关章程和香港所拟办法，清政府应在以下两方面允准葡萄牙：与葡国缔约，同他国条约无异；澳门永远租与葡国，不取租银。之后又劝诱清政府，这些与国体无碍，还能守住洋药税厘，力请朝廷采纳此公平办法，以免澳门之牵制。并自告奋勇，愿亲赴澳门暗访，预定应办各节。"如此定规，现时并将来均无

---

❶ 王宏斌.赫德爵士传——大清海关洋总管［M］.北京：文化艺术出版社，2000：263.
❷ 中国第一历史档案馆，澳门基金会，暨南大学古籍研究所.明清时期澳门问题档案文献汇编：第3册［M］.北京：人民出版社，1999：200.
❸ 陈霞飞.中国海关密档——赫德、金登干函电汇编（1874—1907）：第4卷［M］.北京：中华书局，1992：372.

掣肘，且所拟洋药办法可成。若不准葡萄牙立约，澳门必不愿照办，香港亦必不允。"❶

清政府不肯轻易应允英国及赫德所求，于是邵友濂也多次致电总理衙门进行说项。他说："现拟办法实于事有益，惟澳门不一体办理，港必不行。赫请甚是，求即复定电示。"❷还声称港议帮助稽查，是为港商的烟土公司的生意着想，可期悉心照办。并和赫德多次请求李鸿章允许与葡萄牙订立澳门条约。正苦于海军军费无米之炊的李鸿章，认为"赫所请澳门立约，以防偷漏，自是正办"。❸且"如此办法，既符中国体制，且可得澳门关税……况澳门地方，一则有商办洋药之难，一则有地方情形之难，若照所拟办理，可免两难"。❹

既然澳门不一体办理必不行，"如无澳门合作，香港的洋药办法即不能实行"。❺7月17日，已经接受了税厘并征建议的清政府，在赫德、李鸿章等人的鼓动下，决定在与港英当局签订鸦片协定之前，同意赫德所请，令其特去澳门，相机筹商。

三、换取澳门同意

7月21日，赫德前往澳门会晤澳门总督罗沙，商讨澳门协助中国办理洋药税厘事。葡萄牙抓住这个送上门的机会，表示"极愿与中国相厚"。但提出三点要求：若有万国公法及葡国不准者，不能允从；虽于香港无碍，于澳门有碍，亦不允从；所应办条约内，特拟专条无碍澳门。❻经过磋商后，澳门总督同意按照香港办法办理洋药税厘事。

于是赫德与总理衙门商讨制定了办理茞积洋药处事宜章程："凡茞积洋药处事宜，应照后开章程办理。一、船主应将洋药载明舱口单内。二、澳门官员应将洋药送至茞积处。三、凡洋药若未领税司准单，不可离茞积处，若系运到中国者，应先纳税。四、税银即一百一十两。五、税司不稽查船只，请澳门官

---

❶ 中国第一历史档案馆，澳门基金会，暨南大学古籍研究所.明清时期澳门问题档案文献汇编：第3册[M].北京：人民出版社，1999：200.

❷ 同上：198.

❸ 王彦威纂辑，王亮编，王敬立校.清季外交史料：卷67[M].北京：书目文献出版社，1987：1213.

❹ 中国第一历史档案馆，澳门基金会，暨南大学古籍研究所.明清时期澳门问题档案文献汇编：第3册[M].北京：人民出版社，1999：202.

❺ 中国近代经济史资料丛刊编辑委员会.中国海关与中葡里斯本草约[M].北京：科学出版社，1959：17.

❻ 中国第一历史档案馆，澳门基金会，暨南大学古籍研究所.明清时期澳门问题档案文献汇编：第3册[M].北京：人民出版社，1999：213.

稽查。六、凡违章者应惩办罚款一半，并倍拿洋药应充之税，应交税司查收归款。七、凡洋药进出各数，应由包揽洋药税局详登册簿。八、所派税司姓名，总署应照会葡使，总税司应行知澳督。税司办理各项公事，不归葡国官审讯，惟至私事，则与其本国驻澳之人一律审讯。"❶

澳门总督要求清政府承认葡萄牙对澳门的主权作为它同意实施香港协议的代价。他提出了许多要求，最要者有三：①准葡国人永远驻扎管理；②撤回卡子；③葡国按照会同办法办理时，将对面山借其驻扎。❷ 总理衙门除第一条可以考虑外，断然拒绝了其他两项。此后，尽管有澳门的坚持和赫德的游说，但总理衙门不作让步。

后经赫德与劳士、璧利南往复晤商，中英于1886年9月11日缔结了《香港鸦片贸易协定》，全部十二款的前六款具体规定了中国内地与香港之间洋药贸易管理方案，后六款规定了实施前六款的前提条件。规定了香港帮助中方防止鸦片走私的办法：①禁止一箱以下鸦片进出口；②除鸦片运商外，不准占有生鸦片，亦不得存储或控制一箱以下的鸦片；③鸦片运至香港，及此后转运、存栈、移栈等均应及时报知港长；④进出口商人及栈主应有记簿，按督宪所定格式，载明鸦片情况；⑤清点存栈数目，查完鸦片包商鸦片缺额，提供给港长存栈报告；⑥修正华船夜间出港规章。

提交条例时的条件是：①清政府与澳门商议，采取同样措施；②香港如认为有损税收或香港正常贸易，有权废止该条例；③中国九龙在税务司下设官1名；④具有税单的鸦片，每百斤不超过110两者，无论何项税厘概不重征，一切均照《续增专条》办理，与通商口岸厘税并征的鸦片无异，并准商人任便将洋药分为大小包封固前往；⑤华船往来香港货物应纳税厘；⑥税务司官员负责管理九龙局。❸

这样，赫德在企图通过"趸船方案"解决"香港封锁"问题失利后，借《烟台条约》及续约洋药税厘并征之规定，先是获得指派为中国代表参加在香港举行的有关鸦片税厘并征的会议，欣然接受并竭力威逼利诱总理衙门答允香港办法，接受香港与澳门同样办理，以换取港英当局协助稽查鸦片走私。之后前往澳门与葡萄牙谈判，擅自代替中国承认葡萄牙对澳门的主权，换取澳门当局同意实施香港所拟办法。最后，赫德代表中方与英国签订了《香港鸦片贸易

---

❶ 中国第一历史档案馆，澳门基金会，暨南大学古籍研究所.明清时期澳门问题档案文献汇编：第3册[M].北京：人民出版社，1999：210.

❷ 同上：212.

❸ 王铁崖.中外旧约章汇编：第1册[M].北京：生活·读书·新知三联书店，1957：487-488.

协定》。此协定,对中国产生了深远的影响。

首先,为港英当局挣得了不少权益。通过"代劳"中国稽查鸦片走私,香港取得了澳门同等的竞争条件。香港进口鸦片税厘并征之后再销往中国内地不需重征,享受了与到达中国通商口岸的进口鸦片同等的地位。再则,香港有权单方面废止条约,这本身就使香港处于优势地位。

其次,扩大了赫德和海关的权力。原来由中国海关监督执行的走私检查权移交给赫德的海关税务司。原来由常关征收的鸦片正税和厘金,也一并改由税务司统一征收,这就夺取了香港外围常关的权力。1887年4月开办的九龙、拱北两个海关,进一步加强了以赫德为首的各国洋员对海关的控制。以后不论鸦片走私禁堵情况如何,由这项协议所产生的海关税务司权力的扩大,却一直延续下去。对此协议,赫德于1887年4月致金登干函中,这样说,"我们的鸦片(协议)工作是进行(得)非常令人满意的,它的结果将是印度鸦片销售的空前增大和消费者所支付的价格的相当减轻。"不久又甚为得意地说,"总的来说,我们业已胜利。现在我已将广东各通商口岸往来香港和澳门的民船贸易,从粤海关的掌握中抢了过来,置于税务司们的管辖之下。"❶

最后,中国以沉重的代价换取了些许财税收益。急于增加税收的清政府只顾眼前利益,听任赫德的鼓动和摆布。为求得澳门在鸦片税厘并征上与香港的合作,清政府被迫同意葡萄牙在澳门主权上的要索,以后与葡萄牙进行了漫长的交涉,签订了数个约章,丧失了不少权益。然而,本协定的签订,并没有保证鸦片走私的禁绝。事实上,没过多久,这些条例便渐渐失效,一直到进入20世纪,还有人当着广州税务司的面,"嘲笑香港的大规模鸦片走私"。❷

---

❶ Fairbank, Bruner, Matheson.The I.G.in Peking: Letters of Robert Hart, Chinese Maritime Customs, 1868–1907 (Vol-1)[M].The Belknap Press of Harvard University Press Cambridge, Massachusetts and London, 1975: 661, 667.

❷ 中国近代经济史资料丛刊编辑委员会.中国海关与义和团运动[M].北京:中华书局,1983:73.

第三章 赫德参与斡旋的中外约章（上）

赫德在诸多中外交涉中扮演着中国政府和各国的得力调停人。在中丹天津条约谈判、中英修约和滇案交涉中，谈判双方对赫德都比较信赖和倚重，赫德以顾问和指导者的身份参加了这些交涉，对交涉双方均出谋划策。在赫德的指导帮助和推动下，丹麦成功签订《天津条约》，获取了诸多权益；中国在和平时期和英国修约，经赫德努力斡旋，缔结《新定条约》；滇案交涉，赫德先是应中英之邀走向交涉前台，设法调停，交涉一度出现转机。但威妥玛一再出尔反尔，赫德赴沪斡旋，建议清廷遣使赴英理论，力荐李鸿章赴烟台与威妥玛重开谈判，之后变调停者为中方谈判顾问，中英最终达成《烟台条约》。中英有关缅甸地位和朝贡谈判时，赫德起初应邀作私下调停，在私下调停和曾纪泽的正面调停均无果的情况下，赫德利用英人入藏之契机，再次进行斡旋，促成《缅甸条款》的缔结。中法勘界问题交涉，赫德预先派赫政充当翻译介入勘界活动，之后自己不断向清廷上节略递条陈，影响干预清政府，清廷最终多按赫德的方法进行勘界，并订立了数个勘界条约。

第一节 协助中丹签订天津综合条约

两次鸦片战争，西方强国通过胁迫清政府签订一系列不平等条约，攫取了大量侵略权利。西欧小国丹麦，对此非常眼红，亦于19世纪60年代来华与清政府进行缔约交涉。由于英法等国公使的威胁、偏袒，赫德的斡旋，加上清政府的颟顸无知，最终中丹订立了《天津条约》。此约几乎囊括各国在华所有权益，甚至约中好些条款为以往各国条约所无，清政府再次丧失了诸多利权。

一、英美力促中国允准与丹麦订约

第二次鸦片战争，清政府通过用通商、关税及领土等主权，满足了西方侵略者的胃口。之后的短时间里，列强没有对清政府进行武装侵略，多是进行恐吓劝诱，同时寻找机会彼此"合作"，协同扩大侵略。中丹《天津条约》的出台就是这种"合作"侵略的产物。英、法、俄、美四国逼勒清政府签订不平等条约，获取了大量权益并在北京驻节公使，引起了西方其他国家甚至一些小国的觊觎。丹麦公使拉斯勒福（Waldemar von Raasloff）于1863年亲自率领特别使团贸然前往北京（当时丹麦无常任驻华公使），希冀谈判条约诸事，尽管此事曾令总理衙门大臣恭亲王奕䜣颇为不快，但最终在英、美、法驻华使臣的大力协助和调处下得以解决。

第二次鸦片战争后，北方新增牛庄、登州和天津三个通商口岸，为管理三处的通商、外交事宜，清政府在总理衙门下，于天津新设三口通商事务大臣，负责管辖北方一切洋务、海防事宜。拉斯勒福于1863年农历二月到达天津，但他并未知照，未经邀请，径自启程进京。奕䜣大为不满，饬城门拦阻，英国代为说情，说丹国来人系伊馆宾客，请勿阻其入内。恭亲王照会英国，一则指责丹麦钦差径赴京城商办换约，居住外国各馆。二则声明各国派人来中国换约均系"先到上海通商大臣衙门商办……由该大臣奏请遵行。从无意存轻视，任便来京之理"。三则明确表示不与无礼的丹麦立约，因为丹使"路过上海既不报明上海通商大臣，迨至天津，又不与天津通商大臣见面，并无知照，贸易（应为'贸然'）来京，显系轻视中国。似此不知礼仪，中国断难与之立约"。四则再次重申各国来人须领知照方可入城，否则禁止入城。此次丹使来京，如不服官兵查询，遭到拦阻，则总理衙门也不会网开一面，为其留情面。很快，英国照复，软硬兼施为拉斯勒福说情，请勿阻其入城。且说清政府与各国偶有不合之处，英国无不从中调处，容为代言。❶此外，早在1862年，美国国务卿西华德就训令蒲安臣，拉斯勒福到北京时，务必予以一切协助。据此，蒲安臣不仅和威妥玛抢着招待这位丹麦代表，而且将美国政府的意愿照会总理衙门。❷

就这样，在英美等的庇护下，拉斯勒福得以进城，且"经大英钦差大臣卜（即卜鲁斯，引者注）约在公馆寄居"。恭亲王明知他为订约而来，却故置不问，欲以静制动。1863年4月20日，拉斯福勒照会总理衙门，声称被奉派"代国行权，来与大清国臣僚会议，酌定和约通商章程"。❸清政府令总理衙门复议具奏。

相持数日后，威妥玛到总理衙门代为说情订约。恭亲王断然拒绝，说丹使违背中国旧章，擅越天津赴京议约，显系傲慢，轻视中国。威妥玛声称丹麦与英国为姻娅之邦，并引用清政府曾允法国为布路斯和大西洋（即普鲁士和葡萄

---

❶ 中华书局编辑部，李书源.筹办夷务始末：同治朝（二）卷15［M］.北京：中华书局，2008：661，662.
❷ 卿汝楫.美国侵华史：第2卷［M］.北京：生活·读书·新知三联书店，1956：116.
❸ 中华书局编辑部，李书源.筹办夷务始末：同治朝（二）卷15［M］.北京：中华书局，2008：655，741.

牙，引者注）代请换约之案之词，再三商肯。5月6日，恭亲王上奏清廷说，未设总理衙门之前，外国均在各口渎请，迨既设衙门，希望外国赴京渎请。向来无约之国在各口岸通商，均系有约之国代管报税，而一旦出了问题，代管之领事官并不照章公正办理，且从中播弄。奕䜣建议，如立约，不独丹使可以免受代管领事的制约，中方可没收代管领事这方面的权利。况且丹使有威妥玛主谋，最好还是允准其缔约所请。但又不愿让其轻易得逞，故请示清廷令丹使循照中国章程，须重新折回天津，亲自呈递照会给三口通商大臣衙门，叙明来历。奕䜣还坚持，"特派大臣会同三口通商大臣办理，方可与办。否则绝不能行等语"。威妥玛只好应诺而去，随后呈递照会，说"嗣后外国使臣到津，应令天津领事馆告知中国常例等语"。恭亲王据此认为威妥玛有隐隐为丹国认错之意。威妥玛害怕三口通商大臣拒绝，于是亲自致信代为求情，奏称"拉斯勒福在津呈递照会，恳请立约"等语，此时，恭亲王认为其气已挫，不便再拒绝。并说，今丹使既已当作英使馆宾客，应仿照葡萄牙成案办理，不管拉斯勒福是否在京，一切责成威妥玛商议，不必当面跟丹使商量。中方可选一名总理衙门全权大臣会同三口通商大臣崇厚商办。奕䜣认为自己身份特殊不宜出面，分派总理衙门的恒祺会同崇厚办理。所拟条约专照葡萄牙条约商办，"总期有减无增，力杜其要求妄念"。❶

卜鲁斯伙同遵从美国西华德训令的公使蒲安臣一面为拉斯勒福说情，强调拉斯勒福是作为他们的客人前来的，一面劝告拉斯勒福折回天津进行具体谈判。就这样，在英美等国的代为说情和胁迫下，中国根据对所有外国人一视同仁的政策，遂同意与丹麦商订条约。

二、中丹《天津条约》的商订

丹麦将"所有本国翻译汉文事件"及交涉事宜，委托"参赞大臣威权为帮办"。❷作为丹麦的全权代表，威妥玛在条约的谈判签署中，伙同署理税务司赫德起了极其重要的协助作用。

谈判伊始，威妥玛和法国哥士耆就声称丹使是他们使馆的宾客，前者要求情形同往年葡萄牙来京议约同，后者要求一切由他出面代为商议。因而，奕䜣也就奏明中丹条约宜专照葡萄牙商办。但很快发现拉斯勒福照会及所拟条款等底本不是以葡萄牙成案为基础，而是以英国条约为蓝本，并增添了一些新

---

❶ 中华书局编辑部，李书源.筹办夷务始末：同治朝（二）卷15［M］.北京：中华书局，2008：659–661.

❷ 同上：741.

款目。奕䜣即刻明白威妥玛代为谋主,这样做是以便将来各国援照,能一体均沾。识破威妥玛的阴谋后,当即驳令威妥玛进行修改,"照改与大西洋一律"。经过两日反复磋磨,才将其所拟条款参酌葡萄牙等国条约进行删减修改。奕䜣对修改后的条约比较满意,认为与英国原定条约款目相比,有减无增。通商章程及税则与各国旧本基本相同。❶ 7月5日,威妥玛带着中丹条约来到总理衙门商议,似乎一切有争议的问题都已谈妥。次日,威妥玛到总理衙门和恒祺一起把中丹条约草案浏览一遍。一切已经安排就绪,条约将在24日下午1点签署。❷

除了威妥玛对丹使鼎力相助外,才在中国初露锋芒的赫德为此也出力不少。赫德在李泰国离职期间代行总税务司职权,1862年春即成为中国海关事务的决策人。1862年7月1日,他专赴北京商议中国海关事宜,准备了大量的海关统计资料,他所拟各节恰好解了清政府镇压太平军急需筹饷之围,向奕䜣提出的诸多设想与建议也赢得了后者的赏识和信任。此后,总理衙门官员文祥和恒祺等人经常就外交事务征询赫德的意见,赫德便有了参与中丹条约谈判的机会。从1863年6月到7月上旬,赫德几乎逐日与总理衙门大臣会晤,参与中丹《天津条约》的谈判签订事宜。他多次和总理衙门官员商量草稿的条款,和谈判代表威妥玛、拉斯勒福等人讨论争议条款。此处不妨引用赫德日记中的相关内容数条,以见一斑。

1863年6月8日,赫德函告威妥玛就丹麦条约的某些条款提出了意见。6月10日,赫德拜访恒祺时得知,威妥玛"给他留下了丹麦条约的草稿,其中有一个条款使他惊愕。这个条款的大意是公使可以驻扎在'任何地方'"。6月16日晚上,赫德同拉斯勒福会晤,后者谈起了丹麦条约,说恒祺推迟了会见,并反对不得设商务领事的条款;还说中国人应当发给许可证书,然后从根本上解决此事,而不要实行令人反感的差别对待。拉斯勒福还说,比利时公使不肯批准上年所定的条约。赫德心里"不愿意对这位公使阁下说他是来寻求缔约的,他无权坚持某些条件"。6月17日,赫德仔细阅读了丹麦条约的英文本。次日赫德到威妥玛家与拉斯勒福会晤,拉斯勒福要求赫德同他一起仔细阅读丹麦条约,并指出赫德认为可能会遭到反对的所有地方,赫德一一照办。6月30日,恒祺、文祥及薛焕和赫德一起把中丹条约的中文本读了一遍,恒祺、

---

❶ 中华书局编辑部,李书源. 筹办夷务始末:同治朝(二)卷15[M]. 北京:中华书局,2008:727—728.

❷ 布鲁纳,费正清,司马富. 步入中国清廷仕途:赫德日记(1854—1863)[M]. 傅曾仁,刘壮翀,潘昌运,译. 北京:中国海关出版社,2003:370.

文祥及薛焕似乎不赞成把有关沿海贸易和豆饼的各种条款纳入条约的主体。7月3日,赫德在总理衙门与恒祺把中丹条约看了一遍,并做了一些改正,以便使问题易于解决。❶

谈判中,丹麦希望获得船只进入长江流域的权利,双方意见并不完全一致,赫德不断在谈判双方间周旋,为双方"献计献策"。7月9日,赫德在总理衙门提请大家注意,"如果在中丹条约未经批准换文之前就允许丹麦船只进入扬子江,那么葡萄牙在法国支持下,也将提出同样的要求。这样扬子江将充斥洋船,其害无穷"。由于恒祺是在未和任何人商量下就作出承诺允许丹麦船只进入扬子江,所以此时他想收回承诺。赫德建议恒祺给威妥玛写封便函,并答应恒祺去找威妥玛把这事谈一谈。赫德去找威妥玛谈论此事时,威妥玛提出中国人不应该对丹麦人食言,而应冠冕堂皇地主动通知葡萄牙人,如果他们能够同意某些为了抑制不良行为而作的安排,就可以享受同样的特权等。赫德也向拉斯勒福献计,为了保住他已取得的果实,他应该把进入长江的特权限制在某些舰船、汽船和帆桅固定的船只之列。拉斯勒福先是主张限制100吨以上的船只。但是赫德说有些三桅帆船比这大得多,拉斯勒福只能妥协。赫德赞赏拉斯勒福就旗帜问题提出的意见——所有在中国发放的航行证书必须取得中方的确认。7月10日,赫德带着就扬子江问题致拉斯勒福函的草稿到总理衙门去见恒祺。商定准许丹麦兵舰、轮船进入扬子江,但下列船只不得进入:①中国式三桅帆船;②改装得似轮船的三桅帆船;③中国式船;④宁波式船;⑤单桅小船。并说,如果发生未预见到的问题,中国保留随时收回这种特权的权利。❷

赫德帮助谈妥条约后,还一直关注条约的签字进展情况。7月13日即条约签字的当天,赫德再把《天津条约》的中英文对照校对了一遍,认为"其中有许多小出入,但没有非常重大的差别"。下午,赫德在总理衙门与薛焕把条约英文本通读了一遍,对中文本进行了改正。❸

1863年7月13日,恒祺、崇厚与拉斯勒福在天津签订条约,条约共五十五款,同时签订通商章程九款,史称中丹《天津条约》。1864年7月29日,条约在上海交换批准。通过这个条约,丹麦取得领事裁判权、片面最惠国

---

❶ 布鲁纳,费正清,司马富.步入中国清廷仕途:赫德日记(1854—1863)[M].傅曾仁,刘壮翀,潘昌运,译.北京:中国海关出版社,2003:337,340,350-351,365-367.
❷ 同上:371-372.
❸ 同上:373-374.

待遇等几乎囊括各国在华之特权。❶ 不仅如此，丹麦还开辟了诸多新的利权。

第一，进一步为外国人在"各口并各地方""租地盖屋"之特权提供法律依据。虽然前此中英《天津条约》中规定英国民人在"各口并各地方""租地盖屋"，被侵略者用来作为扩大口岸范围的条约根据，但在随后的中国和法国、荷兰、西班牙、比利时等国签订的同类条约中，均无"并各地方"字样，唯独在中丹《天津条约》的英文本中凭空加了"或其他地方"的字句。❷ 对此，汪敬虞认为"这显然是赫德有意按下的钉子，目的无非是为了将来攫取这个非法特权制造更多的条约根据"。❸

第二，为非法取得豆石、豆饼的转运贸易权获取了法律依据。在沿海转运贸易中，此前的中英、中美和中法的天津条约、通商章程中都有豆石、豆饼不准外国商船装载出口的明确规定。英国虽然在1862年初通过胁迫手段，从清政府手中非法取得豆石、豆饼的转运贸易权，但无条约予以确认。而丹麦条约除附有1858年各条约里所载的通商章程外，还在海关税则里略去了禁止从牛庄和登州（芝罘）输出豆石和豆饼的这一条款，首次将豆石、豆饼的转运贸易特权载入条约之中。从此，这一非法特权获得了条约依据，并"立刻被一切国家的商人和船只所援用"，❹ 从而给清政府带来了极大的祸害，也使此后的清政府后悔莫及。1865年5月24日，李鸿章同赫德谈到"沙船"问题，要他想办法严禁外国船只从牛庄运载大豆，但赫德说："使用外国船只的是中国人，而不是外国人——阻止使用这些船只（现在面对丹麦条约，不可能做到这一点）将会回到使用沙船。""知道了使用枪炮，怎么会回到使用弓箭呢？"❺1869年，清政府表示从这些口岸直接输出到外洋的那些豆石和豆饼的禁令仍然有效，但是经过各国抗议后，中国政府只得收回自己的立场。❻

第三，加入了关于复进口半税及其存票期限等以往各国条约所无的内容。1863年6月8日，赫德在总理衙门建议复出口商品把期限（原定三个月）延

---

❶ 王铁崖.中外旧约章汇编：第1册［M］.北京：生活·读书·新知三联书店，1957：197-207.

❷ 同上：199.

❸ 汪敬虞.赫德与近代中西关系［M］.北京：人民出版社，1987：105.

❹ 马士.中华帝国对外关系史：第2卷［M］.张汇文，姚曾廙，杨志信，等译.北京：商务印书馆，1963：128.

❺ 布鲁纳，费正清，司马富.赫德与中国早期现代化：赫德日记（1863—1866）［M］.陈绛，译.北京：中国海关出版社，2005：337.

❻ 马士.中华帝国对外关系史：第2卷［M］.张汇文，姚曾廙，杨志信，等译.北京：商务印书馆，1963：128.

长到一年；❶英美人同意废除免重征执照，并代以退税；把对复出口实行退税定为规章。赫德的这些建议在条约中都作出了明确的规定，例如，该约第四十四款对复进口半税问题做了规定："丹国商民沿海议定通商各口载运土货，约准出口先纳正税，复进他口再纳半税。"赫德建议的存票以1年为期，也在条款中作了规定。❷这样，外商不但获得复进口半税的特权，而且获得存票由3个月至1年的特权了。无怪乎陈诗启认为"这是由于英国公使馆参赞威妥玛和总税务司赫德在明暗之中的助力"。❸

此外，丹麦还攫取了两项新特权：一是过境税办法，对洋货或土货改运沿海口岸或别国者订立退税制度；二是宣布中国沿海贸易对外开放。❹这是已往条约所没有的新规定。这给予了一切外国船参加沿海商业的权利。

根据所谓的最惠国待遇条款，中丹《天津条约》的签订使得丹麦几乎可以享有已往条约的所有特权。同样，丹麦条约攫取到的新利权，其他列强也得以利益均沾。这样列强的协同侵略进一步加深了中国的半殖民地化。单就税收来看，清政府不能从外商征得应征的税，只得或者放任地方政府对华商苛征，以致华、洋商人在关税待遇上处于极不平等的地位。❺这样，处于艰难窘迫中的华商，非依庇外商就难以生存，无怪乎近代中国民族资本主义的发展只能匍匐龟行。

三、反思

通过以上梳理可以看出，丹麦这样的小国之所以能够不费一兵一卒，就能同大清帝国订立如愿以偿的条约，且有不少新的收获，这除了英、美、法等国的合作协同侵略外，也是赫德的帮助和清政府的颟顸愚昧所致。

从拉斯勒福未请自来，贸然赴京被阻城外，到"力劝"总理衙门许其进城、允准同其照葡萄牙成案签约，再到迫使总理衙门转而同意依照英国条约蓝本改订和加进诸多新的权益，这一切都是在丹麦的委托代表威妥玛和卜鲁斯鞍前马后威逼利诱式的折冲斡旋下得以解决的。署理总税务司赫德则一直在幕后对总理衙门进行鼓动、说合。赫德利用奕䜣的信任和倚赖这个得天独厚的条

---

❶ 布鲁纳，费正清，司马富.步入中国清廷仕途：赫德日记（1854—1863）[M].傅曾仁，刘壮翀，潘昌运，译.北京：中国海关出版社，2003：335.
❷ 同上：197–207，336.
❸ 陈诗启.中国近代海关史（晚清部分）[M].北京：人民出版社，1993：231.
❹ 王铁崖.中外旧约章汇编：第1册[M].北京：生活·读书·新知三联书店，1957：203.
❺ 陈诗启.中国近代海关史（晚清部分）[M].北京：人民出版社，1993：231.

件，自始至终参与了条约的磋商、条款细节的规定、中英文的翻译及校稿等事宜，正是赫德"利用他和总理衙门的隶属关系，协助丹麦取得中国的条约特权"。这一点还可以从赫德日记记载的"拉斯勒福多次对他的帮助表示感谢"得到充分印证，例如，1863年7月8日，赫德还没起床，普鲁斯爵士和拉斯勒福就来看他，后者特意进到赫德的卧房，对赫德帮助使他的条约得以通过表示谢意。7月10日，赫德再次记下拉斯勒福致专函"对我在中丹条约问题上给予的支援表示感谢"。❶

此外，缺乏近代外交意识的清政府未能据理力争，不自觉地滑入了丹麦和英美的圈套。奕䜣等负责交涉的总理衙门大臣对拉斯勒福越过天津三口通商大臣，擅自赴京谈判，表示了强烈谴责，并勒令他严格按照清廷规定的程序，退回天津，先过三口通商大臣一关。因为在奕䜣看来，这是关乎清廷脸面尊严的大事，绝不能含糊，所以采取了不达目的不罢休的强硬姿态。狡猾的威妥玛等人很快让拉斯勒福在此等枝节问题上满足了清廷要求。但是在是否应该同丹麦这个小国签约以及条约条款谈判等关键问题上，中方却没能始终坚持原则，据理力争，而是轻易应允依照葡萄牙成案同丹麦签约，不管是从三口通商大臣崇厚的奏折还是奕䜣的多次奏折来看，均找不到反对甚或坚决反对签约的主张。奕䜣同意订约的理由之一是："况丹使此来，既有威妥玛主谋，若坚执不允，亦必多方晓渎。"❷似乎与丹麦订约还可少却诸多麻烦，因而轻诺签约。而在签约谈判中，中方懵懂大意，让丹麦轻而易举取得了各国在华所有利权。不仅如此，奕䜣、恒祺等负责交涉大员未能固守约外权益，轻易让出了不少新的权益，对此却不自知。例如，1863年6月30日，恒祺、文祥及薛焕和赫德在总理衙门一起把中丹条约的中文本读了一遍。他们看了威妥玛那装腔作势的文件，竟然哈哈大笑。连赫德都觉得奇怪，不知道他们究竟笑得对不对。他们似乎不赞成把有关沿海贸易和豆饼的各种条款纳入条约的主体。❸可是又不严词拒绝。正是由于近代外交观念淡薄及交涉技巧的缺失，清廷外交大臣根本就没弄清面子和主权孰轻孰重，所以在交涉中争之不当争，弃之不该弃。

总之，中丹《天津条约》的签订和它所导致的中国主权利益的进一步丧

---

❶ 布鲁纳,费正清,司马富.步入中国清廷仕途：赫德日记（1854—1863）[M].傅曾仁,刘壮翀,潘昌运,译.北京：中国海关出版社,2003：1,370,372.

❷ 中华书局编辑部,李书源.筹办夷务始末：同治朝（二）卷15 [M].北京：中华书局,2008：660.

❸ 布鲁纳,费正清,司马富.步入中国清廷仕途：赫德日记（1854—1863）[M].傅曾仁,刘壮翀,潘昌运,译.北京：中国海关出版社,2003：364-365.

失，发人深省，这个教训值得后人汲取和反思。

第二节 协商中外首次"对等"修约

《天津条约》签订近十年来，中外双方互不满意，1868年中英双方依约展开修约谈判。英方欲无限制地获得或扩大特权的让与，中方则尽可能地限制其约外侵渔，为此双方组成的条约修订委员会召开了数十次会议。中方谈判代表是时任英国驻华公使阿礼国指派的总税务司赫德及总理衙门两位章京，英方代表是英使馆的傅磊斯（H. Frazer）和雅妥玛（T. Adkins）。近两年的冗长修约谈判，身兼中方谈判代表、调停人、中英方利益的维护者几种矛盾角色于一身的赫德，在不断向总理衙门反馈交涉信息和接受总理衙门新的谈判指示的同时，又根据英方提供的信息和旨意不断与阿礼国信函往来商讨修约事宜，并不断向阿礼国传授谈判机宜。为使中英双方达成协议，赫德绞尽脑汁，在传授阿礼国索取尽可能多权利的同时，也要他适当地作出让步，最终促成了《新定条约》及其善后章程的签订。但由于公使团的拒绝和英国商人的反对，英国拒绝批准此约及善后章程。

一、赫德的成功调停

第二次鸦片战争后，西方列强通过支持和利用清政府巩固其反动统治政权来保护它们在中国的既得利益，并攫取新的侵略特权，于是在"合作政策"的幌子下，对华侵略采取新的策略，不断用外交诈骗手段来代替武力勒索，企图较为隐蔽地达到侵略目的，比如19世纪六七十年代的历次修约立约活动即属此列。

《天津条约》签订近十年来，中外双方对各项规定及其实施，都不满意。关于1858年中英《天津条约》中的海关税则和商务条款的修订事宜，第二十七条规定10年届满的时候，双方均可对"此次新定税则并通商各款要求重修"。[1] 鉴于以前修约带来的严重后果，中英双方都为修约问题作了充分的前期准备，广泛听取了各方意见。

（一）英国广泛要索

清政府综合各省将军督抚意见，决定在修约谈判中采取"窒碍最甚者，应行拒绝，其可权宜俯允者，仍与羁縻相安"[2] 的态度，总体修约的意见是不考

---

[1] 王铁崖.中外旧约章汇编：第1册［M］.北京：生活·读书·新知三联书店，1957：99.
[2] 文庆，贾桢，宝鋆.筹办夷务始末：第7册同治朝卷63［M］.上海：上海古籍出版社，2008：493.

虑新特权的让与，但对于外国代表反复要求的觐见、中国驻外国公使的派遣、外商的侨居内地、电报和铁路、贩盐、开矿以及传教等问题须作出答复，即有限地满足英方要求，避免双方关系决裂。而对英商来说，觐见、遣使倒在其次，要求英国政府按照英商利益的需要，强迫清朝政府全面修订《天津条约》，开放全中国，要求在修铁路、设电报、开矿、内河航行以及居住等方面，取得更多的特权，甚至不惜武力征服，变中国为英国的殖民地。但英国政府决定以整体的永久的利益代替英商局部的眼前的利益，坚持"局部"修约，因为强行全面修约则可能导致武力冲突，动摇清朝的统治，产生对英国的疏远而损害英国利益。

阿礼国将广泛收集到的外商修约意见和要求汇集成一系列呈文，"这些呈文虽然于理有亏，可是在叙明他们的本意上，则是透辟之至"。1868年初，阿礼国曾三次向总理衙门致送索要广泛的修约节略，逐次增加新的内容。中英双方争执的焦点问题在于：在中国一切地方居住经商的权利，子口税制度的失败，内地捐税的课征——主要是厘金，在华洋争执中外交行动的烦难，内港航行权，以及若干项税则税率的修订，等等。[1]

4月30日，傅磊斯将英国的各种要求归结为二十九款，其中最关键内容有厘金、关税、运输设施、长江码头和官栈等五个方面。

显然，中国不可能全部应允英方如此广泛的要求。赫德一开始因势利导，把修约委员会的辩论集中在财政和税则两项问题上。对于这两项问题的辩论，赫德已经准备有素，通过各口税务司得到了关于全国贸易以及1858年税则和该项贸易之间的关系的最完备和最新的材料，并且得到了关于中国各通商口岸及其附近对主要进出口货物课征的各种内地贸易税的材料。[2]可是委员会中争执的问题是内地贸易捐税的征课，尤其在厘金、过境制度、内地航行与居住等问题上存在严重的分歧。赫德根据他十多年对中国官场作风及民情、国情等具体情况的了解，认为要想维护英国在华的长远利益，就要对中国有耐心，从长远着手，操之过急只会适得其反，因为"英国利益与其他国家的利益不同，因为英国利益的繁荣也需要中国利益的繁荣"[3]。况且，允许随意支付过境税本身就错了，这样反而会暗示清廷官员可任意向未纳此税的货物征收高税。还不如规定所有进口货物税率提高到7.5%，而不是现在的5%，然后免除所有其

---

[1] 莱特.中国关税沿革史[M].姚曾廙，译.北京：生活·读书·新知三联书店，1958：223-224.
[2] 同上：330.
[3] 张志勇.赫德与晚清中英外交[M].上海：上海书店出版社，2012：38.

他税厘。❶

（二）子口税和厘金问题

委员会中争执的焦点问题之一是内地贸易捐税的征课，因为外商认为这类捐税和条约相抵触，抹杀了子口税条款的目的。赫德虽承认厘金和其他内地课征是贸易上的一种障碍，但是坚持认为，他们对于外商所有的货物征税，即使在持有子口税单的时候，也不一定是违法行为。他指出：据中国方面的意见，所谓子口税单，只能是当货物实际在两个指定点之间，也就是在通商口岸和内地某处或内地某处与通商口岸之间运转时，使货物免于一切重征的一种凭证，但不能用以，也不是用以豁免货物产销税或地方市捐这类征课的。据外商和大多数亲历其境的外国官员们看来，这样一种论调似乎只是强词夺理之谈。但英国当局最后认为正确的，乃是赫德的看法。❷

执意取消厘金问题也是英国修约的首要问题之一，因为"躲过厘金税卡和地方的海关、关卡把外国货物走私到内地或把中国货物走私到通商口岸，毕竟是一种非常有利可图的行业"。❸7月12日，阿礼国致函赫德向文祥解释英方在取消厘金问题上的坚定立场。次日赫德向文祥阐释，并进一步发挥了英方对厘金问题的看法，随后英方在厘金问题上取得了一定的进展，因为傅磊斯致阿礼国函说，头一天赫德拿着条约去了总理衙门，结果次日中国代表就完全承认阿礼国对厘金问题的看法，也承认根据《南京条约》，它是非法的。在内地怎样确定何为外国商品，这一难题的解决方法似乎"就是以前十年内对厘金困难的安排，现在这一点就会被同意"。❹阿礼国表示愿意接受清政府通过御旨或其他方式所提建议，来纠正内地的不法勒索，并愿意接受以三十里范围为限取消这种对外贸易征税的制度。

总理衙门表示一旦条件成熟，就同意三十里范围内免厘，但得增加鸦片税则作为补偿。❺赫德就在阿礼国和总理衙门之间往复调停，一方面劝慰阿礼国接受中方已作让步，另一方面又劝说总理衙门在厘金问题上再次让步。7月24日，赫德与文祥等进行长谈，特别强调：外国商品额外税的征收必须与本国产品同样办理，且具有帝国性质，亦须在京与外国代表晤商并公布。而文祥建议

---

❶ Kenneth, Bourne, D. Cameron Watt. British Documents on Foreign Affairs: Reports and Papers from the Foreign Office Confidential Print, Part 1, Series E, Vol.20. pp.275–276.
❷ 莱特.中国关税沿革史[M].姚曾廙，译.北京：生活·读书·新知三联书店，1958：231.
❸ 同上：505.
❹ Kenneth, Bourne, D. Cameron Watt. British Documents on Foreign Affairs: Reports and Papers from the Foreign Office Confidential Print, Part 1, Series E, Vol.20. pp.282–283, 289.
❺ 同上：236.

一切外国进口商品,一抵达即付清进口和过境税,然后免除其他税项。赫德对此表示赞同,次日即函告阿礼国并推荐这一方案,可在条约口岸和外国人所去的大市场得到充分实施。❶

通过赫德的斡旋,中英双方就厘金和过境税问题达成共识。

总理衙门与赫德逐一讨论了英方提出的二十九款,中方决不肯全允英方之要求,赫德建议阿礼国将那些中方未允之要求,让其他修约者提出。为使英方满足所获结果,赫德连续致函阿礼国,劝其先接受这些结果,暂不逼迫中国会更有益,阿礼国表示赞同,并认为达到了基本的目标。❷

1868年7月底,阿礼国把修约的进展情况报告给外交团。在给外交团领袖倭良忧里(M. Vlangaly)的公函中,阿礼国指出已取得的主要特许权就是:一切进口货在进口时完纳进口子口税后,中国准免其一切地方和省的征课,土货出口国外,享有同样特惠待遇。并列出了已取得的其他特权:"一、为会讯法庭制定一部法律和实施条例。二、设立关栈。三、退税在三个月限期内允给现银,存票准于三年内抵付税款。四、厘定各口的纹银价值,以整顿税款的缴纳。五、准许使用外国机器和援助开采煤矿,以供应蒸汽动力的需要。六、船厂用料准免关税,一切非为出售的家庭用品和自用品,也准予免税。七、明降上谕,宣布在内地所有各处的通商权和临时居住权。八、准许外国船舶(轮船除外)航行内港,载运洋货。九、除已开放的口岸外,又在大通、安庆和芜湖三地增辟装卸货物,上下旅客的码头若干处,以助长江轮船运输的扩展。十、开放宁波与福州间的温州口岸,如果我们愿意的话,其他各处也有可能。"但中国提议修订税则,将茶丝两项以外的一切税率提高到切实值百抽五的标准,茶丝两项的税率,应增加一倍。各外国代表对所获结果并不感兴趣,认为雷声很大,雨点太小了。划一的值百抽五税遭到反对。只有美国代办卫三畏赞扬所获特许权,所获进展为"和平的胜利"。❸

修约委员会只得继续协商。英国公使反复照会总理衙门,指出税则的一般修订还不是时候。而总理衙门本想作一次一般的修订,将所有关税提到切实值百抽五,茶、丝和鸦片的现行税率增加一倍。而阿礼国认为不必增税而在对中国人和外国人双方都有利的条件下也可以达到同样的目的。恭亲王又照会英国,声称由于香港这个自由贸易站的存在,给予走私者以极大的便利,所以英

---

❶ Kenneth, Bourne, D. Cameron Watt. British Documents on Foreign Affairs: Reports and Papers from the Foreign Office Confidential Print, Part 1, Series E, Vol.20. pp.294–295.
❷ 同上:275,305.
❸ 莱特.中国关税沿革史[M].姚曾廙,译.北京:生活·读书·新知三联书店,1958:234–235.

方应允许中国政府"为海关税收计,派员驻扎香港,监督关税的征课"。恭亲王还提出,英国以及其他有约国应该在他们对中国的交往中集体地和个别地承认互惠原则。因为根据最惠国条款,凡是中国许给其他有约国的利益,英国得一体均沾,所以建议"倘任何有约国让与中国以特权,英国也应该作同样的让与。因为倘使中国与某一外国政府所缔协定中的利益,得由一切有约国一体均沾,那么这类协定中如果有赋予中国以利益的地方,一切有约国自然也应当一体照办"。

在此期间,蒲安臣使节在华盛顿和伦敦争取到了英美两国不干涉中国内政的声明,中国对谈判的进展也就"漠然视之",❶双方僵持不下,赫德只得竭力斡旋。

(三)内陆航行和内地居住问题

关于内陆航行和内地居住,这是英方高度重视的问题。阿礼国当时意识到,中国已经下定决心,"拒不允许内港行轮;在内地租赁或建筑场所久住;外国自行采矿;以及敷设铁路和电报线"。❷这一切又恰是英商最为看重的。阿礼国意识到问题的严重性,认为当时非武力不能达到目的,但英国又不能对一个有效的中央行政和一个组织健全的海关制度的利益熟视无睹。赫德曾于6月劝阿礼国以在内地租赁官栈来取代这些,这样就可以自由去条约中没有规定的地方。❸

中方主张由海关提供轮船来解决内陆航行问题,但赫德函告阿礼国这样不合算;退一步,就算合算也得由人民代替政府来经营,不能由后者控制。还说中方主张的这种内陆航行方式,外国人谁都不会受益。于是,阿礼国建议,将进出口税提高,以使中方能有所让步。赫德又大加反对,认为即使当时税收增加三倍甚或十倍,都动摇不了中方反对内陆航行、内地居住的立场;因为英方对此出价越高,中方就越认为英方急于得到这些,也就更有理由不同英国交换,不愿让步。内陆航行问题要么以武力夺取,要么只能顺其自然。若要简化关税,也不能采取在内地增加特权的办法。并强烈建议阿礼国不要重提这些。❹阿礼国同意就此让步。

可阿礼国在内地居住、内陆航行问题上始终纠缠,后来还增加了开挖矿藏

---

❶ 莱特.中国关税沿革史[M].姚曾廙,译.北京:生活·读书·新知三联书店,1958:238.

❷ 同上:235-237.

❸ Kenneth, Bourne, Cameron Watt. British Documents on Foreign Affairs: Reports and Papers from the Foreign Office Confidential Print, Part 1, Series E, Vol.20. pp.276-277.

❹ 同上:276,300.

的问题。12月4日，赫德只好致函阿礼国，分析内地居住等问题的不可行性，让他打消这些念头。赫德分析指出，以上三方面的权力不仅仅是让与英国一国的问题，中国得同许多外国政府交往，而有约国都会充分利用治外法权和"最惠国"待遇的特权，所以，中国是不能轻易同意让与这三方面的权力给任一外国人的。不过，最终总理衙门经不住阿礼国的纠缠，态度有所松动，同意"由九江海关提供一只蒸汽拖船，由外国商人在鄱阳湖雇用拖拉自己的帆船，并且因为轮船需要煤，淡水附近的煤矿会在海关的监督下以外国模式开挖"。❶英国的要求得到了一定的满足。

（四）多开口岸问题

多开口岸有利于英国和扩大海关权利，直接惠及赫德，赫德在这个问题上的态度比英国有过之而无不及。最初英方只要求开放温州一处口岸，赫德要求增加台州、钦州、琼州和北海。阿礼国答应去请示英国政府。为促使英国在开放口岸上多作要索，赫德历数增开口岸的诸多益处：可给外国运输业提供广泛的机会、有利于开发出各种规模的商业中心及消除海盗，等等。❷英方遂依照赫德的建议要求增开台州、钦州和北海。之后，赫德又去游说总理衙门。总理衙门最后被迫同意温州和北海可与南京和琼州交换。❸

赫德却得寸进尺，在开放口岸问题上胃口很大。继续鼓动阿礼国提出开放沿海的大孤山、台州、温州等六处，以及沿长江的岳州、南京等，认为这些地方开放了，商人们自己拥有的帆船就可来往于这些有实无名的次口岸。❹阿礼国采纳了赫德的意见。最后中方同意开放芜湖和温州，赫德未能尽遂其愿。

由于赫德一直发挥着英国公使和中国总理衙门大臣们间的桥梁作用，反复调停，谈判没有完全破裂，而是在主要问题上达成了共识。1869年10月23日，恭亲王和阿礼国签订了《新定条约》（也称《阿礼国条约》）十六款和《新修条约善后章程》十款。主要内容为：①开芜湖和温州（和琼州对换，因琼州开放后贸易不发达）为通商口岸。②英商所有的纺织品进口时，正税和子口半税应一并完纳。③英商可雇用中国式船只行驶内河，装运货物。④中国在南部省区选择两三处地方采煤与外人自用物品，船坞物料及洋煤入口免税。此

---

❶ 张志勇. 赫德与晚清中英外交［M］. 上海：上海书店出版社，2012：36.

❷ Kenneth, Bourne, D. Cameron Watt. British Documents on Foreign Affairs: Reports and Papers from the Foreign Office Confidential Print, Part 1, Series E, Vol.20. p.277, 279.

❸ 张志勇. 赫德与晚清中英外交［M］. 上海：上海书店出版社，2012：36.

❹ Kenneth, Bourne, D. Cameron Watt. British Documents on Foreign Affairs: Reports and Papers from the Foreign Office Confidential Print, Part 1, Series E, Vol.20. p.304.

外，还规定鸦片进口每百斤增税至五十两，生丝出口按值百抽五征税（原规定湖丝每百斤征税十两，现为二十两）等。❶这些规定给英国商业势力深入内地特别是长江流域各省以极大的方便。

二、条约的作废及影响

这个做了很多调查准备工作且谈判近两年，并且给英国商业势力深入内地特别在长江流域各省以极大方便的新约很快夭折，英国政府于1870年7月宣布不批准中英新约和善后章程。❷原因主要是：一则整个公使团拒绝。条约签字后及时地通报给公使团领袖，以便取得当时全体驻京外国代表的普遍认可。但整个公使团及其领袖拒绝承担义务，声明条约无效，要求履行天津条约，坚持继续开放琼州口岸，诬蔑同时交纳进口税和子口税的规定是把无限制的市政捐税强加给英国货物的恶意措施，并怀疑中央政府是否有能力防止对已交过双重捐税的进口货物再非法征收内地捐税。❸更反对对鸦片加税，法国也不同意生丝增税。二则英国商人一致反对。英商痛斥条约一无是处：增开的商埠太少，完全未注意他们在四川、湖南的商业利益；也没有取得筑路开矿、内地设栈及内河行轮等权利；香港商人尤其反对委派中国领事驻扎香港，❹不同意以温州交换琼州，因为这样放弃了一个侵入西南地区的重要据点。一批以贩卖鸦片为主的商人坚决反对新约中增加鸦片税的规定。❺

这次修改条约对赫德来说"至少像天津条约对李泰国那样重要"，因此他"决心尽可能地使它成为成功的现实和进步的工具"。❻从1868年1月至1869年10月，中英双方组成的条约修订委员会召开了数十次修约会议，进行了冗长的修约谈判，赫德、阿礼国试图就一系列问题达成既能最大限度地满足英商要求同时也不会被中国顽固派完全拒绝的协议。因此，在不断向总理衙门反馈交涉信息和接受总理衙门新的谈判指示的同时，又根据英方提供的信息和旨意不断与阿礼国信函往来商讨修约事宜，并不断向阿礼国传授谈判机宜。可

---

❶ 王铁崖.中外旧约章汇编：第1册[M].北京：生活·读书·新知三联书店，1957：310-313.
❷ 熊志勇，苏浩.中国近现代外交史[M].北京：世界知识出版社，2005：94.
❸ 魏尔特.赫德与中国海关：上册[M].陈敖才，陆琢成，李秀风，等译.厦门：厦门大学出版社，1993：508-509.
❹ 马士.中华帝国对外关系史：第2卷[M].张汇文，姚曾廙，杨志信，等译.北京：商务印书馆，1963：239.
❺ 丁名楠，余绳武，张振鹍，等.帝国主义侵华史：第1卷[M].北京：人民出版社，1992：211.
❻ 魏尔特.赫德与中国海关：上册[M].陈敖才，陆琢成，李秀风，等译.厦门：厦门大学出版社，1993：506.

是，条约遭此非难，赫德颇觉无奈和委屈，他说："由于修订条约的关系才把我留在这里……我这个中间人，经受着一切的责难。"❶他辩解说，商人们顽固地忽视了英国司法官关于公正准确地解释《天津条约》的意见，忽视了《天津条约》起草人对那些条款释义的说明；他所建议的同时交纳进口税和运往内地的子口税的办法比《天津条约》的办法要优越得多，因为它针对货物而不管货主是谁，确保货物在有通商口岸的省份免交任何形式的贸易税；他所建议的修改出口子口税单手续同样有利于出口商不再比条约规定交纳更多的捐税，确保各省级主管当局享有所有符合规定的税收，并且消除了所谓的外国人把出口子口税单和运照卖给中国人，为绝对不能运往国外的地产商品作掩护的公众言传。魏尔特认为是赫德挽救了条约，"他为使其成为中英关系史上显著的里程碑——即第一个不强行使用武力制定的条约作出了贡献"。❷

事实上，除此以外，英国从新约中所获甚多。英国议员狄尔克认为："中国所让与的比贸易部认为可以要求的为多。"❸阿礼国也说："以前从来没有哪一个国家或西方政府对外贸给予如此慷慨的特权。"❹

中英《新定条约》的缔结和废除至少说明以下三个问题：

一是近代中国欲以平等身份与列强缔约何其难。这次缔约双方都做了充分的前期准备，达成了共识并缔结了条约，但由于双方是在和平时期"平等地为相互的利益而谈判"，❺少了已往那种赤裸裸的武力逼迫，在攸关国家主权的重要问题上中国不肯轻易让步，英商的贪欲未能尽遂其愿。由于新约"条款今后将把英国在中国的扩张以及整个条约体系置于一个比较平等的基础上"，❻因而首次平等修约遭到英方的断然拒绝而夭折，这自然激起了中国人的失望和愤怒。赫德认为该约废弃，产生了恶劣的影响。直到30年后的义和团运动爆发时，赫德依然为此惋惜不已。他说："《阿礼国条约》未被批准是有损害的。因为它是在从容不迫的、以一种同情和友好的态度和协商的气氛中签订的。"条约不被批准，在中国官员看来，这"证明了一种说法，即中国人的利益必须始

---

❶ 马士. 中华帝国对外关系史：第2卷[M]. 张汇文，姚曾廙，杨志信，等译. 北京：商务印书馆，1963：236.
❷ 魏尔特. 赫德与中国海关：上册[M]. 陈敉才，陆琢成，李秀风，等译. 厦门：厦门大学出版社，1993：506，509.
❸ 伯尔考维茨. 中国通与英国外交部[M]. 江载华，陈衍，译. 北京：商务印书馆，1959：83.
❹ 魏尔特. 赫德与中国海关：上册[M]. 陈敉才，陆琢成，李秀风，等译. 厦门：厦门大学出版社，1993：510.
❺ 同上：506.
❻ 费正清，赖肖尔. 中国：传统与变革[M]. 陈仲丹，潘兴明，庞朝阳，译. 南京：江苏人民出版社，1992：335.

终为保证外国人的利益而让步"。❶

二是修约失败反映以英国为首的列强始终贪婪狡黠，紧抱强权武力思维定式不放。对于弱小国家，在他们的潜意识里是容不得对等谈判的，唯有武力才是获得贪婪诉求的最好保障。他们的思维定式就是"我们不论怎样的假装，但我们在中国的地位是由于武力造成的——明显的、实质的力量；任何改进或保持那种地位的明智政策，其结果仍必须依靠某些形式——隐蔽的或显露的——的武力为定"。❷所以，羸弱的中国想要通过谈判来约束列强遵守条约无异于与虎谋皮。而且，英国政府拒绝批准新约，但依然企图享受新约中被让与的权利。1870 年 6 月 30 日，英国外交副大臣汉蒙德（E. Hammond）写信给阿礼国的继任者威妥玛说："我们大概会指示你用明确而委婉的字句宣布不批准这个条约。但是这项宣布并不妨碍你诱导中国政府出于自愿和单方面的行动去实现在这条约里规定的一些办法。……温和地但继续不断地使用压力显然比粗暴的行动和言词能得到更多的好处。"❸不批准条约而仍然要享受条约的好处，英国侵略者的贪婪阴险嘴脸跃然纸上。

三是赫德作为中国客卿在调停中英交涉中的尴尬处境。在整个修约谈判中，赫德身兼中方谈判代表、调停人和中英方利益的维护者几种矛盾角色于一身，暗中不断向阿礼国传授损中助英之机宜，为促成签约可谓绞尽脑汁。然而他的同胞欲壑难填，并不领情，纷纷谴责条约的不是。而事实上，处在赫德的尴尬位置，赫德无法左右一切，为英国，他已经倾力而为了。

当然，赫德对此条约也觉得不尽如人意。因为谈判结束以后，赫德说过新定条约中"没有一个字谈到铁路和电讯！"❹《新定条约》中的部分争执问题直到《烟台条约》的签订才得以解决。

第三节　商订中英滇案交涉条约

马嘉理事件发生后，英国公使威妥玛借题发挥，咬定云南巡抚岑毓英为案件主使而要求严惩，以逼迫清政府同意增辟商埠、优待外国公使、免厘等中外

---

❶ 赫德.这些从秦国来——中国问题论集［M］.叶凤美，译.天津：天津古籍出版社，2005：46.
❷ 马士.中华帝国对外关系史：第 2 卷［M］.张汇文，姚曾廙，杨志信，等译.北京：商务印书馆，1963：240.
❸ 伯尔考维茨.中国通和英国外交部［M］.江载华，陈衍，译.北京：商务印书馆，1959：107-108.
❹ Fairbank, Bruner, Matheson.The I.G.in Peking: Letters of Robert Hart, Chinese Maritime Customs, 1868–1907（Vol-1）[M].The Belknap Press of Harvard University Press Cambridge, Massachusetts and London, 1975：40.

间一直悬而未决的案外条件，并增派军舰来华助威，动辄以离京赴沪，外交绝决相威胁。交涉几度僵持不下，濒临破裂之时，赫德奉总理衙门之命及威妥玛的邀请参与谈判，一是在双方之间往复传递各自的要求及回复，二是配合威妥玛压迫清政府对英方让利，乘机扩大海关及自身权益，三是反复调停斡旋，设法阻止威妥玛将谈判引向战争，最终促成《烟台条约》的缔结，英国的侵略目的基本得以实现。

一、赫德斡旋缘起

英国欲借开辟滇缅商路而侵入云南，于1874年，派柏郎带兵近200人自缅甸入云南探险，英国驻京公使威妥玛派英国驻上海副领事兼翻译马嘉理前去迎接。马嘉理于1875年2月带人进入云南，腾越人疑为英军入侵，奋起抵抗，马嘉理与随行的几个中国人被杀，柏郎队受阻。此即所谓的马嘉理事件或滇案。由于案情极其复杂，一直没查出案情的主谋，马士曾推敲，"谁是应该负责的？难道是中国皇帝的一个旧属而在英国人保护之下的曼得勒的缅甸国王吗？……难道是云南省的中国官员们？……难道是边境上的土人吗？……缅甸国王十分可能要负责任，可是并未成为问题"。[1]英国时任首相迪斯雷利也在议会上说："马嘉理被害是国家的不幸，地区几乎不在中国境内，怀疑帝国势力是否在那里确立。"[2]直到1875年6月9日，威妥玛见到柏郎的日记和其他文件后，觉得除了柏郎个人的观察以及"根据缅甸来的资料外，没有任何东西把中国政府和2月22日的袭击和阻害马嘉理事件联系在一起"。[3]

尽管如此，趁着中国当时"海防""塞防"吃紧，英国决心借机讹诈，有意扩大马嘉理事件，以实现其数十年来未得满足的各种贪欲。所以，一开始英国外交部大臣德比（Derby）勋爵就指示威妥玛立即要求中国政府彻查滇案，别忘记印度政府派遣柏郎使团的目的。为了按照英国政府的这一旨令来完成柏郎使团的"未竟事业"，"谁是这个阴谋中的指使者，是署理总督岑毓英或者是缅甸国王，那是无关重要的；女王陛下的公使，以自己认定的理由——虽然只是根据推定的证据，足够把这个教唆的罪名扣在总督岑毓英的身上。"[4]就这

---

[1] 马士.中华帝国对外关系史：第2卷[M].张汇文，姚曾廙，杨志信，等译.北京：商务印书馆，1963：316.
[2] 陈霞飞.中国海关密档——赫德、金登干函电汇编（1874—1907）：第8卷[M].北京：中华书局，1995：35.
[3] 王绳祖.中英关系史论丛[M].北京：人民出版社，1981：118.
[4] 马士.中华帝国对外关系史：第2卷[M].张汇文，姚曾廙，杨志信，等译.北京：商务印书馆，1963：319.

样,威妥玛最大限度地利用一个英国外交官意外死亡的偶然事件,节外生枝,采取了三次离京、英国舰队北上和强迫北洋大臣李鸿章出面解决等威逼讹诈的外交手段,提出了中英之间悬而未决、与此案并无直接关系的广泛要求,以实现其入侵云南、扩大中国内地市场的既定目标,从而掀起了一场和平时期的外交风波。

威妥玛认为当地驻军有意埋伏,于1875年3月19日气势汹汹地向总理衙门提出了包括六项要求限四十八小时内答复的最后通牒:①中国须派专人前往腾越对事件进行调查,英国使馆及印度当局得派员参与此项调查;②印度政府如认为必要,可再一次派探测队去云南;③偿款银十五万两;④中英应立即商定办法,以实现1858年《天津条约》第四款所规定的对于外国公使的"优待";⑤商定办法,按照条约的规定免除英商正税及半税以外的各种负担;⑥解决各地历年来的未结案件。❶ 很显然,六条中除了前三条涉及滇案本身(派员赴云南"观审"、偿款数目、探测滇缅路)外,后三条(公使"觐见"、通商税务、未结陈案)与滇案无关,而是多年来英国伺机勒索未果的,但却成了英国对滇案交涉讹诈和恫吓的基础,以后威妥玛不断将其扩大和具体化。

总理衙门于1875年3月底在英国派人调查和印度派遣考察队方面做出让步。英国派出的监督官使馆秘书格维讷和两名助手于1876年5月达到腾越。

威妥玛1875年8月初在天津面见李鸿章,提出了包括通商口岸撤厘、内地多开商埠、清政府负责护送格维讷到云南边境甚至到八莫、派大臣赴英国道歉、谕旨中"英国"二字须抬写❷等远超之前六条的要求,并一再以撤使、绝交和武力迫使清政府就范。总理衙门答应他的大部分要求,但威妥玛仍不满足,继续与总理衙门反复讨价还价。9月22日,威妥玛提出若干具体办法以保证优待驻京公使、整顿各口通商和云南边界贸易三项要求能够实行,要求于9月28日傍晚前得到肯定答复,❸否则将撤使断交。9月29日,奕䜣发出复照,威妥玛对此十分不满,次日决定擅自撤使断交。

威妥玛负气擅自提出撤使断交,但很快考虑到英国政府并没有授权他这样做,只好于10月2日一边故作姿态地将断交照会交与奕䜣,一边去找赫德转圜。而清政府也决定由赫德来调停,让他负责研究对方所提货税问题,希望能提出对中国可行,也能使条约国接受的货税方案。

---

❶ 威妥玛致总理衙门,1875年3月20日 // 英国议会文书,中国,第1号,(1876)第1件.
❷ 丁名楠,余绳武,张振鹍,等.帝国主义侵华史:第1卷[M].北京:人民出版社,1973:244.
❸ 威妥玛致恭亲王,1875年9月28日 // 英国议会文书,中国,第1号(1876)第57件.

二、赫德的调停及交涉转圜

赫德开始从幕后走向交涉前台。其实滇案发生后，赫德一直在高度关注并伺机寻找插手机会。一再电令金登干打探英国政府对滇案的态度，收集伦敦和欧洲对此案的相关舆论和消息，同时密切关注威妥玛与清政府的交涉动态。

（一）首次交涉转圜

1875年9—10月，关于中英之间即将开战的消息不断刊登在英国报纸。10月1日，金登干致赫德函："来自中国的电讯很令人吃惊，而此间舆论强烈主战——然而，假定这些消息属实，我相信中国已到了紧急关头。"❶英国媒体及舆论散布的战争气氛，威妥玛态度的始终强硬及英国政府对威妥玛强硬举措的力挺（1875年11月，威妥玛被授予巴士高级勋位爵士），使赫德非常忧虑，他认为无论如何应设法避免两国关系滑入战争的深渊。虽然明知自己对英国政府的影响力有限，但他觉得自己是唯一可以使这一对咬死的齿轮松动的润滑剂。

10月4日，威妥玛让赫德为其向总理衙门索取这样两个照会：一是总理衙门札令赫德草拟商务报告，实具诚意；二是中国政府允派员会商云南边境贸易。❷次日，威妥玛又送给赫德一个详细说明其要求的便笺和一个回顾滇案的谈判进程和强调两个照会的备忘录。赫德劝威妥玛不要进一步采取行动。

赫德依照威妥玛之意与总理衙门展开交涉。经赫德劝说，总理衙门同意进口货物可以在租界免厘，但重新禁止外国人在烟台与牛庄参与豆饼贸易。❸10月5日，总理衙门也饬致赫德：正式详拟整顿通商各口货物征抽事宜，"总期于中国无损，于各关卡并各地方均办得动办得到，将来不至窒碍难行，最为紧要"。❹并附有节略。10月6日，总理衙门照会威妥玛，待双方皆派员赴滇边境调查贸易情形后，再商讨订立章程；关涉条约口岸货税整顿问题先由赫德在总理衙门草拟的备忘录的基础上拟写一份详尽的报告，然后总理衙门再与英国驻华公使讨论。威妥玛这才照复同意。10月8日，赫德收到金登干的来电，得知"德比勋爵昨晚在利物浦演说中的言论。大多数人耽心迟早会和中国兵戎

---

❶ 陈霞飞.中国海关密档——赫德、金登干函电汇编（1874—1907）：第1卷[M].北京：中华书局，1992：305.
❷ 王绳祖.中英关系史论丛[M].北京：人民出版社，1981：127.
❸ 张志勇.赫德与晚清中英外交[D].北京：中国社会科学院研究生院，2005：27.
❹ Proposals for the Better Regulation of Commercial Relations: Being a Memorandum called for by the TsungliYamen, and Drawn Up by the Inspector General of Customs, Shanghai: Statistical Department of the Inspectorate General of Customs, 1876: ii.

相见，并且他们觉得越早发动越好"。❶ 为缓和中英间的紧张气氛，1876年1月4日，赫德指示金登干，在"本月9日❷《京报》载上谕，因马嘉理被杀害，蛮允军政官员均撤职，交钦差审判。以北京电讯发表，但不要公布你或我的名字"。❸

为拟订整顿通商各口货物征抽事宜节略，赫德花了几个月时间，于1876年1月23日向总理衙门递交了《整顿通商各口抽征事宜遵议节略》，内容非常广泛，涉及商务、诉讼、政务，远远超出了通商各口征抽事宜。他建议8种进口主要商品在通商口岸向海关缴纳征税与子口税后，应免除各种其他捐税。所有其他货物在运抵通商口岸时，应免交进口税与子口税，但在起运上岸后，即可由地方官按照当地章程处理。中国应添开口岸，如重庆、宜昌、南京、芜湖、温州等。鸦片进口税增加到每担120两，但在口岸内免收厘金。赫德在另一补充文件中，❹估计这一办法可使中国政府废除厘金而不感到困难。在这个条陈中，赫德将一些过去想办却没有办成的事，趁机搭上了滇案这趟顺风车。

经总理衙门文祥等进行研究及地方督抚的详细核覆，节略中的大多条款牵涉范围太广，非立刻所能举办，中方只愿按律惩办凶犯，不提其他赔偿办法，所以未就此节略与英方进行谈判有关税厘事。❺英方对此节略并不满意，威妥玛未能尽遂其愿，故伎重演——绝交威胁，离京赴沪。

2月14日，金登干又向赫德报告了英国政府对滇案的主张，大意为赞扬威妥玛在谈判中的精明强干。英国希望与中国友好而非战争，但必须坚持在严格合理界限以内的要求，希望中国"不企图以任何遁词或拖延去袒护那些可能证明有罪的人，不论他们是什么官阶和地位"。❻ 5月31日，威妥玛在奕䜣拜会他时，重提将岑毓英等提京审讯。奕䜣声明万难办到，因为案件审讯已在云南结束。清政府对其借滇案肆意扩大侵略的目的都很清楚。负责案件调查的四川总督李瀚章即言："揣威妥玛之意，要索甚奢，特借滇案为枢纽，如得餍其欲，滇案容易了解，如所求未遂，无论何等办法，始终挑剔。"❼ 抓住了清政府的软肋，威妥玛趁机要挟，于6月2日提出8条要求：①总理衙门具折上奏追溯滇

---

❶ 陈霞飞.中国海关密档——赫德、金登干函电汇编（1874—1907）：第1卷[M].北京：中华书局，1992：308.

❷ 应为1875年12月9日。

❸ 陈霞飞.中国海关密档——赫德、金登干函电汇编（1874—1907）：第8卷[M].北京：中华书局，1995：64.

❹ 赫德致总理衙门，1876年2月8日//英国议会文件，中国，第3号（1877）第2件.

❺ 王彦威纂辑，王亮编，王敬立校.清季外交史料：卷6[M].北京：书目文献出版社，1987：111.

❻ 陈霞飞.中国海关密档——赫德、金登干函电汇编（1874—1907）：第8卷[M].北京：中华书局，1995：67.

❼ 王彦威纂辑，王亮编，王敬立校.清季外交史料：卷5[M].北京：书目文献出版社，1987：101.

案及查办经过。申述因中英律例分歧，英使不允惩办钦差查究之犯人。这项奏折底稿出奏前，先给他阅看。②听英国派员前往各处查看贴有上项御旨和奏折的官方告示，中国派员同往。③中国人伤害英国案件，英人可观审。④滇省界务派员会商。⑤英国可派员在云南大理府或四川重庆府居住。⑥请华洋各商均领税票，在沿海、沿江、沿湖多开口岸，如大孤山、岳州、宜昌、安庆、芜湖、北海等9处，未必处处洋商常住，唯宜昌须长住，且急需开办；洋货在本口完纳正税后不再重征。⑦钦派使臣前往英国，国书里申明滇案不无可惜之意。⑧偿款一节有马嘉理家属等，及前后多调兵船等费，听本国核定数目。显然，威妥玛是醉翁之意不在酒，在乎用滇案来做一篇大文章。总理衙门完全接受第2~5条各条，❶同意出奏请旨，但不同意将奏折底稿给威妥玛翻看。国书里不表示对滇案表示惋惜，关于第6条，中方建议洋货进口，正税、子口半税并征，不拘华洋商携带，一律免其他捐税，厘金和通过税留待以后讨论。

但威妥玛贪心不足，反而指责清政府没有彻底解决滇案的诚意。威妥玛还要求将第1条中的奏折在上奏前要先给他看，未果。威妥玛再次以将立刻前往上海来威胁清政府让步。总理衙门忙找赫德解围，赫德借机请开放北海、温州、芜湖三处，但只获准温州一处。6月8日，总理衙门退让，同意出奏之前将折稿给威妥玛阅看，并令赫德继续讨论商务问题。6月9日，威妥玛要总理衙门在"允准其全部要求"还是"提岑入京"二者之间作一选择。否则，此案将转交英国政府处理。总理衙门选择前者。赫德连忙两边撮合，既劝总理衙门坦然接受威妥玛的条件，又要威妥玛在索取尽可能多的好处的同时，不妨也作些让步。❷

接连两天赫德在总理衙门和威妥玛之间不断传递照会和复照，威妥玛依然对有关商务条件不满，再次重申提审岑毓英。并于6月12日宣称将离京赴沪。总理衙门对于威妥玛故伎重演，无可奈何，只得又去求助赫德。赫德建议，由总理衙门照会各国公使，前议八条（除商务问题外）均可商定划一办法，之后再将协商增开宜昌各口等问题，将来如何保护外人之折底即可与威妥玛商定。威妥玛表示同意。❸至此，经过赫德的转圜，似乎把这两片布按照他认为稳妥的方式拼缝起来了。

---

❶ 王彦威纂辑，王亮编，王敬立校.清季外交史料：卷6[M].北京：书目文献出版社，1987：111.
❷ 陈霞飞.中国海关密档——赫德、金登干函电汇编（1874—1907）：第1卷[M].北京：中华书局，1992：413.
❸ 王彦威纂辑，王亮编，王敬立校.清季外交史料：卷6[M].北京：书目文献出版社，1987：112.

（二）力荐遣使赴英

6月13日，总理衙门与威妥玛的汉文参赞梅辉立商议结案事宜。尽管此时总理衙门答应赔偿威妥玛原来擅自提出的20万两赔款，但此时他却想让本国政府来定夺赔款数目。6月15日，他竟然出尔反尔向总理衙门收回其所提条件，第三次突然离京径赴上海。威妥玛这一反复无常之举动令总理衙门和赫德均感惊愕，这次交涉奕䜣等赔尽小心，不遗余力，可就在"议论已就之际"，威妥玛将前所议"忽而全翻，殊出意外"❶，赫德也觉得莫名其妙，恼怒地告诉金登干谈判中断，威妥玛将案件提交政府。赫德说他14日差不多把案件处理完了，谁知第二天，威妥玛不肯再谈，离京赴沪向外交部汇报和请示。赫德怀疑英国可能要动用战争手段，他气馁得都没有心思参与此事了。❷

赫德认为威妥玛态度反常，两人不和，不好对付，同时也认为总理衙门对他没有充分信任，自己在两者之间受尽夹板气。6月27日，写信向金登干抱怨："我没有丧失挽回事态的全部希望，但总理衙门的人一直不相信任何对方提出的方案是慷慨的，也不相信任何人是公正无私的。假如我表示友好，他们就会得出结论说我是为威妥玛干的，于是他们就会再拖时间，等待更有利的条件。而如果向他提出一些在别人看来是很宽大的建议，他们便以为这是软弱，便会从以前在其他方面所作的承诺后退，使事态变得更糟。……威妥玛现在的主要要求，是云南官员（包括岑抚台）应调京受审；他所能提的要求之中，没有比这一条更使中国政府深恶痛绝的了。"为什么？这等于迫使政府在全国人面前表示，"洋人是应受尊敬的人"，这一要求是最不易隐藏和暗中解决的。对于威妥玛对"提岑进京"的坚持，赫德内心极其矛盾。他说，作为英国人，他也愿意威妥玛坚持这一点；但作为海关总税务司，赫德理解清廷的难处，也知道中国在此问题上的坚决态度：朝廷宁肯垮台，也不会在这点上让步，"岑和所有其他人宁肯自杀也不愿被带到北京去讨好洋人的"。当然，赫德害怕谈判破裂还有一个自私的原因，"因为海关年度经费刚得到增加，又刚获准为服务满七年的每人发给一年的年金，现在发现我们所期望的宁静就要这样毁于一旦，这太令人不愉快了！"❸赫德在这封长信里道出了自己调停的难度、矛盾心理、调停目的以及清政府的弱点。

威妥玛的离京使清政府十分恐慌，不知其为虚声恫吓，还是真要发动战

---

❶ 王彦威纂辑，王亮编，王敬立校.清季外交史料：卷6［M］.北京：书目文献出版社，1987：112.
❷ 陈霞飞.中国海关密档——赫德、金登干函电汇编（1874—1907）：第1卷［M］.北京：中华书局，1992：415.
❸ 同上：414–415.

争。总理衙门忙召来赫德相商,"冀有转圜",❶挽回局势。赫德提议遣使赴英理论,不被采纳。❷遂又表示愿赴沪调停,还向总理衙门提出,允许洋货进口、土货出口、华洋各商领单完正子各税,在口岸内抽厘应照子税数目议定一办法,在海口开官信局、官银号,并由其管理等。总理衙门勉强同意前面各节,但对于赫德所说开官信局和官银号两条系威妥玛所愿办表示疑虑。❸赫德赴沪途经天津时与李鸿章先期面商滇案交涉和商务问题,再次主张速派大员直接与英国外交部理论。

威妥玛的反复无常和没完没了连赫德都觉得太过分,于是警示威妥玛,如果他实在不肯结案,中国难保不遣使往英国理论。但威妥玛仍自以为是,对赫德的劝告不以为然。

（三）力促李鸿章与威妥玛在烟台重启谈判

7月15日,赫德一抵沪,立即行动起来。一是立即提出10条意见让李鸿章转陈总理衙门,其中最重要的是第7条,力荐李鸿章于8月23日、24日前到烟台同威妥玛晤商,并允其有权柄作主。主张在前议宜昌、温州、北海三口通商的基础上,再增加芜湖一口。尤其告诫清政府,"所有不免相让之处,不妨善让,莫要推辞"❹。二是打探欧洲形势。赫德始终不知道威妥玛的具体打算,摸不清英国政府对于中国事件的态度,很着急。刚到上海就致电金登干去打探欧洲形势及他们对待滇案的态度,英国究竟想和平结案还是对华宣战。金登干当日回答欧洲战争不可能发生。至于英国政府对中国的态度,10天后,金登干才告知,在收到格维讷的报告和威妥玛的意见之前,英国无法确定。一直到8月5日,依然未收到格维讷的报告。❺

赫德在沪一面劝说威妥玛重开谈判,并与威妥玛进行了几次商谈,但威妥玛拒绝与赫德磋商商务问题。一方面于7月22日函告李鸿章,旨在：一是建议中国应在格（即格维讷,引者注）参赞未到英国以前将此事办妥方好,否则,英国要求更甚；二是请李中堂奉旨赴烟台且授予宽大权柄；三是进行威胁,"难保英国另派使臣来华专办滇案,请中国照英国所要各款办理。倘彼时

---

❶ 陈诗启.中国近代海关史（晚清部分）[M].北京：人民出版社,1993：339.
❷ 陈霞飞.中国海关密档——赫德、金登干函电汇编（1874—1907）：第8卷[M].北京：中华书局,1995：79.
❸ 王学.李鸿章全集：第7册·译署函稿[M].长春：时代文艺出版社,1998：4271-4275.
❹ 王彦威纂辑,王亮编,王敬立校,等.清季外交史料：卷6[M].北京：书目文献出版社,1987：116-118.
❺ 陈霞飞.中国海关密档——赫德、金登干函电汇编（1874—1907）：第8卷[M].北京：中华书局,1995：81-84.

中国不允，大约两个礼拜英国势必动武占据地方"。❶最终，清政府采纳赫德的主张，派李鸿章为全权大臣，赴烟台会晤威妥玛。❷

赫德非常高兴，他的上海之行起了作用，双方将重拾谈判。8月中旬，威妥玛、赫德和李鸿章陆续抵达烟台。威妥玛一年多来的谈判独断独行，背弃列强联合侵华的"合作政策"，已引起他国的不满，于是美、德、俄、奥各国公使都以避暑之名，齐集烟台，声称愿意"调停"。

（四）由调停者转为谈判顾问

赫德与威妥玛两人由于意见分歧，变得貌合神离，关系越来越冷淡。此后，赫德由调停者变成了李鸿章的谈判助手。由于威妥玛所提谈判条件随心所欲、没有章法和反复无常，并且不仅蛮横对待中国代表，而且对赫德的建议也不予考虑，赫德是一再容忍，没有发作。可是到了8月中下旬，他实在忍无可忍了。因为自第二次鸦片战争结束以来，中英关系能够得以平稳发展，赫德是既有功劳也有苦劳的，他不想中英关系就这样断送在蛮狠偏狭的威妥玛手里而引发战争，因而决定不再受夹板气，要对威妥玛采取针锋相对的措施。于是他一方面要金登干设法促成英国政府派一个特别使团访华，直接调查马嘉理案，以阻止威妥玛的随心所欲和蛮干。另外特意写了几篇烟台交涉真相的电讯稿，示意金登干在英国报纸上公布发表，借以产生舆论效果使英人不偏信威妥玛，多了解中国，从而影响英国政府的决策。

8月21日，赫德与李鸿章会晤时说，对自己与威妥玛20多年的交情因滇案闹僵而感到遗憾，威妥玛现在连他的信都不回复。并说英国要等格维讷回国汇报情况后再定办法，中国不如乘此赶紧派钦差赴英国，与英国当局直接理论较为有力。因为英国官员绝对不会像威妥玛这样"矫强"，他乐意随同前往英国帮忙。李鸿章同意在谈判无退路可走时，也就是威妥玛非提岑毓英到京审理不可时，再速遣使赴英。❸

此时欧洲正忙于土耳其问题，加上各国公使伺机干预谈判，德比勋爵致电威妥玛迅速了结滇案，威妥玛只得继续与中方谈判。双方于8月21日开始重启谈判。作为调解人，赫德也参加了烟台谈判，但当时他与威妥玛关系很不

---

❶ 王学. 李鸿章全集：第7册·译署函稿 [M]. 长春：时代文艺出版社，1998：4281-4282.
❷ 王彦威纂辑，王亮编，王敬立校. 清季外交史料：卷6 [M]. 北京：书目文献出版社，1987：116-118.
❸ 陈霞飞. 中国海关密档——赫德、金登干函电汇编（1874—1907）：第8卷 [M]. 北京：中华书局，1995：86.

融洽，8月21日，赫德给金登干连发两电，令其匿名在报纸上发表。❶可是这一招行不通，直到9月14日金登干遗憾地复电赫德，在英国没有关涉中国的报纸舆论足以影响政界的可能性，因为"对战争的忧虑和准备仅限于中国的报纸，英国报界一般对于中国形势无知、毫不关心、沉默、不为所动，完全埋头于土耳其问题"。❷

既然求助于外界无门，而威妥玛又坚持提岑毓英到京，赫德决定伺机由他另辟蹊径来解决这一难题。8月24日，赫德非常隐秘地告诉金登干自己的大胆想法，决定采取一条清楚有力的行动路线。说应他的要求，李鸿章已派来"'全权'对付威妥玛"。威妥玛似乎不愿或无力解决问题，他既不肯接受中国的方案，也不确定自己究竟想要什么。这就迫使他采取另一行动。威妥玛及其首席顾问梅辉立有引起战争的危险，梅辉立"比巴夏礼爵士本人更巴夏礼"。而赫德和中国要和平，希望在烟台就此结案而不要长此悬而不决。如果不能使威妥玛在烟台就范，赫德将采取行动。赫德虽为自己与威妥玛的关系不如从前感到惋惜，但也为自己摆明立场、将不再是一个受夹板气的中间人而感到高兴和轻松。❸这封信的字里行间充满了赫德对威妥玛拖沓、专横、不讲理的不耐烦以及自己急于了结滇案的心情。至于这个"计划"确指什么，苦于找不到确切的资料，只能说是与赫德想抛开威妥玛来解决滇案有关。

三、条约的签订和批准

在烟台，威妥玛依然漫天要价，多次晤商，对李鸿章所拟方案横竖不满意。9月上旬，两人又经过反复交涉后，才于9月12日达成基本共识。谈判

---

❶ 其中一电为："军机大臣李鸿章要求英公使向他书面提出对去职巡抚岑毓英的指控及其犯罪的证据，结果公使翻译进谒军机大臣，说，写出书面文件要用很长时间，然后暗示说，如果太后能接受英公使的单独觐见，则可放弃对去职巡抚的指控。8月20日英国海军司令进行了恐吓，公使拜会军机大臣，未谈此事。照以前做法发表。"另一封电称："军机大臣李鸿章任特命钦差在烟台会晤英国公使谈判云南问题。一天会晤了威妥玛公使。公使要求只有将去职的云南巡抚岑毓英和其他官员及士绅召到北京审问才能得到满意解决。军机大臣回答说，如果能为采取这一行动摆出足够的理由，以支持对岑及他人的指控，才可能把他们押到北京；如果仅仅处于怀疑和无根据的指控，则无权力使用该手段，尤其是怀有继续保持和平关系愿望的中国政府，没有理由不相信专程派云南调查的帝国钦差的最后报告。俄、法、奥、美、西等国公使均在烟台。发表，但不要公布你我姓名。"引自陈霞飞.中国海关密档——赫德、金登干函电汇编（1874—1907）：第8卷[M].北京：中华书局，1995：86-87.

❷ 陈霞飞.中国海关密档——赫德、金登干函电汇编（1874—1907）：第8卷[M].北京：中华书局，1995：88.

❸ 陈霞飞.中国海关密档——赫德、金登干函电汇编（1874—1907）：第1卷[M].北京：中华书局，1992：434-435.

期间，李鸿章几次咨询赫德，赫德也曾就厘金和口岸等问题提出建议。次日李鸿章与威妥玛分别代表中英政府签押了《烟台条约》，要旨有：了结滇案，清政府赔款20万两，并派使赴英道歉；扩大商务特权和领事裁判；增开四处通商口岸，准许在长江沿岸的六个口岸"停泊码头"，洋货运入内地请领半税单；洋药税厘金一并在海关缴纳；确立"被告原则"和"观审制度"；规定了英国势力进入我国西南边疆和缅甸等具体问题。

通过《烟台条约》，英国不仅实现了十余年来孜孜以求扩大通商特权的夙愿，而且得到了窥伺西藏和云南等西南边境的条约依据。对清政府来讲，条约的缔结，表示旷日持久的滇案交涉尘埃落定，所以条约签订后的第五天，9月17日清政府即予以批准。赫德如释重负，对自己的调停颇为得意，认为，"经此事件后，海关比以往任何时候都强大，我认为在今后的二十年之内，绝无翻船的可能！我开始感到我毕竟相当出色地驾驭了这条航船"。这次条约"实质性的好结果是新开四个口岸和沿长江装卸货物的安排"。但因自己的要求未能尽遂心愿也埋怨威妥玛，"曾向他自愿提出造币厂及邮政设施，但他决定不要——或者是忘记了！"❶

之后，清政府次第实行了条约中的各项规定，履行了相关条约义务。比如，1876年冬郭嵩焘出使英国道歉，中国在伦敦设置使馆。决定由旧历元旦（1877年2月13日）起，上海租界内的洋货免厘。1877年4月，四个新的口岸对洋商开放，8月起，洋商轮船准在新订条约规定的沿江六处停泊，卸货装人。❷

英国享受到了《烟台条约》中的各种权利，却迟迟不肯批准条约。这不仅是因为印度的英国殖民当局和英国鸦片商反对鸦片税厘并征之办法，就连当初促成条约的赫德也态度消极，也许是赫德建立铸币厂和邮政局的愿望没实现，也许是他盼望的新口岸已陆续开放，1877年8月，赫德在致金登干的信中说："我简直不大期望英国正式批准《烟台条约》，我猜想，总理衙门的争论会停下来，新开放的口岸继续开放，其余的问题留待修改条约时再说——顺便提一下，下一次修改条约，明年（1878年）到期。我不大想建议总理衙门首先发出通知，宣布其驻伦敦公使将在伦敦进行修约工作！"❸ 而且美、法、俄、德、

---

❶ 陈霞飞.中国海关密档——赫德、金登干函电汇编（1874—1907）：第1卷［M］.北京：中华书局，1992：449，464.
❷ 王绳祖.中英关系史论丛［M］.北京：人民出版社，1981：150.
❸ 陈霞飞.中国海关密档——赫德、金登干函电汇编（1874—1907）：第1卷［M］.北京：中华书局，1992：574.

西五国公使多次抗议在口岸和关卡之间的地区，抽征洋货厘金。英国政府直到1886年5月6日，才批准条约。

第四节　干涉中英有关缅甸地位与朝贡约章

《烟台条约》签订以后，英国把缅甸视作攻克中国"后门"的必经之地，进而占有云南、四川以及我国西南各省的广大市场。英国夺取下缅甸后，遂将上缅甸视为囊中物，然而法国侵越后，也觊觎缅甸，进一步激化了英缅矛盾。作为中国的邻国和朝贡国，缅甸危急引发了近一年的中英交涉。清政府最初请赫德私下调停，同时令驻英公使曾纪泽同英国外交部进行正式交涉。谈判主要围绕清廷最看重的缅甸朝贡这一中心问题进行。赫德的主张是缅甸朝贡依旧，但由英国控制缅甸，并获得商务实利。但英外交部与印度事务部意见不一致，先是对赫德虚言应付，同时加紧侵缅，继则于征服缅甸后，遂撇开赫德与曾纪泽，欲直接派员赴京和清政府谈判。曾纪泽负责的正式交涉也无果而终。后因英人欲入藏，赫德又积极插手，最终促成中英《缅甸条款》的缔结。

一、主张以进贡换取英占缅北

法国夺取越南后又把目光转向缅甸，与缅甸打得火热。而英国在19世纪上半叶夺取下缅甸后，决心摧毁缅甸的独立，把上缅甸也并入英国的殖民体系，使之成为向中国西南渗透的桥头堡和可靠基地，因此岂容他人觊觎缅甸，于是，加快吞并步伐。1885年10月，借口缅甸妨碍其采伐木材，准备再次武力侵入缅甸，并采取种种欺诈手段，借以离间中国，孤立缅甸。

10月21日，驻英公使曾纪泽电告总理衙门，英国占领缅南后，现在又企图占领缅北，以防阻法国。❶此时的清政府内心充满矛盾，因为缅甸虽然"已臣服我朝，而此数十年间，与英人私让地方，与法人私立条约，从未入告疆臣，奏达天听，是其罔知大体，自外生成，致遭祸变，咎由自取"。❷况且缅甸复照英国时，声称英国要攫夺缅自主权，须得德、法、俄、美允准，也未提中国。❸总理衙门认为，英国入侵缅甸，鉴于缅甸对中国的态度，中国本可不

---

❶　王宏斌.赫德爵士传——大清海关洋总管[M].北京：文化艺术出版社，2000：269.
❷　王彦威纂辑，王亮编，王敬立校.清季外交史料：卷67[M].北京：书目文献出版社，1987：1215.
❸　王彦威纂辑，王亮编，王敬立校.清季外交史料：卷61[M].北京：书目文献出版社，1987：1109.

管，可它毕竟是中国的属国，一旦被人灭掉，也与"国体攸关"，❶ 所以也不能坐视不管。眼看类似中法关于越南问题的军事冲突又将在中英之间重演，清政府心有余悸。于是始而通过刚调停中法越南问题有功的赫德与英国和平解决问题，继之又命曾纪泽向英国外交部表示，中国可以设法劝导缅甸接受英方所提出的要求，❷ 英国则先虚与委蛇，待各方部署后立即按照预定计划，集中优势兵力攻入缅北。

1885 年 11 月 1 日，总理衙门大臣庆亲王奕劻告诉赫德，英国人已发出派遣远征军的最后通牒，根本无视缅甸是中国的藩属国这一事实，作为宗主国的中国不能被完全排斥在外。但是，中国要求友好地解决问题，与其承担因解决争端而导致出现另一争端的风险，不如防止问题复杂化。但又不愿通过伦敦的曾纪泽或英国的驻京公使去了解情况，害怕好战的曾纪泽从中制造不必要的危险和麻烦，也担心英国公使会冷冷地打官腔。希望赫德能私下调停。庆亲王需要一份关于事情的起因、缅甸冒犯的性质和英国人所索要赔偿的清楚的报告。❸

对于赫德来说，中英发生战争对他亦无益，因而愿意"进行另一次外交助产手术"（金登干语）。❹ 于是，急忙将总理衙门的探寻密电英国外交部和英使馆。在致英国外交官庞斯福德密电中，赫德提出两条可能解决的办法并加以说明。一则"由中国命令或强迫缅甸提出赔偿"。二则英国听任缅甸继续向中国十年一贡，中国也许可让英国在缅甸自由行动。赫德认为中国会倾向第一项办法。但赫德则认为第二项办法可两全其美，它对中国来说很稳妥，对英国也有利。因为所谓的"进贡""不过是等于一种实物租金"。赫德还故意夸大中国的威胁说：不管英国采取何种办法，如英国出兵缅甸，中国无疑也必从云南出兵。其结果只会使中国恨英国比恨法国还厉害。而缅甸为了保障自己的将来，会采取向中国进贡这个比较安全的办法，"进贡不过是承认中国的宗主权，在和平的时候，不致于干涉它的内政，而在战争之时却可取得援助"❺。英国外交部此时须与英国的印度部协商，便假意说英国以前不知道缅甸与中国有朝贡关系，可是已组建的远征军没法召回，但英国会尊重清政府在缅甸的利益，英国

---

❶ 王彦威纂辑，王亮编，王敬立校.清季外交史料：卷 73 [M].北京：书目文献出版社，1987：1215.
❷ 中国近代经济史资料丛刊编辑委员会.中国海关与缅藏问题 [M].北京：中华书局，1983：9–12.
❸ 魏尔特.赫德与中国海关：下册 [M].陈敖才，陆琢成，李秀凤，等译.厦门：厦门大学出版社，1993：158.
❹ 同上：158.
❺ 陈霞飞.中国海关密档——赫德、金登干函电汇编（1874—1907）：第 8 卷 [M].北京：中华书局，1995：508–509.

没有吞并缅甸这回事，只是行使一种保护关系。❶英国话讲得好听，实则加紧备战。

与此同时，曾纪泽也在伦敦为此事调停。金登干在伦敦看过庞斯福德给曾纪泽的复照底稿和印度事务部给外交部的来电后，结合外交部和印度事务部的意见，向赫德提出了五点解决英缅问题的看法。主旨是要求缅甸对印度政府顺从，缅甸应按印度政府的意见调整对外关系。❷

11月14日，赫德向庞斯福德转达总理衙门的意见，英国的军队既难撤回，英国的条件中方又无法劝告缅王接受，如果正式干涉，只会加剧新的矛盾。因此授权赫德先设法暗地里解决缅甸问题，可以满足英国侵占缅甸的要求，但也要让缅甸继续向清政府进贡。赫德想沿袭调停中法战争的做法，独揽交涉大权，请求英方不必再向曾纪泽交涉，因为曾侯素以爱国战士自命，有人欲借此鼓动生事。❸

次日，英军向缅甸首府推进。赫德建议金登干从以下基础上来解决问题：①英国允缅甸按成例向中国进贡，中国允认英缅一切条约。②中国允中缅边境择一地开口通商，英国应允货物照章交付关税。赫德自信只要英国同意这些，他就能使中国同意。赫德又对前拟协定进行了解释：①总理衙门提出的官书记载已证明缅甸100多年来，每十年都照例向中国进贡。中国要求的仅是继续进贡，并不干预缅甸内政。进贡易取得中国的友谊，否则妨碍了中国的体面。②中国答应尊重英缅所有条约。英缅新约可约束缅王非经英国许可，不得擅自对外交涉，这样可防止他国干涉。③英国可择一地进驻领事、商人，吸取云南的财富。关于税则规定有三：一则货物照税则纳税可以示好于总理衙门；二则货物按值百抽五付税不致影响商务；三则法国几无可与英国竞争的工业品。赫德认为，英国如接受此协议，中英缅甸问题可以迅速解决。❹金登干觉得很有希望，立即将赫德策划的办法提交英国外相兼外交大臣沙里士伯和印度事务部。

但赫德还是不放心，紧接着又加以强调，极力主张英国全部接受。英国如果同意此方案，他也可使总理衙门接受。并提醒他们务必保密，最好在还没有

---

❶ 陈霞飞.中国海关密档——赫德、金登干函电汇编（1874—1907）：第4卷[M].北京：中华书局，1992：217–218.
❷ 陈霞飞.中国海关密档——赫德、金登干函电汇编（1874—1907）：第8卷[M].北京：中华书局，1995：513–514.
❸ 同上：514–515.
❹ 同上：515–516.

阻力的时候趁热打铁。可是英外交部独自做不了主，还得征求印度事务部的意见。得不到答复的赫德怕事情有变，心急如焚，向金登干解释，多数货物税率实际远在5%以下，英国再不作出抉择，一个星期后，目前平静的水潭将变得波涛汹涌。❶

由于当时英缅战争尚未结束，赫德害怕英国退兵，引来国际势力干涉缅甸，于是建议英国积极进军，逼迫缅甸订约，控制其外交。❷11月18日，曾纪泽在英国提出中国拥有对缅甸的宗主权，英国外交部却装糊涂说："缅之贡华，前者不知。华允调停，英甚感谢。然调停仅暂安，现欲靖暴乱，俟办毕再与华议商善后之政。"❸明确拒绝了清政府的调处，只愿和中国谈判善后事宜。

由于英军进军顺利，印度事务部迟不答复，赫德生怕所拟的为英国争取到的优越条件失去，反复催促金登干向英外交部和印度事务部强调"再耽搁下去，实在是危险而失计的"。❹

二、进贡和吞并不兼容

11月20日，金登干与庞斯福德从印度事务部得到的答复大意为：赫德所提协定没有保证缅甸的将来和吞并，只有这个问题解决后，才易于与中国谈判。英国吞并缅甸后绝不会向中国进贡，况且缅甸无向中国进贡的记录。赫德对此答复甚为恼怒，让金登干转告英国，这是中英之间的国际问题，非单纯的印缅殖民地问题。英国外交部出面是能够迅速而和平解决的，也是迟早要解决的。印度事务部的一再拖延或许会激发中国派五万兵力侵入缅甸，并向各条约国提交英外交部的抗议。要外交部提醒印度事务部，这是中国的问题，中国如若行动将会带来的后果。金登干托庞斯福德将此转达沙里士伯。由于进贡和吞并两不相容，金登干建议，如果赫德能够来电提供进贡的肯定证据，并由英国驻华代办欧格讷来电证明，英外交部也许可用以说服印度事务部。虽然外交部知道并且相信赫德，但印度事务部也许相信别人。❺

事情进展缓慢，总理衙门不断致电曾纪泽要他催促英国外交部早日答复。

---

❶ 陈霞飞.中国海关密档——赫德、金登干函电汇编（1874—1907）：第8卷［M］.北京：中华书局，1995：514–518.

❷ 同上：519.

❸ 王彦威纂辑，王亮编，王敬立校.清季外交史料：卷61［M］.北京：书目文献出版社，1987：1112.

❹ 陈霞飞.中国海关密档——赫德、金登干函电汇编（1874—1907）：第8卷［M］.北京：中华书局，1995：520–521.

❺ 同上：521–523.

赫德虽深知大清官员的虚荣而又软弱的心理特点，但为了让英国尽快接受自己的方案，11月23日，又向金登干致一长电，要他再去督促英国外交部赶快作出抉择。此电表达了赫德对英国的赤胆忠心，其要旨有：①停止进贡，中国必将干涉，进贡这一事实中国不容英国装腔不理睬。②进贡虽无价值，自尊的中国却不会轻易放弃，为之宁愿从事无希望的战争。③即使中国现在沉默不动，将来会影响边境贸易。④最好采取一种新的有限度的吞并，由中国默许英国照中国已往的方式来治理它的朝贡国。⑤他原拟提案也适用于有限度的吞并，文内忌用"吞并""进贡"字样，进贡之事应用无碍于英国又足使中国满意的词句。⑥英国完全征服缅甸之际，难使中国保持沉默，何不趁此良机安排解决所有要点问题。拖延下去，将会惹起中外干预。⑦他前提草案，已包罗一切，英国以虚名换实利，并可保持中国的友谊。"虚名无损于实利，而实利能左右虚名。"⑧最好马上签订协定，耽搁即有危险。因为他深知什么是有利且办得到的。强烈呼吁英国采纳他的意见。最后赫德要金登干向英国外交部请示他下一步的行动。❶赫德此电综合运用了威胁、献计、诱惑等各种手段，为了英国的利益，赫德可谓是言辞恳切、苦口婆心地对英国外交部进行开导、劝说。金登干及时向外交部转交了赫德的来电，可英国就是不答复。因为英国外交部和印度事务部没有协商好，此时的英国也没太把中国放在眼里，只是按照它的既定方针行事，在敷衍赫德的同时，向缅甸大举进攻。

总理衙门也在不断地催促曾纪泽，要他催英外交部早日答复。11月23日，庞斯福德对金登干说，整个事件非常神秘，使得他们对曾纪泽处于非常为难的地位，而他们又非答复曾纪泽的照会不可。次日，庞斯福德悄悄告诉金登干，印度事务部打算采取拖延政策。金登干则暗示说，也许中法为安南进贡的交涉事件又将在中英缅甸问题上重演，庞斯福德也希望沙里士伯和印度事务部早做决定，于是暗示赫德来电时用几个强有力的字，使负责印度事务部的丘吉尔勋爵明白耽搁下去果真会有发生战争的危险。❷

获知曾纪泽要求中国将边境扩展到八募后，赫德坚决反对，认为中缅之间如果插入这样一个似是而非的中间地带，将会使英国与真正的中国隔离开来，

---

❶ 陈霞飞.中国海关密档——赫德、金登干函电汇编（1874—1907）：第8卷[M].北京：中华书局，1995：523-524.

❷ 陈霞飞.中国海关密档——赫德、金登干函电汇编（1874—1907）：第4卷[M].北京：中华书局，1992：241-242.

会妨碍英国和中国西南地区的商贸往来。❶11月25日，他再次强调所提条件的优势，敦促英国采纳。庞斯福德力请沙里士伯早做决定，可英国外交部考虑到中英缅甸问题还没到做决定的时候，因此事与印度事务部关系甚大，关涉印度事务部比外交部还多，得重视他们的意见。11月26日，庞斯福德让金登干转告赫德，印度总督拟经由英国驻华代办欧格讷致中国政府一电报，保证中国在缅甸的权利，将派特使赴北京讨论缅甸问题，英外交部将不再与赫德及中国使馆商谈。一个多月的努力调停就要泡汤，赫德自然不肯轻易放弃。他认为英国此举违背了中国避免使问题公开和正式谈判的本意，这样对中英都不利。因而强烈建议英国授权欧格讷订立包括中国承认英国在缅甸的地位，而英国同意缅甸与中国照旧往来的草约。❷

11月27日，金登干告诉赫德，庞斯福德曾陪他在印度事务部见过丘吉尔勋爵的私人秘书摩尔。摩尔说，他们必须保留吞并缅甸，那么再进贡就绝对不可能，与其现在就受一个严格规定的条约束缚，还不如等到将来再取得友谊时解决为好。况且朝贡也缺乏充分证据。庞斯福德也说，朝贡和吞并是两不相容的，英国决不能自居于一个向人进贡的地位。❸11月28日，英军攻占了缅甸首都，缅王向英军投降。

英国要绕过他直接与北京交涉了，缅甸也被攻下了，事情发展到这一步，赫德始料未及，觉得很没面子，颇感失落，觉得"日子很不好过，比在巴黎时还要艰难"。因为自答应了庆亲王的秘密斡旋请求后，一个多月来，赫德为解决中英缅甸纷争，往复奔走在总理衙门，频繁地通过函电与金登干设法筹谋，金登干也反复在英国外交部活动，两人可谓煞费苦心。为什么在调停中法越南问题时能够成功，这次却毫不奏效呢？金登干把调节越南问题和缅甸问题作了对比：前者是把牌摊在桌上玩；后者却不知道对方手里拿着什么牌，他们可能在为相反的目的出牌。前者他可以根据知道的事实和事件而作出判断或提出意见；而后者，他只能根据形势和表面现象进行猜测和想象。他同庞斯福德爵士的谈话是私下的，秘密的。此外，赫德同时要应付印度事务部与英国外交部，而后两者之间有政策上的矛盾，各自所作的决定，似乎是一种调和。如果只对付英国外交部，也许会一切如愿。因此，赫德感到其处境更为困难，责任更

---

❶ 陈霞飞.中国海关密档——赫德、金登干函电汇编（1874—1907）：第8卷［M］.北京：中华书局，1995：524–525.
❷ 同上：528，530.
❸ 陈霞飞.中国海关密档——赫德、金登干函电汇编（1874—1907）：第4卷［M］.北京：中华书局，1992：238–239.

大，更为烦人。❶心烦意乱的他于12月5日，告诉金登干，"缅甸事勿再来电，徒浪费！"❷既然赫德已黔驴技穷，清政府只好寄希望于曾纪泽与英国的正式谈判，赫德的斡旋暂告一段落。

三、正面调停失败

尽管清政府一开始就寄厚望于赫德的私下调停，但赫德毕竟是英国人，所以清政府也令曾纪泽就近向英国政府提出交涉。赫德的提案被搁置后，英国本想由印度专使赴京商议缅甸事，但被总理衙门拒绝。清政府电谕曾纪泽在伦敦与英国谈判。

12月16日，曾纪泽奉旨照会英外交部云："缅无礼已甚，英伐之固当，但究系中国贡邦，此后英拟如何之处，全看其如何答复。"但清政府依然坚持，首要任务是"缅祀不绝，朝贡如故"，八募通商在其次。❸12月23日，沙里士伯致函曾纪泽要求调查有记载或习惯证实的中国在缅甸的特权和对缅甸的权利。后约定于次年1月12日双方会晤，英国政府准备对任何有益于两国贸易的边界划定进行谈判。此时总理衙门向欧格讷表示，缅甸不可灭，应另立国王，照旧纳贡，即无损中国权利。❹不久据马格里说，经过各种各样的人给《泰晤士报》写信等，已使外交部住口，不再争辩缅甸朝贡问题。英国外交部和印度事务部已经谅解，中缅关系可以照旧维持。❺到了1886年1月13日，沙里士伯同意另立教王管教不管政，也可照旧向中国朝贡。还说，英国已照顾到中国的情面允立教王，那么今后中国在商务上要宽待英国。这与赫德的提案相比，多出了立教王与将八募划归中方两条。总理衙门颇为满意。❻交涉似乎进展顺利。

但赫德始终认为英国政府采取的路线，可能招致失败。尽管自己的意见不被采纳，但他依然没有放弃努力。1月8日还自信地告诉金登干，他和欧格讷

---

❶ 陈霞飞.中国海关密档——赫德、金登干函电汇编（1874—1907）：第4卷[M].北京：中华书局，1992：245-246，534.

❷ 陈霞飞.中国海关密档——赫德、金登干函电汇编（1874—1907）：第8卷[M].北京：中华书局，1995：534.

❸ 王彦威纂辑，王亮编，王敬立校.清季外交史料：卷62[M].北京：书目文献出版社，1987：1128.

❹ 庞淑华，杨艳梅.李鸿章全集：第9册·电稿[M].长春：时代文艺出版社，1998：5388.

❺ 陈霞飞.中国海关密档——赫德、金登干函电汇编（1874—1907）：第4卷[M].北京：中华书局，1992：287.

❻ 王彦威纂辑，王亮编，王敬立校.清季外交史料：卷62[M].北京：书目文献出版社，1987：1137.

正悄悄地为缅甸事工作，并认为做得成功。1月24日，赫德又说他的活动已为问题的解决作好了准备，并且也在某种限度内提供了解决的形式。但是到了2月，英外交部打电报让赫德经由欧格讷寄发他的有关缅甸问题的文电。赫德因此不再提及此事，交涉转到伦敦。自己完全被晾在了一边，赫德非常失落，"后悔当初没有就任英国驻华公使，可是已经打翻的牛奶，你再为它去掉眼泪有什么用呢！"此后赫德一直在冷眼旁观交涉的进展，并屡屡表达心中对英国漠视自己主张的遗憾和不满，也时而提醒着金登干。比如，"英国不采纳我最初几个电报所提简易可行的办法，将来恐须以对英国和中国都更不利的办法解决了，对于两方面来说都是一件烦恼"。"关于缅甸，我们可以不必再提它了。当我最初发电提到此事的时候，我们原可以在一眨眼的工夫便解决它。但一经耽搁，就产生了种种阻难，后来谈判就由北京转到伦敦。现在沙里士伯勋爵已经去位。在这种时间做人员调动，我担心会造成更糟的结果。"❶"我觉得英外交部不喜欢我的活动和你出面传递关于缅甸问题的电报：要小心。"❷

他的担心并非空穴来风，而是一语中的。就在谈判正顺利进展的时候，英国政府换届，沙里士伯下了台。当时曾经商定缅甸事可以由马格里与外交部的克雷爵士继续谈下去。

英国新内阁上台后，不但拒绝让与八募，而且否定前任答应的立教王和进贡二节。理由是缅甸史书只称馈送中国礼物，无进贡明文。中方虽反复辩论，英方丝毫不肯让步。清廷只好退一步令曾纪泽先议伊江划界、八募通商两事。而在曾纪泽看来，如果先论界务、商务，等于默认英灭缅甸，现在不同时解决贡务问题，以后就更难解决。因而总理衙门采纳了曾纪泽的建议，"此时仍宜坚守存祀前说"，即使解决不了，还能留待以后。❸3月5日，金登干告诉赫德，马格里告诉他，中国最后恐怕得不到八募。中国要的是：①八募；②除了英国原来准备让给中国的萨尔温江以东地带外，再将边界展拓到瑞丽江；③中国船只在伊洛瓦底江享有某些航运权利。朝贡，如立教王的办法行不通。❹但曾纪泽依然与英方争论存缅祀事，克雷怒称，英据缅本不可商中国，中国不允缅督

---

❶ 陈霞飞.中国海关密档——赫德、金登干函电汇编（1874—1907）：第4卷[M].北京：中华书局，1992：277-291.

❷ 陈霞飞.中国海关密档——赫德、金登干函电汇编（1874—1907）：第8卷[M].北京：中华书局，1995：540.

❸ 王彦威纂辑，王亮编，王敬立校.清季外交史料：卷64[M].北京：书目文献出版社，1987：1166-1169.

❹ 陈霞飞.中国海关密档——赫德、金登干函电汇编（1874—1907）：第4卷[M].北京：中华书局，1992：300.

呈议，一切事可停商议。❶3月17日，曾纪泽致电总理衙门力争存祀未得，不宜遽定界务商务。❷

后来又经过磋磨，到了4月16日，金登干告诉赫德，缅甸问题除了十年一贡的仪式问题外，其他都已解决。沙里士伯和总理衙门都同意立"教王"的办法。但英国现政府反对，主张由英国治理缅甸的最高长官奉命继续致送贡品。总理衙门坚持要立教王，而印度事务部丝毫不肯让步。面对谈判出现僵局，赫德老调重弹，双方没有在他居间调停时解决这一问题，是个错误。并向金登干指责，是英国还不是中国在利用两条途径！英国一方面通过印度事务部与马格里谈，另一方面则通过外交部同赫德谈。"当时要害部门全在我手心里，而中国驻英使馆仅是在那里'试试看'。结果是现在的一团糟！……八募和展界到瑞丽江两点，此间从未提及，我相信也不是此间的要求。这些大概都是些闲得没事的人，造作出来的把戏。"❸（意指中国政府在欧洲的英籍雇员马格里。）

4月18日，曾纪泽电告总理衙门，仍在议商每十年由缅督备前缅王应贡之物，派缅员呈进。但英国拒绝让与八募，只允许大盈江北让一股归中国。❹此时英国虽有意让与中国诸如扩展边界的某些实利，但英国同意的"遣使"已远非清政府所期望的"朝贡"，而曾纪泽也即将卸任，所以清政府认为英未允存缅，而分界各节，关系极重，等曾纪泽到京后再商量。5月5日，曾纪泽被召回，中国在缅甸的宗主权问题，暂行搁置，以待中国新任公使重提此事。至此曾纪泽所进行的中英缅甸交涉无果而终。

四、赫德的再次斡旋与条约的缔结

尽管赫德为英国未采纳他的建议而耿耿于怀，一再向金登干抱怨不想再管缅甸问题，可事实上他并没有完全置身事外，一直关注、参与商讨缅甸问题。同时也在积极准备中英香港鸦片问题的谈判，并介入中法勘界问题和商务谈判。曾纪泽交涉无果后，由于英人马科蕾要求入藏，赫德又介入中英缅甸交涉，这个事件也加速了赫德、殴格讷与总理衙门在北京的谈判步伐。5月19

---

❶ 庞淑华，杨艳梅.李鸿章全集：第9册·电稿[M].长春：时代文艺出版社，1998：5412.
❷ 王彦威纂辑，王亮编，王敬立校.清季外交史料：卷64[M].北京：书目文献出版社，1987：1169.
❸ 陈霞飞.中国海关密档——赫德、金登干函电汇编（1874—1907）：第4卷[M].北京：中华书局，1992：329，332.
❹ 庞淑华，杨艳梅.李鸿章全集：第9册·电稿[M].长春：时代文艺出版社，1998：5415.

赫德离开北京，前往香港谈判鸦片税厘并征事宜。

6月12日，赫德告诉金登干："此事经我们费了几个月的力气，现在总算将近结局了，讨厌的是他现在又和西藏问题牵扯在一起。这一新发展也好也不好，缅甸问题的解决可能因此而迅速向前推进，但是马科蕾那一班人恐怕要暂时搁下进入西藏的事了。我们总须有足以使总理衙门认为满意的东西。这两件事如果能听从我的安排，早就可以办妥了。"赫德抱怨英国外交部在缅甸问题上走了几条路，绕来绕去，现在终于接近目标。解决的方法与他当初所提的实际上相同，却绕了这么大的一个圈子，耽搁了这么多时间。此时，赫德只得赞同以马科蕾暂停入藏来换取总理衙门在缅甸问题上的让步。但是在西藏通商问题上，经赫德再三劝说，总理衙门作出了让步，答应西藏通商。❶

1886年7月24日，中英签署《缅甸条款》，中国承认英国在缅甸拥有的一切政权，英国则同意由缅甸最大之大臣，每届十年派员照旧向中国"呈进方物"。至于中、缅边界及边境通商事宜，条约的第三款规定，"由中英两国派员会同勘定"和"另立专章"。❷ 这样，以清政府承认英国对缅甸的吞并为前提，交涉经年的中英有关缅甸问题终于画上句号。

余 论

围绕是否"保留缅甸朝贡"这一虚名，中英之间交涉近一年，谈判几经曲折。赫德的这次调停没有了斡旋中法纷争时的超脱地位，而是与调停十年前的滇案相似，夹在中国和英国之间，有了不少顾忌。表面上，赫德和曾纪泽所拟方案都强调保住清廷面子的朝贡问题，实则赫德以维护英国的实利为前提，以此换取清政府在商务等方面的让步，而反对曾纪泽将八募筹划归中国的主张；曾纪泽则以维护中国的权益为旨归，提出了界务上的要求。朝贡虽合清廷之意但不为英方接受。赫德坚持缅甸必须继续向清政府"朝贡"，并不断以清政府将出兵缅甸来要挟英国外交部。这与英国吞并缅甸的目的相冲突。尽管随后为调和中英双方矛盾，他作了变通处理，所提方案既适用于有限度的吞并，文字表述也尽量照顾到双方的面子。但英国依仗其国力与军事占绝对优势，始终不屑于采纳赫德的"有限度"吞并建议。所以几经反复后，赫德与曾纪泽参与的私下交涉和正式交涉均无果而终。赫德虽对英国不识其好心充满失望和怨言，但同时也在密切关注谈判，最后还是借英国侵藏之机，转而劝清政府放弃缅甸

---

❶ 中国近代经济史资料丛刊编辑委员会.中国海关与缅藏问题[M].北京：中华书局，1983：75.
❷ 王铁崖.中外旧约章汇编：第1册[M].北京：生活·读书·新知三联书店，1957：485.

以换取英人取消入藏。两害相权，清政府最终在缅甸问题上让步，赫德的调停使中英缅甸问题暂时解决。事实上，英国最终还是采纳了赫德的部分建议，条约的前三款某种程度上反映了赫德让出"虚名"而获取"实利"的观点。

此次交涉反映了英国恃强凌弱和极度贪婪，也说明赫德要想在中英根本利益相左的情况下平衡双方利益，实属不易。

第五节　插手中法越南勘界谈判

中法战争结束后，双方依照《越南条约》进行中法越南边界勘定工作。赫德依然积极插手，先是建议派赫政等四位税务司作为法语翻译参与勘界活动，然后多次向总理衙门呈递节略或致函劝说甚至恫吓清政府应严格履行条约，并将"勘界"与"改正"分割开来，勘界应以原界为界先行勘定。赫德多次要清廷向中方勘界人员施压，早日了结勘界事宜，以免另生枝节。甚至提议勘界双方"无须彼此亲履其地，只彼此视绘图议分亦可；若其间有必须眼同分辨之处，再择指互勘""有须更改处，再为后议"。❶赫德的强烈建议成了清政府指示中越桂、粤、滇勘界的指导思想。

一、中法派员勘界

过去中国诸多地界模糊不清，既不明确又不固定，历史上边界地图也时有相互矛盾之处。随着殖民地的争夺日趋激烈，已往不甚追究的中国边界问题突显出来。中法战争中国不败而败，法国取代中国成为越南的宗主国。1885年6月的中法《越南条约》第三款规定，自本约画押后的6个月期内，中法两国应派员，会同勘定中国与北圻边界。倘若界限处难于辨认，应就地设立标记。"若因立标处所，或因北圻现在之界，稍有改正，以期两国公同有益。如彼此意见不合，应各请示于本国。"❷所以中法战争结束后，中越边界谈判又将开始。

中法对勘界都很重视，均依据条约派出了勘界大员。1885年8月，清政府派出邓承修、周德润分赴广西、云南与法国商办中越勘界事宜。8月29日，清政府连发两道上谕，派内阁学士周德润前往云南，会同岑毓英、张凯嵩办理中越勘界事宜；派鸿胪寺卿邓承修前往广西，会同张之洞、倪文蔚、李秉衡办

---

❶ 郭廷以，王聿均. 中法越南交涉档[M]. 台北："中央研究院"近代史研究所，1959：3377-3378.
❷ 王铁崖. 中外旧约章汇编：第1册[M]. 北京：生活·读书·新知三联书店，1957：466-469.

理中越勘界事宜。❶9月，又任命李鸿章为全权大臣，与法国特使戈可当在天津谈判中越通商章程。在邓承修临行前即9月9日，慈禧太后亲自召见了他，嘱其必须尽心去办。10月2日，邓承修等到达广州与张之洞和广东巡抚倪文蔚等协商勘界事宜，制订了详细的勘界计划。法国政府委任一个包括外部总领事布尔西埃·浦理燮为主席、武官狄塞尔等六人组成的勘界委员会。中、法勘界官员经过商谈，决定勘界会议在中方驻地镇南关和法方驻地同登交替举行。

二、赫德插手勘界

（一）谈判前的准备

勘界作为赫德成功斡旋的《越南条约》的遗留问题，赫德自然高度关注，并积极插手和施加影响。

在清廷勘界大员出发之际的9月11日，赫德赶紧呈请总理衙门，声称北圻勘界一事，原来总理衙门嘱托派一谙熟法语之人随同前往，可考虑到如赫德亲自前往，因有种种不便，不如在税务司中详酌四人，饬为分随前往。并推荐赫政和江汉关二等帮办美国人哈巴安等四人。❷获准后，赫德派赫政和几名海关洋员作为翻译官亦即自己的耳目，全程参与了勘界行动。不仅如此，在双方正式谈判前，赫德于12月16日致总理衙门一节略，内称："……法国之事，后来如何，非可预料，惟其间则有甚要之故，敢明告焉！现在中国若毫无衅端牵及于法，则法当不日自退而自罢其兵，若中国稍有牵及，恐法国舍彼而寻衅于中。若不牵及之要，则惟在中国守约。而守约之要，则为两端：一则分界事务须照新约明文办理，一则边界通商章程须照新约明文商议。若中国于此少有违易，则法必执此为柄而寻衅有词也。现在外间议论甚多，有云自议和之后，朝廷渐渐以战为是，以和为非。又有云朝廷所派邓、周两大臣办理界务，即系主战之人。若法国无力，即可照原议定局；若法国有力，则同心之人即可变为主和为是之人。又云两大臣经粤东时，因张制军为主战之人，已在彼有改约之见。又云在京商议通商章程，彼有较新约所允，以少为贵各等语。其外论之真假虽不可知，然既如此，而法又当此无借口之时，则中国所宜慎持者，守新约也。其分界一节，须记得两国所订新约之意，即系以原界为界。其订边界之通商章程，须记得两国所订新约之意，即系除边界两处派领事官驻扎处，其余

---

❶ 中国史学会.中国近代史资料丛刊：中法战争（七）[M].上海：上海人民出版社，2000：2-3.
❷ 萧德浩，黄铮.中越边界历史资料选编：下[M].北京：社会科学文献出版社，1993：491-492.

边界各处，均可听彼通商。若有违易，则法又可借口而生衅端矣！"❶ 为使《越南条约》得以履行，赫德此处以法国可能不肯退兵抑或寻衅来威胁清政府必须遵守条约，界务、商务均须照新约明文办理，分界要以原界为界。赫德的节略成了此后清政府指示李鸿章与法国戈可当商务谈判以及中越粤、滇勘界的指导思想。

（二）要求中国守定"原界"

越南北圻与两广、云南三省毗连，中越边界山川林泽犬牙交错，界限模糊不清，"有既入越界后行数十里复得华界者，有前后皆华界中间杂入一线名为越界者"。❷ 因中越交界处偏僻荒远，而越南长期以来为中国藩属，双方谁都不细究边界问题，现在蓄意扩张的法国和不甘心失去藩属的清廷要来重新厘清数百年来不甚考究的中法边界，勘界难度之大可想而知。中越边界的勘立工作，从开始会晤到勘办完毕（包括树立界碑）前后耗时5年（1885年11月—1900年7月）。本书只述及与赫德攸关的签订几个中法勘界条约的两个阶段：第一阶段（1885年11月—1886年3月）即两国勘界大员在镇南关会晤至次年春深瘴起，双方协商暂行停勘。这期间会同勘测了中越边界桂越段的东段，也就是从镇南关开始勘测，东至隘店隘，西至平而关，全程300余里。第二阶段（1886年12月—1887年6月）中法勘界人员在东兴重新会商开始一直到勘界完成，双方续订界务、商务条约签署为止。这期间主要一起勘测了中越边界的粤越段，但不是实地勘测，而是按图索骥，依照地图勘立了自钦州西部至广西全界，以及从竹山至东兴芒街一带。

中、法勘界大员第一轮官方四次晤谈是于1886年1月起在同登、镇南关交替进行。谈判伊始，双方存在严重分歧。当时，法方所绘界图，与中国所持界图及原有边界多有出入，从而产生"原界"和"新界"的问题。❸ 在定界工作中，对于法国的企图，清政府内部意见分歧，勘界大臣邓承修、周德润、李秉衡、张之洞、岑毓英、许景澄等人主张持强硬态度，据理力争，坚决不让。但李鸿章及总理衙门的几位大臣则认为宜采取妥协方针，稍事迁就，免启衅端。

根据《中法会订越南条约十款》的规定，再加皇上谕令指示，此次勘界关系重大，中越界线由此而分，条约所云或双方现有界线稍有改正者，"不得略

---

❶ 中国近代经济史资料丛刊编辑委员会.中国海关与中法战争［M］.北京：中华书局，1983：204-205.
❷ 郭廷以，王聿均.中法越南交涉档［M］.台北："中央研究院"近代史研究所，1959：3601.
❸ 刘培华.近代中外关系史：上册［M］.北京：北京大学出版社，1986：335.

涉迁就"。❶议界"多挣一分即多得一分之利益"。❷邓承修与其他协同勘界的官员协商后，决定以谅山之北，驱驴之南，东到陆平、那阳，西至芹封，以河为界；再由那阳，东至钦州，由芹封，西至保乐，不能以河为界者，改以山为界。浦理燮答以："'稍有'二字……不过于初边界址略为更改，不能说道谅山及东西如许之地。"相对法国保护整个北圻来说，邓承修认为更正此区区之地就是"稍有"。浦理燮狡辩道："既要更正，是两界交错者都可更正。""谅山是北圻内地，不得指为中国边界。"双方又因"或因""改正""稍有"等词争论不休。浦理燮要求"就现在之界勘定，先立标记"。邓承修认为："即立标，即无可改正。"但法方要求先立标，后更正。狄塞尔提议："两边各委一人，来日披图，勘视再议。"❸这样，第一轮会谈围绕桂越边界如何更改，经过了激烈争论，可无甚进展。

法方边谈边假以武力相威胁。法军先是占据同登哨所，紧接着向北挺进。中方亦知"欧洲分界皆以兵威相劫，若徒恃口舌，恐难尽如意"。张之洞也认为"从古争界，无不籍兵威者，非必战争，实相劫制"。故而主张"盛我兵威，隐相慑制"，但清政府不允。由于"彼则拥兵，我禁带队"，法军遂于"文渊架炮，芹封屯兵"，以故"局势日蹙"。❹法国外交部也指责中国勘界大臣故违新约。法外交部要求仍照旧界，断不能多让。1886年1月25日，法使戈可当照会总理衙门，以中国若仍执其说，则停止勘界相威胁。

中法谈判胶着不前，赫德不时插手进来。他的干预可以从其致金登干函中窥见一斑。1月16日，他说："法国的勘界人员正在制造一些形式上的离奇难题，以致真正的勘界工作还无法开始。我劝告总理衙门谨慎从事。衙门已答应严令天津谈判代表和勘界委员，凡前约所曾允许、提出以及打算到的，都可以允给法国，而且要绝对避免流露出中国想要少给的意思。"❺1月20日，又说"邓承修坚持要将谅山划在中国界内，天津谈判也进行得极迟缓，看来我必须要费些事来化除这些阻难，以使事情不致决裂了。不幸是决裂似已箭在弦上，因为我怕等所奉朝廷指示不够具体，可能指示他'相机尽力而为，但应只抓住

---

❶ 中国史学会．中国近代史资料丛刊·中法战争（七）[M]．上海：上海人民出版社，2000：2．
❷ 邓承修．语冰阁奏议·中越勘界往来电稿[M]．台北：文海出版社，[出版年不详]：20．
❸ 萧德浩，吴国强．邓承修勘界资料汇编[M]．南宁：广西人民出版社，1990：21，48，147，150-152．
❹ 同上：18．
❺ 陈霞飞．中国海关密档——赫德、金登干函电汇编（1874—1907）：第4卷[M]．北京：中华书局，1992：277．

要点，稳操胜算'"。❶

在法国的威胁和赫德的鼓噪下，总理衙门只好作出让步，1月30日，照复法使：指出新约有"北圻现在之界，稍有改正"，"通商处所在中国边界者。一应指定两缝，一在保胜以上，一在谅山以托"之语，中国边界总应在保胜、谅山附近处所，划定设关，方与原约相符。但为了早日定议，愿行知中国勘界大臣照约酌办，也希望法方和衷相商。中方放弃要求谅山城，但仍以北圻之高平省城、七潢（即室溪）县、先安州等处一带宽大地境，应归中国版图。法方认为这如同违背新约，依然坚持先勘明北圻现在之界，设立标记。❷ 中方态度已有松动，在赫德看来，"法国人如果真正机灵的话，现在倒是他们乘机会捡便宜的时候"❸。

2月2日，赫德又致《论勘订越界并促早日办结》函催促总理衙门。他先是分析中越勘界谈判分歧的原因："至分界一端，其事尚无头绪，缘在彼中法办事大臣各执己见。法国大臣以为此事宜分三层。先应指明约前中越已有之地界；次方可参核指明更正；三则彼此如有意见不同而各执其说者，乃可各详本国定夺。中国大臣以为约内既有更正之议，似可勿庸先指明已有之地界。是一位不肯先为指明已有之界，一位不肯先言更正之议，则事遂致中栖。虽可谓所拟各为守约，然如此中栖，而约允之件究未见行。"接着替法国辩护，要总理衙门向中方勘界人员施压，"法国大臣所拟者为正办"，总理衙门应"电致分界两大臣，令其照所办理以期速了其事"。并说："再约前以何地界一层，若云当时并无勘定之界，只有从中国出关往南者有到某处方知已入越南；而从越南往北者有到某处方知已入中国；其往某处中间之地，并无人称为中国地，亦无人称为越南地，而中越亦未尝争其地；若如此云，虽未能知确否，然恐不便如此言之，缘此言一出，彼必立谓，既非中国地即系越南地矣。"最后催促："盖此事愈早愈妙，早完一日，早安一日，迟则恐不免又另生枝节也。"❹

在法方"罢议"及战争威胁下，清政府还是采纳了赫德的建议，虽然承认邓承修等臣"守定'改正'二字，辩论甚是"，但又多次致电嘱咐邓承修等勘界大臣按约速了，勿过争执，勿滋衅端。2月7日，朝廷令邓承修奉旨另议先

---

❶ 中国近代经济史资料丛刊编辑委员会.中国海关与缅藏问题[M].北京：中华书局，1983：60.
❷ 郭廷以，王聿均.中法越南交涉档[M].台北："中央研究院"近代史研究所，1959：3331-3361，3365，3373.
❸ 中国近代经济史资料丛刊编辑委员会.中国海关与缅藏问题[M].北京：中华书局，1983：61.
❹ 郭廷以，王聿均.中法越南交涉档[M].台北："中央研究院"近代史研究所，1959：3362-3363.

勘原界，勿再坚持己见，"致滋歧误"。❶

赫德之偏袒法国建议竟然再次发生了效力，在2月11日致金登干函中甚是得意："中法勘界委员发生争执几乎决裂，但是我想办法取得皇帝谕旨，严令中国委员不得再制造麻烦，一场纠纷就此结束。如再争下去，战事可能重开！幸运的是，我在这里而且能够说话！一场纠纷就此过去。"❷

清廷的"务即慷遵约期"，按约速了旨令，束缚了中方勘界人员，使其在后续谈判中极其被动，因为后来法国动辄以清廷谕旨施压。在1886年2月13日起，第二轮勘界谈判时，法国勘界大员就要求"宜遵旨办理"。邓承修坚执朝廷旨意当尊，但约文亦不可违背，法方始终不肯稍让。2月14日，邓、李二人于是致电总理衙门，恳切指出先勘原界、再商改正的弊端。但不为清廷理睬。

（三）谈判转圜

2月中下旬又进行了三次非正式会谈。狄塞尔转圜答允文渊、海宁、保乐让与中国，而对中方要求的新安、牧马两要害之地则坚决不让，还威胁说"若中国不愿，罢议亦可，打仗亦可"。❸

每当中法谈判僵持不下时，赫德就会来干预。2月17日，赫德又致函总署，声称："中法已将越南之事熟商，并将所议立约互为换订，是大局已定矣。其余应办未办之事，衡以大局，只不过万万中之一毫厘耳。无论如何，在此中加意办理，而与大局则纤毫无补。两国派大臣前往会同分界，其应办之事，自系将现在之界址，指认明确为要；而中国大臣分内应办之要事，即系不使法有逾中国省分界地耳；能得如此，则其本分即可谓尽之矣。此外若能将边界某某处不便当之界址，改为便当界址，固更可见好；然先须勘现界，后乃可顾及边界之便当不便当。而此改正之事，则系两商两愿之事。并非在我愿如此，便有一定必得者，其允否则在法国。大局势面，既已如此，勘界时何必若是徒滋饶舌，不若再请饬其速为按照前谕，即时将此尾末事了结清楚，不致因为时既久，令人生有他疑，却无丝毫裨益于在我也。"在赫德看来，中法停战条约的签订和互换，已是尘埃落定，至于勘界乃区区小事，只要将现有界址指认明确即可。并把"勘界"与"改正"分开来办，只有先行勘界，才可知道边界便当与否，而改正的决定权则在法国手中。这显然是在逼迫清廷让步，为法国张

---

❶ 中国史学会.中国近代史资料丛刊：中法战争（七）[M].上海：上海人民出版社，2000：40.
❷ 陈霞飞.中国海关密档——赫德、金登干函电汇编（1874—1907）：第4卷[M].北京：中华书局，1992：291.
❸ 邓承修.语冰阁奏议·中越勘界往来电稿：卷二[M].铅印本，1918：2，4.

目。赫德还说中法越南边界,"无须彼此亲履其地,只彼此视绘图议分亦可;若其间有必须眼同分辨之处,再择指互勘""总之,无论视图,无论亲履其地,先宜将现有之界址认明办完,有须更改处,再为后议云"。❶此处赫德又采取了他的惯常做法,先解决眼前易于解决的事情,将问题留待以后。翌日,张之洞致电邓承修等,心中充满了对赫德的不满,也倍感无奈和忧虑:"赫德欺妄恫喝,愚我总署,鄙人力助两公,苦口渎陈,终日为赫蔽,此关天意,惟有痛哭流涕而已。洞已于去腊十八日乞病开缺,边事茫茫,恐从此中华不振,岂惟两粤之忧!"❷

2月24日,法使又向总署施压,照会之中再次指责邓承修等实属固违新约,"拒将七溪县等处划归中国版图"。2月25日,邓承修万分焦灼地致电张之洞,转告分界会谈详情,言及"戈吓于外,赫蔽于内,以伸其必不可得地之说。恐久而议论益滋,界务益坏"。次日,双方又在镇南关举行了第六次会议。浦理燮与狄塞尔竟出尔反尔,否定狄塞尔前允三处——文渊、海宁、保乐划归中国的许诺。而一直参与谈判的中国翻译赫政竟然也罔顾事实,为法国撑腰,竟说:"狄塞尔先生只是便于研究才听取关于同登的方案的。"❸会谈再度陷入僵局,浦理燮重施"罢议"伎俩相恫吓,第二轮谈判又不欢而散。

之后,中、法双方均将责任怪罪于邓承修。尤其是中方的李兴锐竟于3月1日密电状告邓承修"前不遵旨,后不迎机议结……始终刚愎"。❹法国的压力、赫德的偏袒、李兴锐的告密,使清廷放弃谈判初衷,一再屈让,只求尽快了结勘界一事,从而放弃对邓承修的支持,并责怪他们的坚持。3月11日电旨云:"先勘原界,机宜所系,前谕已详,该大臣等并不遵旨办理,慰执己见,托病迁延。昨邓承修电称:'即重罪亦复何辞,并少垂明察'等语!已属负气。本日李秉衡电奏各节,尤为执谬。""饰词规避,始终执拗,殊属大负委任!"着将邓、李二人交部严加议处,"仍遵前旨,速即履勘"。❺倘再违令有误大局,当重咎!在清政府屡屡斥责勒令之下,邓承修、李秉衡只得"先勘原界",放弃"改正"之说,即刻照会法使速即履勘。前期努力前功尽弃。

---

❶ 郭廷以,王聿均.中法越南交涉档[M].台北:"中央研究院"近代史研究所,1959:3377-3378.
❷ 邓承修.语冰阁奏议·中越勘界往来电稿:卷二[M].铅印本,1918:112.
❸ 萧德浩,黄铮.中越边界历史资料选编(下)[M].北京:社会科学文献出版社,1993:815.
❹ 顾廷龙,戴逸.李鸿章全集22·电报二[M].合肥:安徽教育出版社,2008:20.
❺ 中国史学会.中国近代史资料丛刊·中法战争(七)[M].上海:上海人民出版社,2000:45,49-50.

（四）勘界的完成与签约

得到消息的法方自然十分高兴，浦理燮在《法中东京勘界委员会法国代表团活动报告》中写道："如果从其坚定的言辞看，这道上谕应该说很具有强制性和恫吓性。这位可怜的钦差大臣见到这个上谕，3月10日马上给我来信，要求我马上恢复我们的会谈，并声称已作好了与我们通行的准备。"❶3月20日，双方具体商定会勘事宜。这样，历经两月有余的艰难复杂谈判后，最后还是回归到赫德设定的方案，即先勘老界，然后稍有改正，这两项事务完成以后，再勘立界牌。❷随后，双方组成勘界小组，从3月下旬起开始会勘桂越边界，到4月13日，"仅由镇南关起，勘至平而关止，东西不过三百余里，适值春深瘴盛，难再履勘。故先就此段绘图立约，浦理燮旋因病回国，遂暂停议"❸。之后勘界中的中方的些许异议，朝廷全部驳回。此次会勘桂越边界所订的划界议定书共4节，合称《桂越勘界节录》。

1886年11月至1887年2月，中法就中越边界粤越段进行磋商，前后会谈17次。❹有了赫德的勘界指导思想——依照条约，先勘原界，尽速了结桂越勘界的经历和教训，中越边界粤越段的勘立速度较已往加快了。

这次法国改派狄隆由云南赴广东勘界，邓承修则赶到钦州的东兴一带，先与狄隆议勘东界。狄隆连"粤兵按年巡哨向不隶属越南之白龙尾一处，亦斯不肯归我，彼此争持，久而未定"。1887年正月后，法国所派驻华使臣恭思当多次去总理衙门申请，并说如果中国在商务上通融处理，那么法国在界务上亦可稍让，声称他是奉法国议院准令在京与总理衙门商办的。并提出除现在勘界大臣划定之地之外，"所有白龙尾及江平、黄竹一带地方，并云南边界前归另议之南丹山以北，西至狗头寨至清水河一带地方，均归中国管辖。凡此各处，除白龙尾外，皆系将归隶越南之地收归中国"。❺当双方争执不下时，清政府于2月7日，电令邓承修等人"宜速勘速了，免生枝节"。电文说，嗣后分界大要，除中国现界不得丝毫假借外，其余均可和平商酌，即时定议，不必请示。凡越界前为我有，而今已久沦越地者，不必强争。❻总理衙门认为，"因彼肯让界务，我亦允于商务少为通融，设关本津约所有，减税与俄约略同，土药系

---

❶ 萧德浩，黄铮.中越边界历史资料选编（下）[M].北京：社会科学文献出版社，1993：754.
❷ 彭巧红.中越历代疆界变迁与中法越南勘界问题研究[D].厦门：厦门大学，2006：230.
❸ 中国近代经济史资料丛刊编辑委员会.中国海关与中法战争[M].北京：中华书局，1983：209.
❹ 吕一燃.中国近代边界史：下卷[M].成都：四川人民出版社，2007：842.
❺ 中国近代经济史资料丛刊编辑委员会.中国海关与中法战争[M].北京：中华书局，1983：209.
❻ 世续，陆润庠等纂修.清德宗实录238卷[A/OL].http://www.wenxue100.com/book_Zhuan TiQingShiLu/12_244.thtml.

彼得利之事，而前后展拓新界不下千余里，皆该督、该大臣等所称险要膏腴之实地，及将来未经批准之商务，争持不决之界务，从此一律清结，似尚不为失算"。❶ 之后，邓承修与法方代表继续会勘粤越边界，并于1887年3月29日，在广东钦州东兴签订《粤越边界勘界节录》。

中法边界滇越段，周德润会商岑毓英后，出关与法使狄隆各按地图校正，除意见未合之大小赌咒河猛梭、猛赖两段各请示本国另议论外，将滇粤边界划分五段勘立。❷ 中法双方于1886年10月19日订立中法《滇越勘界节略》。

至1887年3月底，中法就中越边界的会勘、协议草约工作暂告一个段落。但因为多是按图勘界，所签协议只是对有关边界做了大致的描述，难以周详，而错漏之处亦尽在其中。1887年6月26日签订的《续议界务专条》也未涉及桂越段边界，所以桂越边界协议的修正有待日后实地勘界设碑时予以解决。❸

数个中法勘界条约虽然不是赫德亲手所签，但滇越、粤越和桂越地界的勘立谈判均有赫德或其弟赫政的参与。在法国的恫吓下，从19世纪60年代以来清政府在外交上就很倚重的赫德之屡次建议、劝阻自然不能小觑，清政府于是依据赫德的建议调整勘界态度，逐步向法方妥协让步，以期早日完成勘界事宜。而邓承修、张之洞等熟商的先改正再立标的执着要求最终放弃，其中的无奈后人可以从赫德的言辞中探知一二："邓——广西边界的主任勘界委员——是总理衙门大臣，赫政和哈巴安跟着作随员。他竟坚决不肯继续勘界，直到第三道特旨令他速办，并且告诉他，他制造的麻烦使他有丢掉脑袋的危险，也许现在还有这种危险，工作才算真正开始。他们后来已从南关向东勘到爱店隘（即隘店隘，引者注），西北勘到近龙州的平而关。中国委员所提出的异议，已由上谕全部严厉驳斥。"❹ 最终，法方按照自己的意愿勘定了中法越南边界。

---

❶ 中国近代经济史资料丛刊编辑委员会. 中国海关与中法战争[M]. 北京：中华书局，1983：209–210.
❷ 同上：209.
❸ 吕一燃. 中国近代边界史：下卷[M]. 成都：四川人民出版社，2007：844.
❹ 陈霞飞. 中国海关密档——赫德、金登干函电汇编（1874—1907）：第4卷[M]. 北京：中华书局，1992：342.

第四章　赫德参与斡旋的中外约章（下）

甲午战败后，中国地位一落千丈，由此引起的外交纷争更加纷繁复杂。年迈的赫德依然密切关注并积极调停中外交涉。尽管赫德在中葡澳门交涉中的行为使得朝廷重臣对其颇有微词，但国势的每况愈下又使得清廷更加离不开这个在中外颇负盛名的业余外交家。赫德继续发挥他的调停、顾问及翻译作用。在延揽甲午战败对日本的赔款中，帮助英国揽得两次借款，拟签了《英德两国借款草合同》与《英德续借款合同》。后应清廷朝野请求，出面"调停"中国与八国联军间的和议，在促成和谈开议、《辛丑条约》拟订、确定战争赔款等方面，起了重要的协调性、指导性作用。但《辛丑条约》后的中外商约谈判，因地方督抚的反对，清政府不再让赫德直接介入，他的调停作用及影响力下降。不过，在中英商约交涉、中葡澳门设关和通商交涉中，清政府仍会征询赫德的意见，赫德也积极地介入，并通过参与交涉的外籍税务司，间接地影响到中英《马凯条约》和中葡《增改条款》《通商条约》的拟定，并代表清政府与葡萄牙使臣拟订了《中葡分关章程条款》。

第一节　争揽英德借款合同

1895年，甲午战败，因中国要偿还对日的巨额赔款及"赎辽费"，在此后近四年时间里，以英德为一方，法俄为另一方，为争夺巨大的经济、政治利益，尤其是对中国海关总税务司位置的把持，展开了激烈的争夺，先后向清政府举行三次巨额贷款。为了维护和扩大英国在华利权和自己的总税务司职位，赫德千方百计为英国延揽借款，并议订了《英德两国借款草合同》和《英德借款详细章程》，英德借款及续借款取得成功，赫德如愿以偿。

一、赫德与《英德借款草合同》

（一）初涉中国战败借款

清政府在甲午战争中惨败于日本，《马关条约》第四款规定："中国约将库平银二万万两交与日本，作为赔款军费；该款分作八次交充。第一次五千万两，应在本约批准互换后六个月内交清，第二次五千万两应在本约批准互换后十二个月内交清。余款平分六次递年交纳……又第一次赔款交清后,未经交完之款应按年加每百抽五之息。但无论何时,将应赔之款或全数、或几分,先期交清,均听中国之便。如从条约批准互换之日起,三年之内,能全数清还,除将已付利息或两年半或不及两年半,于应付本银扣还外,余仍全数免息。"❶ 此外还有赎辽费3000万两,加上还要负责在偿清赔款前日本占领威海卫军港的费用,中国的债款总额达2.5亿两库平银,或大约3800万英镑。可当时清政府每年全部收入仅约9000万两,罗掘俱空。所以败于日本后,中国的当务之急就是解决借贷赔款。因放贷可以中国海关关税和内地工矿的利权作为贷款的担保,一家俄国杂志直言不讳地写道:"中国的借款是欧洲渗入中华帝国内部、为欧洲贸易和工业开辟广阔天地的工具。"❷ 因而西方各国遂展开了对中国贷款的激烈争夺,掌握中国赔款以关税担保的总税务司赫德自然延揽贷款最为积极。

以往中国大臣坚决拒绝采用借债还债的办法。甲午战争前清政府向西方举借外债虽达43次,但总数只有库平银4592万两,其中以洋税作为偿还抵押的占70%。这些外债本利的支付,平均只占清政府支出总额的4.3%,都能按期清偿。❸ 这些借款,多受赫德影响或由他经手,如1867年的西征借款,1874年海防大臣沈葆桢所用的"福建台防借款",等等。

早在北洋水师于1895年2月全军覆没,清政府败局已定时,赫德就着手筹划战后中国赔款事。3月初,赫德从金登干处打听到可以从英国筹措到大约2000万镑的借款。❹ 并告诉金登干,战后中国可能要筹集的巨额借款会多达五六千万镑,英国金融界要早做准备。尽管条约还没签订,中国赔款数额未定,各国都为争取对中国放贷闻风而动。

一得到谈判消息,赫德立即密电金登干,告之需要借款6000万镑,10月需要1500万镑,此后每六个月需要700万镑。并询问汇丰银行能否承办这笔借款,最低费用是多少。金登干答复,汇丰银行可承办6000万镑借款,但必须有令公众满意的担保,该行并要求在合同条款上规定不再有另外的借款的保证。4月10日起,总理衙门与赫德商量借款事。赫德认为借款担保问题,可

---

❶ 王铁崖.中外旧约章汇编:第1册[M].北京:生活·读书·新知三联书店,1957:615.
❷ 札莉娜,利佛希茨.英帝国主义在中国(1896—1901)[M]//丁名楠,张振鹍,赵明杰.帝国主义侵华史:第2卷.北京:人民出版社,1986:14.
❸ 蔡渭洲.中国海关简史[M].北京:中国展望出版社,1989:112.
❹ 陈霞飞.中国海关密档——赫德、金登干函电汇编(1874—1907):第8卷[M].北京:中华书局,1995:838.

以常关税收担保，抑或以厘金、盐税、田赋、舟山群岛和海南岛作抵押。❶但很快，俄、法、德三国干涉还辽成功使得赫德对华借款的计划受挫。

（二）尝试延揽第一次中国对日赔款

干涉还辽有功的俄、德、法随即向清政府邀功索赏。当得知清政府在同英国协商借款时，俄国表示绝不容忍这种做法。其外交大臣罗巴诺夫曾说，俄国"为中国效劳"的原因就在于欲"使中国出于依赖我们的状态，而不让英国扩大它在中国的影响"。❷乃于5月3日向清政府驻俄德使臣许景澄宣布，俄方已为清政府借款做好准备，"乃闻现欲向不肯合劝之英国商借，颇觉诧异。特请代达国家，应先商俄国，方见交谊"。❸许景澄随即电告总理衙门，正可借此联络俄国，英银行所商拟请缓定，以免嫌衅。❹俄很快表示已筹款10000万两，但清政府表示只借5000万两。闻讯后的赫德非常震惊和失落，嫉妒俄国人的干涉还辽有功占据了上风，使英国退居其次。英国政府赶紧令英驻俄大使与俄国外交部交涉，又电令英驻华公使欧格讷与中国政府交涉。可是因为英国最初认为媾和条件与英国利益无损，❺《泰晤士报》竟称"按照协定的其他部分，英国的利益可能有所增进"。❻因而英国没有参加干涉还辽。事后，欧格讷为英国失去与俄国竞争的优势而叹息不已，"王牌都在别人手里，我们只好打长算盘了"。❼5月25日清政府颁布御旨答允向俄借款，俄国很快与法国合作。❽汇丰银行不甘心被排挤，欲再图争取，但赫德认为，中国不能没有援助，必须接受俄国的借款。除非俄国的干预失败，今后的十八个月内，英国的市场上恐不能见到中国的债券了。❾尽管后来德国和英国依然没有放弃竞争，但最

---

❶ 陈霞飞.中国海关密档——赫德、金登干函电汇编（1874—1907）：第8卷［M］.北京：中华书局，1995：846-849.

❷ 约瑟夫.列强对华外交（1894—1900）［M］.胡滨，译.北京：商务印书馆，1959：176.

❸ 王彦威纂辑，王亮编，王敬立校.清季外交史料：卷111［M］.北京：书目文献出版社，1987：1884.

❹ 许同莘.许文肃公遗集（一）［M］.台北：文海出版社，［出版年不详］：609.

❺ 伯尔考维茨.中国通与英国外交部［M］.江载华，陈衍，译.北京：商务印书馆，1959：215.

❻《泰晤士报》，1896年4月8日."除非英国的利益受到损失或危害，我们是无权干涉这些谈判的"，这是《泰晤士报》的论调。同时劝告中国政府，"条件并不超过战败国应当接受的程度"。它甚至欢迎日本合并台湾作为开发该处资源的第一步。

❼ 中国近代经济史资料丛刊编辑委员会.中国海关与中法战争［M］.北京：中华书局，1983：171，173-174.

❽ 王彦威纂辑，王亮编，王敬立校.清季外交史料：卷113［M］.北京：书目文献出版社，1987：1909-1910.

❾ 陈霞飞.中国海关密档——赫德、金登干函电汇编（1874—1907）：第8卷［M］.北京：中华书局，1995：874.

终还是俄法占了上风。7月6日,许景澄代表清政府与俄国签订了《四厘借款合同》。❶赫德在争夺第一批对日赔款中失利。

第一批对华贷款未能成功,赫德并不气馁,依然积极调停,并与德国联合,终于在不过半年的时间里(1896年3月),取得了数额达1600万英镑的第一次英德借款。

(三)为英德揽得借款

尽管中俄《四厘借款合同》第十六条有,此合同签订半年内"中国暂不另行借用金钱各债"❷之规定,总理衙门却不得不早做借款准备。1895年9月26日总理衙门大臣翁同龢、张荫桓与赫德共同商讨对日的下一批赔款事。赫德随后询问汇丰银行能否筹办一笔条件与俄国担保借款相同的款项,后者答复绝无可能,因为当时欧洲金融市场动荡。

俄法借款成功,促使失意的英德相互接近,计划延揽中国的下一批对日赔款。11月24日赫德函告金登干:"一笔新借款正在认真谈判中,数目是1600万镑,将由英德两国分担,汇丰银行正在着手办理。这笔借款利息比法国借款略高,但它是一笔单纯的商业交易,不像法国借款加以那样的约束,或者说,如果有约束的话,也会由于分开了债主而使中国承受的压力轻一些!"❸12月,英德银行团达成协议:汇丰、德华两银行合借1600万镑,年息5厘,95折扣,佣金5厘5毫。清政府要求将利息降到4厘5毫,遭到英德的断然拒绝。❹显然,英德借款绝非赫德标榜的"单纯的商业交易",而是要价过高,借款谈判随之陷于停顿。因此清政府也尝试向他国寻求条件更优惠的借款。❺

此时法国也插手进来,说法国外交部和财政部商定对华借款息五厘,九八折扣。❻法国折扣要优于英国,因此,赫德认为英国应降低条件,1896年2月20日,赫德电告金登干,汇丰银行如想承办借款,必须把一切费用减少三分之二,并以九八折扣发行债券。金登干电复称,汇丰银行和德国辛迪加提出五厘借款,发行折扣九六折和经手规费5.5%。❼赫德认为五厘借款还不够,也解

---

❶ 许同莘.许文肃公遗集(二)[M].台北:文海出版社,[出版年不详]:619.
❷ 王铁崖.中外旧约章汇编:第1册[M].北京:生活·读书·新知三联书店,1957:629.
❸ 陈霞飞.中国海关密档——赫德、金登干函电汇编(1874—1907):第6卷[M].北京:中华书局,1995:384.
❹ 陈义杰.翁同龢日记:第5册[M].北京:中华书局,1997:2859.
❺ 陈霞飞.中国海关密档——赫德、金登干函电汇编(1874—1907):第9卷[M].北京:中华书局,1996:2.
❻ 陈义杰.翁同龢日记:第5册[M].北京:中华书局,1997:2876.
❼ 陈霞飞.中国海关密档——赫德、金登干函电汇编(1874—1907):第9卷[M].北京:中华书局,1996:6-7.

释了应降低条件揽得借款的重要性。要阻止俄国增强对中国的控制，只有帮助中国借款。如果英国政府能安排借到三厘息的1000万镑借款，按照俄国的办法予以担保，就可以打破俄国对中国财政上的控制，扩大其裂痕。中国人在商业、工业和政治上依然有远大前途。如果因为藐视或冷漠，把中国人推到别国怀抱中去，这是万分可惜的。可是当时的英国没有看到借款的政治性大于财政性，因而不能担保借款。赫德于是从政治、军事利益上力劝英国能出面担保对华借款，"自从英国提出借款以来，英国公使馆在尽一切能力争取其余借款以缓和财政上的控制和分散政治上的统治"，但不一定成功，因为中国有可能接受法国提出的低息借款。因此只有英国出面担保，英国"才有希望提供低息借款从而取得政治利益。如果俄法联合继续存在，对他们的利益将有所得而英国将有所失，他们以后将结成联盟并取得军事上的领导权，使英国陷于内外交困的境地"。赫德还建议由英国外交部出面使英格兰银行提出比法国更好的条件，否则就束手无策了。且说："我们英国人在这里，除非出现奇迹，否则将一无所获，现在只有用借款破坏俄、法对财政的控制，才能恢复我们的地位。"❶ 经过赫德的争取，汇丰银行决定降低条件，将承办借款的费用减至5%，发行折扣提高到九七折或九七折以上。金登干要赫德马上弄清楚总理衙门将用什么条件与汇丰银行确定借款，必须找到胜过法方条件的方法。❷

正当汇丰银行不断降低对华借款条件时，3月6日法国公使施阿兰突然变卦，竟称法国政府来电系九折扣，一切在内，完全否定前说。当晚翁同龢在日记中记载，"无耻无厌，施之谓也"。❸ 总理衙门对法国的出尔反尔十分气愤，回掉了施阿兰的贷款要求，随即将借款事交与赫德办理。

（四）拟商《英德两国借款草合同》

获此机会的赫德赶紧与汇丰银行和德国公使联系，进行具体策划。3月7日赫德向汇丰银行负责人熙礼尔与德国公使绅珂提出借款之议，他们很快同意。❹ 此日，赫德高兴地告诉金登干，本来以为俄法将延揽中国所有的贷款，不仅将控制中国海关，还将控制中国。谁知6日去总理衙门时，衙门竟将所有的事情交由他办，第二天早晨他即办妥了，当即由衙门写信通知施阿兰说已不

---

❶ 陈霞飞.中国海关密档——赫德、金登干函电汇编（1874—1907）：第6卷[M].北京：中华书局，1995：429.
❷ 陈霞飞.中国海关密档——赫德、金登干函电汇编（1874—1907）：第9卷[M].北京：中华书局，1996：8-12，429.
❸ 陈义杰.翁同龢日记：第5册[M].北京：中华书局，1997：2882.
❹ 陈霞飞.中国海关密档——赫德、金登干函电汇编（1874—1907）：第6卷[M].北京：中华书局，1995：443.

需要他帮忙借款，可以不必再谈判了。还说，如果香港银行不同意九四折扣，他们必须找英格兰银行一试。"无论如何，我从来没有像这次一样的动作迅速，这样的有好效果。因为这件事挽回了整个局势，并使中国摆脱开那些帮它索回辽东的朋友们的钳制。"❶ 赫德认为这是天赐良机，击败了法国，巩固了他的地位，也就是巩固了英国对海关的控制权益，高兴极了。

经过赫德撮合，总理衙门与汇丰银行、德华银行签订借款的初步协议，两家银行仍愿照周年五厘行息，改为九四折扣，一切费用在内。3月11日赫德偕英德翻译官及汇丰、德华银行董事到总理衙门议定《英德借款草合同》二十条，总理衙门与银行董事分别画押。此草合同规定中国向汇丰银行与德华银行借款1600万镑，利息五厘，九四折扣，期限为36年，海关收入作抵。期内中国不得或加项归还，或清还。而且第七款特别规定："此次借款未付还时，中国总理海关事务应照现今办理之法办理。"❷ 草合同奉旨依议后，总理衙门遂照会英德公使，并札行赫德，议定《英德借款详细章程》十八款，3月23日总理衙门总办章京舒文与汇丰、德华银行董事在英德借款正式合同《英德借款详细章程》上会同画押。英德借款在赫德的帮助下画上句号，赫德甚是满意，当日电告金登干："借款合同已签字，海关得以保全。我在总理衙门的地位也令人满意。"❸ 当时的《捷报》也报道，正当中国政府因英、德最初所提年息5%，折扣89.5%的借款条件太苛而犹豫不前之际，法、美资本挤了进来，各方相持不下，最后赫德一锤定局，以94%的折扣为英国取得了这笔借款的权利。❹

二、赫德与《英德续借款合同》

清政府前两次借用外债偿还对日赔款后，"尚有未交银约一万万两。若不如期交清，与国体利权均有损碍"。第三次对日赔款的交付期限是1898年5月之前，根据清政府的财政状况，"除续借洋债更无别法"，可是"借款之难多方勒磕"。❺

---

❶ Fairbank, Bruner, Matheson.The I.G.in Peking: Letters of Robert Hart, Chinese Maritime Customs, 1868–1907（Vol–1）[M].The Belknap Press of Harvard University Press Cambridge, Massachusetts and London, 1975: 1054.

❷ 王彦威纂辑，王亮编，王敬立校.清季外交史料[M].北京：书目文献出版社，1987: 2023–2024.

❸ 陈霞飞.中国海关密档——赫德、金登干函电汇编（1874—1907）：第9卷[M].北京：中华书局，1996: 19.

❹ 汪敬虞.赫德与近代中西关系[M].北京：人民出版社，1987: 269.

❺ 王彦威纂辑，王亮编，王敬立校.清季外交史料[M].北京：书目文献出版社，1987: 2118–2119.

（一）清政府多方筹款碰壁

赫德为继续揽得清廷借款，积极活动。因他一直信赖的汇丰银行受包销商的操纵，无法击败其他竞争者，赫德转而求助英格兰银行。1896年6月1日，赫德电询金登干英格兰银行能为中国发行另一笔借款的条件，并希望他们向总理衙门提出有诱惑力的条件，否则借款难免落到别人手中！同时还指使金登干去见英格兰银行总裁。可英格兰银行总裁说，该行从不发行外国政府借款，现在也不会这样做，除非英国政府要他们办。❶由于筹措借款难度太大，赫德只好暂停行动。

1897年3月14日，翁同龢与张荫桓商量借款事，张荫桓认为需借一万万两则可省一千万之息。再次相商后嘱托李鸿章向英、德公使议借一万万两。3月24日，翁同龢到赫德处谈洋税抵押款事，拟拨三百万入关税内，则可将此作为借款抵押。赫德说果真如此，可借到一万万两，但此番乃驻使主持，伊不越俎。❷

为尽可能挣得好的借款条件，李鸿章一开始并未向英德驻华公使商谈借款，而是先后向英国的吉林麦拉斯银行和斯立门银行商借，均未果。6月，李鸿章又向汇丰银行协商借款，并与汇丰银行商定四厘半息，八五五扣，期限五十一年。借款前十年还利不还本，自十一年起按年还本除利，均六个月一付，八五五扣外无丝毫用费。但双方在抵押问题上存在严重分歧，后商定以盐务、厘局作保。然而，汇丰银行坚持于合同内载明万一拖欠，即准税务司干预作保之盐课、厘局。如此规定流弊甚大，李鸿章坚决不同意。❸双方谈判近一月，抵押问题无法调和，谈判破裂，李鸿章转而求助其他渠道。

李鸿章因抵押问题与汇丰银行各不相让。8月初，盛宣怀告诉李鸿章，有一英商呼利詹悟生公司，"允借一千六百万镑，周息五厘，九五扣，五十一年还清"。李鸿章奏称这些颇合他们所议，比已往英德借款少扣银一分，还是合算。❹于是李鸿章开始通过盛宣怀与呼利詹悟生公司谈判，8月14日双方签订草约。但是在签订合同时，呼利詹悟生公司拒交违约金，交涉终归失败。❺

---

❶ 陈霞飞.中国海关密档——赫德、金登干函电汇编（1874—1907）：第9卷[M].北京：中华书局，1996：36.
❷ 陈义杰.翁同龢日记：第6册[M].北京：中华书局，1998：2981-2984.
❸ 顾廷龙，叶亚廉.李鸿章全集：三[M].上海：上海人民出版社，1987：719，733-734，746-748，754.
❹ 王彦威纂辑，王亮编，王敬立校.清季外交史料：卷73[M].北京：书目文献出版社，1987：2119.
❺ 顾廷龙，叶亚廉.李鸿章全集：三[M].上海：上海人民出版社，1987：781，783.

赫德虽然没有直接插手借款，却一直密切关注李鸿章的借款活动。李鸿章与呼利詹悟生公司接触后，赫德于8月19日令金登干调查该公司能否顺利发行1600万镑债券，金登干答复呼利詹悟生公司靠不住。❶尽管赫德并不赞成呼利詹悟生公司的这一活动，但又认为这个借款如果成功，也是一件好事。"因为如由汇丰银行承办，德国的银行就要分一半，如由呼利詹悟生公司承办，好处可以全归英国。"❷血浓于水，赫德只想这笔借款最好是由英国一家独占。

向呼利詹悟生借款也无果而终，10月11日，李鸿章只得与汇丰银行重启谈判，双方商议照6月原议办理，但在抵押上依然不能协同。李鸿章同时还曾议及法国、美国以及英国的红牌银行借款，均无果。❸在多方筹措无门的情况下，李鸿章还开始商借俄款。但俄国要以投资、修筑及控制"满洲"和中国北部的一切铁路，并且当海关总税务司职位出缺的时候任命一个俄国人充任作为交换。假如不能偿还借款，则以地丁和厘金的入款作为担保。❹ 这些苛刻的条件将使中国沦为俄国的保护国，也使俄国握有能够经常用来威胁英国在华巨大商业利益的一种有力武器。12月20日，李鸿章依然电令许景澄转电俄罗斯亲王，所索利益，唯接造东路须借款自办，余均可商。❺

同时，总理衙门也请求英国驻北京公使窦纳乐在一周内确定英德银行团是否接受6月的提议，并通知他说一项年息四厘，九三扣，以田赋做担保的1600万英镑的俄国贷款已经作好安排。为此，俄国将得到华北及"满洲"的铁路垄断权和海关总税务司职务。❻

赫德非常支持李鸿章与汇丰银行的借款谈判，汇丰银行的代理人于12月22日给赫德发了两封电报，介绍有关情况。赫德让金登干转告，希望汇丰银行有能力承办商业性贷款，以防止反对者的阴谋。可金登干回电称，在当前危机时刻不可能发行商业性债券。除非英国政府要求英格兰银行联合汇丰银行共同筹措借款，发行债券才有可能。赫德于12月27日致电汇丰银行："英国外

---

❶ 陈霞飞.中国海关密档——赫德、金登干函电汇编（1874—1907）：第6卷[M].北京：中华书局，1995：125.
❷ Fairbank, Bruner, Matheson.The I.G.in Peking: Letters of Robert Hart, Chinese Maritime Customs, 1868-1907（Vol-1）[M].The Belknap Press of Harvard University Press Cambridge, Massachusetts and London, 1975：1135.
❸ 顾廷龙，叶亚廉.李鸿章全集：三[M].上海：上海人民出版社，1987：783-789，796-798，806.
❹ 魏尔特.赫德与中国海关：下册[M].陈敖才，陆琢成，李秀风，等译.厦门：厦门大学出版社，1993：303.
❺ 顾廷龙，叶亚廉.李鸿章全集：三[M].上海：上海人民出版社，1987：806-807.
❻ 杨国伦.英国对华政策（1895—1902）[M].刘存宽，张俊义，译.北京：中国社会科学出版社，1991：52.

交部最了解，俄国控制了中国后将引出什么后果，但是，政策必须指导行动，总理衙门的大臣们要的是眼前使他们享乐的东西，不管明天和后人。外国人管理厘金将有损于每个官吏的私囊，而田赋管理主要对政府有影响。因此总理衙门的大臣们当前宁肯不顾将来的一切危险，将田赋交给俄国人，也不愿为有希望革新内政而把厘金交给英国人。一些无实权的大臣虽然认为汇丰银行的建议对政府最有利，但有实权的总理衙门大臣们只求眼前渡过难关，暂时安逸，而甘愿接受俄国的建议。俄国人最初的干预，使得中国人积极赞同俄国人的方案，英国人的帮助纵然目前得不到同样的感激，但是能大大地改变中国的未来，目前正值危急关头，关系到远东的未来。因此，我希望汇丰银行得到英国外交部的有力支持。"❶ 可见，赫德对中国官场习性、劣根性的了解不可谓不透彻，对英国政府的劝说也是苦口婆心。汇丰银行立即将信转交给英国外交部，而此时英国驻华公使窦纳乐也将俄国担保对华借款事电告了英国外交部大臣沙里士伯，沙里士伯才意识到问题的重要性，开始考虑英国政府如何帮助争得对华贷款，他们可以提出什么样的要求。窦纳乐的答复是：①对税收的必要控制；②从缅甸边境到长江流域的铁路；③保证不将长江流域出让给其他任何列强；④开放大连为条约口岸；⑤内陆商业的更大自由；⑥在条约口岸外国商品免厘。❷

英国外交部让金登干询问赫德尚未作抵的海关税收之数，赫德答复："关税收入已抵押出十分之七！余数因须支付征收经费、沿海灯塔维持费用和驻外使馆经费，不能用作抵押。……俄国朋友坚持不苛求什么担保条件，所以正合中国人的意。俄国人只求皇帝批准借钱并答应还钱就够了。事实上，这是在拿整个帝国做抵押！英国政府即使自己以低利发行中国债券，也一定会有所获得而无风险。若置身事外，除非动用武力，否则只能把主导地位让给别人。请注意：盐税收入足以抵押 2000 万镑借款。"❸ 此处赫德极力说明给中国贷款没有风险，并拿俄国不求担保来对比和刺激、威胁英国，虽然海关收入不够，但其他税收譬如盐税等足够担保借款。

1898 年 1 月 3 日，李鸿章电告驻英公使罗丰禄："俄保借，系照前年四厘

---

❶ 陈霞飞. 中国海关密档——赫德、金登干函电汇编（1874—1907）：第 9 卷 [M]. 北京：中华书局，1996：161-163.
❷ British Parliamentary Papers：China，Vol.23. Shannon：Irish University Press，1971：28-29.
❸ 陈霞飞. 中国海关密档——赫德、金登干函电汇编（1874—1907）：第 9 卷 [M]. 北京：中华书局，1996：164.

息，九三扣。如英廷肯保，即照俄办法，勿索格外利益。速商沙侯电复。"❶ 李鸿章希望能从俄、英两国中挣得更好的贷款条件。但罗丰禄与沙里士伯晤商后，被告知英国政府愿意担保借款，但须有额外条件，此事将由窦纳乐负责谈判。在英国提出额外条件前，李鸿章依然不断催办俄款。1 月 8 日，沙里士伯致函窦纳乐，告之如果其 12 月 30 日电报中所讲条件全部为中国接受，英国将向日本支付所余 1200 万镑的战争赔款，中国向英国支付四厘息，本息 50 年还清。用海关和常关税、盐税和厘金担保，由英国人来监督这些税收，偿还失败这些都将由英国人来控制。❷ 随后窦纳乐奉命到总理衙门晤商，提出五个借款条件，清政府对其中的开放大连湾问题拒不同意，因为俄国反对开放大连，如果开放大连，俄与中国绝交。❸ 翁同龢只好请赫德向窦纳乐解围，要求英国放弃开放大连。为了消除对英国在华贸易带来的危险，1 月 17 日，英国政府让其驻华公使通知总理衙门，不论借款与否，英国政府决定，海关"总税务司的职位永远由一个英国人来担任"。

经与赫德多次讨论，除大连湾一条不能同意外，总理衙门同意：①开放南宁和湘潭；如修建铁路将开放大连湾。②英国臣民可在使用帆船的地方使用轮船。③铁路到达缅甸边境时，中国同意由一个英国公司将其接入中国境内。④保证不将长江流域让与其他列强。⑤同意就将免厘扩展到外国租界之外。同意总税务司一职永远用英国人。此外总理衙门同意以所剩海关税收、厘金、盐课和常关作为英款的担保，如果偿款失败，这些将由英国政府控制。❹

中英的借款谈判引起了俄国的不满，称若中国不借俄而借英，俄国必问罪。❺ 之后英、俄公使轮番到总理衙门威胁必须向他们借款，清政府只好退让一步，表示俄英各借 5000 万两，以解决目前的两难境地。❻ 可两国还是不答应。由于两难齐全，中国政府于是通知英国政府，由于俄国绝交的威胁，所以既不接受英国也不接受俄国的贷款。后由于中国驻俄使臣的解释，俄方借款事很快了结。❼

（二）促成英德续借款

清政府放弃举借外债后，决定募集内债，发行股票，但无人购买。随着还

---

❶ 顾廷龙，叶亚廉.李鸿章全集：三 [M].上海：上海人民出版社，1987：811.
❷ British Parliamentary Papers：China, Vol.23. Shannon：Irish University Press, 1971：33–34.
❸ 陈义杰.翁同龢日记：第 5 册 [M].北京：中华书局，1997：3081.
❹ British Parliamentary Papers：China, Vol.23. Shannon：Irish University Press, 1971：40–42.
❺ 陈义杰.翁同龢日记：第 6 册 [M].北京：中华书局，1998：3086.
❻ 顾廷龙，叶亚廉.李鸿章全集：三 [M].上海：上海人民出版社，1987：816.
❼ 许同莘.许文肃公遗集：（二）[M].台北：文海出版社，[出版年不详]：636–637.

款日期临近，而筹款无着落，翁同龢曾于1月31日托赫德向日本公使商量稍缓归款之期，可日本不允。赫德乘机问可否向汇丰银行商借，翁同龢同意。赫德提出的条件是必须以盐厘抵押，遭到翁同龢的反对。赫德乃威胁："若三月一款未还，各国谓中国利权扫地，将派人合力来干预矣。"翁同龢认为赫德所说言过其实，但称此事终归须借助他来向汇丰银行商借而不要抵押。清政府经过多方尝试，到处碰壁以后，借款事最终又落到了赫德手里。盼望已久的赫德自然大喜过望，马上将此借款事交汇丰银行办理，同时乘势要索总理衙门，提出此次借款须指定某处厘金交他管理才能允办。鉴于赔款日期紧迫，总理衙门只得接受。2月10日翁同龢写了《淞沪厘》和《宜昌盐厘》两款交给张荫桓去同赫德商办。❶

赫德非常看重这个难得的机会，生怕有什么闪失，致电嘱咐汇丰银行，在借款发行书发出之前，不要声张，不要在报纸上预告，不要暗示，至关重要。但此时汇丰银行担心若无英国政府的大力协助，借款难以办成。赫德考虑到中国曾拒绝英国担保借款，英国政府很难出面协助。可是如果汇丰银行不能承办借款，急于弄到钱的中国势必到别处去借。因此他建议，如果得以在英格兰银行注册，所提的担保现在可靠，并对将来革新财政有保证，这样可否借款。❷赫德得知，汇丰银行并非不愿承办借款，只是对贷款的担保有顾虑。于是赫德在与总理衙门商谈时，特别注重担保借款的条件，要求不仅须指定某某处厘五百万始敷抵款，而且须派税务司管理厘金。对于后者，翁同龢立即答允，但对于前者则需查明再复。2月18日赫德得到总理衙门的厘金单。❸次日，赫德代表清政府与汇丰银行签订了一笔数额为1600万英镑的借款草合同。赫德立即告诉金登干合同已签字及贷款金额1600万英镑，并由他来管理厘金和盐税，每年拿500万两用作借款担保。缔约成功除取得政治上的价值外，还是中国财政改革的开端，也是中国复兴的第一个条件。赫德要金登干转告汇丰银行，"汇丰银行和德国银行双方订有合同规定分担借款，但借款草合同是我同汇丰银行一家签订的，德国银行分担借款，还必须接受我和汇丰银行安排的条件，它没有其他权能"。德国银行对此欣然同意。❹

---

❶ 陈义杰.翁同龢日记：第6册[M].北京：中华书局，1998：3088-3092.
❷ 陈霞飞.中国海关密档——赫德、金登干函电汇编（1874—1907）：第9卷[M].北京：中华书局，1996：175-176.
❸ 陈义杰.翁同龢日记：第6册[M].北京：中华书局，1998：3094.
❹ 陈霞飞.中国海关密档——赫德、金登干函电汇编（1874—1907）：第9卷[M].北京：中华书局，1996：177-178.

尽管一切进展顺利，但赫德依然小心谨慎，为正式签约早做准备。2月25日，他电询金登干汇丰银行能否办成按八四扣发行债券，但得的答复是发行不可能高于八三扣。❶ 随后总理衙门同赫德商改借款合同时，赫德说无法少扣，只是将管理厘金改为代征。3月1日赫德偕汇丰银行与德华银行负责人，以及英德使馆的翻译到总理衙门与中方在《英德续借款合同》上画押。❷ 此合同共17款，外加付还本利日期、数目。合同规定借款金额1600万英镑，利息四厘五，还款期限45年，每年付还本银11.5232万镑。45年内，中国不得提前偿还；借款以中国各通商口岸之税收，外加九江、淞沪、苏州货厘及鄂岸、皖岸、宜昌盐厘作抵。所有厘金由总税务司代征。❸ 画押后当天，张荫桓到赫德处对其帮助借款表示感谢。❹ 经赫德的积极活动，英德再次成功揽得了对华贷款。3月2日，赫德得意地告诉金登干已签订了正式合同，俄国人已经"无可奈何"，法国人唯有"暗图报复"。海关税收的课征权丝毫无损，担保借款的厘金也归海关代征。❺

综上所述，清政府在甲午战争后三次举借巨款，赫德在第一次延揽败于俄法后，后两次便精心运作，利用与汇丰银行的老交情，通过威逼利诱，获得了英国政府的支持，为英德成功地揽得了两次巨额借款。不仅为英国挣得了诸多经济、政治利益，增强了英国对中国海关的控制，也扩大了赫德的权利，尤其是各列强都在觊觎的总税务司位置得到了可靠的保障。

当然，两次英德借款的成功，也解了清政府对日赔款的燃眉之急。尽管各国争相向清政府贷款，但都是狮子大张口，提出苛刻的条件。为寻找比较优惠的借款，负责借款的大员多方尝试，到处碰壁。中国想使贷款脱离政治的尝试未获成功。万般无奈之下的清政府只好找到赫德。赫德也确实很快就完成了任务，帮清政府渡过了难关，尽管他是以牺牲中国的经济和政治利益为代价的，这其中既有赫德的私心，也有赫德的无奈，在借款的折扣利息方面，赫德曾为清政府努力争取过，有些苛刻条件并非赫德所愿。由此可见赫德参与中英交涉的复杂性。

---

❶ 陈霞飞.中国海关密档——赫德、金登干函电汇编（1874—1907）：第9卷[M].北京：中华书局，1996：179.
❷ 陈义杰.翁同龢日记：第6册[M].北京：中华书局，1998：3097-3098.
❸ 王铁崖.中外旧约章汇编：第1册[M].北京：生活·读书·新知三联书店，1957：734-735.
❹ 任青，马忠文.张荫桓日记[M].上海：上海书店出版社，2004：515.
❺ 中国近代经济史资料丛刊编辑委员会.中国海关与英德续借款[M].北京：中华书局，1983：38.

第二节　斡旋《辛丑条约》交涉

义和团遭遇败绩后，在中国与战胜国的外交战中，清廷朝野请求赫德出面帮助"调停"，赫德应允后精心谋划，努力因应，为中西和议牵线斡旋。在拟订大纲和商订细节后的最终签约两个谈判阶段中，在促成和谈开议、确定战争赔款等方面，赫德起了重要的指导性、协调性作用。但在"人为刀俎，我为鱼肉"的绝对劣势下，谈判结果《辛丑条约》的签订使中国遭受了更大的屈辱。

一、应邀介入调停

自知不是列强对手的清政府在宣战后不久，即伺机求和。谁来充当这个议和中介？赫德自然成了最佳人选，这不但是清廷朝野的"众望所归"，而且赫德也自认为非他莫属。

李鸿章早在1900年8月12日联军到达通州、8月19日各国使馆刚解围，及8月21日连续三次向列强提出和谈要求，并请求停止军事行动。但得到的答复是只有在联盟国家经过协商并获得公使们的意见后，才能进行谈判，至于停止军事行动根本没被理会。[1] 清廷在8月8日和逃亡途中的8月24日，两次发出上谕，任命李鸿章为全权大臣，指派庆亲王奕劻和他一起担任议和大臣。但是各国对李鸿章的谈判资格并不认同。危急之中，朝野一致想到了赫德，请求他出面，取得列强的谅解。

早在1900年8月6日（联军攻入北京的第三天）总理衙门总办舒文等致函赫德："阁下久任中国，素受皇太后皇上恩礼优加，观此情形，定思挽救，俾使宗社转危为安，京城生灵不致同归于尽。缘与执事同事多年，用敢告援，以冀挽此大劫，至各国主见若何，和局应如何酌议，均望大力维持。"赫德当即申呈总理衙门，称此次朝廷"误信廷臣之谬议，多日围攻使臣公馆，以致激怒各国。实属古今未有之奇事。因思此次各国出兵，原为救护使臣，非欲殃民害国，是以大局虽甚可危，尚可极力设法收拾。惟办理此事欲有成效，最宜急早开议，若推诿迟延，致其中另生他变，则挽回更难。"[2] 8月12日，盛宣怀致函湖广总督张之洞与两江总督刘坤一，告之美日均建议中国派重臣议和，可

---

[1] 马士. 中华帝国对外关系史：第3卷[M]. 张汇文，姚曾廙，杨志信，等译. 北京：商务印书馆，1960：320–321.
[2] 中国近代经济史资料丛刊编辑委员会. 中国海关与义和团运动[M]. 北京：中华书局，1983：25–26，29.

否请会奏，重臣之外或添派赫德。但是张之洞不愿列衔此折。❶因此李鸿章于次日单独上奏，建议清政府按照美国与日本的建议，派庆亲王速与各国驻华公使妥商，并推荐赫德同行。正在西逃的清政府更是把赫德看成了救命稻草，颁谕赫德："本日据崑冈等奏报京城会晤情形，知该总税务司目击时艰，力维大局，数十年借材异地，至此具见悃忱，朕心实深嘉慰。"❷告诉赫德、庆亲王即日回京。李鸿章在回京前致函赫德："各国若能及时开议停战，所有应议之纲领条目，深虑菲材绵力，不能了此公干。执事宣力我邦垂数十载，解纷排难，屡借长才，现又渥荷温旨嘉许，定能助本大臣等斡旋危局，仰副朝廷倚任。……初十日即当进京，仍望执事曲为调停，俾早成议，是所深幸。"❸皇太后发出的私人文件要赫德充当全权大臣助理。❹但赫德不接受。从以上可以看出当时清朝群臣对赫德的信任、倚重心理。所以后来朝廷大臣将给各国拟定照会、信函及通行专约等和谈要务均托付给赫德。

当赫德逃离使馆时，战争正在胶着。赫德当即率先谋划和平谈判，主动会晤大学士崑冈等大臣，并于8月22日重掌海关。对于中方的调停请求，他并不推诿，决心尽最大努力去打开僵局。当时事态极其混乱，"还没有人肯替中国人设想恢复秩序"。❺朝廷重臣庆亲王、熟悉外交的李鸿章等都不在京城。在赫德看来，只有他能为海关、为中国政府，也能为公众的利益工作，并在这三个方面起些作用，❻应该责无旁贷，于是改变了原拟回国的初衷。从8月初赫德应邀调停起，到恢复八国联军攻入北京后中断的清廷官员与各国驻华公使之间的联系，再到后来连续撰文发表改善中西关系的主张，直至在清政府和列强间进行和议转圜，赫德均积极行动，为清政府出谋划策，也尽心为列强提供种种咨询。

---

❶ 苑书义,孙华峰,李秉新.张之洞全集：第10册卷237［M］.石家庄：河北人民出版社,1998：8219-8223.
❷ 故宫博物院明清档案部.义和团档案史料：上册［M］.北京：中华书局,1959：495,513.
❸ 中国近代经济史资料丛刊编辑委员会.中国海关与义和团运动［M］.北京：中华书局,1983：35-36.
❹ 马士.中华帝国对外关系史：第3卷［M］.张汇文,姚曾廙,杨志信,等译.北京：商务印书馆,1960：323.
❺ 中国近代经济史资料丛刊编辑委员会.中国海关与义和团运动［M］.北京：中华书局,1983：11.
❻ 陈霞飞.中国海关密档——赫德、金登干函电汇编（1874—1907）：第7卷［M］.北京：中华书局,1995：86.

二、促成和谈

（一）撰文提供谈判思路

赫德从使馆被围到1901年初，相继写了一系列文章❶，这些文章由《双周评论》合编，于1900年12月出版。此书英文名为"These From the Land of Simin—Essays on the China question"，翻译为《这些从秦国来——中国问题论集》（以下简称《论集》）。《论集》内容非常广泛，旨在阐述经过义和团事件后，各国应如何处理好中国问题，如何重建中国，怎样谈判才能避免重蹈覆辙。赫德站在中国"客卿"兼列强代理人双重身份的立场上，明确表明，要尽力改善中西关系，保障未来。在他提出的诸多建议中，最要者有：

一为改善"条约关系"。60年的条约关系导致了拳民运动，故必须加以改善。条约中最惹人注目的是"治外法权"和"最惠国条款"。治外法权在中国人眼中是一根矛而不是一面盾，应把它拿走。"最惠国条款"这种让后来的外人均沾前来者所享有的一切利益，是不公平的，需要改进。"关税需要修订，至于维持值百抽五还是改为值百抽十，这留待谈判人员去决定。"

二为保存、利用清王朝。"这次起事无法无天的表现必须得到宽恕，而满清朝廷也要得到支持，为此必须安排后者尽量少'失面子'。"企图强加给中国人民一个新王朝是比瓜分更无指望的办法。"必须继续承认清王朝和支持光绪皇帝。"❷

三为谈判大臣设身处地解决问题才有实效。来中国的谈判者要公正地做任何事情，并制定出一个可操作的有效果的规则，必须把自己放在对方的位置，用对方的眼睛观察问题，才会赢得中国谈判大臣对其他的可取之处和有利条件的赞同，而且会使他们去争取中国政府的支持，这样就能保证制定的规则产生真正的效果。❸ 针对德国提出的先惩凶后谈判，赫德主张应该先谈判后惩凶。

四为压低赔偿。外国人被杀，各种财产被毁，都必须取得赔偿，并尽力防止它们再度发生。赔多少？不能回避中国的困难现实。在赔款问题上还可讲一点温情。对日赔款已经是苦不堪言的负担，而现在8个或10个国家已发表

---

❶ 即《北京使馆：一次全国性的暴动和国际插曲》（1900年11月发表于《双周评论》）《中国和他的对外贸易》（1901年1月发表于《北美评论》）、《中国与重建》（写于1900年10月，1901年1月发表于《双周评论》）、《中国与世界》（写于1900年11月，1901年2月发表于《双周评论》），《义和团，1900年》（写于1900年12月，1901年3月发表于《世界杂志》）、《中国、改革和列强》（写于1901年2月，1901年5月发表于《双周评论》）。

❷ 赫德.这些从秦国来——中国问题论集[M].叶凤美,译.天津：天津古籍出版社,2005：63-64.

❸ 同上：52.

声明提出赔款要求，必须避免出现最后压上一根稻草而使人毙命的事情。所以既要给予获赔的一方以充分保证，同时也应考虑给予赔款一方以方便。但无论如何，这将使中国背上一个极其沉重的负担。真希望各国提出的赔款数字尽可能地压低些，本着一种同情和与人方便的精神来处理这个不幸的负债人。❶

五为慎重惩凶，罪犯应该受到惩罚，"但名单应该仔细审核，也应该适当允许考虑减轻处罚，免得被处死者在将来的历史上被当成烈士，成为正义长袍上的一个污点和世代相传的仇恨的种子。"❷

六为改进税则。通过一些贸易规则的修订也许涉及税则修改，可以使今后的商业获益。《天津条约》和所有后来的条约很可能因为义和团运动而被宣布废除，不管是代之以新的条约，还是另外附加各种条款对旧约加以修订，都肯定无疑为修正过去的错误和为将来的扩展提供了机遇。在修订税则的事情上，要适当考虑中国财政的需要，但同时要注意避免过重的税负而削弱了贸易。至于新的条约或附加条款之类，涉及的有关地区，特别是有关影响内地贸易的方面，都应该与省政府商讨，要研究各省的不同情况和考虑各省的不同要求。而要使贸易既繁荣又健康发展，只听从一方面的要求是不够的，要对双方都给予充分的考虑。❸

另外，赫德要求重新考虑教会、传教士、教民的问题，"不应对传教作任何限制……但是教民和传教士的身份地位必须明确"。❹强调传教士不得干预中国内政。赫德还建议培植和推行一个由国家控制的保卫国家的志愿组织，也强调要趁此机会引进"新事物"，进行改革。

一句话，在赫德看来，因为"中国目前正处在对方愤怒的掌握之中，这个'掌握'必先换上友人衷心的包容，然后对外关系才可再循和平的途径进行，内政才可回复正常"。❺只有换"另一套更谨慎、更合理和更一致的行动方针"，才"可能会产生更佳的结果"。只有"合理的行动和同情的对待，在这个时刻可以赢取朋友，及为将来的友好关系播下种子"，因为"我们渴望找到的东西，是要令将来的交往安全和平和有利"。尽管他的文章在西方遭到批评，但赫德认为其文章"对所论及的问题是经过了咀嚼、消化并吸收了中国人的思想和感

---

❶ 赫德.这些从秦国来——中国问题论集［M］.叶凤美，译.天津：天津古籍出版社，2005：66.
❷ 同上：65.
❸ 同上：67.
❹ 同上：67.
❺ 陈诗启.中国近代海关史（晚清部分）［M］.北京：人民出版社，1993：437.

情的"。"其中却包含着中国问题的精髓——发病原因和治愈的方法。"❶

在朝廷逃亡、联军占领北京、列强酝酿谈判之际,就职中国海关近40年的"中国通"赫德的上述主张,符合各国在华的长远利益。《论集》的发表,无疑给列强解决中国问题提供了一个调子,一种思路。赫德的主张逐渐为各国公使所认同,在《辛丑条约》中得到了不同程度的体现。但是由于列强的蛮横贪婪,列强并未完全接受。

(二)出谋划策

当时京城局势极其混乱,群龙无首。尽管留京的清廷官员十分着急,只盼早日开议,联军尽快撤出,可是政府大员不是跟着朝廷出逃,就是远在南方,留京官员资历不够担负谈判重任。赫德当机立断,采取以下举措。

一是与在京官员多沟通,请示朝廷谕令奕劻、李鸿章等交涉大员即刻回京,同时也期望皇上早日回銮。赫德与晚清宗室崑冈等进行了会晤。崑冈请赫德设法婉商,保全宗庙社稷、东西两陵和百万生民性命。赫德提出庆亲王必须急速回京,各国只愿与庆亲王进行和议。如迟迟不来,则各国兵丁难免骚害,而且等德兵一到,后果更是难料。崑冈赶紧奏请派庆亲王来京议和。❷同时电请李鸿章迅速来京开议。8月25日,崑冈等再次与赫德晤商,请赫德利用其影响力,给清政府写一申呈,催促奕劻早日来京议和,以尽快促成和局。赫德依崑冈之意于8月27日向总理衙门写了一个申呈。

正在西逃的清政府接到崑冈的奏折后谕命庆亲王驰回京城,便宜行事。并于同日颁谕赫德,感谢他"力维大局",并告知已谕令李鸿章迅速来京会同庆亲王商办和议。❸9月3日,奕劻回京。一个月后,李鸿章回到北京。

二是与伦敦的金登干频繁地进行函电往来,互相交流各自在中国和欧洲打听到的相关信息、情报,及时调整自己的策略,并让金登干将赫德的来电相继送往英国外交部。8月30日,赫德电询金登干欧洲如何处理中国目前的状况,维持清廷还是瓜分大清帝国,必不可少的条件是什么。金登干立即照办,并报告赫德,各国支持清政府,无意瓜分,而英国舆论要求保护光绪帝,同时保障慈禧太后的人身安全,但反对本国政府承认慈禧。必要的条件包括惩办祸首、赔款,对今后的保证,等等。9月2日赫德再次电询金登干有关英国的方案,金登干的答复,英国舆论赞成今日公布的德国政府通牒,声明谈判的前提条件

---

❶ 陈霞飞.中国海关密档——赫德、金登干函电汇编(1874—1907):第7卷[M].北京:中华书局,1995:123–124.
❷ 故宫博物院明清档案部.义和团档案史料:上册[M].北京:中华书局,1959:495–497.
❸ 同上:513.

是交出主要祸首加以惩处。❶

三是与各国公使取得联系，了解他们的对和议的要求、动态。赫德尽可能多地与各国在华公使取得联系，打探他们的纷争及和谈要求。各国意见纷呈，各为己谋，大致美、英、日为一阵线，法、俄为一派，德国则独树一帜，左右摇摆。谈判之前，先得协调内部步调，特别是对清廷的根本态度。八国联军占领北京后，局势的发展存在三种可能，列强瓜分中国、改朝换代或继续支持清王朝统治者。对此，各国分歧悬殊，俄国支持的是慈禧和李鸿章，而德国主张交出重要祸首后才开议，而重要祸首首推慈禧。❷ 此一建议，遭到其他国家的反对，因害怕慈禧的惩处会导致清政府统治的瓦解，中国将陷入更大的混乱。赫德《论集》力劝各国采宽大政策，应该继续支持清朝统治者，勿作瓜分及改朝换代之想，充分利用现有政权徐图改进中外关系，避免出现"黄祸"。庚子之变证明民族意识强烈的中国人民，人口众多、地大物博的中国是难以被征服的，照旧保存由列强监督控制而驯顺无能的清廷更为合算。于是各国遂仍以慈禧的政府为交涉对象。

先惩凶还是先谈判，一直是列强间争执不休的问题。德国提出以惩办祸首作为和谈的先决条件。9月3日张之洞致德国驻华公使穆默，请其倡导停战议和。穆默电复，庚子事发罪魁祸首实为某王与某大臣，中国朝廷必须明降诏书，切实谕示声明承认所犯之罪，以昭信实而保将来，才有开启和谈之希望。❸9月8日，赫德告诉金登干，"某些公使在庆亲王初次露面时，就告诉他，除非先把端王、庄王、载澜以及刚毅、徐桐等有关大员杀头，否则不能进行谈判。我原来把这件事作为谈判的最后一项，现在却把它作为第一项提出，我认为这是一个错误。恐怕庆亲王还没有体味到整个事件的严重性，和中国必须接受什么样的惩罚。"❹李鸿章在上海会晤穆默、荷兰公使克罗伯、副总税务司裴式楷与各国总领事时关于此问题得到了相同的答复，因此李鸿章于9月15日奏请严惩祸首。❺9月18日德国政府照会各国：以先行惩办祸首，"作为同中

---

❶ 陈霞飞.中国海关密档——赫德、金登干函电汇编（1874—1907）：第9卷[M].北京：中华书局，1996：290-292.

❷ 郭廷以.近代中国史纲：上册[M].香港：香港中文大学出版社，1980：347.

❸ 苑书义，孙华峰，李秉新.张之洞全集：第10册卷238[M].石家庄：河北人民出版社，1998：8275.

❹ 中国近代经济史资料丛刊编辑委员会.中国海关与义和团运动[M].北京：中华书局，1983：10.

❺ 苑书义，孙华峰，李秉新.张之洞全集：第10册卷239[M].石家庄：河北人民出版社，1998：8286.

国政府进入外交谈判的先决条件"❶。9月26日金登干告诉赫德,从英国外交部了解到,俄、日原则上接受德国建议,英国须待驻北京公使提供情况后才能答复。各国都一致认为惩办祸首乃绝对必要。赫德将此信息告知奕劻。但赫德始终建议先从速议和,因为谈判可能做到惩办祸首,但作为先决条件恐将造成僵局,使战争扩大、商业停顿、外债停付。谈判成功以后缉拿祸首,比谈判之前更为容易。❷

9月25日,清政府颁布上谕,惩处支持义和团运动的亲王和大臣,并派崑冈致祭克林德(义和团运动期间被清军枪杀的德国驻京公使)。赫德认为清政府这一新的姿态如能得到合乎情理的反应,可能为早日达成有利于和平、贸易和债券持有者的解决办法铺平道路。❸

(三)筹划、代拟和议文稿

赫德希望在11月前取得某种谅解,❹极力主张从速解决。他综合各方的信息加紧准备,并代拟致各国公使"照会拟稿""信函底稿"两件,要求各国迅速开议和局,还附拟议和纲领。

在奕劻回京前赫德即拟好了一份节略。奕劻一回来,赫德立即呈上。赫德认为清政府无法推脱此次事变的责任,必须为此给予赔偿。而欲了此事,只有两种方法,一系交战到底,一系设法乘机说和停战。前者已显然不行,后者也不易办到。他希望奕劻能够马上与各国进行谈判,并拟定了和约草稿,但立即进行谈判的意见未被奕劻采纳,也遭遇了列强的种种阻力。赫德在奕劻即将拜访各国公使前,给公使团领袖即西班牙公使葛络干写信进行疏通,说为了让庆亲王安心,请求葛络干在庆亲王首次拜访时不谈公事或提要求,这样可使后续谈判更圆满。9月6日,庆亲王拜访了每一位公使,并请求他们举行会议,可未如愿。于是9月9日,赫德又向奕劻建言:①设法使中国官兵不再攻击八国联军;②设法使慈禧太后与光绪皇帝回銮。赫德认为此二端与停战协议和保全大局实有关系。继续敦促应该尽快开始和谈。❺

与此同时,赫德也在各国公使间来回奔波,力劝从速议和,以免中国商务

---

❶ 马士.中华帝国对外关系史:第3卷[M].张江文,姚曾廙,杨志信,等译.北京:商务印书馆,1960:328.
❷ 陈霞飞.中国海关密档——赫德、金登干函电汇编(1874—1907):第9卷[M].北京:中华书局,1996:294,296.
❸ 同上:295.
❹ 中国近代经济史资料丛刊编辑委员会.中国海关与义和团运动[M].北京:中华书局,1983:11.
❺ 同上:30–33,63.

崩溃而不可收拾，从而祸及各国商务，英、德二国赞同赫德的看法。❶为了避免外交上的动乱，各国都坚持最要紧的一着就是应该劝导清廷毫不迟疑返回北京。赫德也反复请求慈禧太后和光绪皇帝应该马上回銮，因为此举有利于议和的成功。可是宫廷担心北京在"军事行动"以后会发生一场"瘟疫"，要"在和平初步解决时候回銮"。❷赫德催促宫廷早日回銮之议终不能行。

10月4日法国发出了一个通牒，建议下列各点作为谈判的基础：①各国驻华使节提出的罪魁的惩办。②军火输入禁令的维持。③对于国家、社团和个人的公平赔偿。④北京设一卫队保护使馆。⑤拆毁大沽炮台。⑥军事占领在北京至大沽道路上二三据点。各国对这些基本同意，只是将第四、第六两条分别稍作修改。❸从10月10日起，各国公使继续陆续研究和修改法国照会。

10月11日，李鸿章抵京，随即与赫德、奕劻进行了会晤，商定10月15日照会各国公使，10月20日与公使们会晤。10月15日，奕劻与李鸿章以全权大臣名义照会各使。所用照会❹、信函及通行专约拟稿皆赫德所拟。

赫德所拟随文信函请求约定日期赴领袖公使葛络干公署面商一切，应请其转知各国大臣届期赴会。❺

赫德所拟通行专约底稿主要内容有：其一，承认围攻公使馆之大错，保证以后不犯此类错误。其二，答应全行认赔。其三，贸易交涉事宜，同意按照各国意愿照守旧约或增改新约。其四，大纲定妥后，各国应撤去总署封条允其照常办公。俟应赔各事各款全行议妥后，各国陆续退兵。其五，各国分约与各通商条约无涉，各有各办法。❻其六，各国此次派兵乃为保护使馆，现将开议

---

❶ 中国史学会.义和团[M].上海：上海人民出版社，1957：198.

❷ 陈霞飞.中国海关密档——赫德、金登干函电汇编（1874—1907）：第3卷[M].北京：中华书局，1992：360.

❸ 同上：355-357.

❹ 照会大意如下："……今者朝廷始知左右诸王大臣之庇纵拳匪，妄启祸端，是以一面将该大臣等照中国例交各衙门严议，一面派本王大臣为全权大臣便宜行事，俾得迅速开议和局，以了此事。惟应与议者并非一国，且应议之事，各国又有不同，加以事出非常，应议一切种种较难，再四思维，不若先将其事之纲领由与议各国会定通行之专约后，将其事之详细按照各国情形各定分约；此外俟通商条约应否改定均已办妥，再将约内关系各省应行事宜者，另定善后章程，以期彼此获益，永无窒碍。兹将拟先议之通行专约，特拟底稿，附送查阅，以便各国大臣会阅，并请将中国现在如何拟办各情形电达贵国外部，俾期速将应办之事早日完结。……"摘自：中国近代经济史资料丛刊编辑委员会.中国海关与义和团运动[M].北京：中华书局，1983：36-37.

❺ 中国近代经济史资料丛刊编辑委员会.中国海关与义和团运动[M].北京：中华书局，1983：36-37.

❻ 同上：37-38.

和谈，自应先行停战。❶赫德所设计的和议大纲，承认错误，自愿赔偿各国损失、增改商约等补偿根本满足不了列强的胃口。各国公使蛮横地斥之为"狂妄"，并悍然表示，在列强之间达成协议之前，不能同中国代表进行谈判。领袖公使葛络干以极傲慢的态度对李鸿章说："此何时耶，既已一败涂地至此，尚欲议和，惟有凛遵所示而已。"❷此时，各国对和议之态度，不再听取中国代表之意见，而在于各大国间之磋商。尽管如此，赫德认为，"庆亲王和李送出一个草约给各国使节研究，各国使节认为有点狂妄——对于这一点我并不十分觉得；但是无论如何，这总起了个头，提供了装条件的箱子，表示歉意并且允承赔偿。""公使们并没有采取步骤——事实上，他们也没有权力——将这些建议加以考虑，于是它们也就流产了。"❸中方"尽早开议，早定和局"的建议被搁置一旁。

在清廷命悬一线之际，朝廷大员一致请求赫德来拟写给各国的照会、信函及通行专约，一方面可见清廷对赫德寄予厚望。因为"总税务司赫德系倡办款事之人，于中外交涉事体重轻极有体会，因令酌拟照会底稿，表明中国仍愿与各国永敦和好本意，并附专约五款（实为六款，后增加一款，引者注），为开办之纲领"❹。另一方面也表明清政府缺乏真正能够被列强所信任和认可的外交人物，中国的外交大臣运筹帷幄和掌控时局的能力还不足以应付这种复杂的外交场合。

和谈迟迟不能开议，各省都督很着急。10月15日，刘坤一让盛宣怀电赫德称："中国局势至此，商民交困，焦形烂额，何堪再坏？贵总税务司在华最久，深知一切情形。今朝廷已极愿和，授庆邸、李中堂为全权大臣，各国亦均有顾全大局之意，贵总税务司宜即谆劝各国驻使迅速开议，俾款局早定，中外商务方有起色，人民共享太平之福。贵总税务司久任榷务，受国厚恩，当必以鄙言为然。"❺

赫德本来对拟定的10月20日与公使们会晤，充满期盼。曾这样告诉金登干，"最近我忙于各方奔走，希望谈判的难关就此渡过，因为今天庆亲王和李鸿章将他们所拟的议和建议送给各国使馆去了。……我极力抑制焦虑，保持镇

---

❶ 奕劻与李鸿章各国照会、信函即所拟通行条约底稿，参见：左原笃介.拳乱纪闻［M］//义和团文献汇编：一［M］.台北：鼎文书局，1973：221-222.
❷ 王彦威纂辑，王亮编，王敬立校.清季外交史料［M］.北京：书目文献出版社，1987：4003.
❸ 马士.中华帝国对外关系史：第3卷［M］.张汇文，姚曾廙，杨志信，等译.北京：商务印书馆，1963：362
❹ 故宫博物院明清档案部.义和团档案史料：下册［M］.北京：中华书局，1959：742.
❺ 陈旭麓，顾廷龙，汪熙.义和团运动［M］.上海：上海人民出版社，2001：321.

静"❶。公使们拒绝开议,赫德极度失望,向金登干倾诉了心中的郁闷和不满,说庆亲王写信给各国公使馆,附去和约草稿,表示道歉并答应赔偿和改善通商条件等。有些公使馆认为这封信轻率欠审慎,以致暂时遇到阻碍。而实则中国的建议是谦恭有礼而又认真负责的。❷ 列强迟迟不肯开议,赫德又奈若何? 只得向刘坤一解释为难之处,并再次强调皇上回銮、重惩祸首与从速认赔三点:"遵意诚然,业力催各使议和。惟非将祸首各王大臣加重治罪,恐搁和局。因前次议处旨意太轻,不足折服各国。今第一要着必皇上速回,届时各国迎待必礼,保他无虑; 否则将敌视,和局更难办、无望。当日各使馆被兵攻,并且各处许多教士教民均遭匪焚杀,环球各国无不骇愤,致令大清天下颠危可虑。此事极紧要重大,贵大臣幸勿轻视,应即显示外人,有悔之意,从速议赔。"❸

赫德从金登干以及各国公使处打听到各国将要提出的条件后,将之告知奕劻和李鸿章。对此,怎样应对? 赫德传授的策略是,各款中最要者为各国所索赔款,这一点毋庸辩论,应立即答应,因为如若辩论,"必致有另索两事之累",所以,"开议时,可允者即可应许,其难允者切勿当时辩论,只先云此层俟斟酌妥协再说可也"。即能允者爽快答应,不能允者暂且拖延。❹

三、《议和大纲》的签订

直到10月26日,各国公使才开始正式讨论要向中国全权大臣提出的解决条件。庆亲王要求赫德也参加他们的会议,但被赫德婉言谢绝。因为他要避英国人操纵谈判的嫌疑,那样容易引起反感。但要求庆亲王及时告诉他会议进展的一切情况以及中国采取的每一措施。❺ 各国公使会议进展极慢。和谈一直悬而不决,无甚进展,不论是逃至西安的清廷,负责谈判的大臣乃至中国驻外使臣都备受煎熬,都在焦急地等待各国提出条件。

11月21日,清廷给奕、李关于议和的指示是:"款议可成不可败,两害取轻,是在该亲王等惟力是视,朝廷不能遥制也。"至于条件,议和大臣能"相机审视补救,得一分是一分"。❻ 11月26日,中国驻俄使臣杨儒代驻日

---

❶ 中国近代经济史资料丛刊编辑委员会.中国海关与义和团运动[M].北京:中华书局,1983:14.
❷ 陈霞飞.中国海关密档——赫德、金登干函电汇编(1874—1907):第9卷[M].北京:中华书局,1996:298.
❸ 中国近代经济史资料丛刊编辑委员会.中国海关与义和团运动[M].北京:中华书局,1983:80.
❹ 同上:39-40.
❺ 同上:15.
❻ 顾廷龙,戴逸.李鸿章全集27·电报七[M].合肥:安徽教育出版社,2008:421.

使臣李盛铎转至李鸿章电称："德帅狡狠自在意中，窃谓英俄主盟比于秦楚，俄已撤兵，英若再允停兵，他国当无不从，且英德方睦，说德非英不可。赫德久握利权，中国不安，当非所愿，拟请传相力劝赫说英停兵，开议事或有济。"❶12月5日，清廷又催促奕、李，有什么为难地方，可以直说，朝廷会审时度势酌情处理，但"切勿迁延日久，致大局益难收束"。❷事实上，赫德何尝不急，可也无可奈何。他告诉金登干："可怜的庆亲王和李鸿章已经等待各公使馆八个星期了，可能还要等下去。'联盟国'……取得一致意见之前，可以说谈判不但没有开始，而且连开始的可能性还没有。"❸

10—11月，出兵中国的八国代表，加上使馆遭过围攻的西班牙、荷兰和比利时的代表，在西班牙公馆召集了十多次外交团会议，对法国的建议进行磋商、补充和修改，到1900年底，主要增补了下列几点：一是确定惩罚祸首的范围。凡负有围攻使馆责任的王公大臣，杀害外国人的各省官员，都得处死。外交团特别强调，应处死的官员名单里要有董福祥和毓贤。二是防范今后的排外活动。三是扩大列强在华贸易权益。11月5日，英国公使萨道义提出修改现行通商行船条约和解决关涉商务利益问题的诉求。最后形成有利于英国的文字。"凡通商行船条约，以及关乎通商各地事宜，各国以修改为有益者，中国认与商议更改。"四是关于清政府向各国赔款的抵押范围和方式问题。各国多次磋商，达成应用"列强可以接受的财政措施"来赔付的协议。❹

经过两个多月的争论和协商，外交团终于形成包含十二款的"议和大纲"。12月24日，奕劻（李鸿章因感冒未能出席）被召至西班牙公使馆，与11国使节会晤。葛络干将包含"议和大纲"的11国公使联合照会交给奕劻。❺并且声称：所列全部条款，都是"不能更改的"。❻奕、李当天就将大纲全文电告西安行在军机处，告知列强"词意决绝，不容辩论，宗社陵寝均在他人掌握，稍一置词，即将决裂，存亡之机，间不容发"。请求慈禧从速决断。12月

---

❶ 王安节.李鸿章全集：第11册（电稿卷29）[M].长春：时代文艺出版社，1998：6812.
❷ 世续，陆润庠等纂修.清德宗实录：473卷［A/OL］.http://www.wenxue100.com/book_Zhuan TiQingShiLu/12_479.thtml.
❸ 陈霞飞.中国海关密档——赫德、金登干函电汇编（1874—1907）：第7卷[M].北京：中华书局，1995：126.
❹ 李文海，匡继先.世纪噩梦——近代中国不平等条约写实[M].北京：中国人民大学出版社，1997：791-792.
❺ 天津社会科学院历史研究所.1901年美国对华外交档案——有关义和团运动暨辛丑条约谈判的文件［M］.济南：齐鲁书社，1984：67，71.
❻ 马士.中华帝国对外关系史：第3卷［M］.张汇文，姚曾廙，杨志信，等译.北京：商务印书馆，1960：365.

27日，西安军机处电复："敬念宗庙社稷关系至要，不得不委曲求全，所有十二条大纲应即照允。"❶12月30日，奕劻偕李鸿章将与赫德共同拟定的照会交各国公使，告之联合照会已奉旨谕允，并请各国公使确定会见的时间和地点，以便讨论各项问题，还请求各国不要再派兵前往各州县城镇。❷1901年1月15日，中方按外交团要求，在声明接受十二款要求的议定书上签字。❸

议和大纲生效以后，外交团就开始对大纲所规定的各项细节及实施事项进行磋商。虽然外交使团同中国全权大臣并没有多少谈判，因为中方只能接受他们所提条件，但是各国之间有很多谈判、争执。从大纲生效到正式签约经历了9个月之久，最后的草案在1901年9月7日才被签订。

各国在条约细目上的争论，主要集中在"惩凶"和"赔款"两大问题上。清政府对此二者稍作争辩，但无关大局，动摇不了列强的决定。在此后的赔款问题上，赫德继续在中方和列强之间折冲斡旋。

四、协商庚子赔款

如何向中国榨取赔款，使中国既能满足各国要求，又不至因负担过重而影响其立国，这是庚辛议和中一个非常重要的问题。俄国力主从严，而英国则呼吁"宽大"。各国态度不一，故多争论，以致赔款一项的讨论较辛丑和约其他条款费时更久，历经半年，方才议定。议定之后，各国之间为分配比例又起争议。在赔款谈判中，赫德在确定赔款数目、网罗赔款财源、抉择偿款方式以及确保赔款担保方面费尽周折，既想让列强减少赔款数目，力避国际共管中国财政，同时也为列强罗掘详细的中国财源状况及赔款担保，并欲进一步巩固英国长期控制中国海关之地位。

（一）筹谋赔款事宜

在议和大纲签字后，赫德向奕劻和李鸿章提出了下一步中国所应采取的行动。赫德认为所定十二款中，只有第六款、第十一款两款，似应由中国先提，其余各款似可暂候各国自行来议。第六款关于赔补一节，攸关中国进出年项，必须尽早查明设法办理；第十一款所议修约一节，头绪纷繁，与赔补也有关

---

❶ 王彦威，王亮辑编；李育民，刘利民，李传斌等点校整理.清季外交史料9[M].长沙：湖南师范大学出版社，2015：4748.

❷ 天津社会科学院历史研究所.1901年美国对华外交档案——有关义和团运动暨辛丑条约谈判的文件[M].济南：齐鲁书社，1984：76.

❸ 李文海，匡继先.世纪噩梦——近代中国不平等条约写实[M].北京：中国人民大学出版社，1997：792-793.

系，更须预定办法，赫德为此拟定了照会底稿，同时为八国联军归还总理衙门等事拟就照会底稿。对于议和大纲第二款尽法严惩一事，则认为愈重办则他事较易，愈轻办则他事倍难。❶

1900年9月，李鸿章请求赫德代向各国商议赔款事宜。❷其实，赫德早就关注赔款问题。一开始他对中国前途比较悲观，在10月、11月告诉金登干，总税务司署前途难卜，如果战争继续进行下去，"一切都会化为乌有!"❸估计赔款总数不下5000万镑，但即使这个数目中国也难支付！不过他"将尽力使中国取得最便宜的条件"，但又"恐各国都想在赔款以外使他们本国人能生财有道"。❹以后赫德不断就赔款的可能数额、赔付的方法与清政府官员往复函商。他对奕劻与李鸿章阐述了自己的意见，认为中国赔款必在四万万两左右；中国认此赔款无论或借外债，或有何项办法，四五十年内，每年必须筹出三千万两还款之巨数。为了取信于外人，他建议应立即查明进出各款。❺赫德此处的估计与列强以后所提赔款总额惊人的相似，以致湖广总督张之洞怀疑列强所要求的赔款数即为赫德所怂恿。❻

对于赫德所提赔款建议，中方自然十分重视。李鸿章于1900年11月7日致电盛宣怀电知各省，按照指查各节将进出款各项实数认真查明迅速电复。❼赫德也将赔款估计告知会办商务大臣盛宣怀，嘱咐其切实真办，否则恐难保为外国所干预。❽

1901年2月25日，赫德就赔款的偿付方式与庆亲王奕劻和李鸿章进行磋商。赫德认为，对于中国可能赔偿四万万两上下的巨款，只有两项办法：一为举借外债；一为分期还款。赫德反对前者，因为举借外债比分期还款费用多出五分之一，而分期还款时间可定五十年之久，还本带利每年少则二千万两，多则也就三千万两。赫德之所以反对举借外债，还因为向各国大量借债会导致中国海关置于列强的共管，英国对于中国海关的独占鳌头优势将不复存在，自然也会威胁到赫德的总税务司职位。对于偿还的方法，赫德认为，盐课每年约有

---

❶ 天津社会科学院历史研究所.1901年美国对华外交档案——有关义和团运动暨辛丑条约谈判的文件[M].济南：齐鲁书社，1984：95.
❷ 中国史学会.义和团[M].上海：上海人民出版社，1957：209.
❸ 陈霞飞.中国海关密档——赫德、金登干函电汇编（1874—1907）：第7卷[M].北京：中华书局，1995：101.
❹ 中国近代经济史资料丛刊编辑委员会.中国海关与义和团运动[M].北京：中华书局，1983：15.
❺ 同上：42.
❻ 故宫博物院明清档案部.义和团档案史料：下册[M].北京：中华书局，1959：1069-1070.
❼ 王安节.李鸿章全集：第11册·电稿卷28[M].长春：时代文艺出版社，1998：6776.
❽ 陈旭麓，等.义和团运动[M].上海：上海人民出版社，2001：496-497.

一千五百万两，常税由税务司经理，每年似可得五百万两以上，两项似已足二千万两之数。此外查有漕运改征折色，每年约可得银三百万两。由每年京饷八百万两之定数，似可提拨三百万两。若能修改税则，每年似可多得三四百万两之数。以上三项，又可筹出一千万两，加以前两项，足数三千万两。对于由此产生的亏空，赫德则认为可以通过撙节、加税、开征印花税来解决。4月22日，赫德向庆亲王奕劻与李鸿章提出了整顿利源的办法，即整顿地丁钱粮，增收盐课和开征印花税。同一天还提出了筹措抵偿的三项办法：一为挪移旧项进款，一为裁减各项出款，一为另新筹各项进款。❶

对于赫德所提有关赔款的建议，清政府官员间的意见不一。张之洞和刘坤一强烈反对。4月27日，张之洞致电西安军机处："闻有人开拟节略，欲将现有之盐课、常税、折漕，并另由部拨足三千万，以抵洋债，而令筹新法，以裕国用，十分可骇，万不可用。"❷5月6日，刘坤一也致电行在军机处："赫德觊觎盐务已久，近密饬各税司考核盐务甚详；又多设学堂，专习华语，以备将来分布内地办事之用，蓄意甚深，盐课厘作抵，势必归赫德征，既管鹾务，必须缉私，窃取兵柄，流弊极大，不可不防。"❸而奕劻、李鸿章和盛宣怀坚决支持赫德所提赔款建议，5月2日，李鸿章、奕劻将赫德之建议电告西安行在军机处，据称各使意见不一，"如付现银，必须借债。付四百五十兆之款，必须借六百兆方能敷用，以周息四厘计之，三十年须加息七百二十兆，大不合算"。又担心如以抵款难筹推托，则各国有可能借口占地自筹，这样为害更大。建议先与政府户部、各都督通盘筹划，速定大计，"总期能指有的款作抵，先办撤兵是为要着"。❹

与刘坤一、张之洞一样，西安军机处原本希图仅用海关半税作抵，以免列强染指钱漕、盐课、常税、厘金等领域。但很快就意识到此想法的不切实际。5月5日，军机处致电奕劻、李鸿章等称："兹据户部复称，各海关洋税历经借抵各项洋款无余。不得已只好将盐课、盐厘、漕折、漕项即各关常关全数被抵，实可得银二千万两。"❺

---

❶ 中国近代经济史资料丛刊编辑委员会.中国海关与义和团运动［M］.北京：中华书局，1983：45-46，50-51.
❷ 故宫博物院明清档案部.义和团档案史料：下册［M］.北京：中华书局，1959：1061.
❸ 刘坤一.刘坤一集：第3册［M］.陈代湘，校点.长沙：岳麓书社，2018：497.
❹ 王安节.李鸿章全集：第11册·电稿卷36［M］.长春：时代文艺出版社，1998：7120.
❺ 故宫博物院明清档案部.义和团档案史料：下册［M］.北京：中华书局，1959：1085，1091.

（二）折冲斡旋

在赔款问题上各国钩心斗角，意见纷呈，长期决断不下。3月22日，公使团只好专设赔款委员会来协同各国的意见，为摸清中国的财源详情和最大偿付能力，各国公使相继咨询赫德。

3月25日，赫德向赔款委员会提交了中国财源状况调查分析意见书。他列出了当时中国年度财政收支款项：岁出项目共计10112万两，岁入项目共计8820万两。当时中国的财政状况是入不敷出，差额为1292万两。❶该意见书分为四部分：

一系"中国究竟能偿付多少？"中国无现金储备，不能用现款支付。所需款项只能用民间储蓄抑或政府平常税款收入支付，而通过增税手段来增加的赔款开支，每年须小于二千万两。❷

二系"用什么方式支付赔款最为恰当？"赫德认为唯有"中国借款一次付清"，或者"分期摊还"两种途径。前者必将付出高额佣金，很不经济。在若干年内摊付之法比较合算。❸

三系"什么税收最容易取得？"海关税已担保了现有的借款，只能作为次要担保。"因此须从田赋、厘金和盐课厘中来选择。"但田赋不稳，厘金是被希望废除的临时税，其余盐课盐厘也非良税。据查盐课盐厘收入可能达到每年一千五百万两。最好把常关税作为补充。如不足，还可指望其他几种适当的税目作为补充。如从盐税、常关税、崇文门落地税等税收中，第一年即可得二千万两，几年后或可增至三千万两。还可另筹新税或增加旧税来弥补。经赫德与中国官方数次商议，认为可以增添的税是：房捐、印花税和调整土产鸦片税。但因这些征税与对外有关会引起反感，最好予以避免。恢复海关税则的关平银两价值。❹

四系"怎样监督才适当？"假以盐课盐厘担保赔款，简单易行的办法就是推广英德续借款合同的盐厘管理手段至所有盐政收入，且所有通商口岸的常关与海关合并。❺

综上所述，赫德最后的实际结论，就是债款要以海关税、常关税和盐税作为抵押和保证，尤其是强调海关税"更适宜作为担保"，并且提出他所操纵

---

❶ 朱荣基．近代中国海关及其档案［M］．深圳：海天出版社，1996：91–92.
❷ 同上：93.
❸ 同上：92–93.
❹ 同上：93–96.
❺ 同上：97.

的海关应当进一步吞并通商各口岸的常关,才能实行对偿还债款进行"适当"的"监督"。实际上,赫德此番所述完全是他曾向清政府所提有关赔款建议的系统化,反映了中国财源的真实情况。在公使团眼里,对于中国的大小事情,没有一个活着的人比赫德更有发言权,赫德的上述建议自然被公使团奉为最真实可靠的权威性报告,引起各国的格外重视,并最终成为各国确定赔款的重要参照。

(三)赔款问题的解决

尽管征询了赫德的意见,各国一时在赔款的数额、偿付方法以及来源保证上继续争论不休,莫衷一是。

关于赔款数额,在华商业利益较大的英、美、日三国既要索取到超过其实际"损失"的赔款,又不愿意过度的勒索毁坏中国这块宝贵的经济市场。所以主张酌予从宽,视中国的实际偿付能力而定。按德国公使穆默的说法,是"担心杀死下金蛋的公鸡"。❶ 美国公使柔克义在3月底递交给公使团的备忘录里呼吁赔款总数应当合理,绝对不要超出中国的支付能力。否则,应"按比例缩减"。❷ 到19世纪末,由于英国资本输出占世界第一位,英国公使萨道义主要参照赫德提供的数字,提议总赔款45000万两。在华商业利益较小的俄、德、法等国,则极力要求增大赔款数额,德国索要最多,达75000万两。赫德建议以30000万两为度。❸ 4月23日,外交团应柔克义的请求举行专门会议,讨论美国对于赔款的建议,柔克义综合赫德所做备忘录,认为中国的借贷能力勉强达到4000万镑。❹ 然而,公使团提出的赔偿总额却是46253万两,最终,这个数额按比例削减为45000万两,合6750万英镑。❺ 并于5月4日正式通知中国政府赔款4.5亿两。清政府把赔款照会交给赫德拟复。"海关又出头了。"赫德喜形于色,"据闻各使馆终于发现不能忽视海关,因此,我们在承担此项任务下,将比过去的权力更为强大了"。❻ 5月11日,奕劻与李鸿章照复各国公使。告之以盐课厘每年银1000万两,常税300万两,厘金200万两,共1500万

---

❶ 李文海,匡继先.世纪噩梦——近代中国不平等条约写实[M].北京:中国人民大学出版社,1997:799.
❷ 天津社会科学院历史研究所.1901年美国对华外交档案——有关义和团运动暨辛丑条约谈判的文件[M].济南:齐鲁书社,1984:144-145.
❸ 郭廷以.近代中国史纲:上册[M].香港:香港中文大学出版社,1980:348.
❹ 天津社会科学院历史研究所.1901年美国对华外交档案——有关义和团运动暨辛丑条约谈判的文件[M].济南:齐鲁书社,1984:179.
❺ 薛鹏志.中国海关与庚子赔款谈判[J].近代史研究,1998(1):177.
❻ 中国近代经济史资料丛刊编辑委员会.中国海关与义和团运动[M].北京:中华书局,1983:20.

两，分 30 年还清。❶

关于赔款的偿付办法，俄、德、法主张联合担保，为清政府举债，以便一次取得赔款的全部数额，并成立国际管理委员会，监管中国的财政，提高关税率。英、美则提出发行债券，分年摊还的办法。赫德极力阻止借债担保，而为分年摊还设法筹谋，并自信地告诉金登干，他设法使外交使团接受其分期付款方案，因为贷款太昂贵。"但是这十二位谈判代表每个人都有各种花样繁多的方案，斟酌精选就拖延了工作的进展，我推测这一事实本身，再加上他们之间无法取得一致意见，最终会把整件事情交我来处理！对于促进或促成这件事，我已尽力而为了，再无别的办法了。所以我现在是不露神色，静待货物顺槽留到我的盆里！"❷

赫德坚决反对成立外国管理委员会。认为"维护中国的行政管理完整和维护其领土完整，具有同样的重要性！"当然，更关键的是，"如果成立一个管理委员会，总税务司将不复存在"。❸最终各国还是采纳了分年摊还的建议。

至于赔款的财源担保，俄、法、德主张将中国的海关税率提高为值百抽十，以新增的税款收入作为这次赔款的保证。美、英、日认为这样有损它们的对华贸易，表示反对。赫德受清政府之托，请求英国允许提高关税，5 月 6 日，赫德电告金登干，中国每年能收入一千四百万两银，但中方要求英国外交部允许关税增加三分之一，即进口税由原来实际百分之三增到百分之四，这样中国可收入二千二百万两。金登干将电交给英国外交部，英外交部同意修改税则，达到按值抽百分之五。❹

几经磋商，最后确定以下三项作为赔款的担保：一为进口税切实的值百抽五，及免税的物品照征后，偿付旧有外债的余款；二为通商口岸的常关❺所征之数归海关管理（内地常关所入，解上海道转交）；三为盐税全部。中国所有重要收入，除田赋外，尽用于偿还赔款，每年实付之数为二千五百余万两。❻

经过各国的讨价还价和赫德的斡旋，各国在赔款问题上基本取得一致意见。但上述讨论只是赔款本金，并未包括利息，所以葛络干又询问如何赔付利

---

❶ Foreign Relations of the United States 1901: Affairs in China [M].中国影印，1941: 165-166.
❷ 陈霞飞.中国海关密档——赫德、金登干函电汇编（1874—1907）：第 7 卷 [M].北京：中华书局，1995: 188.
❸ 同上: 126, 128.
❹ 同上: 317.
❺ 常关为中国在水陆要道及货物集散地设立的税关。
❻ 郭廷以.近代中国史纲：上册 [M].香港：香港中文大学出版社，1980: 348.

息。❶ 5月30日,奕劻和李鸿章依据赫德建议❷照会葛络干称,鉴于中国每年只能拿出一千五百万两,除了延长赔付期限别无办法,只能前一时期赔本,后一时期赔利。本利仍将由海关支付。❸对此,赔款委员会不予采纳。另外,中方还向外交团递交了四十年内将本利均摊的赔付方式。赫德与李鸿章磋商后认为,若定以每年付银二千一百万两,可以按照下列办法拨款:盐课厘一千万两,常税三百万两,江苏等十一省的货厘八百万两。按此拨款,第五十年即可将本息还清,计银一千零四十一兆九十九万八千七百二十两,但是中方的这一方案亦被拒绝。❹

最终,列强还是按照自己的方式提出了赔付方式,7月27日外交团通过致中国全权大臣关于赔款问题的照会。该照会应赫德的要求,增加了一条规定,许可中国政府在三年内偿清头半年应付赔款的利息。❺7月30日,奕劻与李鸿章接到外交部关于赔款问题的照会,随后赫德就照该照会进行了讨论。❻此后赫德的任务就是帮助清政府按照该照会的要求去偿付赔款。至此,赔款问题尘埃落定。

1901年9月7日,奕劻、李鸿章,同德、奥、比等11国签订《辛丑条约》中的"庚子赔款",正式规定中国需偿付赔款4.5亿两,39年付清,连利息达9.8亿两,平均每年2200万两。按照本约规定,各通商口岸五十里内的常关划归海关兼管,此类常关共有十八处。海关行政从此扩大于管理各口岸的帆船贸易。❼可见,赫德的建议在很大程度上得到了列强的采纳。以至于有人说,"即'庚子赔款'的办法完全是按照赫德的意旨实施的"。❽

《辛丑条约》十二条对中国的危害,简而言之,是"使中国变成一个次殖民地国家"。❾双方谈判代表,从中方来看,表面上是奕劻和李鸿章,其实背后牵线和操纵的是赫德;从西方来看,代表是11国驻华公使,但背后出主意、协调众议的也大有赫德的功劳和苦劳。赫德的一些建议,比如,海关兼管常

---

❶ 故宫博物院明清档案部.义和团档案史料:下册[M].北京:中华书局,1959:229.
❷ 张志勇.赫德与晚清中英外交[D].北京:中国社会科学院研究生院,2005:124.
❸ Foreign Relations of the United States 1901: Affairs in China[M].中国影印,1941:184–185.
❹ 中国近代经济史资料丛刊编辑委员会.中国海关与义和团运动[M].北京:中华书局,1983:53-54.
❺ 天津社会科学院历史研究所.1901年美国对华外交档案——有关义和团运动暨辛丑条约谈判的文件[M].济南:齐鲁书社,1984:380.
❻ 北京市档案馆.北京档案史料[M].北京:新华出版社,2002:185.
❼ 蔡渭州.中国海关简史[M].北京:中国展望出版社,1989:114.
❽ 朱荣基.近代中国海关及其档案[M].深圳:海天出版社,1996:98.
❾ 王树槐."中央研究院"近代史研究所专刊——庚子赔款[M].台北:精华印书馆,1974:前言1.

关，尤其是赔款还本付息要求数十年逐年摊还，不能提前偿付，使赔款成了中国的长期外债，也巩固了英籍税务司制，使之至少延至 1940 年，他总是在为自己和英国谋利益；在罗掘赔款财源上，在避免"黄祸"问题上，也总为外国在华长远利益着想，并不要求外国彻底放弃在华特权（当然，他说了，列强也未必肯听）。

但是，义和团时期，在清廷墙倒众人推和整个西方世界反华声浪甚嚣尘上之际，刚从清军围攻中只身逃离出来的赫德，就在冷静地观察和思考中国的走势，敢于公开写文章称赞义和团的爱国，敢于在谈判中虎口索食般为清政府争利（也是为他自己和英国），这不仅需要正义感，而且需要智慧，更需要勇气。赫德关于谈判与重建中国的途径和方案，在当时中西敌对形势极其严重的情况下，无疑在一定程度上减轻了对中国的压迫和榨取，避免了列强共管中国财政的灾难，客观上有益于濒临崩溃的清王朝。这也就难怪 1901 年底，慈禧太后懿旨，褒奖赫德随同商办和约，颇资赞助，赏加太子少保衔。[1]给外国人赏加太子少保衔，可是中国历史上绝无仅有的事。次年正月，赫德觐见慈禧太后，太后眼里竟闪着泪花。[2]以至于有人说赫德被清政府赏加太子少保的荣誉，"当之无愧"。[3]

第三节　插手1902年中英商约谈判

按照《辛丑条约》第十一款关于整顿通商行船各条约及更改进口税则的规定，中英各派代表于 1901—1902 年展开了商约谈判。因地方督抚的反对，赫德没能直接参与这次谈判，而是作为会办间接地影响到谈判。

一、指派赫德会同办理商约的争议

庚子议和时，各国公使均要求先把其他各款谈好之后再由各国逐个与中国商议商约问题。《辛丑条约》第十一款规定，通商行船各条内应行商改之处，以及有关通商各地事宜，均可议商。[4]《辛丑条约》签订后，英国决定由其先议商约，其他国家则以英约为底本稍或增改即可。德国驻北京公使建议，由于

---

[1] 中国第一历史档案馆编辑部. 义和团档案史料续编（下册）[M]. 北京：中华书局，1990：1235.
[2] 黎仁凯，成晓军，池子华，等. 义和团运动·华北社会·直隶总督 [M]. 保定：河北大学出版社，1997：229.
[3] 贾熟村. 义和团时期的赫德 [J]. 湖南科技学院学报，2008（2）：3.
[4] 王铁崖. 中外旧约章汇编：第 1 册 [M]. 北京：生活·读书·新知三联书店，1957：1007.

英国主持的贸易谈判经常符合各国的利益，最好是让英国先发条约谈判的球。英国向来是这方面的急先锋，《南京条约》和《天津条约》都是英国率先编写税则草案，后来稍加修改便被其他缔约国接受。❶ 赫德也说各国同议更难，主张与英国先议。关于商约谈判的地点经过反复争论后定为上海。

1901年9月28日，英国驻华公使萨道义照会清政府外务部：英国委派总理印度事务大臣政务处马凯为议约大臣等来华议约。同时请清政府选派议约人员。❷ 对于中方税则、条约修订委员会的代表问题，清政府任命了与外国人打过许多交道的上海道台盛宣怀和曾任驻德特使和工部尚书的吕海寰为联合代表，还任命曾担任海关总署上海办事处的代理总税务司裴式楷、海关税务司贺璧理和戴乐尔为随员。对于是否指派在修改税则上最有发言权的总税务司赫德为谈判代表曾有过争议。从对业务的熟悉程度和修改税则的经历上看，赫德无疑是最佳人选。鸦片税厘并征就是赫德经办的。义和团运动期间，赫德一直在北京与盛宣怀会办裁厘加税，彻查了海关每年进出口收入，并详细计算出须加多少税才可以抵补裁厘的损失，加税的额度应该是多少，等等。只是因为义和团运动，与英国谈判裁厘加税的事才告吹。

对于赫德在中外交涉中的作用，地方督抚两江总督刘坤一、山东巡抚袁世凯和湖广总督张之洞尽管都认为赫德熟悉商务和税务，但赫德毕竟是英国人，难免左袒，因而不敢专信和重用。早在庚子谈判期间的1901年1月13日，刘坤一即说："中国商务英人为重，赫议通商行船每多左袒，如所议小轮行内港之类暗中受亏不小。鄙见全权不能不用赫，而不可专信赫。"次日，袁世凯和张之洞均表达过同样的看法。袁世凯说，赫德左袒诚难专信，然熟悉中外商务情形无出其右者，"但未必全为我用也耳。"❸ 张之洞也认为："赫多左袒，诚然断不能撇开，亦断不可专任。"❹ 这就不难理解，9月30日奕劻与李鸿章在奏请派员谈判商约时为什么要依照朝廷之意——"赫德不能出京"❺，不让其参加。尽管如此，盛宣怀与赫德共商裁厘加税的这段经历使得盛宣怀觉得这次谈判还是不能撇开赫德，于是10月14日他给赫德去了如此一电："阁下主持权政数十年，凡中国利弊所在，靡不通筹熟计，窃念此次派员会议商约，弟必奏请朝

---

❶ 魏尔特.赫德与中国海关（下）[M].陈敉才，陆琢成，李秀凤，等译.厦门：厦门大学出版社，1993：430.
❷ 中国近代经济史资料丛刊编辑委员会.辛丑和约订立以后的商约谈判[M].中华人民共和国海关总署研究室，编译.北京：中华书局，1994：1.
❸ 盛宣怀.愚斋存稿[M].台北：文海出版社，1975：1116.
❹ 苑书义，孙华峰，李秉新.张之洞全集：第10册·电牍[M].石家庄：河北人民出版社，1998：8491.
❺ 故宫博物院明清档案部.义和团档案史料：下册[M].北京：中华书局，1959：1326–1327.

廷派阁下会同办理,如我公近畿事繁,不暇来沪,转由尊意荐报能员,未尝不可。"❶ 显然,盛宣怀认为谈判裁厘加税事宜离不开赫德,即使赫德无法脱身,也希望他荐报能员。刘坤一则告诫盛宣怀:"涉税务,浼赫赞助则可,奏派会办,须酌,恐事权并重,万一意见稍歧。必致掣肘,此系杏翁专政,不可不虑及此,请杏翁再加酬度。"❷ 12月12日,张之洞电请外务部防止赫德借筹措赔款之机任意揽权,指责赫德借赔款为由已揽夺常关,并进一步想占夺各处关、局,想一网打尽中国利权。中国必须及早进行限制和防范,否则中国官民将成为洋官的地保和奴隶。❸

但清政府还是无法小觑赫德在海关和通商税务方面的地位和影响。很快袁世凯即表示:"至通商利弊,赫德知之最详,如请邸相推诚询商,或请旨奖励数语,令其随办通商细目,似较在外悬拟者获益甚多。"❹ 1902年2月9日,盛宣怀将所拟电奏外务部:"商约凡涉税事,仍会同赫德筹议,在沪时由赫派裴式楷帮同筹议。请旨饬下外务部传谕遵行。"❺ 权衡再三,清政府决定不能将赫德弃之一旁,2月14日,外务部札致赫德:"光绪二十八年正月初三日接准盛大臣电称,现在筹议商约,关系修改税则,极为重要,查从前洋药税厘并征,即己亥冬,军机处交片加税一事,均会同赫德筹议,此次商约,凡涉税事,拟仍会同赫德筹议。在沪时由赫德派裴式楷帮同筹议,以资得力等语。英即照办。除由本部电达盛大臣外相应札行总税务司查照,并转行副总税务司裴式楷一体遵照可也。"❻

最终赫德没能赴上海直接参与此次中英商约谈判,只是在北京以会办的身份帮同筹议。但税务司裴式楷、戴乐尔、贺璧理三人全程参与了谈判,赫德依然可以随时了解谈判进展情况,清政府也屡屡征询赫德的意见,赫德实际上起着谈判顾问的作用,甚或有人称"赫德是总指挥"。❼

二、谈判开议之际的准备

事实上,赫德一直在关注和谋划着这次谈判。中英开议前的1901年10月

---

❶ 致赫德,光绪二十七年九月初三[A].盛宣怀档案,档号:004516.
❷ 中国科学院历史研究所第三所.刘坤一遗集:第6册(电信)[M].北京:中华书局,1959:8450–8451.
❸ 苑书义,孙华峰,李秉新.张之洞全集:第10册·电牍[M].石家庄:河北人民出版社,1998:8665.
❹ 盛宣怀.愚斋存稿[M].台北:文海出版社,1975:1116.
❺ 中国第一历史档案馆.庚子事变清宫档案汇编:10[M].北京:中国人民大学出版社,2003:757.
❻ 中国近代经济史资料丛刊编辑委员会.辛丑和约订立以后的商约谈判[M].中华人民共和国海关总署研究室,编译.北京:中华书局,1994:6.
❼ 王栋.中英《马凯条约》的谈判与签订[J].学术月刊,1996(4):97.

9日，赫德即向外务部提出了六条建言，大意为：①修改税则已定有确实值百抽五之新章，可趁机推广至值百抽十五或二十，这要以内地厘卡的裁撤与否为转移。若撤厘，得使预计增收的税收数额不少于所撤厘金收入。此举要慎重。撤厘与否，向章均未定明之事，"此时应即补议，以免日后饶舌"。②轮船行驶内河一事关系重大，"此事向系他国在其内地不准行者，即请行于中国，更应妥定，不致与主权有碍"。③不归管理之各条（即领事裁判权），应添加"各国人民固应照约按本国律例，由本国官定办，然亦应知中国自有律例，凡华民照例不准行者，各国人民亦一律遵守，以昭公允"。建议中国可在各通商口岸自立衙署，请各领事官用为审案公堂，中国派员在座听审学习。以后领事裁判权废除后，中国亦能取信各国，从容办案。④条约内一体均沾之条下应添注，"准一体均沾，则他国允从之专章，此国亦应一律遵守"。若他国人民今后在有约国享有优惠之处，中国人民也可一体均沾。⑤"可乘机将不妥之处商改，或将不能悦服各节——声明立案，以期日后永远相安。""通商各事税则章程，华洋均应遵守一章，彼此不准两歧，方为正办。"❶ 有关免厘加税、内河驶轮船、领事裁判权、最惠国待遇以及中外商人共同遵守同一章程等六条建议旨在对原有不平等条约加以修正，其维护中国利益的意图是很明显的，也在一定程度上表达了中国人的心声。

谈判伊始，马凯提出了二十四款修约草案，包括废除厘金，发展内地水路航运，保税、退税、开放新口岸、保护外国商标，推行全国统一货币，改革中国的司法制度，修订中国的采矿章程来为矿山企业吸引外资，清除珠江和长江宜昌至重庆段的障碍物，等等。❷ 可见，马凯主要的兴趣不在于修订税则，草案压根没提修改进口税则的问题，而在于英国最迫切要解决的问题，如废除厘金等，草案有三款❸ 提到免税免厘。赫德对于马凯所提二十四款均提出了自己的看法，并补充道："如修改税则未经提及，实系现时急需不应缓办，且若允与何项利益定有允许之章，必须俟各国均允从此章，方可见诸施行。况以上系彼面所索者，中国谅彼亦有要求，应以我所与者易我所求，不必先偏重彼面，随请随允。"最后，赫德提醒中国，此次修约，没有权势相逼，凡是要和衷孰商，以期求益防损，不必匆忙定议。应乘此机会将向来不妥之处改正，"不留

---

❶ 中国近代经济史资料丛刊编辑委员会.辛丑和约订立以后的商约谈判[M].中华人民共和国海关总署研究室，编译.北京：中华书局，1994：2-4.
❷ 王彦威纂辑，王亮编，王敬立校.清季外交史料：卷150[M].北京：书目文献出版社，1987：2440-2441.
❸ 同上：2440-2441.

日后参差地步"。❶赫德此处向中方传授机宜如何应对马凯所提条件，可谓用心良苦，加上前述六条建言，多是为了维护中国之权益，因而赫德的意见也就成了以后中方代表谈判的指南。

后续谈判，赫德继续发挥着他的顾问和指导作用。

三、谈判中的建议

（一）"将海关银两转换为金单位"的备忘录

关于税则税率，赫德主张海关银两应有一个固定的黄金价值。在1902年5月30日举行的税则修订会上，由马凯主持，美、英、德、日的代表都参加，中国代表提交了由赫德起草的备忘录。赫德指出，甲午战争后中国偿付战争赔款时，海关银两的英币价值为39.8964便士，1901年和约将其价值固定在36便士。从那以后，银两的英币价值不断下跌，到赫德提交备忘录时海关银两只值30.078便士。备忘录认为，"依此比价，根据和约的条件，在1901年前，中国每年得付出1901年和约上的赔款2824425英镑。这个数目将花去中国银22536804海关两，而不是和约上所说的18829500海关两。中国每年得付这笔赔款和以前签定的债款（6427307英镑10先令），两项合计不是和约上所说的42429500海关两，而是大大增加的51285622海关两。"❷

备忘录继续提出，清帝国的全部财政收入不超过18000万两银子，除非提高银两的英币价值，可这是前所未有的，最好的行家也无法提出好的解决办法。因此，中国在清偿外债之后，只剩3400万两银子的财政收入来应付这个庞大的帝国的行政费用和国防经费。这是不可能办到的事。鉴于这些情况，较有力量的各强国给他施加了沉重的负担，其结果是国家破产。如果要改变国家破产的状况，中国别无选择，只能把关税固定为金单位，也就是美国金元货币，把1897年、1898年和1899年商品的平均值转换为和约上指定兑换率的货币，即一海关银两等于0.742美元。和约规定这一平均值为新税则的基础。❸

"清政府认为其他办法对中国极不公平，因为不仅黄金的生产成本成了确定洋货的销售价的决定因素，而且各国已在和约上承认中国有权实施有效的5%进口税。他们一方面承认，一方面又将价格改为特定的税率，规定以1897

---

❶ 中国近代经济史资料丛刊编辑委员会.辛丑和约订立以后的商约谈判［M］.中华人民共和国海关总署研究室，编译.北京：中华书局，1994：6.
❷ 魏尔特.赫德与中国海关：下册［M］.陈敖才，陆琢成，李秀风，等译.厦门：厦门大学出版社，1993：431.
❸ 同上：431–432.

年、1898 年和 1899 年三年的平均价作为计算标准。在这三年里价格异常低，而且大大低于目前所要确定的新税率的价格水平。因此，尽管承认中国有权征收 5% 的税收，可即使这三年间的平均价格以金单位用 5% 征收，由于受到限制，中国将被剥夺有效的 5% 关税。然而，如果不是以黄金而是以银子来征收，据估算，中国现在不是有效的 5%，而是 4% 或更少。如果将来银子的金价一再下跌，中国此后的收入将更少。议定书所强加的条件迫使中国向外国支付的款子不是以银子，而是以黄金计算的。如果各国坚持中国以黄金向他们支付款子而他们的商人却以贬值的银向中国支付债款，这是极为不公平的。"❶ 在提交备忘录的 1902 年 5 月，中国政府正想让他们承认义和团赔款为银子债务，中国税则委员会还增加了附注，说明备忘录提到的金子总数是用来说明所阐述的观点，决不能被用来约束中国政府。就进口税而言，这是赫德第三次想把海关银两转换为金单位，但与前两次的主张一样，遭到冷遇。外国代表们对此不屑一顾。他们认为这一主张超出了和约的条件，他们除了严格遵守和约之外，别无其他选择。他们甚至拒绝把这一主张提交给他们的政府。❷ 德、美、英"一致拒绝这项建议，马凯则在中国方面正式和完全撤回这建议前，拒绝继续谈判！"❸ 谈判变得困难重重。

（二）裁厘加税问题

马士认为厘金是"前四十年许多国际摩擦的因素"。❹ 英国的主要目标是要迫使清朝政府取消厘金，借以扩大贸易特权，获取更多的商业利益。1902 年 2 月 11 日，外务部将盛宣怀关于加厘免税的两电函寄赫德。赫德把厘金看作"大多数问题依赖的最为重要的问题"。他知道，由于张之洞、刘坤一等一方面勉强赞成整顿厘金，提高进口税，减少出口税。但另一方面又担忧全免厘金会使得洋商纷纷深入内地，尽夺华商之利和生计，同时也将削弱地方财权。早在 1901 年 10 月 18 日，赫德就问戴乐尔，"厘金要继续吗？如果废除厘金，那么用什么来代替才能真正弥补中央和各省政府的损失呢？"❺ 赫德认为首要条

---

❶ 魏尔特.赫德与中国海关：下册 [M].陈敖才，陆琢成，李秀凤，等译.厦门：厦门大学出版社，1993：432.
❷ 同上：432.
❸ 陈霞飞.中国海关密档——赫德、金登干函电汇编（1874—1907）：第 7 卷 [M].北京：中华书局，1995：363.
❹ 马士.中华帝国对外关系史：第 3 卷 [M].张汇文，姚曾廙，杨志信，等译.北京：商务印书馆，1960：396.
❺ 魏尔特.赫德与中国海关：下册 [M].陈敖才，陆琢成，李秀凤，等译.厦门：厦门大学出版社，1993：434.

件是加征数目必须足抵所许裁免之数。在查明所许裁免者有何出项之前，不能卒行定约裁免，必须谨慎。否则，裁免厘金，则有害贸易。❶

盛宣怀提出进口税要增加至值百抽十五，但马凯不允。于是裴式楷提议将进口税加至值百抽十二点五，再将出口税估价后加至值百抽七点五。盛宣怀对此表示同意，如果马凯也赞同的话，中国"将各省厘捐局卡全行裁撤"。❷但马凯只同意增加进口税一倍即值百抽十。裴式楷对马凯的贪婪不满，担忧地致函赫德，马凯将中国增税两倍的要求减为一倍，中国将不会考虑完全裁厘了。随后的谈判，盛宣怀要求裁撤的所有厘卡里不包括盐和鸦片的厘卡，而马凯反对保留任何厘卡。裴式楷建议退让一步，有条件地同意中国暂时保留这些厘卡。❸外务部的态度不变，给盛宣怀的指示是："过境厘金全免而于产地销场酌量加收统捐一次，即畅行无阻"，但裁厘加税数目必须"加数足抵免数"。❹马凯不允，反说"中国只能谈判各国认为必需改善的商务问题，而各国并没有答应中国互相修约的义务"。❺以后坚持只能照他原来所提意见办，并在通商口岸、内地居住、内港行轮等问题上令其满意，否则，他拒绝任何加税建议。

马凯的税则修订工作进展非常缓慢。赫德认为"这项工作并未计划好也未掌握好"。❻马凯对谈判失去了耐心，认为英国不得不执行《天津条约》第二十八款要求中国"公布货物在内地应纳税银实数以及路上经过厘卡的清单，并对领有子口税单的货物一律免征任何内地税捐"的规定了。❼赫德在其《子口税论》这一节略中，引用了1858年英国外交大臣克莱雷顿和驻华公使阿礼国曾经对于英国商界关于《天津条约》第二十八款子口税问题的答复。克莱雷顿说过，政府认为"洋货进入流通和消费过程后，以及土货在洋商采购以前"，中国有权在口岸或内地征收任何税捐。阿礼国也说过：英国政府对此的正式解释是，"不论在口岸或内地，货物一离洋商之手，就要同中国货物一样照完中

---

❶ 中国近代经济史资料丛刊编辑委员会.辛丑和约订立以后的商约谈判[M].中华人民共和国海关总署研究室，编译.北京：中华书局，1994：7.
❷ 王彦威纂辑，王亮编，王敬立校.清季外交史料：卷155[M].王敬立，校.北京：书目文献出版社，1987：2508–2509.
❸ 中国近代经济史资料丛刊编辑委员会.辛丑和约订立以后的商约谈判[M].中华人民共和国海关总署研究室，编译.北京：中华书局，1994：66–67，70–71.
❹ 王彦威纂辑，王亮编，王敬立校.清季外交史料：卷155[M].王敬立，校.北京：书目文献出版社，1987：2513.
❺ 北京市档案馆.北京档案史料（2000）[M].北京：新华出版社，2000：245.
❻ 陈霞飞.中国海关密档——赫德、金登干函电汇编（1874—1907）：第7卷[M].北京：中华书局，1995：363.
❼ 中国近代经济史资料丛刊编辑委员会.辛丑和约订立以后的商约谈判[M].中华人民共和国海关总署研究室，编译.北京：中华书局，1994：69–70.

国当局征收的任何税捐"。❶1902年6月27日,盛宣怀在给马凯的照会里,利用赫德引述的英国政府的解释对马凯曲解子口税,进行了有力批驳,马凯被迫有所收敛。

马凯要求将增开商埠和裁厘加税同时讨论,提出将北京、长沙、成都等10处增辟为通商口岸。赫德则要盛宣怀向马凯提出:"与其由议约而开通商口岸,不若自开之商埠可留自主之权。"马凯不解如何自开,后赫德拟定了自开口岸的4项章程。❷往复交涉后,最终达成了1902年中英商约,其核心是以裁厘加税为核心的第八款。

(三)会办的其他事项

为因应英国的要求,盛宣怀事先拟备六款,贺璧理与戴乐尔拟商了十五款,2月11日,盛宣怀将这二十一款电寄外交部转令赫德代译。❸赫德对盛宣怀所准备的六条略作修改,对所有二十一款均一一翻译后函寄外务部。❹这些很快被盛宣怀与吕海寰拿来应急。4月3日,盛宣怀、吕海寰致电外务部称:"马使将欲议厘金各款,必须将赫改前拟章程二十一条先交马使,以为抵制,乞将赫改之处先行电示,以免迟误。"❺在讨论内港行轮章程时,盛宣怀和张之洞对于裴式楷与贺璧理所拟章程不满意,但张之洞对于赫德前提六条建议中关于内港行轮问题所拟四条非常满意。因此认为该章程仍应由赫德来拟定。但最终还是经盛宣怀、吕海寰与马凯议改后最终确定。英国在内河行轮上获得新的便利。同样,赫德在邮政条款上的提议也遭到了冷遇。赫德建议外务部在《内河行轮章程》中增添一条:"凡领有执照、行驶内河之轮船,应将中国邮政官员之信件、包裹,接受代递,不取资费。此外,一概不准代为接递。"这个本在维护中国利益的条款,经英修改成有损于中国,❻最后此条作罢。

此外,中方在推广关栈、存票期限和推广镇江章程等问题上也征求了赫德的意见。对于双方所拟推广关栈条款,盛宣怀坚持先经税务司审核后才能正式同意。赫德对此款的意见是加进关于收费的规定。最终英国保税存栈的权利得

---

❶ 中国近代经济史资料丛刊编辑委员会.辛丑和约订立以后的商约谈判[M].中华人民共和国海关总署研究室,编译.北京:中华书局,1994:15-16.

❷ 同上:4,17,30.

❸ 同上:35.

❹ 王尔敏,陈善伟.清末议定中外商约交涉——盛宣怀往来函电稿:上册[M].香港:香港中文大学出版社,1993:53.

❺ 中国第一历史档案馆.庚子事变清宫档案汇编:10[M].北京:中国人民大学出版社,2003:760.

❻ 苑书义,孙华峰,李秉新.张之洞全集:第11册[M].石家庄:河北人民出版社,1998:8857-8883,8897-8898.

到了扩大。关于存票，40年来，凡为退还已付税款而制发的存票，一律不能兑现，而只能用以缴纳他税。只是从1876年起，才准领特别批明付现的存票。英方此次提出希望在存票条款中规定给予商人存票的时限，双方争执不下，遂决定电请赫德提出解决此事的最后办法。❶赫德认为限定期限，如逾期，便是违约，不若允于约文载"尽力办理"字样，将期限添入关章。但是马凯认为不入约便无凭据，不肯答允。最后中方只得答应保留期限。❷一切洋货进口税的存票都可以兑现现银。❸中英所拟推广镇江章程条款也送赫德审查。❹

到了8月31日，赫德函告金登干，"修订税则的谈判在上海继续进行，但各国对各种问题的看法无法趋于一致。马凯准备签约。据说中国愿意签字，是因为人们知道这条约其他各国是不会接受的。他们拒绝，就行不通！"❺9月5日，双方签订《中英续议通商行船条约》。主要内容是：①除现行常关外，中国概行裁撤"各厘卡及抽类似厘捐之关卡"；进口洋货的税率在值百抽五的基础上增加一倍半（连正税共为12.5%，引者注），出口土货的税率增加50%（连正税共为7.5%，引者注），用以补偿已往的子口税、厘金及他项税捐。但是，原有征抽土药税项之权不受影响；盐厘改名盐税，仍可照原定数目征抽；无论华洋商，在中国制造的棉制品及其他与洋货相同的货物，均可征收百分之十的"出厂税"。❻这就是张之洞所说的所谓"免行厘，留坐厘"。❼②中国允诺统一币制；中国承认华民购买他国公司股票的合法性。③相互保护贸易牌号（商标）。④增开长沙、安庆、万县、惠州及江门五处为通商口岸。⑤广东开放"暂行停泊上下客货之处"三处，广东西江开放"上下搭客之处"十处；

---

❶ 中国近代经济史资料丛刊编辑委员会.辛丑和约订立以后的商约谈判［M］.中华人民共和国海关总署研究室，编译.北京：中华书局，1994：25，35，45.

❷ 王尔敏，陈善伟.清末议定中外商约交涉——盛宣怀往来函电稿：上册［M］.香港：香港中文大学出版社，1993：64-65.

❸ 北京大学法律系国际法教研室.中外旧约章汇编：第2册［M］.北京：生活·读书·新知三联书店，1959：101-102.

❹ 中国近代经济史资料丛刊编辑委员会.辛丑和约订立以后的商约谈判［M］.中华人民共和国海关总署研究室，编译.北京：中华书局，1994：39.

❺ 陈霞飞.中国海关密档——赫德、金登干函电汇编（1874—1907）：第7卷［M］.北京：中华书局，1995：407.

❻ 北京大学法律系国际法教研室.中外旧约章汇编：第2册［M］.北京：生活·读书·新知三联书店，1959：104-106.

❼ 王彦威纂辑，王亮编，王敬立校.清季外交史料：卷159［M］.北京：书目文献出版社，1987：2565.

等等。❶后来中国与美国等其他各国也签订了基本上以英国条约为蓝本的相关条约。

赫德认为中英商约签字是由于马凯太急躁,"因而条约虽已签订,但不如预期的那样令人满意。尽管这样,这还不失为一个好条约。如果各国都能接受,中国也能全部履行,情况肯定会越来越好"。"英国报纸普遍认为中英商务条约是一项巨大成就,从而也对马凯爵士表示赞许。"确实,此约加强了英国在中国海关的优势地位。相应地,清政府的大部分财政收入将集中于英国控制下的中国海关,而且中国海关亦将成为全国财政的监督。然而,当时"谣传中国之所以愿意签字,是因为人们都知道其他一些国家不会接受"。因而赫德担心,"条约虽已签字,事情并未结束,我也不知道会将如何结局"。"各国是否会肯接受马凯提出的关于废除厘金税的条件,依然是个问题。如果他们不肯接受,条约就不会产生什么结果。"事实上,这个签字时就很勉强的《马凯条约》,由于其他国家未予承认,最终未能付诸实行。关于这点,赫德早就有预感,8月24日,他就曾告诉金登干,上海进行税则修订一事,"是不会成功的!我觉得这项工作没做好,而且,已经进行的改革,由于不为其他国家所接受,也将半途而废,终归失败"。❷

对于1902年中英商约谈判,赫德虽然没有直接与马凯面对面地谈判,但赫德自始至终在关注、插手这个条约的商议。从开议前六条建言的提出,到谈判时对马凯二十四点要求的回应和谈判机宜的传授,再到提交给各国的将海关银两转换为金单位的备忘录,乃至谈判过程中清政府的频繁咨询,贺璧理、戴乐尔和裴式楷等海关谈判人员的及时汇报和请示、赫德对有关谈判条款的翻译、建议,等等,不一而足,赫德都是在积极地伺机介入。他提出的一系列指导性意见,比如谈判要从容谨慎、裁厘加税不得有损中国原有财政进项、维护中方在最惠国待遇上的权利,等等,"实际起到为中方提供谈判斗争依据的作用"❸。他的"子口税论"也有助于中方对马凯的野心的遏制。在整个谈判过程中,赫德维护中国利益的意图是有目共睹的。也正因为这样,他的诸多建议不是不被列强拒绝就是被英国更改,因而他斡旋的作用难以发挥实际效力。

---

❶ 北京大学法律系国际法教研室.中外旧约章汇编:第2册[M].北京:生活·读书·新知三联书店,1959:101-110.
❷ 陈霞飞.中国海关密档——赫德、金登干函电汇编(1874—1907):第7卷[M].北京:中华书局,1995:404,410-411,415.
❸ 文松.关于赫德评价问题[M]//中国海关学会.赫德与旧中国海关论文选.北京:中国海关出版社,2004:65.

对于中国来说，赫德在庚子谈判中的作为尤其是揽夺了中国的常关、盐厘等权益，使得地方督抚和清政府心存芥蒂，加上盛宣怀、吕海寰等一批懂得外交的本土官员的成长，清政府对赫德不再倚重如前，此次谈判虽依然重视他的建议，但就是不让他直接参与谈判，赫德只能间接地献计献策，只能发出这样的感慨，"不知怎么地，中国似乎已不同于往昔，一切都已变了"。❶此次商约中虽然也具有侵略性和不平等性，但责不全在赫德。

第四节 插手中葡澳门设关和通商条约

《辛丑条约》规定，中国可以修订海关税则，中外可商改通商条约。条约签订后，各国纷纷派遣使臣来华商谈这些问题。1902 年，葡萄牙来华使臣通过磋商，与中国订立《增改条款》，应允中国在澳门设立海关，葡方则可修筑广澳铁路。次年赫德代表中国与葡方签订《分关章程条款》。但葡萄牙始终不肯批准以上条款。1904 年葡萄牙再次派使来华谈判商约，最终双方代表在新订税则及商定的《中葡通商条约》和铁路合同上一并签字画押。清政府很快予以批准，而葡萄牙由于没有达到扩展澳门界址的目的，拒绝批准《中葡通商条约》。1902 年和 1904 年的商约谈判，虽然外务部偶尔征询赫德的意见，赫德亦欲对谈判施加影响，但由于他只重视澳门设关和增加税收，而附和葡萄牙有损中国主权的主张，因而其建议被采纳的不多。

一、1902 年中葡商约谈判

《辛丑条约》订立后不久，葡萄牙和各国派使前来修订通商税则和进行修约谈判。1902 年 2 月，吕海寰、盛宣怀奉谕令拟订《续修增改各国通商进口税则善后章程》，一些国家代表也签字同意，此章程拟定于 10 月 31 日起实行。依照最惠国待遇，必须所有有约国都同意按新税则纳税，新税则才能有效执行。葡萄牙通过 1887 年的《中葡和好通商条约》取得了永驻、管理澳门以及与其他西方国家同等的特权地位，但随着 20 世纪初中国主权的进一步沦丧，不再满足在中国攫取的既得利益，企图实现早就图谋的扩展澳门界址的野心。为达此目的，葡萄牙公使白朗谷百般刁难，拒绝画押新税则，以此作为讹诈和索取的砝码，逼迫清政府再次向他低头求助。

---

❶ 陈霞飞.中国海关密档——赫德、金登干函电汇编（1874—1907）：第 7 卷［M］.北京：中华书局，1995：389.

白朗谷先是狂妄地提出要将澳门界址拓展至包括澳门周围对面山岛、大横琴岛、小横琴岛的无理要求，中方严辞拒绝。4月23日，又向外务部送交四条修约意见，大意有：一为葡萄牙未参与《辛丑条约》谈判，无义务遵守增税之规定。葡萄牙遵守中国改定新税则与否对中国影响重大。二为因澳门走私难以禁防，如能更改现时查缉与贩卖洋药之法对中国大有助益。三为愿助中方在西江剿匪缉私。四为只有在澳门设立中国海关机构才能根除走私活动。并认为这四条均是葡方给中国的让利，如果中国同意这些，它再提出中方应该回报的条件，以便双方妥订新约。外务部立即就四项条款征询赫德的意见。赫德赞同葡方所提四条，认为这些对中国有所裨益，另要葡方补送其他条款，弄清其真实意图，以便权衡利弊。❶

果然，白朗谷5月10日正式向外务部提交了修改1887年《中葡和好通商条约》，共计十一项，并附有地图一幅，图上圈有澳门及其周围对面山岛、大小横琴岛等。十一项条款除了重复上述四条修约意见外，其中第三款和第五款分别提出，作为回报，中方同意葡方在图上"四方界线内任便修造取益之各项工程"，还授权葡萄牙设立铁路公司，修建由澳门至广东省城的铁路。❷ 此后的谈判就围绕十一款草案进行。外务部就此征询两广总督陶模及赫德之意见，前者对之全盘否定。5月14日，赫德函复外务部，完全同意葡方增改条款草案。因为葡方承认税则、修建铁路、澳门设立分关等都有益于中国；对于葡萄牙，在未定界以前，任其在所附地图内任建工程，这样还可使中国免去分界之累，而又与中国利权影响不大。由于大小横琴等岛，向为无民荒地，且多年受澳官照料。但应注明，四方界内只准兴工料理，非占领交割之地；葡方所提求协助中国防私缉匪之请，也"似无不妥"。❸ 外务部经过与陶模、赫德、盛宣怀等反复磋商，决定拒绝葡方任建工程和西江巡缉，但为了换取葡方承认新订税则，同意中国设立海关分关于澳门，得允准葡萄牙成立中葡合股公司，修筑广州至澳门的铁路。10月15日，双方在北京签押了《增改条款》，也互换了铁路照会。《增改条款》主要内容有：一是葡萄牙享受最惠国待遇，删除1887年条约第十二款关于葡萄牙执行1858年海关税则（值百抽五）的规定。二是葡萄牙以帮助中方征收、稽查澳门出入口运入中国之鸦片税饷起见，约定在澳门设立分关一道，办理税务事宜。分关应行遵办事宜，由两国官宪互相酌议。

---

❶ 庄树华.澳门专档：第3辑[M].台北："中央研究院"近代史研究所，1995：271，277-278.
❷ 中国近代经济史资料丛刊编辑委员会.辛丑和约订立以后的商约谈判[M].中华人民共和国海关总署研究室，编译.北京：中华书局，1994：255-256.
❸ 同上：257.

该关应优待所有由澳门出口各项船只。三是为防以后发生争执，本约有中、葡、法三种文本，如有争执，以法文本为准。❶

该约规定葡方承认新税则，中国海关可以在澳门设立根据新税则"征收各项税项"的分关，这些有益于中国，同时也进一步扩大了葡萄牙的特权，尤其是在澳门设立海关，使葡萄牙对中国鸦片走私有了法律依据，也取得了修建从澳门到广东省城的铁路之权。

根据《增改条款》，外务部派赫德与葡驻华代理公使阿梅达直接商议分关事宜，于1903年1月27日，订立中葡《分关章程条款》十一款，主要规定：①分关设在澳门内海沿岸。由中国海关派税务司督办关务。②商船进出口必须开仓查验。③澳门土产出口税与本地日用食物的进口税，全免。④鸦片缴纳税厘，在进口或出口关栈时办理。⑤由澳门当局与分关税务司详议澳门所辖水、陆地方内和澳门附近的防缉走私问题。❷

葡方前来交涉的目的是借修订商约之名，行长期未了心愿——扩占澳门界址至澳门周围各岛之实。在直接提出展界要求遭拒后，便以遵守新定海关税则及准许中国在澳门设立海关分关为条件，换取在澳门及周围任建工程和协助缉私、修筑广澳铁路，"阴行拓界之计"。❸但最终没有达到扩展澳门界址的目的，于是以中国在澳门设立海关分关"实碍本国主权"为由，拒绝批准上述已签押的两个条款。可见，清政府就是以商务利益和铁路路权为条件，换取在澳门设海关分关也不可得。

中葡《增改条款》订立后，外务部三次照会阿梅达到上海画押新定税则，但葡使对此毫不理会，仍以不画押税则相要挟，提出新的交涉。

二、1904年中葡商约谈判

1904年，白朗谷再次赴京，此次来华主要目的是废弃《增改条款》中不利于自己的在澳门设关的规定，而将有利于己方的修筑铁路一事落到实处。为完成使命，白朗谷采取两面手段和曲折迂回策略。

他先是提出重订一个全面的中葡通商条约；待双方开议后，再提出用新条约包含1902年的中葡《增改条款》和1903年的《分关章程条款》，并改变在澳门设立中国海关机构的规定，改用别的方法协助中方在澳门的征税缉私活

---

❶ 北京大学法律系国际法教研室.中外旧约章汇编：第2册［M］.北京：生活·读书·新知三联书店，1959：130-131.

❷ 同上：152-153.

❸ 李永胜.1902年中葡交涉述论［J］.安徽史学，2007（2）：57.

动。但实际交涉中，他完全撇开《增改条款》《分关章程条款》、铁路合同及税则等问题，表示要与清政府订立一个类似1902年、1903年中方与英、美、日三国所订之条约。

4月11日，吕海寰、盛宣怀与白朗谷正式谈判时，白朗谷送交一个包含六个条款的草案；一是双方承认1887年的中葡条约继续有效；二是葡方承认1902年新定税则；三是葡方协助中方征收由澳门运往中国的洋药出口税，且防止洋药走私；四是由澳官会同中国海关在澳门水陆地方内防缉走私；五是中国土产由各埠运往澳门免税，每年向澳门运米600万担，不纳税；六是葡国任何船只可在澳门、西江各口地方任便往来。❶除同意第一款外，外务部和张之洞坚决反对其余五条。4月26日，外务部将其中关于洋药征税和防缉走私涉及海关的两款函致赫德征询意见。赫德回复认为葡方两款草案"较现时办法尤觉周密，似应允准"。但提出洋药征税和防缉走私问题不必在北京或上海商议定入中葡条约，应由海关与葡方在澳门就近商订，可作为条约附件。❷不久，葡使将1902年和1903年的中英、中美、中日商约综合抄录合成十三款，并将原送六款稍加改动，共计十九款提交谈判。不过，谈判主要是围绕最初的第二款至第五款所涉的问题进行的。外务部坚持将《增改条款》和《分关章程条款》互换后照准施行。而葡方意在将此二者废除。为此双方展开激烈交锋，葡方反对在澳门设关，中方也就要求收回葡方修建广澳铁路的权利。

鉴于赫德在澳门问题上的一贯持偏袒葡萄牙的立场，此次商约交涉，清廷较少征求赫德的意见，但好管事的赫德依然于6月18日，拟出一份关于中葡议约的说帖九条。主张为使葡国接受新税则，可给予其修筑铁路、粮食免税运澳等利益，避免因最惠国待遇问题影响中国改定税则；据条约，葡国有要求划界的权利，它愿意商定缉私范围的机会就应当加以利用；葡国准中国在澳门设关，中国则给葡国以内河行轮权，不准在澳门设关不能给其内河航行权。❸赫德将节略寄给在沪参与议约的裴式楷转交商约大臣吕海寰。赫德此节略依然坚持其一贯立场，唯"海关与税收"是瞻，只要能增加税收，设立新关，修筑铁路、粮食免税运澳、开放内河航行权等损害中国主权之事，在他眼里，统统可让与。

---

❶ 苑书义，孙华峰，李秉新.张之洞全集：第11册[M].石家庄：河北人民出版社，1998：9142-9143.

❷ 庄树华.澳门专档：第3辑[M].台北："中央研究院"近代史研究所，1995：305.

❸ 中国近代经济史资料丛刊编辑委员会.辛丑和约订立以后的商约谈判[M].中华人民共和国海关总署研究室，编译.北京：中华书局，1994：268.赫德此节略并没有按正常程序致送外务部，而是先寄往上海，由裴式楷交吕海寰，后来才由商约大臣通知外务部关于赫德节略内容，让外务部向赫德索要此项节略。

经过反复辩论，直到 7 月，双方达成以下共识：1902 年的《增改条款》作废，其内容融入重新订立的中葡商约里，但须作重要改动，即取消《增改条款》在澳门设分关之规定，代之以中葡另订缉私章程和铁路总站办法。双方订立铁路合同。通商条约、铁路合同、缉私章程议结后，与新税则同时画押。定议设趸船代替设分关管理西江行轮事宜。总之，1904 年中葡交涉的核心问题就是用缉私章程、铁路总站办法、设趸船办法代替《增改条款》所定之海关分关。❶

11 月 11 日，双方代表在上海将税则、中葡商约及所附各项章程和照会、铁路合同一并签字画押。《中葡通商条约》的主要内容：①澳门当局专设洋药（鸦片）衙门和栈房，由澳官专管。②澳门和中国海关各应选派专员彼此订明办法，协助防缉走私。③葡萄牙在中国享受其他国家在中国享受的一切权益。④澳门华人可入葡萄牙籍。⑤葡萄牙人可在中国地方开办矿物及其有关之事。⑥葡国教会可在中国各处租屋作为教会公产。⑦条约有汉、葡、英三种文本，如有争执，以英文本为准。❷

从此，新税则得到了葡方的承认。至于广澳铁路合同，葡方醉翁之意本不在此，最终放弃了这项权利。清政府很快批准了《中葡通商条约》，但葡萄牙政府不予批准。本来中方鉴于葡萄牙政府前两次拒绝批准已签押条约，在 1904 年重启谈判中，清政府在设关问题上已经作出让步，该约的其他内容也充分反映了对中国的不平等性。但葡萄牙政府依旧不予批准，因为该约中仍没有扩展澳门界址的任何内容，而这个才是白朗谷赴华交涉商约的最主要使命。此一时期的交涉，葡方肆意索要，得陇望蜀，几次立约又一再反悔，充分暴露了西方帝国主义的贪婪自私、毫无诚信之丑态。如此被一个小国牵着鼻子走，可见义和团运动失败后清政府的国际地位是何等的低下。此后，葡萄牙从未放弃过扩界图谋，清末民初，扩界与反扩界斗争在中葡外交史上从未停歇。

在 1902—1904 年中葡澳门设关、通商交涉中，赫德所起的只是顾问作用和《分关章程》的签字代表，而不像在 19 世纪 80 年代中葡谈判中起决定作用。他的斡旋影响大不如从前，是因为他在此前调停时曾努力使葡方获得永居、管理澳门之权，尽管这令葡方感激不已，中方却一直怀恨在心，并引以为戒，以至于吕、盛二人致电外务部，特别提醒赫德与葡萄牙颇有交情，望加细察。这次赫德仍然只注重税收的增加，而罔顾中国主权，也就难怪其主张只是被清政府有限采纳。

---

❶ 李永胜.1904 年中葡交涉述论［J］.历史档案，2009（3）：80.
❷ 北京大学法律系国际法教研室.中外旧约章汇编：第 2 册［M］.北京：生活·读书·新知三联书店，1959：252-257.

第五章 赫德操纵制定的专门约章

　　近代国门打开后,外国各种侵略势力蜂拥而入,导致列强之间、列强和清政府之间的矛盾加剧。为履行条约规定,亦为防范列强的约外侵渔,赫德多次主动请缨或奉朝廷所托,作为中方代表,与西方国家谈判协商,并征得列强同意,操纵制定和颁行,或主动与外国签订了一些专门解决某一领域内问题的专门约章。这些专门约章主要有两类:

　　一类是属于国内法性质的章程、条款等。鸦片战争后,英美等国趁机要挟开放中国内陆,掠夺长江航权和引水权。1861年,英国擅自提出《长江各口通商暂行章程》。后由赫德几度拟订、修改。同年10月即对其修改颁行,次年进一步修订为《长江收税章程》。1899年,再一次更订为《修改长江通商章程》。近代外国航运势力对中国引水的争夺造成各口岸引水的混乱无序,列强曾两度擅定引水章程均无济于事,后赫德出面制定《各海口引水总章》。另外,外国商人走私偷漏猖獗,中国海关依法查处却遭到外国商人和领事的反对。为此,赫德拟定中英《上海海关扣留案件条款》,后增补成各国《会讯船货入官章程》。上述章程虽不是正式或严格意义上的条约,无须外国政府签押,但由于都涉及外国人,它们的制定、颁行及更改均要征得外国的同意,因而具有条约效力。

　　另一类是与列强订立的邮政联邮章程及租界设关征税章程。中国近代邮政创建后,面对侵犯中国邮权愈加厉害并进行走私偷税的"客邮",赫德代表中国与英、法、德、日等国拟签了多个邮政联邮章程,希冀限制列强利权。此外,为在胶州湾和辽东半岛租借地建立中国海关(即青岛海关和大连海关)及保护租借地的中国海关税收,赫德代表清政府分别与德、日驻华使臣反复交涉,签订了数个租借地设关征税章程。

第一节 制定长江通商和内港行船章程

　　内河权益一向被认为是一国的重要主权,不容他国染指,英国公使阿礼国曾说:要求在一国的内港航行,是没有任何国际法根据的。"没有一个西方国家曾经让与这种权利给别国""没有一件条约甚至承认过这样一项原则。"❶ 但在近代中国，最大的内河长江却屡屡成为列强侵夺的重要目标。还在太平天国与清军激烈争夺长江时，英美等国趁机要挟开放中国内陆，掠夺长江航权。1861年3月，英国率先擅自抛出《长江各口通商暂行章程》。后由赫德几度拟订、修改，对《天津条约》有关开放长江航行、贸易的条款作了广泛的补充和扩展。在列强"瓜分中国"的狂潮中，中国予取予求，列强更是要求其船只可通行至中国内地及内港，改善长江口岸征税方式。无法抗拒列强的清政府只好又一次饬令赫德对试行了35年的《长江收税章程》妥酌商议，重新修订。赫德分别于1898年创议了《内港行船章程》与《修改长江通商章程》等章程。从此，从最初的指定某些口岸对英国一国的开放发展到整个长江流域对所有列强的开放，长江成为世界之公河，中国内河内港任由各国商船横行。

一、长江通商章程的出台及演变

长江通商章程先后签订过4次。最早的长江通商章程，是江西布政使与英国参赞巴夏礼于1861年3月，在九江拟定的《长江各口通商暂行章程》，其后又分别在1861年、1862年和1898年，由赫德主持，进行了三次修订。

（一）《长江各口通商暂行章程》的由来

列强对中国内河航行权方面的侵占始于第二次鸦片战争后。早在上海开埠不久，外国人不满足于在已开或未开的沿海口岸销售商品，贩运中国土货出洋，还觊觎中国船舶在内河的广大国内贸易，要求中国准许外国人把商船驶进长江。英国在华特别看重商业利益，在列强中商业利益最大，因而在掠夺中国沿海、内河、内港贸易航船方面最为积极和贪婪，开长江通商章程先河的始作俑者便是英国。

在1858年的中英《天津条约》里，英国塞进了允许外国商船在长江从事贸易的条款，前提是"俟地方平靖"亦即打败太平军以后，可自汉口以下至海，不超过三处口岸地方，准英船通商。依据最惠国待遇条款，外国商人都获得了这一特权，前提是长江军事行动结束。可是迫不及待的外国资本家没等战事结束，就要求立即开放长江。当时清朝地方官员对此保持警惕和抵制，严防外商资助、勾结太平军。

1860年10月，英国公使卜鲁斯照会并同奕䜣进行谈判，声称"果能以长江作为通商之道，则彼此商贾均保大有裨益"，所以先拟于汉口、九江两处

---

❶ 莱特. 中国关税沿革史 [M]. 姚曾廙, 译. 北京：生活·读书·新知三联书店, 1958: 346.

开商。❶在卜鲁斯的诱骗讹诈下，恭亲王令其与上海关共同商酌，明定章程。❷紧接着，各国无视条约规定，在战争尚未平息的1861年初，英国海军舰队及外国商船，争先恐后，驶进长江，贩卖鸦片，倾销洋货，收购装运土产，在长江沿岸进行各种非法勾当。1861年1月，英国公使额尔金写信明示上海领事巴夏礼，英国借此而为英国船舶取得的特权，不只是在某些特定口岸通商，而应该获得沿江贸易对英国一体开放的特权。❸这才是外国侵略者打开整个长江的真实企图。

在卜鲁斯信誓旦旦地担保和外国船只蜂拥进入长江的情况下，1860年11月27日，奕䜣复照英使，表示同意先在九江、镇江、汉口开埠通商，具体办法委托英使就近与上海关商定。❹

1861年3月18日，英国驻上海领事馆发布通告，宣布一套十条临时规定，以管理长江流域的贸易。大意为：①指定上海和镇江分别作为所有向上和向下航行的船只及其货物缴纳关税和应付款的唯一口岸。②英国应要求英国商船用证件换取海关颁发的"内江执照"，以控制在长江流域进行贸易的英国商船。③绝对禁止武器和弹药的贸易。④开放九江和汉口两口，并设立英国领事馆。⑤准许核准的商船在镇江上游装卸合法商品，船只返回镇江之前，无须海关手续。❺以此为基础，3月25日，江西等处布政使与巴夏礼在九江拟订了《长江各口通商暂行章程》。据此，凡持有内江执照的英船，可到汉口为止；只要在上海完纳关税，就可以在镇江以上汉口以下任便起下货物，不用请给准单，不用随纳税饷。此章程的用意，主要是封锁太平军和保证清政府税务收入。

时任江苏巡抚薛焕奏称，长江通商一事，"本系巴领事擅专，原可一概驳斥；第闻该领事已将英文刊布；且洋商纷纷载货而去，实已无可再迟"❻。再三筹酌，将其中第七、第九有碍税务两条，驳令暂缓。恭亲王接到这个实际上是无限制地全线开放长江沿岸贸易的规定，坚决予以拒绝批准。❼随后，经过卜

---

❶ 中国史学会.第二次鸦片战争：五［M］.上海：上海人民出版社，1978：389.
❷ 夏燮.中西纪事卷17［M］//沈云龙.近代中国史料集刊第十一辑.台北：文海出版社，［出版年不详］：152.
❸ 莱特.中国关税沿革史［M］.姚曾廙，译.北京：生活·读书·新知三联书店，1958：250.
❹ 中国史学会.第二次鸦片战争：五［M］.上海：上海人民出版社，1978：388-389.
❺ 魏尔特.赫德与中国海关：上册［M］.陈敖才，陆琢成，李秀凤，等译.厦门：厦门大学出版社，1993：271.
❻ 太平天国历史博物馆.吴煦档案选编：第5辑［M］.南京：江苏人民出版社，1983：219.
❼ 王铁崖.中外旧约章汇编：第1册［M］.北京：生活·读书·新知三联书店，1957：156.

鲁斯与奕䜣之间的折中交易，英国同意只要能够立即开放长江，愿意"严立章程"，以解除清廷的顾虑。而清政府只要外国不支持太平军，无损税收，也就不惜向外国开放长江。这就是长江通商章程的由来，也是构成此后历次修订长江通商章程的基本要点。

（二）《长江各口通商暂行章程》的修订

《长江各口通商暂行章程》（以下简称《暂行章程》）引起了中国地方官员和在华外国商人的一致反对。在地方官看来，此前，汉口、九江两处对外贸易的税收由两关各自征收，成为湖北、江西两省的重要财源。改在上海征收以后，虽然也规定上海关应分别拨还湖北、江西两省，但因上海防务紧急，实际上并没有拨解。上海道台强烈要求由中国自管内河贸易。连卜鲁斯也承认"这些论点是任何公正的人都无法反驳的"[1]。而从外商看来，章程中规定进入长江的外商船只，所有应纳进出各税和船钞，都必须先在上海纳完，方可给照。这实际上等于对货船的各项税收进行预征，增加了他们的负担。法国驻上海领事不承认长江章程。[2]

1861年6月，赫德赴京呈递清单条陈税务事宜，核与前定章程十款，互有出入。总理衙门以为"所议章程头绪纷繁，实难洞悉流弊"。[3]外商把章程解释为，可在镇江和汉口之间任一地方自由贸易，进行投机。赫德便向奕䜣建议，须择紧要处设立关卡征收子口税，把对外贸易严格限定在九江和汉口两处开放的口岸。赫德于呈递的七件清单中，提出了"长江一带通商论"。指出洋船载货只准在镇江、九江、汉口起卸货物，并须在该三处设关收税。[4]

总理衙门对于此件清单，亦作了研究，建议令"南北洋通商大臣着薛焕、崇厚妥议章程，会商核办"。[5]恭亲王、卜鲁斯和赫德一致认为，无限制地全线开放长江沿岸贸易的特权必须取消。外国商人的贸易范围限制在汉口和九江两个开放口岸。《暂行章程》必须大幅度修改。

1861年底赫德来汉口设置海关税务司时，受到湖广总督官文的冷遇和阻挠，又听到英国商人的责难和抱怨。他只得想出补救的办法，把《暂行章程》

---

[1] 魏尔特.赫德与中国海关：上册[M].陈敎才，陆琢成，李秀风，等译.厦门：厦门大学出版社，1993：271-272.
[2] 布鲁纳，费正清，司马富.步入中国清廷仕途：赫德日记（1854—1863）[M].傅曾仁，刘壮翀，潘昌运，译.北京：中国海关出版社，2003：346.
[3] 夏燮.中西纪事卷17[M]//沈云龙.近代中国史料集刊第十一辑.台北：文海出版社，[出版年不详]：158.
[4] 中华书局编辑部.筹办夷务始末：（咸丰朝）第8册[M].北京：中华书局，2014：2918.
[5] 同上：2922.

的十款增为十二款，对课税办法和船舶管理作了新的规定。增加的两款，一是凡油、麻、钢铁、粮食、木材、铜钱等项，除非立有保结，禁止运往上游；一是洋商雇买内地船只载货上下长江，须具保单。❶ 另有一处较大修正，即把长江对外贸易限制在九江和汉口两个口岸，准许英国船只在返抵上海以前，无庸申请海关准单而装卸货物。同时禁止英国人使用租来的或买来的当地船只在河上从事贸易，除非他们有以该船及其货物的契约换取的特别通行证。

至于由上海征收关税，听任英商在长江一带上下货物的核心问题几乎一无更动。除个别无关紧要的字句作些修改外，差不多是对前章程的全文照抄。❷ 所以，夏燮对二者作过比较后评论："查原订章程出口入口之货"，"均在镇江以上汉口以下，准商人任便起货下货，将镇江以上作为上海内口，无庸设虚立之关。其立意在总处纳交，以杜偷漏。然总纳之后，即可沿途任便起卸货物，漫无限制，是仍与原议依违也。"❸ 修改后的章程完全贯彻了额尔金沿江贸易的意图，经恭亲王和卜鲁斯磋商后，竟然达成协议，也就是10月9日制定的第二个长江通商章程——《长江各口通商暂行章程》。

同一天，按照中英商定的新章模式，由赫德拟定，并代清廷与各国签订了《通商各口通共章程》，这是援用"最惠国条款"而对各国开放长江的一种表示。《通商各口通共章程》共五款。主要内容有：①外国船可以在上海与长江各口之间运输货物。②规定所有外商进入内地贸易、纳税、领单、请照等"一切办法，南北各海口均照长江一律办理"❹，即是把长江模式推广到中国全部水域。③第一次使复进口半税的征收有了法律依据。中央政府对于洋船载运土货的沿海贸易予以默认。

这两项章程除肯定了外商的内河航行和沿岸贸易特权，对航行执照、沿江（沿岸）停泊及起卸货物的手续作了一些规定外，并规定了有利洋商、影响深远的"复进口税"制度。本来，在不平等条约中，清政府未能作出给予外国侵略者以内河航行权的明确规定，但在赫德的操纵下，由清政府"自订"的《通商各口通共章程》奉送给了外人。清政府的昏庸无能由此可见一斑。

（三）《长江收税章程》的由来

可是，这两项新章实行不久，又引起新的争议，这些争议涉及中外之间、

---

❶ 王铁崖．中外旧约章汇编：第1册[M]．北京：北京：生活·读书·新知三联书店，1957：177．
❷ 陈诗启．中国近代海关史（晚清部分）[M]．北京：人民出版社，1993：92．
❸ 夏燮．中西纪事卷17[M]//沈云龙．近代中国史料集刊第十一辑．台北：文海出版社，[出版年不详]：158．
❹ 王铁崖．中外旧约章汇编：第1册[M]．北京：生活·读书·新知三联书店，1957：175-179．

官商之间、朝廷与地方之间的利害。

一是在1861年，英国已在镇江、九江、汉口设立领事馆，同时总税务司也在这三个口岸设立新关。因此，从组织机构来讲，没有理由只在上海一处，而不能在其他三处完纳税款。二是地方大吏的坚决反对，如湖广总督官文极力反对上海征收关税的独占权，因为这严重损害了该省的财政收入。三是外商在无限制沿江贸易权被撤销后，对于只在上海一地完税的办法也不满意，他们希望在沿江各口获得同样的纳税便利。四是《通商各口通共章程》没能解决各口岸之间土货贸易的免税问题。因为土货复进口后再转运其他口岸可享受免税特权，这就减少了土货再转口海关的税收，以至于发生各海关拒绝承认土货免税的争执。1862年3月，津海关与江海关争夺复进口税事件就引起了诸多纠纷。❶

对于这两个章程，清朝最高统治者也认为确有问题，于是总理衙门乃"督饬司员，与之（赫德）详加辩论"，❷对《长江各口通商暂行章程》作出根本性的修改。1862年6月，代理总税务司后的赫德专程来到汉口，就修改《长江各口通商暂行章程》和官文进行协商，经官文等地方官的力争，由赫德拟订了新的《长江收税章程》（亦称《长江通商统共章程》），于11月20日由总理衙门公布，经清廷批准，并由驻北京的英国公使馆和驻上海的美国领事馆分别通告周知。1862年12月5日，赫德于上海发出第2号通札，附发《长江收税章程》，并称以此项章程取代现行的《长江各口通商暂行章程》，自1863年1月1日始，依照该修订章程，在汉口、九江、镇江和上海等地征收各税。❸《长江收税章程》要点有：

（1）英船只准在长江的镇江、九江、汉口三处贸易，如沿途贸易，船货入官。长江出口土货，由各该江关查验，自行征收税饷。

（2）长江航线上的外国船只分为暂做长江贸易的大洋船和常做长江贸易的内江轮船两大类，二者"均照条约及该口章程办理"，大洋船无须再在上海报关，内江轮船则仍须将船舶证件交存上海，换领"内江专照"。为了照顾外商要求和地方收入，这种江轮抵达规定的三口岸时，须将江照呈关查验，并须在镇江、九江、汉口轮流完纳船钞，还规定"凡有江照之轮船装载土货，须由该

---

❶ 天津市档案馆.三口通商大臣致津海关税务司札文选编[M].天津：天津人民出版社，1992：53.
❷ 中华书局编辑部，李书源.筹办夷务始末：同治朝（二）卷12[M].北京：中华书局，2008：556.
❸ 《海关总署旧中国海关总税务司署通令选编》编译委员会.旧中国海关总税务司署通令选编：第1卷（1861—1910）[M].北京：中国海关出版社，2003：11.

商在装货口岸先将正、半两税一并完清，方准装货"。❶ 这是对长江复进口税的征税方式作出的重要修订，使长江复进口税纳税地点已不限于上海一口，而推及长江其他三口。

新章公布之后，中外舆论，一致赞同。总理衙门认为新章"有较之原议更称切实者，亦有较之原议稍为从宽者，而大致于紧要关键，尚无出入"。《长江收税章程》的一个重要内容是满足总督的需要，将以前在上海预交税款改为在汉口、九江起下货物之时进行完纳，而船钞的征收则在上海、九江、汉口轮流进行。这样就解决了官文提出的在汉口、九江征税的问题，改变了那种在沿江任意上下货物而不必纳税的情况。卜鲁斯给总理衙门的照会中，也赞赏新章既"颇与税饷有益"，又"赔补英商亏缺"，不失为"尚有良法"。❷ 当然，这也多亏官文等长江一带地方官的力争。

此后，长江就顺顺当当地对外开放了，以英国为首的西方列强，将侵略的魔掌伸进了中国的内河腹地长江流域，世界资本主义经济的影响从此渗入中国的内陆城乡。这个章程一直持续实行达35年之久，直到1898年才重新修订。

二、续订长江通商章程

1862年以后，长江流域的情况又有了很大的改变。英国公使为了便利英国从最接近茶叶产地装运茶叶，要求恭亲王准许轮船持江汉关（汉口）或九江关所发的专照前往安庆、大通、芜湖装运茶叶，企图进一步开放长江。为使曾国藩和总理衙门易于接受，赫德主张轮船装载的茶叶，应缴厘金和复出口半税；但是曾国藩和总理衙门均不同意。尽管如此，以英国为首的列强仍在努力酝酿开放全部长江以至全中国的内河。❸ 1876年《烟台条约》乘机增开四处通商口岸和长江沿岸十处上下客商货物的停泊处。❹ 根据这一条款，增辟了十个商埠，事实上，所谓"暂停"口岸与开放港口并无多大区别。❺ 1880年中德《续修条约》，德国取得在芜湖、宜昌两埠通商，并得在沿江七处非通商口岸上下客货。日本在《马关条约》中不仅取得与英、德两国同等的权利，而且日轮还可深入重庆，航行苏杭，把侵略范围扩展到长江上下和支流内河。❻ 中国内

---

❶ 王铁崖.中外旧约章汇编：第1册[M].北京：生活·读书·新知三联书店，1957：195-196.
❷ 汪敬虞.赫德与近代中西关系[M].北京：人民出版社，1987：223-224.
❸ 陈诗启.中国近代海关史（晚清部分）[M].北京：人民出版社，1993：96-97.
❹ 王铁崖.中外旧约章汇编：第1册[M].北京：生活·读书·新知三联书店，1957：349.
❺ 中国航海学会.中国航海史（近代航海史）[M].北京：人民交通出版社，1989：30-31.
❻ 江天凤.长江航运史（近代部分）[M].北京：人民交通出版社，1992：230.

第五章　赫德操纵制定的专门约章

港航行权开始丧失。这样，各国水陆并进涌入长江各地。

清王朝在甲午战败，洋务运动破产后愈加任人要挟，予取予求。在瓜分中国的狂潮中，长江流域依然是各帝国主义国家激烈角逐的主要目标。正是在这个强迫割让的灾难年头（1898年），外国商人乘机迫使中国修改执行了35年的长江章程。

在此前两年，外国商人一直在鼓动修改这个章程。英、俄、荷兰驻上海的领事也得到指示，和有关的商人磋商并起草一套按照他们的愿望修改的修正章程。英国公使窦纳乐代表各国公使与总理衙门谈判，他们所提的方案通过总理衙门提交给了赫德，赫德又把它提交给长江口岸的税务司，征求他们的意见和建议。列强的意见主要有：外国商人反对要求他们从内河港口运出的中国货既付出口税又付复进口半税的规定；他们要求这方面的关税手续应该和从沿海运出的同类货物的手续一致；要求简化茶叶征税手续，当茶叶必须由持有内港专照的轮船运送到口岸时，应该允许收货人按其数量立具保结契约而不付复进口半税，如果茶叶在一年内重新装船出口，就取消保结契约。[1]赫德也认为《长江收税章程》是在太平天国时期拟定的，而太平军失败后，长江之情形前后不同，"一则两税并征，虽为商船便捷，而闻有伤于货商"。[2]清政府既无力抗拒各国的瓜分，也无力驳斥各国驻京公使要求修改通商章程的叫嚣，在赫德的鼓动下，只好以所谓"拘各国之请"的名义，授权赫德详细妥酌新的通商行船章程。再经海关、领事馆和公使馆对以上问题进行审议后，《修改长江通商章程》与《内港行船章程》等章程出台了。

《修改长江通商章程》和《重定长江通商各关通行章程》创议于1898年，经多次折冲修改，于翌年4月1日"开办"，前有相关旧章作废。前者共十条，其要点为：[3]①有约国商船准予在长江的镇江、南京等11处通商口岸贸易，也可在指定的长江五处不通商口岸上下客货，其余长江沿途各处，不准私自起下货物。搭客及随带之行李，除往常五处搭船之处，续添四处。②外国在长江的商船分为远洋轮、江轮和小船三类，并定下各自领取江照的规定。[4]③改变前订章程船货其进口税或复进口税等的缴纳规定。[5]④所有在长江贸易的商船之

---

[1] 魏尔特.赫德与中国海关：下册[M].陈敖才，陆琢成，李秀凤，等译.厦门：厦门大学出版社，1993：359.
[2] 总税务司通札：第2辑（1897—1901）[M]//陈诗启.中国近代海关史（晚清部分）.北京：人民出版社，1993：414.
[3] 王铁崖.中外旧约章汇编：第1册[M].北京：生活·读书·新知三联书店，1957：866-874.
[4] 江天凤.长江航运史（近代部分）[M].北京：人民交通出版社，1992：231.
[5] 王铁崖.中外旧约章汇编：第1册[M].北京：生活·读书·新知三联书店，1957：867.

船牌、江照，应服从巡船及关船的查验。无牌照者，按走私处理。

《重定长江通商各关通行章程》首先声明《长江收税章程》一经修改，旧用之章作废，须重新订章与长江新章相辅而行。重订新章包括"通行杂项章程""出海船只办法""江照轮船办法"和"划艇钓船并洋商雇佣之民船办法"等四大类，每一类都有很详细的规定，共计二十三款。它重申"现在长江章程既经修改，所有沿江各口，华、洋进出各货报关、完税各事，改为与沿海各口一律办理"。[1]

上述二者的实施，减轻了纳税的繁难情形，但同时也使海关的管理严谨了很多。因为卸货口岸的进口税和沿岸贸易税的征收事宜，使得多年来被忽略的一些手续，此后必不可少。比如对于一切进口货载的查验以及对于江轮所载货物和其他各式船只所载货物的卸货准单的查验等，并且还必须对一切进口货制发海关验单等。[2] 显然，二者的修改是在以往长江通商章程的基础上汇总了外国在长江已经攫取到的既得利益，并按照他们的新要求加以修改的。

三、《内港行船章程》和《续补内港行轮章程》

自从太平天国时期以来，大轮船在中国内河及水路航行自由就一直是外国商人的主要目标。《马关条约》因开放苏州和杭州为通商口岸，已经明确将通往该两处的内河开放轮船航行。这就有必要为苏—杭—沪这种运输制定一些特殊章程，以便管理往来于这几条特定航线的华洋汽艇的移动，征收关税。

（一）《内港行船章程》

为整顿内地的无照轮船运输，赫德在1896年8月提出一套管理中国轮船移动的章程，虽未全面生效，但给人一个"除了通商口岸外，轮船往内地航行的特权是留给中国人的"印象。虽然这个保留是完全和国际法一致的，但是在外国商人和谋求特权的人看来，这是一个可笑的与时代不符的事。他们认为这个寓言般的国际贸易的金矿应该向全世界开放，让大家来开发，而且还要照开发者规定的条件。[3] 甲午战争后，英国看日本获得了内港航行权，乃于1898年要求开放内地支流小港，允许外国船只航行，作为"英国公使因中国拒绝接

---

[1] 同上：869–874.
[2] 莱特.中国关税沿革史[M].姚曾廙，译.北京：生活·读书·新知三联书店，1958：338.
[3] 魏尔特.赫德与中国海关：下册[M].陈敉才，陆琢成，李秀风，等译.厦门：厦门大学出版社，1993：354.

受英国所提供的一笔抵押借款而要求的一部分赔补"，❶ 英国公使窦纳乐要求中国应该允许外国船只在内地贸易，其他国家也希望得到内地轮船航行贸易权。他们希望能用新条约将这些非通商口岸开放和加以合法化。赫德奉劝他们要谨慎。

在1898年这个清末又一苦难年，各国侵略势力蜂拥而上，逼勒清政府让与种种特权，其中就包括要求准许通商省份所有内河行使小轮，无论华商洋商。总理衙门令赫德妥议专章，草案拟好须征求地方当局的批评意见和建议，原定内港行轮权利的生效期为6月16日。赫德将草案九条提前两个月拟好，并交由政府核准。两江总督刘坤一认为，赫德所拟九条，"于征收税厘未能分晰，又多牵混之处。迭次电商，嗣经札饬议复，未分晰者酌加添注，易牵混者量为修改，并准随时续议更订，虽则窒碍犹多，尚属利害参半"❷。清政府札行海关遵行。

窦纳乐因为他没有被咨商而提出抗议：极力反对章程将中国权益限制于通商口岸所在省份的内港，而要求中国的内港全部开放行轮；规定"内地水路"这个词要按《烟台条约》第三部分第四段里的意思解释；反对内港航行这种权益仅行之于小火轮或汽艇，主张船只的大小由航行中的需要来决定；任何外商，对于因违反内港章程而受到的处分不服，得听便申请将案件依照1868年《会讯船货入官章程》办理，等等。❸ 窦纳乐欲壑难填，漫天要价。魏尔特认为窦纳乐，"忘记了授予特权是中国行使的主权……他在修改规章的草案时甚至完全只是从享有条约特权的外国人的角度来看待这个问题"。❹ 赫德将这些反对意见和参酌这些反对意见的意见综合考虑，以至于修正草案的编订一直拖延到7月。赫德拟好《内港行船章程》，后经总理衙门大臣逐条详查，报光绪批准后，于1898年7月13日颁行，章程内分领牌挂号、税课办法、审案办法三大类，共九条，❺ 大意为：①今后准许凡在口岸注册的华、洋各项轮船，任意按照本章程的规定前往内港各处贸易。"内港"二字要与《烟台条约》中

---

❶ 莱特.中国关税沿革史[M].姚曾廙，译.北京：生活·读书·新知三联书店，1958：329.
❷ 中国科学院历史研究所第三所.刘坤一遗集：第3册[M].北京：中华书局，1959：1038.
❸ 莱特.中国关税沿革史[M].姚曾廙，译.北京：生活·读书·新知三联书店，1958：330.
❹ 魏尔特.赫德与中国海关：下册[M].陈敉才，陆琢成，李秀风，等译.厦门：厦门大学出版社，1993：355.
❺ 王铁崖.中外旧约章汇编：第1册[M].北京：生活·读书·新知三联书店，1957：786-787.

所说的"内地"二字相同。❶②从事内港贸易的中外轮船必须请领执照，并遵守各口岸的章程。③应按章程报关纳税。④外国人在内港犯罪，享有领事裁判权。

这样，赫德与清政府似乎将已往专章集成新的普遍公约，向外人明白宣示，有约各国均可共享长江航行权。刘坤一对此章程大为不满，认为"三次改章，顿翻原议"。因为前之内河明指通商省份，今则变为沿海沿江沿河及不通商地方皆准行使。"前定税课办法，本是华洋一律；今则谓洋商即按条约税则办理，应遵之章须与条约相符。是内地厘税照旧征收之权，仅能行之华商，而洋商来往可不遵完税厘，停候查验。又长江一概不准拖带货船，前经通饬遵办。今则为若无海关特照，即不准其托带，是明知牌照撤废权在税司，洋商之船自必皆请特照矣！洋商获利独优，较议约所得之益犹有过之。"况且"查总税司复议，亦谓华洋内河行轮本是约外之事，无非为商务兴旺、税饷日增，于地方无碍起见"。认为这是赫德"变本加厉，困我商民至于此极！将使商务由此益衰，税项由此益绌，地方从此扰害无穷，造端甚微，酿祸甚巨，敬为我皇上披沥陈之"。考虑到"洋人得此约外之利，中国失其治内之权，使商民衣食之源遂失所恃，上下交困，怨讟繁兴"。"惟此内河行轮，窒碍太多，关系甚重。"请求皇上"敕令总理衙门札饬总税务司查照第二次所订九款，妥速订正照行，尚可稍图补救"。❷但章程最终还是被批准通过。

《内港行船章程》最终承认了外轮的内河航行特权，增订中国轮船亦可向海关登记进出内港。第一款订明中国内港，均准华洋各项轮船往来贸易。❸"内港"一词也按照窦纳乐之意作出解释，清政府竟也批准了。此后凡是内地支流小港，不管是否为开放的"通商省份"，凡是外轮能够航行，外商申请，随时可以开放，任便往来。这是赫德听从英国公使意志窃取中国内港航行权，损害中国利益的侵略行径。

此章程是我国自行拟定、颁行的法令，它不同于条约，属中国的国内法，中国有权擅自修改和终止。也正因为害怕清政府有朝一日变更这个章程，为不使这到手的肥肉随时溜走，1902年，英国在与中国签订《续议通商行船条约》

---

❶ 《烟台条约》中有："内地处所，并非通商口岸"。该条约对"内地"进行了解释，内地"系指沿海、沿江、沿河及陆路各处不通商口岸，皆属内地"（王铁崖.中外旧约章汇编：第1卷[M].北京：生活·读书·新知三联书店，1957：349.）。据此，所谓"内港行船"，就是在一切非条约口岸的内河内港。

❷ 中国科学院历史研究所第三所.刘坤一遗集：第3册[M].北京：中华书局，1959：1038-1040.

❸ 王铁崖.中外旧约章汇编：第1册[M].北京：生活·读书·新知三联书店，1957：786.

时，别有用心地将《内港行船章程》作为附件列入其中；1903年，日本又如法炮制，将《内港行船章程》作为附件列入《中日通商行船续约》，从而使《内港行船章程》变成了中国与外国之间的条约。以后此章程受国际条约的束缚，非经英日同意，不得修改或废止。❶

（二）《续补内港行轮章程》

由于对于往来内地货载应课何税问题，华洋轮船征税不一，亟需明定方针。赫德建议"解决货物纳税事宜，并期望尽量适用于一切船只，而不以国籍或悬挂旗帜加以区别"。❷ 随后拟定了《续补内港行轮章程》九款，于1898年9月3日咨行各省。这项续补章程明确规定：①往来内地的外国轮船所载货物，非有子口税单的，应一律由华官代各省征收税厘，征税的地点及税率，同民船货载。❸ ②行驶内地的轮船及其拖带船舶须在沿途各关卡完纳一切应征税厘。③有疑问由税务司与监督通融酌办。牵涉洋人则循会讯章程办理。❹

尽管赫德在章程中基本上照顾到了英国公使的要求，但英国公使仍不满意，训令英国各领事把因施行章程而侵犯条约权利的事例呈报给他。❺ 赫德为此辩护道，总理衙门在奏请皇上核准开放内港行船的时候，原只准许轮船切实遵照民船的同样条件和遵纳同样的内地征税，方得从事内地贸易；但是因为有些外国公使坚持要求将这项权利也推及悬挂外国旗的轮船，这就使得原来的章程不得不有所修正。这次修正的目的是要为有关外国人等设法把他们的条约利益和权益应用到内港章程上。可是以英国为首的各国公使，竟不以享用这种在中国内港行船的国民待遇权益为满足。就连英国人莱特都看不过眼，说"外国人向来是贪求无厌的"。赫德本以为，把内地地方性章程同样施行于轮船和沙船的计划，一定可以保障地方税收，也就会得到地方当局的支持。如果英国公使坚持将既有条约因素掺杂约章中，那就得有另一套破格的办法，而这种办法势必会打破悠久的成例，增加征税的困难，诱致中国所有船主贿买外国保护，并使负责内地税收的内地当局和凭靠内地税收的内地行政机关都心怀戒惧而采取冷淡态度。❻

这项修正章程连同续补各款虽是足够为外商创立一种获益良多的新办法，即往后中国内河，无论巨川支流，均对外船开放。但由于中国一些地方官的反

---

❶ 中国航海学会.中国航海史（近代航海史）[M].北京：人民交通出版社，1989：32.
❷ 海关总署《旧中国海关总税务司署通令选编》编译委员会.旧中国海关总税务司署通令选编：第1卷（1861—1910）[M].北京：中国海关出版社，2003：405.
❸ 莱特.中国关税沿革史[M].姚曾廙，译.北京：生活·读书·新知三联书店，1958：330.
❹ 王铁崖.中外旧约章汇编：第1册[M].北京：生活·读书·新知三联书店，1957：821.
❺ 莱特.中国关税沿革史[M].姚曾廙，译.北京：生活·读书·新知三联书店，1958：331.
❻ 同上：331.

对，清政府对两章程作了一些重要的解释和批示，诸如：内港执照虽然是由海关制发，可是决定内港船只究应携带何种国家文件的，却是国家的有关当局而不是海关；凡是从一个通商口岸经过一个内地方而运到另一个通商口岸的中国货，应一律缴纳沿岸贸易税；凡是注册经营内地贸易的船只，在任何一次内地贸易的航行进程中，都一律不准驶出中国海；每一个通商口岸都被看成是一个内港区域的中心，从任何这样一个中心驶往内地的轮船都必须驶回该中心。❶

两项新章程实行不久，英、美、日等国分别迫使清朝缔结《续议通商行船条约》或续约等。这些续约是对已往通商、行轮两项章程的新发展，以后中国与外国航权势力在华愈加此消彼长，"中国的内河，无论巨川支流，凡可以通航者，均对外国轮船开放"❷。"我国全国航路，遂变成万国共有性质。"❸由此可见，在"不平等条约制度下，中国已经没有完整意义上的内河"❹。

综上所述，总理衙门在奏议上述新章程时，每每迫于人强我弱，迎拒两难的处境，总是强调制定新章是为了"扩充商务，增收税厘"。实际上，这些却是关涉长江和整个内地市场的开放问题。上述数个长江通商行轮章程和内港行轮章程，除第一个中英《长江各口通商暂行章程》外，其余均出自赫德之手。由于英国在华商业利益最大，在掠夺中国沿海、内河、内港贸易航船方面最为积极，开长江通商章程先河的始作俑者便是英国。以后在其他列强的附和、支持、策划下又得寸进尺，不断侵夺长江流域和内河的各项权益。赫德自然对英方的贪欲心领神会，在陆续拟议修订的长江通商行轮章程上，尽可能地照顾到英方的利益，突显英国人的意志。当然，长江和整个内地市场的开放，不仅是近代以来英国及其他西方侵略者所梦寐以求的，也是赫德所致力追求的。比如，贩运土货的纳税办法，外船在中国沿海贸易的合法化，复进口税方案的提出、确定及其权限的不断扩展，都是旨在为外商扩大市场和掠夺原料，当然也是为了扩大海关权限，巩固外籍税务司制度。在赫德日记中，赫德也承认了这种复进口税的侵略性，将复进口税与子口税、免税单、退税并列，作为帝国主义对中国侵凌的四种单据标志之一。❺

所以，尽管清廷屡次饬令赫德妥筹专章，地方官吏在拟议章程时也多有力

---

❶ 莱特.中国关税沿革史［M］.姚曾廙，译.北京：生活·读书·新知三联书店，1958：331.
❷ 李育民.近代中国的条约制度［M］.长沙：湖南师范大学出版社，1995：241.
❸ 江天凤.长江航运史（近代部分）［M］.北京：人民交通出版社，1992：232.
❹ 刘利民.试论不平等条约对中国领水主权的限制［J］.湖南师范大学社会科学学报，2005（3）：116.
❺ 布鲁纳，费正清，司马富.赫德与中国早期现代化：赫德日记（1863—1866）［M］.陈绛，译.北京：中国海关出版社，2005：9.

争，这些章程还是在近代长江航运史和通商史上打下了深刻的殖民地烙印，清政府最终吞下了航权旁落、商权俱失的苦果。其突出表现：一是掠夺了长江为首的中国内河、内港航权，阻碍了中国民族航运业的发展。依照国际法，主权国家有权"禁止外国船舶从事沿海的航行和贸易，即所谓沿海航运，并专为其本国船舶保留这种沿海航运"，❶就更不用说在他国内河从事航行和贸易了。"考今日国际通例，凡独立国家，莫不保留其内河航行与沿海贸易权以为国民享受之用，各国咸以此两种权利为国民权。"❷但是列强通过一次次修订《长江通商章程》和《内港行轮章程》，先是攫取了中国主干河长江中下游航行的条约权利，进而获得在长江上游航行通商，终至侵略势力蔓延到中国的内河内港，使得本已落后的国船更加难以和外船竞争，中国民族航运业的发展受到了严重阻抑。二是侵占了长江流域和内地的商品销售市场，掠夺原料，打击了中国的民族企业。随着外国商品充斥长江流域的各个口岸和沿江、沿河城市，中国民族企业遭到毁灭性的打击，加速了自然经济的解体。

第二节　商定中国引水章程

引水工作对于一个国家内水、领海等国防机密安全及所引导的船舶航行安全至关重要，国家一般对此非常重视，轻易不许外国人担任本国的引水工作。鸦片战争前的中国对进出本国领水的外籍船舶实行强制性引水，这也是国际上的通用做法。但鸦片战争后，西方列强开始侵犯中国的引航业，羸弱的清政府在此方面防范意识淡薄，乘虚而入的外国航运势力加强了对中国引水的争夺，造成各口岸引水的混乱无序。列强为防止相互倾轧曾两度擅定引水章程，但依然争夺激烈，相持不下，只好请赫德出面打破僵局，赫德乘机制定了《各海口引水总章》，❸虽然在字面上为中国挽回了部分引水主权，但章程在具体的颁行实施过程中，所起作用有限。

---

❶ 劳特派特.奥本海国际法：上卷第2分册［M］.石蒂，陈健，译.北京：商务印书馆，1971：30.
❷ 于能模.外人在华享有内河航行与沿海贸易权之条约根据［J］.东方杂志，1931，28（22）：13.
❸ 本章程的名称和订立时间学界尚未取得一致看法。本书的提法依据是王铁崖编的《中外旧约章汇编》第1册，第264页。陈诗启称其为《引水章程专条》(《中国近代海关史（晚清部分）》第261页)。多数著述将此章程称作《中国引水总章》。它的订立时间，王铁崖是以英国公使同意的日期即1868年11月3日作为订立日期，中国航海学会主编的《中国航海史（近代航海史）》(第48页)以1868年12月27日为正式发布时间。徐万民等主编的《中国引航史》(第45页)定为1868年10月27日，是以该年度第30号税务司通札的形式下发各港。

一、近代初期引水回顾

引水亦称引航，指谙熟某一水域情况或能熟练驾驶船舶的专业人员引导他船安全抵达目的地的活动。从事这一活动的人称为引水人或引航员。在鸦片战争前，清政府本能地对外来船舶实行强制性引航，引水权完全掌控在自己手中。遗憾的是，从古代到鸦片战争前，中国这个历史上海禁和开禁不断重演的富含海运资源的大国，却一直没有一个对自己所属海域引航权拥有绝对管辖权的法律规定。

中国的引水形势在鸦片战争后开始逆转。第一批不平等条约均按列强的意愿塞进了有损中国引水权的条款。英商借《虎门条约》获得在通商五口自行雇用引水人之权，工价根据具体情况由英国派出的管事官议定酌给。一国在他国水域擅自雇用引水人自由出入，且干涉他国对引航费的决定，这显然违反了国际惯例。后来的《望厦条约》，还傲慢地规定引水费"中国地方官勿庸经理"。中国对引水费的决定权被剥夺。《黄埔条约》除沿袭陈例外，还加进了欲当法兰西船引水者凭三张船长的推荐信，可获领事官允准引水。❶ 这一条无疑给了外国人充当中国引水的权利。按照"一体均沾"的原则，英、美、法关于引水的条款三方均可互相援用。三国可以任意在中国自雇引水人，工价自定，还开了外国人也可以在中国充当引水人的先河。

此后，来华外人陆续来到中国各水域充当引水人（或引航员），各缔约国也纷纷给外籍船员、引航员或退役海军滥发引航执照。外籍引水员于是我行我素，无视中国政府的权益，任意排斥中国引航员。各港口引水开始脱离地方当局的管理，清政府原来的强制引航举措完全失效。不仅如此，根据片面最惠国待遇，往后所有与中国缔结条约的国家船主、领事、百姓都可以插手中国引航业，对中国的引水业横加干涉，并可以凭借领事裁判权而逃脱惩罚，更严重的是，外籍引水人可以对中国的内水、领海机密一探虚实。

不加限制的外来船舶和引水人涌进中国，加剧了原本就存在的混乱局面。这也危及外国商人和航运公司船只的安全进出港口。于是外国领事与英国商人商议扩大引航员的规模，并制定规章来加强管理。1855年12月10日，英、美、法三国领事称经上海道台同意，联名公布一份《引航章程》。此章程于次年1月5日刊登于《北华捷报》，全文共八条。主要内容有：一是规定了上海港的引水业向引航员开放，不论其国籍，还规定了失职发生事故的惩处办法。

---

❶ 王铁崖.中外旧约章汇编：第1册［M］.北京：生活·读书·新知三联书店，1957：52.

二是凡申请引航员资格证书和执照的人员先要接受一个由英、美、法三国领事任命由外国船员组成的引航委员会的考核。三是规定了引航船标志旗的制式和引航费率的标准。❶ 这份章程是中国近代史上出现的第一份引航管理规章，它有可能使中国的引航业逐步走向制度化和规范化。但是它的出台，从制定程序到具体内容，都完全撇开了中国政府和中国引航员。但清政府对此并不关心，听之任之，似乎压根没意识到这是对中国引航管理权的肆意践踏。

此引航章程并未能达到预期目的，中外引航员违纪犯规的乱象丛生。

第二次鸦片战争后，增开了 10 个沿海和沿江港口城市为通商口岸，并再次重申已往不平等条约中有关引航的规定，对于由领事控制颁发引水执照的制度也未做任何更动。实际上，等于确认了这一制度。此后，英美等国各大洋行和轮船公司蜂拥而入中国各大水域，并对引水提出了更高和更广泛的要求。为数不多的华人引水人和落后的中国引水业相形见绌。疲于应付太平军和英法联军的清政府没有意识到这个新的问题，没有采取因应措施。这就为外来航运势力乘虚而入提供了口实和机遇，也加剧了列强之间的矛盾。

几年后，列强发现依据 1855 年《引航章程》建立的由各国领事分头管理引航的体制并不尽如人意。日益发展的航运业引发了各方面不同的诉求和对引航权益的争夺，导致港口引航秩序更加混乱。于是各国领事意识到有必要加强联合管理引航。英、法、美三国驻上海领事于 1859 年 12 月 23 日共同公布《上海外籍引航员管理章程》。其要点有：一则上海港外国船只的引航业务由英、法、美三国驻上海领事共同管理。所有外籍引航员都须通过新建立的考试委员会全面、严格的考核后，方可获得资格证书和引航执照。已往执照作废。二则中、外引航员区别对待、分开管理。三个缔约国的领事只为合格的本国人颁发执照，余则交由中国人处理。外籍引水人唯外国船舶不引。三则对引航员的组织管理、业务开展及违章处罚等作出了具体的规定。这项章程与 1855 年的章程相比较，它强调了三国领事协调行动，企图建立一个撇开中国政府和民众的、完全由外国人管理的独立的联合引航体制，将在中国水域的外籍引航业引向制度化和规范化。1860 年 4 月，持证外籍引航员组成"上海引航公司"。中国的引航业遭受了更为严重的侵害。到《上海外籍引航员管理章程》公布后，无船主雇用中国引水人，中国引水人处于半失业状态，有些不得已，只好另谋生计。❷

---

❶ 徐万民，李恭忠. 中国引航史 [M]. 北京：人民交通出版社，2001：30-32.
❷ 中国航海学会. 中国航海史（近代航海史）[M]. 北京：人民交通出版社，1989：103.

二、中国引水约章的制定

（一）1859年《上海外籍引航员管理章程》实施的困境

1859年《上海外籍引航员管理章程》并没有解决引航业的竞争和混乱，而且产生了新的问题。因为该章程实质上是英、法、美三国垄断了上海港的引航管理大权。随着各国航运势力的此长彼消和新成员国的加入，该章程受到了挑战。比如，美国随着自己来华船只逐渐在列强中位居第一，其公使西华德于1862年公然提出，在上海港引航事务中美国要有更多的发言权、要有更多的美国人任引航员并在引航员考试委员会中增加美国人。美国的目的虽没达到，但表明"联合原则"出现了裂痕。1861年与中国签约的普鲁士人被拒绝参加上海港引航业，一个普鲁士人在引航员选拔考试中也遭到了不公正的待遇，普鲁士领事愤而退出"联合管理体制"，"上海的引水制度……因普鲁士领事突然退出而陷于瘫痪"。❶再就是依据1859年章程担任考试委员之一的保险公司滥用职权，引航员也不服管束。各国在争夺中国引水权问题上针锋相对，使"联合体制"雪上加霜，分裂加剧。美国公使蒲安臣在向国务卿汇报中综述了这种情况：各口领事不同意已有章程，引水人的考选引发猜忌，普鲁士领事断然拒绝合作，牛庄（今营口）的英国领事拟订由英国人独占的引水章程，不愿和美国领事一致行动。❷

上述情况表明引航业的进一步发展，西方国家的代表认识到领事的权力不足以管理所有国家的航运的进口碇泊事宜，亟需一种超越于西方领事和具体的商业利益之上的行政机构来对之进行规范和管理。这一客观要求和当时牛庄港的行业竞争为赫德参与制定《各海口引水总章》提供了机遇。

（二）拟订《中国引水章程》草案

位于渤海湾东北角的牛庄港是列强从1858年《天津条约》中勒索的一个通商口岸，自1862年3月起暂开"豆禁"后，牛庄港引航业发展迅速，竞争也非常激烈。牛庄各国领事擅发引航执照，造成引航员供过于求，尤其是美国。结果，有些引航员无船可引，只得跑到远至大沽和山东半岛去候船。外籍引航员只得纷纷建议领事限制引航员人数，可各国领事意见纷呈。在其他各口

---

❶ 魏尔特.赫德与中国海关：上册 [M].陈敖才，陆琢成，李秀凤，等译.厦门：厦门大学出版社，1993：414.
❷ 陈诗启.中国近代海关史（晚清部分）[M].北京：人民出版社，1993：260.

岸，各国领事联合起来要求中国把"他们的引水监督权转移给海关"。❶恰好在此时，即1866年，中国与意大利签订了通商条约，其中规定："所给引水工银及引水人等应遵规条，地方官会同各国领事官酌量定立。"❷1867年初，当阿礼国将牛庄港的引航纠葛提交给驻中国的大英按察使时，这位按察使认为，一切有关引水问题的章程均应先由中国政府提出，也应由各国外交主管当局接受，同时各个国家约束其公民遵守。❸

阿礼国只好将引航问题提交给总理衙门及各国驻京公使，建议创建一个中外各方面都接受的统一的引航体制。❹

赫德乘机抓住这个机会，打出引水权归于中国政府的招牌。竭力宣扬领事控制引航员执照的方法已经证明未能取得预期效果，应当承认中国在此问题上也有发言权。建议把管理通商口岸的引水员一事交给总税务司之下的各理船厅，由各口税务司负责颁发引航员执照。赫德的主张终于打破了各国相持不下的僵局。各国代表经过多次讨论之后，一致同意采纳赫德的建议，承认"首先，中国人拥有这个权利，其次，我们大家都方便"。❺总理衙门和北京的外交使团一致把引水问题交给赫德处理。

赫德根据总理衙门和外交使团的各项指示，参照已有的相关地方性章程，于1867年初制定了一份引航规章的草案，呈交给外交使团讨论。草案内容主要有：

首先，引航事务如制定各港分章、细则，确定引航员人数，选任引航员，对引航员进行监督和管理，应该以海关管理为主，应由作为中国政府代表的各口海关税务司和港务长来牵头实施。理由是，现在的情形较五口通商之初有了好转，中国政府正打算拨出部分财政收入来提高引航员的素质，港口事故将减少。其次，赫德对引航主管机关的构成和职能、引航员的考试和任用程序、引航员证书的类别、各地分章和细则的制定与审批、引航员执业的方式、引航员的纪律要求和处罚方法、引航船的制式和管理等内容，都提出了具体的

---

❶ 马士.中华帝国对外关系史：第2卷[M].张汇文，姚曾廙，杨志信，等译.北京：商务印书馆1963：174–175.
❷ 王铁崖.中外旧约章汇编：第1册[M].北京：生活·读书·新知三联书店，1957：251.
❸ 魏尔特.赫德与中国海关：上册[M].陈敖才，陆琢成，李秀风，等译.厦门：厦门大学出版社，1993：415，417.
❹ 徐万民，李恭忠.中国引航史[M].北京：人民交通出版社，2001：140.
❺ 魏尔特.赫德与中国海关：上册[M].陈敖才，陆琢成，李秀风，等译.厦门：厦门大学出版社，1993：416.

建议。❶

各国公使对赫德所拟草案进行了反复讨论，最后一致同意绝大部分条文。只有两点例外。一是赫德建议各港分设管理和考试两个委员会。管理委员会以海关税务司为主席，成员包括两名领事、港务长、邮船公司高级代表和资深引航员，拥有广泛的调查和管理权力；考试委员会以港务长为主席，成员包括航运公司和海上保险公司的代表，只负责考试和发证。外交使团只同意组设考试委员会。二是对中国引航员的"特殊照顾"。赫德建议将引航员分为三类："引航员""学习引航员""中国引航员"，前两类都是外籍人。赫德认为，"中国引航员"在水深、水流、潮汐等方面的知识很丰富，但在操纵新式船舶和必需的命令方面，却很欠缺。因此建议："应明确规定，如果一艘帆船或轮船行驶超过半速，那么船上的工作应由船长而非引航员负责。"❷但这项有利于中国引航员的条款遭到拒绝。

于是，赫德将外交使团所同意的条文稍加整理，制定出《引水章程》（以下简称《章程》，亦称《中国引水章程》）共十五款。大意是：由理船厅与各国领事和外侨商会共同决定各港口引航员数目，缔约国公民和华民均可受聘；由港务长、高级领港员和从远洋轮船公司与保险公司代表组成的委员会负责聘任引航员。引航员引水字据必须由海关税务司以中国政府的名义颁发。有执照的引航员可带学徒一名。港务长有权处罚违规者。❸轮船公司必须雇用该口持有引水执照的引水人，否则须交引水经费（即外商所说的强制引水）。总之，只要公使们认可，草案将引水管理权大多置于海关理船厅手中，至于各口领事的意见，则忽视了。

总理衙门不加细究，例行公事似的予以批准。赫德随即于1867年4月26日，以总税务司通札的方式将《章程》发往各关税务司，要求他们遵照执行，并结合当地实际情况，制定出本港引航管理的分章和细则。赫德认为，他已经考虑到并解决了每一种可能出现的意外问题，找不到使《章程》和地方性法规不能立即生效的理由。❹可是，他过早乐观了。

---

❶ 中国海关的起源、发展和活动文件汇编：第1卷［M］．上海：总税务司署统计科印行，1937：251-257.
❷ 中国海关的起源、发展和活动文件汇编：第1卷［M］．上海：总税务司署统计科印行，1937：254；徐万民，李恭忠．中国引航史［M］．北京：人民交通出版社，2001：41.
❸ 海关总署《旧中国海关总税务司署通令选编》编译委员会．旧中国海关总税务司署通令选编：第1卷（1861-1910）［M］．北京：中国海关出版社，2003：45-46.
❹ 魏尔特．赫德与中国海关：上册［M］．陈敖才，陆琢成，李秀凤，等译．厦门：厦门大学出版社，1993：419，432.

（三）《引水章程》的修订

《章程》公布之后，虽然在牛庄和天津没遇到多大阻力，但在别处尤其是最大的港口上海遭到了诸多非议和反对。尽管《章程》发布后不久，赫德专门致函江海关税务司费士来，对《章程》在上海的实施作了详细的指示：一是希望费士来能在《章程》的指导下制定出切实可行的上海港引航分章。二是尽可能多地保留那些真正合格的引航员，在考选引航员时，缔约国国民与中国人应"一视同仁"。三是可以给那些经常到港的轮船船长或大副发给"辅助引航员"证书，以便不致引起他们对强制引航的抵制。总之，赫德认为中外各方的利益都照顾到了："我们对已经展开但尚未完成的工作应采取的正确观点是：一方面，将该章程视为从一开始就是为本国人起草的，同时也适用于所有在中国领水内与本国引航员竞争的人；另一方面，也应让人们看到，通过自己的雇员，中国政府在有关引航的所有事务上，能以最好的方式履行自己的一切职责，完全能够管理好自己领水内的份内事务，因而也能够维护自己的尊严和独立。"❶

然而上海港务长在实施《章程》时却遇到来自外国商会、航运公司、海上保险公司及引航员等各方面的激烈反对。首先，考试委员会组织不起来。依据《章程》，考试委员会的组成需要有外国商会、航运公司、海上保险公司的代表参加。但是，上海外国总商会、保险公司认定《章程》有损航运公司及引航员的利益，因而拒绝合作。❷《章程》中规定引水人员定额，由理船厅和各国领事以及在华外国商人共同商定。但是理船厅有首先勘明情况、作出决定之权，其他两方，不过被约同商定、形同虚设。❸ 这自然引起后者的不满。上海洋商总会以未预先征求他们的意见为借口，坚持《章程》非满足他们的要求不能生效；保险公司也认为"在航运的一般利益和引水自身的一般利益方面是不能令人满意的"。❹ 其次，外国航运公司和引航员也"激烈反对关于强制引航的条款"，有借口有自己的引水的，有借口用不着雇用引水，要求自由进出。"对于他们来说，这（指强制引水，引者注）是扎在尾巴上的一根刺。"❺ 上海外籍引水人也写信给江海关税务司费士来，坚决要求修改《章程》。赫德只得于6月25日札行江海关"停止施行"，但仍坚持"新建议的修改，在有关细节方面，

---

❶ 徐万民，李恭忠. 中国引航史[M]. 北京：人民交通出版社，2001：42.
❷ 中国海关的起源、发展和活动文件汇编：第6卷[M]. 上海：总税务司署统计科，1937：212–216；徐万民，李恭忠. 中国引航史[M]. 北京：人民交通出版社，2001：42.
❸ 汪敬虞. 赫德与近代中西关系[M]. 北京：人民出版社，1987：202–203.
❹ 陈诗启. 中国近代海关史（晚清部分）[M]. 北京：人民出版社，1993：260.
❺ 魏尔特. 赫德与中国海关：上册[M]. 陈敖才，陆琢成，李秀风，等译. 厦门：厦门大学出版社，1993：419.

可以由分章和地方条例作出一定限度的规定，但是如果关系到原则方面，是不能采纳的"❶。再次，官方对章程赋予理船厅对外籍引航员处罚的权力也有意见，认为这将使外籍公民的境外地位受到毫无保障的侵犯。❷

一开始，赫德不想轻易让步，1867年9月4日，他给上海港代理港务长维吉尔去函对以上问题作了特别指示。一是不必理会上海外国总商会和保险公司的抵制。既然他们不肯合作，那就不必理会，因此赫德指示维吉尔，"你不得再向外国总商会作任何咨询"，没有总税务司的特别指示，"你不得再与保险公司就引航问题交换任何意见"。并授权维吉尔"可以请航运公司提出三位候选人，"供港务长选择，以组成考试委员会。二是重申可发给航运公司某些船长"辅助引航员"证书，以缓和航运公司对强制引航的抵制。但证书须通过海关的考试后才可发给。❸ 9月4日，赫德致维格船长密函，写道："最近以我的名义在上海各家报纸上公布的《中国引水总章》是在与美、俄、英三国的公使和法国驻北京代理公使数位阁下商量后拟定的，中国外交部也获得了他们对这一文件的赞成与批准。"❹

在强大的反对势力面前，北京的外交使团对上海港发生的问题也经过一番讨论，同意对《章程》的具体条文进行修订后再予以实施，并依旧由赫德负责修订工作。赫德不得不对他的原定章程进行一些修订，主要是遭致反对最多的三个方面。第一，取消了遭致航运公司普遍抵制的强制引航。第二，增强领事在港口引航事务方面的权力而削弱港务长在这方面的权限。表现在：考试委员会由港务长、各国领事和各国商会三方面组成取代原来章程中的由港务长、保险公司、航运公司的代表组成的局面；改理船厅可吊销违规引航员执照的规定为违规引航员需要吊销执照的，可在三天内到其所属领事处申诉；让领事和商会共同参与费率的制定。第三，扩大了引航员的自主权。取消了原《章程》的港务长可以按百分比提取引航员的部分收入用于引航业的公共开支的条款和由港务长代征引航费两个条款。❺ 通过这几点修改，赫德认为，领事又恢复了原

---

❶ 中国近代海关历史文件汇编：第6卷[M]//陈诗启.中国近代海关史（晚清部分）.北京：人民出版社，1993：260.

❷ 魏尔特.赫德与中国海关：上册[M].陈敖才，陆琢成，李秀风，等译.厦门：厦门大学出版社，1993：419.

❸ 徐万民，李恭忠.中国引航史[M].北京：人民交通出版社，2001：43.

❹ 魏尔特.赫德与中国海关：上册[M].陈敖才，陆琢成，李秀风，等译.厦门：厦门大学出版社，1993：432.

❺《海关总署旧中国海关总税务司署通令选编》编译委员会.旧中国海关总税务司署通令选编：第1卷（1861—1910）[M].北京：中国海关出版社，2003：75.

章程里被架空的本应享受的条约特权，外籍引航员条约特权也得到了保证。相关外国势力的增长势必削减理船厅的某些权力，对此，赫德也感到无奈。因为"在治外法权存在的情况下"，许多本应该交给港务长的权力，却正好不属于中国政府。

经过将近一年的修改和反复讨论，特别是送交总理衙门和外交使团讨论，各国内部的纠纷，暂时得以平息。修订后的《各海口引水总章》（共计十款三十二条）于 1868 年 10 月 27 日，以总税务司通札的形式下发各港，并于次年开始试行。❶ 此后长期未再更动，一直"试行"到赫德死后 12 年即 1933 年才被正式废止。❷

赫德在 1868 年 10 月 27 日第 30 号通札中说，修订后的章程撤去了把种种权力置于理船厅手中的条文，"系现行治外法权本不属中国当局"。❸ 草案经过修改，赫德乐观地估计，其结果将很可能使保险公司主动去做使引水成为一种义务的事情，外国的官员也将会乐于把与引水有关的、适于由理船厅处理的工作，尽量交给理船厅去处理。❹ 事实并非如此。

（四）《各海口引水总章》的实施与影响

颁行于 1868 年的《各海口引水总章》（以下简称《总章》）系中国引航业史上首份全行业性的规章，奠定了中国引航管理体制的基本框架。

之后，各港口海关奉赫德之命积极行动，依据《总章》规定纷纷制定和颁行引航分章和细则。经赫德批准，1874 年和 1877 年厦门港和温州港分别制定各自港口的引水分章。十余年内其他各口分章也相继公布。❺ 就这样逐步形成了晚清全国性引航管理体制的基本框架。引航管理权集中到了海关总税务司及理船厅，希望能结束过去那种外来势力各自为政的无序竞争，希冀建立起一个高效有序，同时有利于中国的引航管理系统。

可实际运作效果并不理想。一方面，总税务司和理船厅的管理权在执行中大打折扣。外籍航运势力的不法行为并非都能得到惩治。例如，本应处以银 100 两罚款的违规英籍引航员，却只象征性地罚款 7 元。赫德甚或指示各关税

---

❶ 《海关总署旧中国海关总税务司署通令选编》编译委员会.旧中国海关总税务司署通令选编：第1卷（1861—1910）[M].北京：中国海关出版社，2003：75.
❷ 徐万民，李恭忠.中国引航史[M].北京：人民交通出版社，2001：45.
❸ 海关总署《旧中国海关总税务司署通令选编》编译委员会.旧中国海关总税务司署通令选编：第1卷（1861—1910）.北京：中国海关出版社，2003：75.
❹ 魏尔特.赫德与中国海关（上册）[M].陈敖才，陆琢成，李秀凤，等译.厦门：厦门大学出版社，1993：419.
❺ 徐万民，李恭忠.中国引航史[M].北京：人民交通出版社，2001：45.

务司放弃一些管理处置权,将其转让或推诿给领事。另一方面,华籍引水人遭到严重排挤。1867 年,203 名各口引水人内有华人 103 名,华人仍占一半。自从《各海口引水总章》和各口分章订立之后,外籍引航员由以前的默许变成了合法,肆无忌惮地与华民争夺引水业务,导致各港口华籍引水人急剧缩减,直到最终,有些口岸已经没有华籍引水人。例如,到 1869 年,天津已无华人引水人。上海 1868 年尚有华人 15 名,1889 年减为 4 名,1896 年只剩 2 名,1900 年只剩 1 名。到 1903 年连最后 1 名华人引水人也被排斥了。[1]外国侵略势力的这种侵占自然造成了怨恨,也引起了华人对未来的恐慌。

依照《总章》批准引水是属于中国的权力,由海关税务司代表执行,训练权力也掌握在税务司手中,而海关税务司也是隶属于中国的。之所以会出现上述结果,其主要原因在于:一则是不平等条约的束缚。外来势力在不平等条约及《总章》和各港分章这些护身符的庇护下,享有治外法权,加上领事有引航管理权,各国公使、商会也经常插手干预,庇护本国海运势力。所以赫德与身处第一线的各关税务司不能只听命于清政府和中国地方政府,它的行政职能无法真正集中。二则引水人的考选权操之于外人,被排挤掉的自然是中国人。三则外国保险公司的故意打压。商船雇用外籍引水人的投保费用大大低于雇用华籍引水人,甚至对聘用华籍引水人的商船不予投保。在这种前提条件下,商船不敢轻易使用华民。四则清政府既无力也无意为臣民抗争,任由华籍引水人自生自灭。

三、赫德的功过是非及原因

赫德在《各海口引水总章》的设计和修订及晚清全国性引航管理体制建立中,起了总策划和总指挥的作用。他建立了一个晚清全国性引航垂直管理体系,他是这个体系的最高领导核心、各地海关港务长则为其枢纽。

对于赫德在其中的功过是非,已往学界也是众说纷纭。

彭德清和汪敬虞等持完全否定的态度。彭德清先生认为"臭名昭著"的《各海口引水总章》是"借中国政府之名,行外国侵略者控制之实"。[2] 汪敬虞认为赫德一手炮制了引水章,其结果是"中国管理自己的港口港务的权力,一天天被削弱,最后被完全排斥在外"。[3] 徐万民和陈诗启先生等对赫德作了比较客观公允的评价。徐万民先生认为赫德建立的从属于海关系统的中国引航管

---

[1] 章勃. 收回引水权问题 [N]. 国闻周报,1931,8(27):27.
[2] 彭德清. 中国航海史(近代航海史)[M]. 北京:人民交通出版社,1989:50.
[3] 汪敬虞. 赫德与近代中西关系 [M]. 北京:人民出版社,1987:201–202.

理体制，受制于不平等条约，又要适应引航业发展的客观要求，这种双重性决定了体制结构上的不完整性与追求目标的双重性和矛盾性。比如，维护各国条约特权和尊重中国的主权，表面上中国收回了部分引航权，实则进一步丧失了引航权。❶ 陈诗启认为，维护缔约国国民有和华民一体充当引水的特权是《总章》的要害所在。赫德所以力争海关引水管辖权旨在使中国领水建立高效的引水制度，但面对章程执行所遇阻力，回避矛盾，损害了中国主权。❷

事实上，研究者如果对中国的近代历史和《总章》出台的前因后果有个比较深入的了解和分析，根据历史事实说话，就不会把赫德的努力贬斥得一无是处，也不会将其捧得很高。

从赫德参与《各海口引水总章》的洽谈、拟订、修订及指导执行的全过程看，一开始他态度乐观，动作积极，雄心勃勃地欲为中国争取引水主权，维护中国权益。而后却逐步消极，不断地向列强妥协，以调和中西矛盾。造成赫德前后态度不一致的原因既有中外势力对比变化的影响，也有赫德的自身因素。

首先，中外势力此消彼长。当1867年列强各种势力之间为在华引水问题争得不可开交，僵持不下时，在外国公使和总理衙门的支持下，赫德信心十足地出面了，并依照他们的指示，参照1855年和1859年章程，草拟了1867年的《章程》，首先将行使引航事务管理权置于赫德及其下属手中。还专门加进了已往章程中没有的"优待"中国人的条文，特别强调在考选雇用引航员时，应对中国人一视同仁。此时中西关系正处于"国门洞开"以来的最好时期——"友好合作"时期，面对中国的各种弊端，赫德试图设法使清政府摆脱困境，不久以后，他提出的《局外旁观论》就是他此种心迹的表白。同样，面对列强对中国引水业的侵夺而清政府表现出来的麻木不仁，他希冀能够有所挽救，也旨在改善中国引航业的秩序和提高效率。但是计划提交公使们审阅时，一些条款遭到否决，赫德只好将其删去，优待中国人的条文就是其中之一。在经过删减的《章程》草案中，赫德将引水事宜全盘置于代表中国政府的海关理船厅之手，这在很大程度上可以挽回中国内水、领海的引航主权。但在1867年4月颁行实施过程中，遇到了来自外来势力的各种阻力，尤其是在上海，章程几成虚文。对此，赫德也曾试图反抗，但终究胳膊拧不过大腿。重重压力之下，赫德只好对各方反对最盛的三个方面进行修改甚至删除，直到扩大了外国领事、商会、船主及引水员的权限，缩减了中方及理船厅的权益后，才得以平息反对

---

❶ 徐万民，李恭忠. 中国引航史［M］. 北京：人民交通出版社，2001：47.
❷ 陈诗启. 中国近代海关史（晚清部分）［M］. 北京：人民出版社，1993：263-204.

者的愤怒,《总章》才最终获得各方的批准通过而颁行全国。在后来的长时期的试行过程中,由于清政府的政治经济每况愈下,在半殖民地的泥潭中越陷越深,而西方各种侵略势力在华不断增强,越发飞扬跋扈,动辄干涉税务司对引航的行政执法。对引水权的侵夺也是得寸进尺,几乎将各口岸的中国引航员排挤殆尽。中国管理自己的港口港务的权力,也一天天被削弱,最后被完全排斥在外。

其次,中方对引航权意识的淡薄。清政府对列强侵吞引航权的态度实在令后人唏嘘不已,与其说是清政府无力反抗,倒不如说清政府从中央到地方根本没有意识到这方面的危害,更遑论要进行抵抗了。当外国势力最初伸手中国引航领域时,中国各海口都有航海经验丰富,对航道十分熟悉的引水人,遗憾的是当时清政府表现得相当无知,不但没有把这股力量组织起来以抑制列强插手引航业,反而放任本地引水人和外国船主自由交涉,等到涉及引水的中外条约一签订,清政府和地方当局就是想制止也鞭长莫及了。早期的中外条约都不含任何说明中国领海范围的条文。比如,1858年中英《天津条约》第十九款以"在中国领海之内"来表述。同年签署的中美条约第十三款使用了"中国政府对自己的领海实行管辖",中法条约的相应条款第三十四款用的是"在中国沿海附近的海域"一语。以上条款均没有具体说明界限。列强们将这些普遍接受的相当含糊的措辞看成是三英里范围。晚清中外条约中唯一对中国领海范围进行说明,是缔结于1899年的《墨西哥条约》,内称:"立约双方同意将低潮时三海里内的水域看成是领海范围。"并注明条约中文版一海里定为十华里,大约是五公里,以防误译。❶

就笔者所查阅的鸦片战争以来的各种档案文献史料,包括像《筹办夷务始末》《中国近代航运史资料》之类的史料,都没有看到一处讨论中国引水问题的奏折或谕令。这是否可以理解为在当时那个民生多艰、国运多舛的时代,上至天子,下至各级地方官吏要应对的"大事"都应接不暇,像引水这样的"小事"又何足挂齿!所以对于《总章》的执行,其后对中国的侵害越来越大时,清政府从未提出过重新修订,以至于当初订明的"试办"之章竟一直"试办"到清朝灭亡还在"续办"。自家的事情,清政府和地方官员都持这个态度,又何能指望"客卿"赫德能始终如一地为你坚守引水业这块阵地?也就不难理解赫德的态度要发生动摇了。

---

❶ 魏尔特.赫德与中国海关:上册[M].陈敖才,陆琢成,李秀凤,等译.厦门:厦门大学出版社,1993:430.

再次，赫德自身因素。1867年，他接手制定引水章程，这是他正式担任中国总税务司的第五个年头。尽管他已经获得了清政府的信任和重用，但32岁的他要想在中国牢牢地站稳脚跟，并永保出人头地，他不但要做出成绩，获得清政府的好感，也不能得罪中国人民。加上此时他掌握着中国导航设施基金的来源——海关的进出口吨税。所以尽管中国在引航方面的权力被列强置于一旁，如1866年的上海《贸易报告》载："目前，在拟订对大家都有好处的规章制度方面，各国驻本港的代表们很难取得一致意见。而迄今为止，中国政府在这一重要问题上还没有任何发言权。"❶而意气风发的赫德依然在最初拟订章程时多处宣示中国人的引航权力。即使是《章程》在1867年4月颁行，在上海遇到巨大阻力时，他还指示上海港代理港务长维吉尔去函对以上问题作了特别指示，不必理会上海外国总商会和保险公司，海关税务司对付外国总商会和保险公司态度要强硬。在《章程》最终修订过程中，理船厅的权限虽有删减，但依然掌握大部分权力。所以，赫德对修订后的《总章》很是看好。

但是最终他的预想没有实现。后来在章程的具体执行中，现实阻力和困难使赫德自知海关乃至清政府无力与各种外国势力抗衡，经常处于矛盾之中，于是采取阳奉阴违的对策来对待清政府。比如，当天津海关税务司因外籍引水人拒绝按规定更换字据请示赫德时，赫德立即指示他，只能将海关工作局限于考核候选人、发给引水执照和宣布某引水人暂行停业。因为外籍引水人都享有治外法权，所以有关引水其他事宜最好从一开始就让领事们去管。❷1878年，一个引水人因打人而被判监禁，税务司有权予以停职或开除，赫德鼓励采取这种行动。但又说："我将把海关的行动限制在注意：除对于合格的人员外不发给引水证，除对继续有工作效能的人员外，不准保留引水证，这样，就让领事们来处理非核准的引水问题以及在他们的治外法权下的国人们的任何错误行为问题。"❸赫德之所以如此做的原因之一，就是他在中国的地位日益稳固，尤其在斡旋中法战争成功后，大受朝廷青睐，他的地位如日中天。随着年龄和地位的增长，赫德在引水问题上的态度变得更加圆滑，他回避矛盾，尽可能不使海关和外国势力发生冲突，甚至要各口税务司放弃原来《总章》所赋予的某些权力，以消除外国势力对海关的恶感和抵触。这点在1887年第35号通札中说得

---

❶ 聂宝璋.中国近代航运史资料：第1辑上册［M］.上海：上海人民出版社，1983：87.
❷ 中国近代海关历史文件汇编：第6卷［M］//陈诗启.中国近代海关史（晚清部分）.北京：人民出版社，1993：263.
❸ 马士.中华帝国对外关系史：第2卷［M］.张汇文，姚曾廙，杨志信，等译.北京：商务印书馆，1963：174–175.

很明白。他告诫各关理船厅，外籍引水人有权上诉于领事，对有些错误的惩治比如技术上的，领事不予承认。理船厅行使惩戒权力，会得罪引水人员。因此，"官方之干扰则尽少为宜"。❶

总之，赫德为《总章》的出台和实施，为维护中国的引航权益曾经雄心勃勃，真心努力过，尝试过，但是由于外来势力的强势干预、清政府的羸弱无力和漠不关心，加上赫德为保护自己和海关的既得利益，在《总章》的反复修订中，逐步地向列强妥协，对中国引航权的维护有限。在《总章》的长期运作中，他更是明哲保身，不敢坚持原则，屡屡让权让利于外国势力。

第三节 谋划海关查处偷漏走私的会讯章程

经过两次鸦片战争，尽管中国先后被迫"协定"了很低的关税和允准鸦片贸易合法化，但外国商人欲壑难填，纷纷进行走私偷漏。中国海关依据条约权力进行查处，却遭来外商和领事的百般抵制和怨恨。为此，英国公使建议对违章案件进行中外会讯。赫德因此拟订了《上海海关扣留案件条款》，对在沪英国商人及其船只的违章进行查处。后因英美公使要求，赫德将扣留案件条款增订为《会讯船货入官章程》(以下简称《会讯章程》)，扩大了条款的使用范围，侵害了中国海关对违章处分的管辖权。在领事裁判权和《会讯章程》的保护下，外商走私偷漏的违法活动从未消停。

一、《会讯船货入官章程》的出台背景

对进出口货物的走私偷漏和非法交易，进行防范、检查，并对违章者进行惩罚，这是任何国家海关应有的权力和应尽的职责。近代中国虽然日益沦为半殖民地，诸多主权遭到侵害，但打开国门后的中外不平等条约均不否认中国拥有缉私和处分违章的权力。

1843年的《虎门条约》就订明了偷漏之货全数查抄入官。❷《中英五口通商章程》还进一步规定了罚金数目。次年与美国、法国签订的类似条约也有表述稍异但大意相同的规定。尽管条约规定严禁走私偷漏，外商却蔑视中国政府和条约的权威，疯狂走私，从而引发了诸多外交纠纷。于是1858年清政府与各国缔结的《天津条约》，均重申了不得非法交易，且详细规定了违章处分办

---

❶ 海关总署《旧中国海关总税务司署通令选编》编译委员会.旧中国海关总税务司署通令选编：第1卷（1861—1910）[M].北京：中国海关出版社，2003：297.

❷ 王铁崖.中外旧约章汇编：第1册[M].北京：生活·读书·新知三联书店，1957：37.

法。总之，中外条约详细规定了对外商各种违章情况的处罚原则，也明文规定中国政府对外商违章拥有完整的、独立的处分权。可是各种外国势力对中国政府及海关拥有的这个权力持有异议，并肆意抵制。

（一）是否建立会讯法庭

国门洞开后，形形色色的外来势力涌进中国。由于各国政治立场不同，来华目的各异，因而在中国海关对违章的查处上，态度也不尽相同。

1.外国领事和商人要求领事法庭会同审案

随着开放口岸的不断增多，蜂拥而至的外国商人，不再满足于5%的低税率和鸦片贸易的合法化，而是要求最大限度地获取超额利润，甚至进行走私偷漏。违法活动一旦被中国海关查出，即百般狡辩和抵赖。各国领事对此不仅不加以制止，反而进行怂恿和袒护，导致外籍税务司和外国领事在违章处分问题上发生冲突，其中英籍税务司和英国领事间的矛盾尤其尖锐。因为英商来华贸易者最多，而海关大权又主要集中在以英人赫德为总税务司和大多数英国人充任的各关税务司手中。英国商人、领事对于这种本国人管治本国人的做法充满抱怨和蔑视。

1861年，外籍税务司制度推行到通商各口，在华英商首脑怡和洋行、上海和香港两地商会等联合反对新关制度，抵制海关的管辖权。香港英商商会致函英外交部罗素伯爵，声称"所有那类的海关案件，应向（英国的）领事提出，由他公开地裁决"，❶还坚持"应褫夺海关根据本身处断的没收货物的权力。凡有违反税法的行为，非经领事公正和公开审讯后，不得加英国臣民以任何处罚，不论是没收充公或是罚款"。对于中国的外籍海关官员，如法庭判决其确已超越合法权力，都不能使他们免于领事法庭或其他外国法庭对损害赔偿所作的裁决。上海商会则要求中外双方以平等的权力在公开的法庭中会同处理走私偷漏案件。声称对这类案件必须"筹设一个中、英官员合组的会审法庭，由双方以平等的权力在公开法庭中共同处理"。❷有"尚武领事"之称的英国驻上海领事麦华陀强烈主张根据《天津条约》关于治外法权规定，只有领事法庭能够判决这样的案件。他说："我认为任何英国臣民不得受到惩处，其财产也不得被没收，除非在有资格的法庭面前确实证明对他的处罚是公正的。我认为，对这一问题若无明确指示，那么领事法庭就是唯一能够听取这类指控的地

---

❶ 马士.中华帝国对外关系史：第2卷[M].张汇文，姚曾廙，杨志信，等译.北京：商务印书馆，1963：154.
❷ 莱特.中国关税沿革史[M].姚曾廙，译.北京：生活·读书·新知三联书店，1958：206-207.

方。"❶结果，税务监督送达领事的信件有时竟原封不动地被直接退回。

总之，"对于那些使中国海关的利益危如累卵的犯法行为——甚至试图枪杀执行公务的验船员的行为"，外国领事"置若罔闻"。❷有了领事的祖护，英商走私自然更加猖獗。

2. 李泰国反对中外"会同处理走私偷漏案件"

英国人李泰国从1859年起内定为总管中国各口海关总税务司，他对外商走私的猖獗和英国领事干预英商违章处分的行径表示坚决反对。他指责上海英侨商会，"要想中国政府把获有条约保障的罚款和没收权，提交任何外国法庭作司法上的讨论和裁决，已经不太公平了；至于还要容许那些本人就是天天处心积虑想逃避中国税法的商人们，那就更加不公平"了。中国政府"并不曾放弃其对违反本国税法行为之裁判权"；他坚持"英国领事只能在政治上不能在司法上干预其事"。"他们这样做就会使得英国臣民无法以一种行政官的资格为中国政府服务。"❸李泰国乘回国度假之机就海关处罚权的性质和范围问题，以及外籍海关雇员对所作措施应负的责任问题专门咨询了伦敦的著名律师。律师告诉他，中国政府没有将没收英国臣民的案件移交给英国领事法庭进行裁决的义务；中国政府有明确的权力在自己的国土内制定和实施自己的税收法，其中通常形式就是对触犯法律的货物进行查获和没收；如果中国政府实行没收权力不公正时，只有通过外交途径以求矫正。对于在中国水域内英国轮船上的不法货物，中国政府可以查捕而无须英国领事的批准。❹显然，外籍税务司行使其对走私的管辖权是天经地义的，符合国际法。李泰国嘱咐其代理人赫德"一定要注意，不让恭亲王同意有关组织混合法庭的建议"，"你必须提高警惕！……我们的立场拥有首席检察长的支持，因此恭亲王尽可拒不考虑这项既损害国家主权，又无条约规定的会审法庭建议。……这些建议将在转瞬之间削弱海关制度"。❺他还争取晋见英国首相巴麦尊，企图阻止这项建议的实现，他甚至威胁说：如果恭亲王退让，他就要辞职。❻李泰国最初是坚决反对会讯的。但最

---

❶ 魏尔特.赫德与中国海关：上册[M].陈敉才，陆琢成，李秀凤，等译.厦门：厦门大学出版社，1993：476–477.

❷ 同上：292.

❸ 莱特.中国关税沿革史[M].姚曾廙，译.北京：生活·读书·新知三联书店，1958：207.

❹ 魏尔特.赫德与中国海关：上册[M].陈敉才，陆琢成，李秀凤，等译.厦门：厦门大学出版社，1993：477.

❺ 葛松.李泰国与中英关系[M].中国海关史研究中心，译.厦门：厦门大学出版社，1991：210-211.

❻ 陈诗启.中国近代海关史（晚清部分）[M].北京：人民出版社，1993：245.

后，经不住赫德等人的劝说，改变了初衷。

3.英国政府主张在承认中国管辖权的基础上试行会讯

针对英商的大量走私和领事的串通一气，对于要求设立领事法庭来处理违章案件问题，英国驻华公使卜鲁斯、额尔金及巴夏礼持有不同意见。

英国公使婉言拒绝香港和上海英侨商会把罚款和没收问题的专有裁判权交付给领事的主张。❶ 卜鲁斯认为，这样一种办法"只能经由中国政府的承允才能实施"，而中国政府并不愿意把它的权力交由领事裁决。❷ 他请示上司欲同赫德"根据当前的情况讨论是否有可能卸去海关在这样的案子中充当独家法官的恶名。但除非建立一个令人满意的混合法庭，否则我怀疑这种权宜之计能改变当前的制度"。并且说，"除非我能够说服中国政府承认领事们在审理这些案子的绝对司法权，否则这些案子将继续通过外交处理"。"以我看，稳妥的政策是承认并支持那些有能力忠实履行职责的中国各行政部门的权利。""经验明证必须在适合外国人安全的最小范围内极其谨慎地运用治外法权的原则，否则它会成为混乱的根源，结果极有害于各方利益。"对于前述麦华陀的说辞，卜鲁斯进行了指责："我必须警告你，对于明显的违法现象的行为不要轻易地认为没有欺骗意图就是无过失。我相信，这样的主张在任何国家都是不能被接受的。"额尔金也认为现行对华条约并没有授权英国领事这种权力。"中国主管当局应该有权独立地制定和实施必要的法规"，但担心万一中国所订法规违反条约权力时，"中国有可能拒绝听取领事或公使的抗议。"因此，他建议，"如果建立一个由英中双方官员组成的联合法庭来公开审理这类有关财务税收的案件，平等待遇问题会更有安全保障"。❸ 同时他也指出，这种权力如果让与英国领事，必须也要让与所有的外国领事。❹

鲁塞尔批准了关于建立联合法庭来解决外国商人和中国海关当局之间争议问题的这一建议。1863年，英美两国公使照会清政府，首先承认中国政府对违章处分的独立裁判权，但也提出在此基础上，由领事和海关税务司共同审讯

---

❶ 莱特.中国关税沿革史[M].姚曾廙，译.北京：生活·读书·新知三联书店，1958：207.
❷ 马士.中华帝国对外关系史：第2卷[M].张汇文，姚曾廙，杨志信，等译.北京：商务印书馆 1963：155.
❸ 魏尔特.赫德与中国海关：上册[M].陈敩才，陆琢成，李秀风，等译.厦门：厦门大学出版社，1993：476-479.
❹ 马士.中华帝国对外关系史：第2卷[M].张汇文，姚曾廙，杨志信，等译.北京：商务印书馆 1963：155.

走私违章案件。❶

4. 赫德主张设立会讯法庭

代理税务司赫德（1863年秋末改任总税务司）一开始就认识到走私偷漏问题的严重性，认为"除非中国人有一个有效的海关缉私机构，否则海关业务永远不能顺利进行。即便如此，大多数的领事们反对采取防止走私的措施，而这些措施在条约中又没有明文规定，这也势必引起麻烦"。❷ 1862年，赫德访问北京时得知卜鲁斯赞成建立联合法庭来调查和解决有关海关财务税收上的诈骗行为。从曾担任上海、宁波和长江各口岸的税务司的实际工作中，赫德意识到，要解决海关财务税收案件，仅靠总监和领事或总理衙门和公使馆之间交换公文来发现实情、公正处理不是良策。他认为设立一个会讯法庭，可以"俾得公开提起诉讼，详核证据，并在一个公平公开的法庭中，经过全面秉公审讯之后宣告判决"，方足以平息各方婉言：如海关在处理这类事务上的行动是任性、专横和见不得人的，以及仅凭公文交往来决定案件并不是发掘事实和进行裁判的一种满意方法，等等。❸

（二）建立会讯法庭的酝酿

但要真正成功建立起一个会讯法庭，作为总税务司，赫德必须谨慎行事，统筹兼顾。一是需要认真对付英国领事和上海商会。二是中国不敢擅自课征罚金，这个局限性会限制海关对没收案件的执行。尽管所有的英国上层人士认为，中国无须经领事同意就可以采取没收行动，但中国不会抛开领事而随意课征罚金，因为高层司法当局以及领事和社团都强烈反对任何修改领事权力使之有利于中国的措施。❹ 三是要考虑在法庭程序安排中的一些困难。从李泰国阿思本舰队事件中可以推测出总理衙门的态度，混合法庭席位上的中国首席代表必须是中国的海关监督。但这会使大多数外国商人觉得他们服从了一位无知和反复无常的中国法官。另外还有程序安排中的语言、法律细节翻译方面的困难，等等。

尽管如此，赫德得到了以卜鲁斯为首的英方上层力量的同情和支持，在征得总理衙门的同意后，赫德着手酝酿公开审讯和会讯章程事宜，并经常与他们

---

❶ 孙宝根.论近代中国海关缉私制度的确立[J].广西民族大学学报（哲学社会科学版），2004（2）：146.

❷ 魏尔特.赫德与中国海关：上册[M].陈敉才，陆琢成，李秀风，等译.厦门：厦门大学出版社，1993：476.

❸ 莱特.中国关税沿革史[M].姚曾廙，译.北京：生活·读书·新知三联书店，1958：210.

❹ 魏尔特.赫德与中国海关：上册[M].陈敉才，陆琢成，李秀风，等译.厦门：厦门大学出版社，1993：478.

交换意见。

  1863 年 7 月 12 日，卜鲁斯对赫德谈及会讯公堂问题，说他"无意于干涉中国人的权力，或者说是管辖权"，但他又"认为不妨成立一个由税务司和领事组成的调查法庭，以便使各种案件都公开化，同时对任何情况都可以进行深入的调查"。赫德认为这是可以办到的，而且是应该办的。卜鲁斯还致函恭亲王，要求"凡属充公入官案件，即使不设会讯公堂，至少也要公开审讯"。赫德和卜鲁斯在主要问题上达成共识。赫德于 8 月 2 日在日记中写道："我在下列各点上和他一致：①现行的没收手续似乎没有一定的规则可循，可能会因此产生不公；由于执行中缺乏公开性，商人们认为他们在无理扣押等事情面前没有保障。②公开审理能使（外国）商人知耻而走正道，并可使海关免受非议。③由中国主动提出联合审讯的办法，这完全无损于中国的主权。④现行制度下的申诉案件不符常轨，因为公使必须提出许多问题，方能对许多要点达到了解。"赫德同时提到"但是李泰国不主张设置会讯公堂"。于是赫德又与李泰国长谈会审公堂事，并劝他同意由税务司进行公开审理。两天后，赫德编成一份由税务司公开调查的充公案件规划，在李泰国去职之前，不断游说他，终于取得了李泰国的同意。❶

  之后，赫德将税务司调查充公案件规划译成中文，并劝说总理衙门同意由会审公堂来处理走私偷漏违章案件。1864 年 4 月 27 日，赫德就会审公堂的事又与巴夏礼进行协商。巴夏礼同意庭审应在领事馆以外的地方举行，但是他认为"道台和领事应为组成法庭的成员"，他显然不要税务司担任。而在赫德看来，"采取的好方案是应由道台担任检察官和法官，税务司和有关国家领事担任陪审官"。6 月 2 日，卜鲁斯催促赫德，"希望在他（即卜鲁斯）离开前——10 天或 12 天的时间——解决会审公堂问题。"两天后，赫德告诉卜鲁斯，从文祥处获悉，"会审公堂"可能会看作是让步，不久将讨论和安排细节问题。上海江海关税务司狄妥玛赞同赫德"劝说中国人同意接受由会审公堂进行调查的建议"。6 月 17 日，赫德就建立会讯事情再次与卜鲁斯进行长谈。赫德认为："公堂应由道台和领事组成，税务司仅作为陪审推事或前者的助手出席。道台实际上将出席并审查判决案件，而税务司将提出他希望道台作出裁决的证据；领事将'观察诉讼进程'，并反诘提问。领事不应发表任何意见，对指控予以证实或不予证实：要求他这样做，就将放弃若干中国判决权。费用

---

❶ 布鲁纳，费正清，司马富．步入中国清廷仕途：赫德日记（1854—1863）[M]．傅曾仁，刘壮翀，潘昌运，译．北京：中国海关出版社，2003：373，384，388-389．

由上诉人承担。"卜鲁斯说:"所考虑的重大目的在于废除现在所做的辩护,adcaptandum(为了在感情上取悦大众),过去未曾有审查,商人没有机会提出情有可原的证据。"❶

二、各国《会讯船货入官章程》的出台

(一)罚没案件会讯条款的订立

1864年7月20日,赫德综合各方建议,写了一份包含四条章程但以处理没收案件为中心的"申呈"。他在当天的日记里记载了章程旨在限制领事权限的用意:"它们将成为公开调查罚没案件而组成法庭的基础。最初是希望组成会审公堂,对于一切有争议的案件,不应仅仅调查,而且还应予以解决;要做到这一点,就要使领事实际上成为法官,过去认为公堂的做法应仅限于调查。现在作出的另一修改,将符合各方面提出的目标,尽管它未必会为领事全部接受:监督❷在领事要求质询的任何案件中,将在公开法庭作充分调查,并听取所有正、反两面证据。他由税务司协助时,将邀请领事在海关会晤——就像各个案件遇到的那样——调查案件时,同他坐在一起,允许尽量提问。我增入这一修改的理由,是因为我看到巴夏礼在上海已经制定一套规章,事实上使领事样样都管,而监督却无所作为,税务司更加不如;由于我们正在放弃我们的若干权利——我承认这是明智的——我们务必谨慎小心,不要出于自愿而使自己陷于窘境。"❸

随后,赫德将拟好的有关在沪通过会审公堂实行处理没收船货案件的"申呈"提交总理衙门,并草拟了关于会审公堂的文件。他在日记中吐露心迹:"关于会审公堂,我们必须使它纯为中国人的,只给予领事一个席位,出于礼貌,允许他提出质问,以便得出真相,而商人将来则不可能对他们未经公正听审的案件含沙射影,说三道四。"❹

面对英商猖獗的走私和英国的压力,加上赫德的游说,恭亲王只好接受在上海试行会讯办法。此规定也得到英国公使和美国公使的首肯。1865年10月

---

❶ 布鲁纳,费正清,司马富.赫德与中国早期现代化:赫德日记(1863—1866)[M].陈绛,译.北京:中国海关出版社,2005:120-127,163,165,175.

❷ 此处指江海关监督,由上海道兼任。在外籍税务司制度出现前,中国政府在各个通商口岸设置了专职主管收税事宜的官员,最初称为"海关道"或"海关监督"。外籍税务司制度形成以后,华籍海关监督完全被外籍税务司架空。

❸ 布鲁纳,费正清,司马富.赫德与中国早期现代化:赫德日记(1863—1866)[M].陈绛,译.北京:中国海关出版社,2005:201.

❹ 同上:205.

27日，中英政府在北京订立《上海海关扣留案件条款》。此条款共四款，是以赫德前拟四条规定为基础的，主要内容是：

（1）在通商口岸被海关扣留的英国人及其船货，应即禀明海关监督。监督委税务司函知该英国人，限于五日内禀报领事。过期领事未提公同查核，船货即行入官。如英商认为处分不公，由税务司陈明监督。监督若认同即行放船；英商有异议，由领事转咨监督，定期公同查核。

（2）监督接到领事来文后，照复定期到关当堂会晤。领事饬该英人按期带见证人等到关，监督和领事上堂同坐，税务司也要上堂，帮助监督。监督先令海关原拿船货人役起诉，监督按情节随时诘问。英人如有辩驳，准其禀明领事，由领事代监督逐一诘问，以期得实。监督、领事如不亲自赴关，也可另行派员代往。

（3）监督和领事如意见不同，准英国人上诉，申请总理衙门与驻京公使查核定夺。如果两者都同意扣留船货，英国人即不准上诉。

（4）案件上诉北京，英商得按估价出具情愿遵断缴案保证，监督可先将船货发还。如果大宪断定应罚款入官，即饬商人遵办。如英商不肯出具保证者，即将船货扣留。无论其后如何结案，不准禀请赔补。❶

赫德将该条款交给上海江海关试行，该条款适用于在上海的所有英商及其船货。此后，《通商章程善后条约》所规定的"如何严防偷漏，自应由中国政府设法办理"就成了一纸具文。魏尔特也说，"由于没收案件在法律上属于中国主管当局的权限之内，颁布会讯船货入官章程表示了中国方面的宽容"。❷

（二）各国《会讯船货入官章程》的出台

《上海海关扣留案件条款》（以下简称《条款》）在上海的试行并不理想。在1864年7月到1868年6月之间的修改和增加的会讯船货入官章程颁布期间，在上海没有一个没收案件被提交到会审公堂。这并不是说英国商人规矩守法，不再走私偷漏，无没收案件了，而是由于英商和领事的作祟，商人不信任中国的司法公断，蔑视海关监督的权威。一则违法的英商当事人不愿意出席中国法庭，服从中国司法管辖，而宁愿把货物弃海不要。实在没办法，就沿用直接上诉的老办法，由领事或者北京较高一级的主管当局来定夺。二则英国领事的态度冷淡，尽管他不能直截了当地拒绝服从公使的指示，但他仍可以秘密地

---

❶ 王铁崖.中外旧约章汇编：第1册[M].北京：生活·读书·新知三联书店，1957：228-229.
❷ 魏尔特.赫德与中国海关：上册[M].陈敦才，陆琢成，李秀凤，等译.厦门：厦门大学出版社，1993：481.

运用其影响力来阻止会审法庭的开庭。❶

虽然《条款》在上海的实施效果一直不好，但是到了1867年，总理衙门授权赫德在各通商口岸推行这些规定，并把这一决定通知到外交使团各成员。阿礼国和蒲安臣趁机建议对这些规定进行修改和扩充，以便它不但可以处理查获没收案件，而且对罚款案件也制定会讯条款，可处理任何违反海关有关外贸外运管理条约条款规定的案件。总理衙门表示同意。❷仍由赫德负责对原来《条款》进行修补。其间，赫德和公使馆与总理衙门作了反复的磋商，将原来《条款》四款增修为八款，名曰《会讯船货入官章程》。它明确规定涉及没收的案件将在海关审理，有关的领事有一法官席位，而涉及罚款的案件则在被告的领事馆听讼，海关税务司有一法官席位。通过"似让权而永保其权"的手法，赫德诱导总理衙门批准了对走私违章案件试行"会讯"的办法。❸阿礼国于1868年5月31日向所有驻华的领事发出了第9号通告，附有这八条规定，并批准实施。❹要旨为：第一款，各口干涉税务案件，领事官应先与税务司彼此关照。第二款至第五款四款重复原先四条查获和没收案件的规定以及处理程序。第六款，被指罚银犯章商人，税务司知照监督，并遣人在领事官署内立案，由领事官定期讯断，定期后应先知照税司，本人或遣人在坐指证。如讯明该商实应罚、所罚银两数目，由监督会同税司自定。若税司与领事官意见不合，即行知会监督，一面抄录全案各详总理衙门、驻京大宪查核。第七款，监督、领事不能定夺之案，则上交总理衙门和驻京大臣判决。❺

6月，赫德以总税务司1868年第19号通札，通饬各关税务司遵行。

三、对海关违章处分管辖权的维护和侵害

对于各国《会讯船货入官章程》的评价，中西方看法大相径庭。

魏尔特盛赞此章程，认为这些规定在一定程度上获得了成功，"它是一种限制和预防力量，加强了海关权力，对那些在没有这些规定之前对不法行为毫无顾忌的人亮起了危险信号"，也明确了各口岸当局的行为和管理程序，可以在保护中国税收和外国贸易利益方面"有效地帮助创造一种相互体谅的气氛"。

---

❶ 魏尔特.赫德与中国海关：上册[M].陈敉才，陆琢成，李秀风，等译.厦门：厦门大学出版社，1993：481.
❷ 同上：482.
❸ 孙宝根.论近代中国海关缉私制度的确立[J].广西民族学院学报，2004（2）：146.
❹ 魏尔特.赫德与中国海关：上册[M].陈敉才，陆琢成，李秀风，等译.厦门：厦门大学出版社，1993：484.
❺ 王铁崖.中外旧约章汇编：第1册[M].北京：生活·读书·新知三联书店，1957：259-261.

并为"对违反税收案件的公开审理做了准备，驳斥了那些声称海关职员在处理没收和罚款案件中害怕曝光的说法"。❶ 为了消除公众的疑虑，赫德此后在海关公报的固定位置公布了有关罚款和没收等详尽说明的季度简报，并坚持到1910年。马士则认为："关于没收案件，法庭是中国的法庭，由中国方面来裁判；关于罚款案件，则由领事法庭来处罚。这是两方的一种真正的和解：外国方面出让了关于条约规定的罚款案件的最后判决权利，……中国方面则出让了关于没收案件的唯一权利。"但是这个新法庭又是一种失败，本身带有分裂的种子。法庭首脑海关监督是一繁忙的地方官吏，同时罚款也与他的个人利益相关。税务司身兼原告、检察官和陪审官多职；海关监督不大信任税务司以外的人的意见。领事则是一个陪审官、代理人和被告的保护人。这样，很多判决以及案件，从一开始意见就分裂，只有向公使和总理衙门上诉了。❷ 但是，这个法庭可以对更高一级的官员们提供更多的案件信息。而在中方，蔡渭州认为此章程"是不平等条约有关领事裁判权和领事干预海关行政各条款的进一步具体化，也是新关包庇、宽处外商走私、漏税案件的重要法规"。❸ 陈诗启则认为章程"是一个以牺牲中国海关法权而屈从于外商利益的典型的半殖民地章程"。❹

怎样看待赫德在会讯章程酝酿、制定和执行中的活动和作用呢？不但《上海海关扣留案件条款》和《会讯船货入官章程》的拟订均由赫德为之，且两个约章的试行都是由他指导各口税务司、监督单独操作或与外国领事共同执行的。笔者认为，赫德为此费尽了心思，也试图为维护中国的海关管辖权作出努力，但最终结果总体上有利于外商，而有损于中国商人，也侵犯了中国海关管辖权。

一方面，赫德试图维护中国海关主权。首先，初为长江口岸税务司，后为中国海关总税务司，当时外国商人走私偷漏的猖獗，赫德是"春江水暖鸭先知的"。同时也深知外来势力尤其是英国商人和领事对英籍税务司的排斥和抵制，备感处罚走私偷漏船货案件的棘手，一开始希冀成立一个缉私机构，但中外条约没有赋予中国这个权力，只好作罢。针对当时英方对中国海关查处走私的各

---

❶ 魏尔特.赫德与中国海关：上册[M].陈敖才，陆琢成，李秀风，等译.厦门：厦门大学出版社，1993：485.
❷ 马士.中华帝国对外关系史：第2卷[M].张汇文，姚曾廙，杨志信，等译.北京：商务印书馆，1963：164-165.
❸ 蔡渭州.中国海关简史[M].北京：中国展望出版社，1989：95.
❹ 陈诗启.中国近代海关史（晚清部分）[M].北京：人民出版社，1993：251.

种意见，为了防堵外商走私和加大惩处力度，也为了洗去英商对海关的骂名，赫德赞成对走私案件进行会讯并积极协商拟订章程，争取尽可能地维护中国海关主权。从他日记里的相关记载，可以看出他不是要将海关管辖权和会审权让与英国领事，而是要将公堂的会审权交由中国道台掌控，对事事都要管的领事权限作出限制，并试图使会审公堂"纯为中国人的，只给予领事一个席位"，❶ 礼貌性地让他提问而已。赫德限制领事判决权的做法使得港商后来痛悔实行《会讯船货入官章程》，因为它限制了英国领事的司法职能，并且把他们同位居下等的中国官员们相提并论，因而强烈要求所有涉及英国臣民的海关案件应该完全由该领事馆的领事审理，但可以邀请中国官员协助听讼。其次，尽管两个约章破坏了条约规定，削弱了中国对违章处分的管辖权，但客观上有利于维护中国的海关主权，减轻领事对中国权益的侵害。赫德的这些努力值得肯定。再次，章程虽然在实施中未能切实执行，但它在保障外国商业利益，保护中国税收方面，均规范着各海关的行动。这样有个会讯形式，总比没有要好。它可以在某种程度上起到一种遏制、预防和警告作用。外商为避免出庭会讯，在商业活动中对约章多少有所顾忌，有些违法行为或许会潜消于无形之中。

另一方面，必须指出的是，赫德拟订的《上海海关扣留案件条款》确实试图维护中国权益，但它几乎很少实施。后来增补的《会讯船货入官章程》及施行，赫德负面作用就比较突显了。主要表现在以下方面。

首先，会讯章程侵害了中国的违章处分管辖权以及案件最终裁决权。章程规定有关税务案件，领事应先与税务司关照，抛开税务监督，一改以往领事先向海关监督申请，待至海关监督将案件转交到税务司的惯例。这就为洋人的税务司和领事包揽整个案件的审理过程预先定下了格局；章程对违章的处分由原来的中国海关独自裁决变成了允准当事人禀报其国领事。领事、海关监督和税务司"上堂同坐"，共同"会讯"解决。会讯时，三方代表有两方为外国人，而且洋商只回答领事的诘问（表示外国人不受中国官府管辖），会讯结果显然有利于洋商。而且，海关监督和领事如有分歧，准该商任意上控，申请总理衙门和驻京公使定夺；章程规定罚款案件由领事立案和定期讯断，知照税司传集证人指正即可，完全撇开海关监督，只是定案后将案情告知他一声而已。唯有在税司与领事意见不合时才告知监督，案件上交北京查核。

其次，对违章者的处罚太轻。只有财产刑（以五百两为限），没有体罚。

---

❶ 布鲁纳，费正清，司马富.赫德与中国早期现代化：赫德日记（1863—1866）[M].陈绛，译.北京：中国海关出版社，2005：205.

这点与英法的处分罚则相距甚远,英法有严格的体罚,凡连续犯有走私货物之罪的,要科以6个月以上、1年以下的监禁,或兼作苦工。违章与处罚相辅相成,没有足够的惩戒,就达不到制止走私的目的。

最后,章程执行不严。中国政府从来未能按照章程规定对违法案件严格执行处罚。曾经外商与领事沆瀣一气,造成不少案件海关独断不下,只得提交总理衙门和公使决断,公使们动辄威逼总理衙门。赫德总想力避此类事情的发生。在章程施行中,赫德总想息事宁人,反复告诫各关税务司,违章案件尽量在税务司和领事之间就地处理好,不要轻易让监督知晓,以免将案件提交北京。❶ 他说,过去诸多事情表明,出现问题过早地向监督提出是多么有害,因为一个正式记录一经创立下来,只有通过正式途径才能解决,这将牵动北京的总理衙门和公使们,何必小题大做。所以小的案件只要外商解释一下立即予以接受。确实咎在商人应同领事友好协商解决。所有案件唯有商人要求会讯,税务司才送交监督采取行动。任何案件在最初的时候都易私下协商达成谅解。并认为最恶劣的是把海关监督过早地拉进来,这样会引起敌意,"示弱于人,并且使私人关系恶化"。❷ 难怪高柳松一郎说:"总税务司之训令,亦常令各地税务司尊重犯规者之申辩,轻予处罚了事,务期回避会讯章程之规定焉。"❸

有了赫德的如此指示,各关税务司对章程哪敢如实执行,能背着海关监督和领事进行私下交易的,就私下解决了。尽量把监督排挤在外,以免发生分歧而将案件上诉到北京。会讯章程形同虚设。高柳松一郎就说:"《会讯章程》在今日绝少实行,实际上多由海关单独处分故也。船舶之没收和入口之禁止,实系一种严重处分,即令条约中有此规定,而海关则未见实行。寻常遇有犯规情事,或者由当事人直接申辩,或由领事间接申辩,海关轻课罚金了事,此已成海关习用之原则。而没收船货之事则绝无而仅有。"❹ 章程从公布到废行,60余年时间里几乎就没有实行过。偶尔有案件需要"会讯",则在领事和税务司的包揽下,从宽了事。实在回避不了的案件就对外商网开一面,从宽轻罚。反观其对华商的处分,却非常严厉。因此,海关的没收罚款案件,为清一色的华人,鲜见外商。正因为受害者是中国人,对洋人无关痛痒,所以1883年2

---

❶ 海关总署《旧中国海关总税务司署通令选编》编译委员会.旧中国海关总税务司署通令选编:第1卷(1861—1910)[M].北京:中国海关出版社,2003:67-69.
❷ 陈诗启.中国近代海关史(晚清部分)[M].北京:人民出版社,1993:254.
❸ 高柳松一郎.中国关税制度论//沈云龙.近代中国史料集刊第74辑[M].台北:文海出版社,[出版年不详]:273.
❹ 同上:272-273.

月4日,赫德告诉金登干:"会讯船货人官章程,这一点并不会给我们添麻烦,我们希望看到的是当局使领事们的不友好态度有所改变,并希望外交部以某种鲜明的态度对海关的一些薄弱环节加以排除或给以支持。"❶

有了会讯章程和领事裁判权的保护,外商走私违章活动就从未间断过。会讯章程直到1933年才废止,从此,这类案件改由国民党政府财政部关务署的"海关罚则评议会"处理。

第四节 包揽中外邮政联邮章程

中国近代邮政从最初酝酿试办,到1896年正式建立,再到其后对"客邮"的限制和妥协,对民信局的控制和排挤,都与赫德密不可分。赫德及其他税务司向清政府提出了建立全国官办邮政的具体方案,依照西方邮政试订了较为全面的规章、条例,逐步形成一个遍及全中国的邮政网络。面对当时日渐增多并进行走私偷税的"客邮",赫德与法、英、德、日等国分别签订了邮政联邮章程,希冀限其利权。

一、赫德与中国邮政

近代中国邮政官局的创始在很大程度上得益于赫德的倡导和推动,它的管理与发展也与赫德密切相关。

(一)中国邮政官局的创立

中国传统的驿传分为三类,一是用人力传递的"铺递",二是以马匹传送的"驿递",这两类主要用来传送军报公牍。三是民营的传送私人书信的民信局。五口通商以来,英国邮务由领事兼理。19世纪60年代,英、法等国纷纷在中国设立邮局。

1861年6月,赫德初到北京时,就向清政府提出仿照西方办法办理中国邮政。❷1866年迁驻北京时,赫德有了开办全国邮政的想法。同年,海关总税务司署兼办邮递事务,包括使馆邮件,各海关遂纷纷设立书信局。1876年,赫德建议邮政官办,在同年的中英交涉中,赫德提出与滇案无关的办理国家邮政和造币厂,但英方谈判代表威妥玛与其步调不一致。赫德为此多年未能

---

❶ 陈霞飞.中国海关密档——赫德、金登干函电汇编(1874—1907):第3卷[M].北京:中华书局,1992:207.
❷ 魏尔特.赫德与中国海关:上册[M].陈敖才,陆琢成,李秀凤,等译.厦门:厦门大学出版社,1993:423.

释怀,"建议给他(指威妥玛,引者注)一个铸币厂和邮政机构,他却决定不要,——或者干脆忘记了!"❶在1896年4月30日总税务司通令中还对此表示惋惜:"可惜那时跟我作对的人故意不声不响,因此仿照西法办理国家邮政和造币厂这两件事都不曾订入烟台条约。"❷但是赫德一直悄悄地坚持强化和扩展海关邮政的工作,1878年,赫德奉命主持兼办邮政,赫德派天津税务司德璀琳先在几处通商口岸仿照欧洲模式进行试办,这样的口岸有天津、北京、上海、牛庄等,海关邮政也兼收民信。后来全国24处设有海关的口岸,都陆续兼办了海关邮政。到1907年,在全国各省府州县境内所设邮递大小局所,已经达2800处。❸

1892年,赫德劝说总理衙门创设官办邮政,收回外人书信馆。第二年,总理衙门开始认真讨论邮政问题,并责令赫德提出建议,由其主办。❹赫德告诉金登干,这个工作责任重大,总理衙门的热情不高。另外,他不愿对公众和万国邮政联盟担负责任,因为形势不明朗,也没有足够的准备。所以希望逐渐稳妥地进展。❺但甲午战争的爆发使开办全国邮政的问题搁置起来。直到甲午战争,海关在宁波以北各通商口岸开办邮政始终没有获得清政府的正式批准。

甲午战争使得清政府负债累累,赫德续以为请,清廷欲把全国邮政交给他经办,以期缓解燃眉之急。翁同龢、张之洞也予以支持。获此消息的赫德1895年9月即派上海税务司葛显礼赴沪进谒游说主张由地方办理邮政的张之洞。张之洞最终让步,同意由海关办理邮政,并上奏请旨帮忙说行,称"此本各国通行之法,实属有利无弊之胜算,诚理财之大端,便民之要政也"。❻总理衙门于是指望用来增加财政收入。

1896年3月20日,朝廷颁布饬令,创立中华帝国邮政局,决定让赫德主办邮政,如愿以偿的赫德兴奋不已,"奉旨由我开办邮政……三十年的旧话,二十年的经验,最后终于成功了!"并憧憬邮政的美好前途,邮政会广泛发展,并将成为国家收入的可靠来源。4月30日,赫德终于奉到总理衙门"总

---

❶ Fairbank, Bruner, Matheson.The I.G.in Peking: Letters of Robert Hart, Chinese Maritime Customs, 1868–1907, (Vol-1)[M].The Belknap Press of Harvard University Press Cambridge, Massachusetts and London, 1975: 228.
❷ 中国近代经济史资料丛刊编辑委员会.中国海关与邮政[M].北京:中华书局,1983:79.
❸ 汪敬虞.赫德与近代中西关系[M].北京:人民出版社,1987:331.
❹ 中国近代经济史资料丛刊编辑委员会.中国海关与邮政[M].北京:中华书局,1983:59.
❺ 陈霞飞.中国海关密档——赫德、金登干函电汇编(1874—1907):第5卷[M].北京:中华书局,1994:753-754.
❻ 王彦威纂辑,王亮编,王敬立校.清季外交史料:卷73[M].北京:书目文献出版社,1987:2014.

税务司总司其（邮政）事，仍由总理衙门总其成"的札文。❶这样，在中国正式成立了由总税务司直接领导的在全国开办的中国新邮政——中国邮政官局，总税务司兼任总邮政司，葛显礼为总办，各关税务司兼任邮政司。然而法令没有废除官方的驿站工作，也没有以任何方式干涉民信局，更不提取缔各国在华客邮。这些机构仍然可以继续活动，新成立的中国邮政官局只能与他们进行公开的竞争，且一切发展费用自理，国库不予拨款。所以赫德得设法使邮政官局在竞争中立于不败之地，除自筹经费外，最后还要使其成为一个赚钱的机构。

（二）邮政官局未能加入万国邮政联盟

中国新邮政成立不久，各列强便对它虎视眈眈，竞相插手，其中英、法争夺尤为厉害。法国甚至迫使清政府答应，来日邮政脱离海关，应聘用法人管理。对法国的图谋赫德一直保持警惕和防范，其中措施之一就是阻滞中国邮政加入万国邮政联盟。尽管有税务司希望中国加入万国邮政联盟，并不断劝说赫德，但赫德不为所动。1901年，邮政总办阿理嗣历数了入会对中国的种种裨益："一经入会，旧局即或不撤，新局自能不开；一经入会，则中国之声誉远播，体统攸关。""一经入会，中国每年所应出之款无多……一经入会，凡有外国邮政不按邮政公会章程办理者，中国政府自有理可辩，彼时虽有某国仍属置诸不理，大约另有某国仗义执言以相辅助。"但赫德认为："缘中国入会与否，与各国现在中国境内所办之事毫无干系。"并举例说，土耳其虽已入会，并在联约公会上屡次提及要裁撤各国在土耳其所设邮局，然各国终未允办。赫德的结论是"撤局之效既无实在把握，中国入会有何益耶？"❷

其实赫德迟迟不让中国邮政入会的真正用意是，害怕邮政落入法国人手中，因为联盟要求会员国必须特立专署专办，方宜入会。可是"一经分出专办，则应另筹经费（脱离海关）……归他人管理"。❸1905年，当传闻邮传部将要接管邮政的消息时，赫德写道："看到（邮政）这个机构在两方面受到危害——中国人还不可能管理它，离开海关自己管，法国会取得它，我将感到惋惜。"❹到了1907年，赫德依然未请加入邮政公会事，他的理由是：①纵使中国入会，"客邮"未必能闭歇；②恐入会后，各国代寄之邮政轮船索取津贴；

---

❶ 中国近代经济史资料丛刊编辑委员会.中国海关与邮政［M］.北京：中华书局，1983：70，78.
❷ 同上：100，103，118.
❸ 同上：118.
❹ Fairbank, Bruner, Matheson.The I.G.in Peking: Letters of Robert Hart, Chinese Maritime Customs, 1868–1907,（Vol-2）［M］.The Belknap Press of Harvard University Press Cambridge, Massachusetts and London, 1975: 1464.

③恐海关邮政各局不及入会各国邮政之完善；④恐入会后，邮政与海关分立衙署，花费较多。❶

中国游离于联盟之外的严重后果是，对于禁阻外国在华设局或者接管外国在华的邮政机构均得不到联盟的支持。1906年，清政府设立邮传部，两年后，决定接管海关邮政，但代理总税务司安格联忠实地继承赫德的衣钵，以各种借口推迟移交，加以阻拦。❷邮传部以"奉旨：依议"，迫令"克期移交"，❸海关才不得不在1911年5月正式交接，但提出了由法国人帛黎（T. Piry）任邮政总办，附加了种种条件。中国的邮政实权又落入法国人之手。在1921年的华盛顿会议上，中国代表提出"撤销客邮"，1922年2月在该会第五次大会上获得通过。至此中国才最后收回了自己的邮政权。❹

二、与多国缔结邮政章程

赫德办理邮政，主张缓慢推行，亦即他所说的，"应该是龟行，而不是兔走"。因为当时大清邮局面临两个困难：在内地到处都有私营民信局，政府唯恐官方的竞争会剥夺勤俭的小民的生计，而只能缓缓推行；而在通商口岸，列强在中国土地上设有客局，它们的存在引出不少麻烦。❺为了解决这两个困难，有效地推动大清邮政国有，赫德分别采取了相应的必要措施，对遍及全国各地各自为政的民信局进行打击和束缚；而对于遍及各通商口岸的客邮则进行限制和妥协，重要举措之一就是与主要客邮所在国签订邮政章程。

（一）订约背景

开设邮政本是一国专有之权，在中国设立邮政原系中国自办之事，别国无权染指。但由于近代以来，随着中国逐渐沦为半殖民地，中国素无邮政，未入邮会，中国已有的邮递制度不替商人、外国人带信件，英、法、美、俄、日、德等国及工部局纷纷将触角伸向中国的邮政领域，在中国通商口岸乃至内地和边远地区争设邮局，截至1907年，日本共有邮局21所，法国15所，德国13所，英国12所，美国1所，共62所。列强在华"客邮"，在中华大地上实施各自国家的邮政法规，收寄本国侨民和中国人交寄的邮件，也收寄国际及中国

---

❶ 中国近代经济史资料丛刊编辑委员会.中国海关与邮政［M］.北京：中华书局，1983：135.
❷ 同上：193.
❸ 陈诗启.中国近代海关史（晚清部分）［M］.北京：人民出版社，1993：305.
❹ 陈霞飞.中国海关密档——赫德、金登干函电汇编（1874—1907）：第1卷［M］.北京：中华书局，1992：465.
❺ 赫德.这些从秦国来——中国问题论集［M］.叶凤美，译.天津：天津古籍出版社，2005：117.

国内互寄邮件。更有甚者，德国在山东胶济铁路沿线，任意开设邮局，由铁路带运邮件，公然拒绝带运中国邮局的邮件。在华"客邮"寄送信件、邮包都以本国邮袋包装、运输，中国海关无权检查，因而不法分子纷纷投机，以此为掩护来走私偷运。尤其是贩运和走私吗啡、鸦片等毒品，以及珠宝、首饰等高档物品，使中国丧失了大量税收。在华"客邮"及其非法活动严重侵犯了中国领土和主权。当时的海关税务司对此多有认识。例如，1877年九江关税务司葛显礼向赫德指出："日本在中国内地设立邮政局运送中国邮件到国外去，是一种不合理的特权，中国当局应当予以纠正。"1901年海关税务司兼邮政总办阿理嗣也致申呈赫德，声称："欧美等洲各国邮政事宜……专恃各该国政府自行经理，即如中国盐务一举，除官办外，从不准商民擅自以此为业。""查此时在欧美各国皆有邮政官局，其邮政事宜，皆归官办，不准本国商民私设信局，更不准外邦官商开设邮局。各国邮政均系一体联络……皆有定章，各国遵照办理。""按万国公法，此国官民不准在彼国境界开设邮局，此在本国以外开设邮局之事，在泰西各国视之，即与在他人之地建造炮台、派兵驻守，开征税项等蔑理之事无异，且均属欺压地主之权。"❶

对于"客邮"在中国的发迹，一开始，清政府放任自流，没有对其加以干涉和取缔，这样，"若地主不闻不问，则各国逐行任便开设，譬如在中华也"❷。各国在中国擅自设置邮局，竞相争夺华洋人的邮政业务，破坏中国邮政专营，严重侵犯了中国主权。等到国人逐渐认识到外国人在中国设立邮局之危害时，清政府却无力阻遏西方列强侵占中国邮政的步伐。例如，1903年外务部要求撤销"客邮"，各国却一直托词推诿。赫德虽一再表示要坚决取缔各国在华"客邮"，收回国家主权。事实上，"客邮"不仅没有取缔，反而有增无减。赫德转而借口在华"客邮"等于"国际联盟（在华）分支机构"，需要"或多或少地和它们进行合作"，因而自19世纪末20世纪初，先后与法、日、英属印度、德国等客邮局分别签订了互相合作的章程。同时，邮政官局亦一切均遵守万国邮政公会定章，以规范外国邮局的邮递，以尽可能地降低损害。

早在1877年5月，葛显礼拟就中国各通商口岸试办邮递方案节略一件呈送赫德，建议在各通商口岸将国内邮政办妥以后，立即同外国订立合同，互相运送投递邮件，并接办各国在上海的邮政机构。1880年1月，天津海关税务司德璀琳也建议赫德，授权办理邮递事务的税务司同设立在中国的外国邮局：

---

❶ 中国近代经济史资料丛刊编辑委员会.中国海关与邮政［M］.北京：中华书局，1983：2，97，100.

❷ 同上：100.

香港邮政监督、上海法国邮局和日本邮局谈判，商定临时协议。赫德于是派葛显礼到各地实地调查邮政业务，经过葛显礼深入细致的调查研究，写了许多报告和建议。赫德也与总理衙门一再商议，前后递交多项邮政创办章程，总计四十四款。❶1896 年清政府允准照赫德所拟章程定期开办邮政官局。同年，根据赫德的意见，总理衙门照请瑞士政府通知联邮各国，声明中国邮政已经创立，拟于办成有效后，再行定期加入万国邮政公会。❷

（二）中法、中日、中英联邮约章

赫德认为，对于各国分局，中国"既已无法令其撤回，即不得不与订立互相收发寄递之合同，以期两益"❸。于是在 1900 年 2 月 3 日，赫德与法国驻华公使毕盛在北京签订《中法互寄邮件暂行章程》，共十二条，主要规定：①中法邮局彼此互寄邮件，将对方交到己方的邮件按自用之法迅速转寄。②规定邮件交递办法及邮票和投寄费。彼此互相承认对方自制之邮票，中、法邮局自定资费，彼此照知，但"法国在华各局所定票价，不得较中国稍减"。③规定了转寄运费细则。运费造册，各局运费每年核算一次，以清账目。④彼此互交包裹、汇寄银钞、保险要函等项办法，待章程施行后另行酌商。⑤规定责成赔抵办法及要求中法办理邮政事宜，或按照现定之法，或以联邮章程为准。❹

根据上述章程第八条关于互寄包裹协定，赫德与法国驻华公使于 1904 年 10 月 21 日在北京订立《中法互寄包裹暂行章程》。规定了双方互寄包裹的重量、长短规格、运费、赔偿问题等。第五条规定："彼此发寄包裹应各按自定之资费、税则科算应完之数。""法国在华所设之法局往来寄送包裹各项资费不得较华局减轻。"第十五条规定："法国邮局格外担承准将与铁路、轮船等公司交涉之事，或互换包裹之事，一体归其办理。"❺

但外洋邮局不仅单纯收发信件，而且借机收发包裹，不让寄包者清关查验，所以常有偷漏之事。1902 年 1 月，赫德致外务部申呈中指出，"若不及早设法杜绝流弊，殊与利权有碍，且背公约，更于护持赔款之法不无损失"。指出上海英国邮政分局几天内被查出了惊人的走私货物，仅吗啡、珍珠、贵重首饰等项，值银 51356 两，此外还有钟表药材，等等。不仅英国一国邮政如此，

---

❶ 中国近代经济史资料丛刊编辑委员会.中国海关与邮政 [M].北京：中华书局，1983：3，21，80-85.
❷ 邮电史编辑室.中国近代邮电史 [M].北京：人民邮电出版社，1984：32.
❸ 中国近代经济史资料丛刊编辑委员会.中国海关与邮政 [M].北京：中华书局，1983：166.
❹ 王铁崖.中外旧约章汇编：第 1 册 [M].北京：生活·读书·新知三联书店，1957：941-944.
❺ 北京大学法律系国际法教研室.中外旧约章汇编：第 2 册 [M].北京：生活·读书·新知三联书店，1959：248，251.

俄、德、法、美、日等国所设分局皆如此。赫德建议"值此财政万分支绌之时，筹款祛弊"的急迫时机，应照会各该驻京大臣，请其分饬在中国各处设立邮政分局向中海关酌拟办法，详订章程，俾嗣后凡有收发各项小包，均须照章预请海关查验，发给放行准单后，邮局方可代为发寄存。❶1903年正月，又查得上海太和行洋商来邮政官局收取印度寄来挂号信四封，随附珠宝货物，价值35000两，当经照章报关，按值百抽五纳税1750两。

赫德认为各国在华自设邮局，起初是迫不得已，现在中国官局既设，即使裁撤各国邮局也无碍他们寄递信件。现不撤其局，反而使商民珍贵之货多一走私之门径。1903年3月，赫德致外务部申呈提出，各国邮局应下令商人报关纳税，以致牵涉海关税课之权。而按照各国联邮章程，杂色包裹除邮资外，应由收包人完纳关税。英、法、美、俄、日等国邮局任便扩充之情势，侵占邮务姑可不论，乃竟揽寄应税包裹，实为税课增一漏卮，似此不但有悖联邮章程，为各本国所不准，亦且显违中国新约。❷这些引起了清政府的关注，在以后订立的中外邮政约章中有所补救。

1903年5月18日，赫德与日本驻华公使内田康哉等在北京签订《中日代寄包裹暂行章程》《中日代寄邮件暂行章程》《中日互相传寄总包运费合同》。《中日代寄包裹暂行章程》共三条，第一条规定，日局应将收到寄来之包裹，详细报明海关，由海关注明应纳税数目，施行发还该局。该局应令收包人在海关纳清税课，领放行单，或向收包人征税，按月交海关存储。第二条规定，日局寄出各口之包裹，须将课税数按月兑交海关。或寄包人赴海关完税，领放行单，经日局验明无讹，方可将包裹转寄。第三条规定，所订各章为试办，每届两年，仍可酌为修改。本章程签订时，赫德与内田康哉交换函件，声明两点：一是再进口或出口包裹如遵从海关手续，各海关即将其进口税、出口税退还。二是本章程适用于中国各邮局之包裹，其他国家之包裹同样受海关检查并缴纳同样关税。❸外务部也照会各国指示其在华邮局，不准偷漏关税，并商请在华邮局。但各国大半借词拖延。

1903年10月27日，赫德与英属印度总邮政司在北京订立《中英互订代寄邮件暂行章程》，规定中印邮局彼此互寄邮件、总包或零件，互寄邮件须贴

---

❶ 中国近代经济史资料丛刊编辑委员会. 中国海关与邮政 [M]. 北京：中华书局，1983：154. 155-156.
❷ 同上：154，155-156.
❸ 北京大学法律系国际法教研室. 中外旧约章汇编：第2册 [M]. 北京：生活·读书·新知三联书店，1959：161-162.

足邮费。1904年12月29日,清政府邮政总办帛黎奉赫德批准与英国香港总邮政司在北京签订《中英互寄邮件暂行章程》共12条。与中法邮政章程基本相同,特别规定英国在华各局所定票价,不得较中国稍减。❶在赫德看来,订立英法邮政章程的要义在于:首先,英法两国境内,现在允许中国邮票一律通行;其次,英法若在中国通商口岸外设立邮局,中国可以不予承认。❷1905年12月27日,赫德等与英属南部非洲那达总督在北京订立《中英代寄邮件暂行章程》。

(三)中德联邮约章的谈判与签订

为推广邮政一事,赫德与日本、英、法等国"互订便利之章"❸后,又与德国商订此类章程。由于德国在山东有自管之租地和有由青岛通往济南等处之铁路,山东一省均为德国范围,因而与德国的交涉较前述之国曲折复杂。

由于德国将山东据为势力范围,内有其修建的铁路和租界。虽然《山东开埠新章》第八条内有"电报邮政均归中国自办,他人不得干涉之语",赫德也以为"此章亟应如此订办",但因遵守此章,"难允承认商埠之德局,彼复不允与我以邮务中之利益"。因山东情形与他处不同,"我纵不肯在商埠数处承认,彼仍在商埠外,全省各处可为所欲为,将来何所限制,且在现改商埠各该处,早经设有德局,开局在前,定章在后,仍难迫令闭歇"。于是赫德请示外务部,"可否续与商订,若此面尤在商埠数处设局,彼面即允此外已开者即行裁撤,未开者不再续开,俾获着实利益之处"。外务部函商北洋大臣暨山东巡抚后,于1905年4月4日致函赫德,山东督抚称:"济南为自开商埠,与约开之通商口岸不同,凡工程巡警等事皆归自设,邮政亦系主权,自不得由外人开设。"德国在青岛、胶州、高密等六处周围铁路车站,设所寄信,但经反复交涉,只准寄铁路洋人信件。"总税务司所定邮政条款,各国在通商口岸办理邮务,已为中国承认,然此系指约开之口岸而言,其自开之口岸,本非租界,不应援以为例。目前各省内地铁路暂次扩充,我为便利中外商务起见,将来自行添开商埠,在所不免。若不持以主权,概照约开各通商口岸办法,漫无节制,流弊滋多。济南开埠章程,业已奏定,应请转知总税务司,与德国商定邮章,幸勿与埠章稍有违碍,并一面在该处一带自行添设分局,以免借口。"因而令赫德查照,"究竟邮政局与日本、英、法各国已订之章允认其在通商口岸办理

---

❶ 北京大学法律系国际法教研室.中外旧约章汇编:第2册[M].北京:生活·读书·新知三联书店,1959:266—270.

❷ 中国近代经济史资料丛刊编辑委员会.中国海关与邮政[M].北京:中华书局,1983:129.

❸ 同上:159.

邮务，是否专指各处租界而言。若能分别约开之口岸准各国设邮局，自开之口岸则不援以为例，自较妥善。""日本、英、法既有成议在前，德亦正在商定，事难中辍。"令赫德酌核办理，以期事获两全。次日，赫德回复外务部，因山东情况特殊，碍难拒绝，理由是："山东地方不但情形与他处不同，且该省出入各项信件亦多系由青岛进出，循德国管理之铁路来往，是该省邮务已在其掌握之中，若全行拒绝其要求，则此后邮务处处棘手。两害相权，似觉此重而彼轻。至前与法国订立互寄章程时，因彼时只在上海设有法局，是以章内并未提及他处，嗣与日本订章时，又意与法国之章相同，亦未有他处如何之语意。且彼时曾由帛总办行文日本，言明所订之章只指通商口岸而言，彼面亦无异议。后与香港邮局定章时，条内之语即隐括有除通商口岸之局外他处不认之意。现与德国续议邮章，若照英国条款与议，彼不肯允，必将索商埠设局之事；若中国允其要索，则与埠章未符，若竟不允，则我在山东已设之局，势将有数处闭歇，此后欲图推广，则到处碍难。而彼面掌握中有出入之海口，又有自行管理之铁路，诸处尽可为所欲为矣。"❶

中、德互订邮务合同一事僵持不下。一个月后，赫德致函外务部汪大燮指出，向来山东所办邮寄各事，虽未立有何项合同，已有彼此联络之办法。时值山东通省政务，若不借用青岛海口与胶济铁路，实有窒碍难行之处。"今既由德国先议互订邮务合同，此合同内若不酌量允许一事，则不但合同难订，且彼更可为所欲为，而该处海口与铁路势必诸多掣肘，中国未见其益也。查现在德国沿铁路线内暨内地附近数处已设邮局，今若与订合同，则除由中国允设济南一局外，他处即一律裁撤，而海口铁路亦不要挟，若不照允，则德局任便自设，反使中国扩充邮务之举，到处被牵制。"虽然"中国邮局不但不应于商埠开设，即中国通商口岸以及境内各他处，均不应有外人设局，原属确当不易之理"，但事实上，"通商口岸之局已历多年，现实无法令其闭歇，且此时亦得其互寄襄助，而德在山东有租地铁路相连之事势，沿路内地已设多局"，因此，赫德建议，"与其任听所为漫无限制，何若即允济南一局与订合同，尚可收和衷联络之效。且合同并非条约可比，倘有碍难续办之时，尽可于六个月以前声明作废。"❷赫德同时向外务部附上"邮政节略"一份，主要内容有三：

一是前与其他国家互认邮票之法，对于德国尚难预料。前数年中国邮票虽在中国境内通行，但寄往外国信件则必须用外国邮票。近年以来，设法使中国

---

❶ 中国近代经济史资料丛刊编辑委员会.中国海关与邮政[M].北京：中华书局，1983：159-161.
❷ 同上：162.

邮票通行外洋，除附入万国邮会办法外，与法国邮局订立互寄之章时议定，彼此互认对方邮票，这样粘贴中国邮票的中国信件，交法局寄往法国并转递他国者，法局亦一律盖戳认寄，各国一见邮戳，亦即一律接递。嗣与日本、英国续经商同前由，均已先后订妥，刻与美、德两国正在相商，成否尚难预定。

二是分析了中国在山东开展邮政业务之难。因德国在山东有自管之租地和有由青岛通往济南等处之铁路，山东一省均为德国范围，中国邮务难免掣肘。胶海关税务司虽在关署租地青岛设立一处邮局，可是商民不准到青岛邮局送信，该局亦不准在胶境内分投，只有出入青岛的信包，准由该局成包转递。德国在德款德人所筑的胶济铁路沿路设有德局，前一度不允中国用此路寄递邮件，后虽允行，而索费甚昂。现欲按照与英国议定只认通商口岸设局此外不认之办法，即只认通商口岸之局而不认新开埠之局，与德国相商，而德国甚不满意，碍难允从。

三是赫德的解决问题之建议。为争存中国之主权，只能二者择其一，不与德国订立邮政章程，任其在山东随意办理，或酌允数处，尚可约束，不致漫无节制。赫德认为，德国要求如果济南商埠中国承认准设德局，则租地外之周村、潍县暨他处各局，可一律裁撤，青岛之中国邮局仍可认为办理，且用铁路运送邮件，亦可另商通融办法。在赫德看来，若不与定章，任随所为，则日后必无令其收回之法，酌允济南一处，尚不致大碍主权，似不若循其意计而行之为愈也。至于此举是否会引起他国借口援引，赫德解释道，他国若无租地铁路相连之基础，则情事与此迥殊，中国驳之不患无辞。中国既无强其止步之把握，不若引其就我范围，俾有定限。且德国在济南、青州、潍县、周村业经设局，今若照允前议，则除济南一局外，皆允裁撤，即已收引使就范之效也。❶

接到赫德的来函和节略，外务部本拟转达北洋大臣暨山东巡抚，因考虑到该督抚持之甚坚，只好再与赫德商议，并有两层疑虑询问赫德："一、济南允设德局，与他处商埠有关涉否，中国沿海沿江开为通商口岸之处，现既不少，将来铁路畅通内地，各省亦必续开商埠，若凡是商埠各国皆可设邮寄，是否德国于他处商埠即不得援以为例，他国于他处商埠亦不虑其援以为例，此所当声明之要义也。一、济南允设德局，能使与该埠奏定章程无碍否。查该章程第八款限制外人不得设邮政，主权所关，碍难更改，今欲想一通融办法，必使德局不设在商埠内，而在铁路车站之旁，方为两全，该商埠定界系北以铁路为限，是商埠在铁路之南，如德局设在铁路之北，则既在商埠之外与章程无碍，又可

---

❶ 中国近代经济史资料丛刊编辑委员会.中国海关与邮政［M］.北京：中华书局，1983：162.

证明该局是为铁路而设，即所谓他国若无租地铁路相连之基础，不能借口援引之意。惟未审德国大臣愿否如此。此所当妥商之办法也。以上两层如均能明白议妥，本部再当转商北洋大臣暨山东巡抚酌核办理。"1905年5月12日，赫德函复外务部："查济南商埠若果允设德局，他处商埠，德国当不援引。至各国在他处商埠虑其援引济南之案一节，此则未能预知之事，大约皆不援引，倘使有之，至时再为辩阻。"济南一处若允德国一国，则各国可援均沾之条而来济设局。对于埠中允设德局，恐违定章，有关主权，欲令在铁路车站之旁设立一节，赫德以为"商埠有限，车站甚多，同此一事，允在埠中较愈于车站多多矣"。"若允德国在济设局，则中国邮务在该省实得其襄助之益。既称与奏章不符，与主权有碍，则现在所拟之合同，似乎只可作为罢论，至罢论后或恐中国邮务多所掣肘一节，未必德国即有此意，或系总税务司之过虑，亦未可知。"倘因此案竟致中国邮政受其牵制，至彼时只得再图他法。所有商埠之德局一处，改准在车站一处设立一节，须与德国大臣商议后再做答复。赫德奉命与德国大臣晤商，后者认为济南商埠内不得允设德国邮局，拟通融令在埠外车站旁设立一事，似可商议。但是开议前，须先知中国是否确允。并说济南、潍县两处均应如此办理，于是赫德请外务部转商北洋大臣、山东巡抚酌核，济南、潍县两处车站是否确实准设德局。赫德之意仍以准在济南一处商埠设局为佳。❶

后来德国略作让步，德国驻华公使穆默面致外务部节略，指出德方不同意彼此互换邮件仅限于通商口岸，要求在北京久设之德国邮馆亦应照常存留。至于在山东省内所设德国邮政各馆，德国邮政局已应允退让甚多，并允除潍县、济南府二处外，其余山东省各邮馆均行撤退，并允沿山东铁路除代寄德国邮件外，亦允中国信件一体寄递。也照允新开商埠内不准他国设立邮局，若通融准在该埠境外改设。至潍县邮馆亦愿退让，特声明嗣后酌量将其撤退，以表和衷。于是1905年10月14日外务部将上述情况函致赫德，认为外务部原拟令济南之德国邮局通融设在商埠界外方与奏定章程无碍，曾经函商北洋大臣暨山东巡抚，尚属意见相同。鉴于德方的上述退让，令赫德可就此与德国大臣议定邮政和约，但拟稿须先送外务部查核。❷

10月25日，赫德与德国驻华公使穆默在北京订立《中德互寄邮件暂行章程》共12条，基本规则同前几年所签中外邮政章程。须特别指出的有两点：①中、德邮局彼此交递处所系在通商口岸所设之中、德邮局。中国邮局另认两

---

❶ 中国近代经济史资料丛刊编辑委员会.中国海关与邮政［M］.北京：中华书局，1983：162-164.
❷ 同上：164.

处作为交递需用之所：北京使馆界内已设之德局一处、济南及潍县商埠界外各有已设之德国邮局一处。德国邮局亦认青岛已设之华局一处。山东一带沿路火车运送邮袋与德国无干。②德国在华各局所定票价，不得较中国稍减。1905年11月，穆默照会赫德，要求：德国设在高密的邮局应一直运行到德军撤离此处时止；中国邮局明允山东涉及德人处，所有华局均用德文人员；"不日商请德国政府开导山东铁路人员，允准中国邮政得有任借该路运送邮袋之权，照中国腹地铁路公平办理。其华局自派之护送邮差，概不归德局管辖"。次日，赫德照复，以上三款，均可照准。❶11月23日，在赫德致外务部申呈汇报中、德邮政局已订约事宜，特别提出文内声明："所有青州府、周村、胶州等处之德局，现定于年底（即华历十二月初六日）停办等因。准此，可为办理有效之明证。"并请求外务部赏给促成和谈的德国邮政参议普海、毕佘福二人三等第一宝星各一座。❷

结　　语

近代中国的通信机构十分混乱，既有只传递官方邮件的腐朽官办驿站，也有各自为政的民信局，还有肆意走私的各国在华"客邮"，因而，开办国家邮政，统一各种通信机构，是符合近代中国邮政发展的正确举措。赫德作为大清总税务司兼总邮政司，领导海关人员为创办和推广晚清国家邮政作出了不少努力，采取了种种措施。近代国家邮政官局的创建及赫德与法、日、英、德等国签订的邮政章程均是中国邮政史上的新举措。以赫德为主的海关人员提议的建立大清邮政之具体方案、措施，试订邮政条例、规章，以及与各国缔结的中外邮政联邮章程，为初步形成一个遍及全国的国家邮政网络发挥了积极作用。同时应该看到，近代中国邮政业的创设与发展是畸形的，而非正常运行，中外邮政章程的谈判、缔结和实施也使中国付出了一定的代价。所以人们对赫德在晚清邮政建立建设上的所作所为毁誉参半。

一方面，赫德及其他海关人员对近代中国邮政的创始、发展和近代化起了积极的推动和促进作用。首先，参照西方建立的晚清国家邮政，它所制定的邮政规章、条例及与各国互订的邮政合同章程使国家邮政官局一开始就建立在比较高的起点上，有利于与国际邮政联会接轨，有利于促进中国邮政的近代化。中国原有驿站和民信局无法和世界各国通递。赫德预料"中国早晚必有附入联

---

❶ 北京大学法律系国际法教研室.中外旧约章汇编：第2册[M].北京：生活·读书·新知三联书店，1959：328—333.
❷ 中国近代经济史资料丛刊编辑委员会.中国海关与邮政[M].北京：中华书局，1983：165.

邮会之时，是以与各国所订之合同，均比例联会之章为基础"。❶ 所有这些契约同意在接收、运输和分送邮件方面互相提供服务，这些邮件按照万国邮政联盟规定的邮资贴邮票。任何两个国家之间按通常的做法，根据每年的统计数字付款。因此，通过和中国订有契约的政府的居间作用，中国在和万国邮政联盟所有国家的关系方面，取得了和它们一样的地位，就好像它已经真正加入了万国邮政联盟一样。❷ 譬如，与客邮国彼此互认邮票就是其中突出的一例，1900年，赫德同法国签订互相交换邮件章程时，首次规定大清邮政官局寄去法国的邮件交由法国"客邮"经转，双方互相承认对方的邮票有效。以后同其他在中国有"客邮"的国家的相关协议也有同样的规定。而在海关试办邮政时，中国收寄的国际信函，要贴上外国邮票交各该国"客邮"居间经转，才能寄到外国。承认中国邮票也可使中国增加一笔出售邮票的收入。其次，在与各国签订互相交换邮件章程中，都有中国邮政资费自定，外国在华所设之邮局往来寄送包裹各项资费不得较华局减轻的规定，这样可防止"客邮"进行垄断或压价竞争，以不正当的手段争夺中国邮件业务。正如赫德所说，与各国订立互寄邮件包裹合同，"其所订条款，均系遵引联邮章程，是以由此合同，可获利益两项：一令各国邮局，允认中国邮票，则票销必见畅旺；一令中国邮资，任便增减，各国邮局不得因而垄断取盈"❸。当时的《顺天时报》称，"所有一切章程悉照万国邮会通行之例而参酌行之，费轻寄远，官民称便"。"风气颇开，新书新报销售甚广灌输，渐去其顽固之积习者，不得谓非邮局转移之力。"❹

另一方面，由外国人控制的中国海关来管理近代中国邮政的体制，又带有浓厚的殖民地色彩。中国自设邮局，原为收回利权起见。抵制客邮，撤销客邮是开办大清邮政官局的方针之一。然而事实与预想相去甚远，一则中国与各国互相承认对方的邮票有效实际上等于承认"客邮"的合法地位。由于中国未加入万国邮政联盟，不准往来外国寄送，各国"客邮"经转中方邮件时，还须加盖各国"客邮"的邮戳。这样，对中国收寄的国际信函，就只能用老办法，去找"客邮"。这就变相承认了"客邮"的合法地位，据此，各国在华"客邮"也就更加堂而皇之和猖狂，可以理直气壮地公开办理中国商民的国内信件和包裹业务，甚至走私漏税。这不但侵害了大清邮政的专营权，而且丧失了大笔海

---

❶ 中国近代经济史资料丛刊编辑委员会.中国海关与邮政 [M]．北京：中华书局，1983：166．
❷ 魏尔特.赫德与中国海关：下册 [M]．陈敖才，陆琢成，李秀凤，等译．厦门：厦门大学出版社，1993：321．
❸ 中国近代经济史资料丛刊编辑委员会.中国海关与邮政 [M]．北京：中华书局，1983：130．
❹ 国家图书馆分馆.清末时事采新汇选：第 10 册 [M]．北京：北京图书馆出版社，2003：5020．

关税收。二则各国旧设之局尚未撤回，而德国和日本等又纷纷添设新局，结果"客邮"不但没有减少，反而有增无减，进一步侵犯中国利权。迭经赫德照会各国驻京大臣，并分别电咨出使各国大臣与各该国外部窃商，迄未就范。1897年，英、美、德、法、日、俄六国在华"客邮"有25处，到1906年，十年间增到65处。❶ 随着各处"客邮"的增多，外国势力也就像蜘蛛网一般伸展到全国各地，加剧了列强与地方官民的矛盾。再则，开办邮政并没有达到清政府增加财政收入的预期目的。由于种种原因，邮政业务亏损严重，只得由海关协济款项，每年达72万两。❷

以上说明，赫德和中国海关引进了资本主义国家的邮政制度，采用较先进的组织、管理、通信方式，通过与他国谈判合作，邮包可远递各国，将中国的邮政业务推向世界，走上了近代化发展道路，其积极作用不容否认。但是，中国半封建半殖民地的境遇，赫德的洋人身份，又使得他所主导的中外邮政缔约及中国邮政发展，往往与中国主权、邮权的丧失相伴始终，使中国付出了沉重的代价。也难怪清末一些有识之士指出：邮政是国家主权，"不可假人，苟以赫德为之……后患无穷也"。❸

第五节 代订租借地设关征税章程

1897—1898年，列强在中国强占的租借地有五处：南方分别有英法侵占的九龙和广州湾，北方分别有德、英、俄强租的胶州湾、威海卫、辽东半岛。这五个租借地中，南方的九龙、广州湾和北方的威海卫未另设立海关，其进出口管理和关税征解，分别由设于这三处租借地周围的九龙关、粤海关和东海关的分支机构，按对外国进出境事务办理。但北方的胶州湾和辽东半岛则先后建立了租借地海关：青岛海关和大连海关。采取什么措施来保护租借地的中国海关税收成了当时总税务司赫德和清政府密切关心和亟待解决的问题。在不到十年的时间里，赫德代表清政府分别与德国和日本（日俄战争后从俄国手中接管旅大租借地）驻华使臣反复晤商，签订了一系列租借地设关征税章程，即与德国签订了《青岛设关征税办法》及续立附件、《会订青岛设关征税修改办法》、《改订青岛租界制成货物征税新章》等；与日本订立了中日《会订大连海关试办章程》《大连海关试办章程》及《会订设关征税修改办法》。以上章程均系赫

---

❶ 邮电史编辑室. 中国近代邮电史［M］. 北京：人民邮电出版社，1984：31-32.
❷ 陈诗启. 中国近代海关史（晚清部分）［M］. 北京：人民出版社，1993：401.
❸ 刘广生，赵梅庄. 中国古代邮驿史［M］. 北京：人民邮电出版社，1999：595.

德会同德国或日本大臣商妥后，再由总理衙门（1905年改为外务部）及税务处先后核定遵行。

一、青岛设关征税约章

1898年，德国利用前一年发生的山东巨野教案占领胶州青岛，强租离胶澳海面潮平周边一百里之地，租期99年。根据《胶澳租界条约》有关设关的规定，赫德与德国使臣就青岛征税设关事宜进行了反复晤商。

（一）《青岛设关征税办法》的商订及续订附件

德国原拟将胶州作为互市之场，不设关征税，旋拟在该处建立德国税关。❶ 随后决定将其辟为自由港，❷ 欲参照香港的自由港制度，把胶州湾租界发展成为德国在远东的商业根据地。《胶澳租界条约》规定，中国原有税卡设立在德国租地之外惟所商定一百里地之内，此事德国即拟将纳税之界及纳税各章程，与中国另外商定，以无损于中国之法办结。❸ 据此，德国须保护中国海关在胶州的利益。所以胶州青岛租于德国之时，中国拟在该处设关征税。当时拟有两项办法，"一系沿青岛陆路各边隘设关卡稽征出入货税，此法用人既多需费亦巨，且稽征亦无把握，商货更多留难；二系即在青岛海口设关稽查出入各货，惟征税之法入口者须俟转运内地，出口者已抵海口，方能起征"。后经德国亨亲王议定，即照第二法办理。❹

德国旨在把胶州湾建设成为其在远东的商业中心，也是军事基地和据点。有鉴于香港的境界税关之弊，1899年4月，"德使与赫德协议，成立中德关税条约，以互相保护本国之利益为目的——即与自由港并生之租借地之经济利益，与中国政府之关税收入——承认于租借地内设置中国海关"。❺ 关于胶州设关一事，早在1898年春德国亨亲王到京，曾当面对赫德说，与其在胶州沿边地方多设缉私处所，不若在界内设关总理一切等语。并托赫德筹议办法，一面将所论情形详报本国。胶州征收税钞等事应如何办理，赫德也迭经提及，后来与德国代表反复磋商议定，"可由中国在该处比照九龙等关，派税务司前往设关"。但要求先满足三项要求：①以德国人为税务司；②进出该口货物统归

---

❶ 青岛市档案馆.帝国主义与胶海关[M].北京：档案出版社，1986：9.
❷ 高柳松一郎.中国关税制度论[M]//沈云龙.近代中国史料集刊：第74辑.台北：文海出版社，[出版年不详]：212.
❸ 王铁崖.中外旧约章汇编：第1册[M].北京：生活·读书·新知三联书店，1957：739.
❹ 王彦威.清季外交史料：卷188[M].王敬立，校.北京：书目文献出版社，1987：2936.
❺ 高柳松一郎.中国关税制度论[M]//沈云龙.近代中国史料集刊：第74辑.台北：文海出版社，[出版年不详]：212.

第五章　赫德操纵制定的专门约章

德国办理；③税则与通商税则无异。赫德恐坐失机宜，特派宜昌关税务司德国人阿理文前往胶澳谒见德国巡抚拟议一切。德国巡抚遂同意在胶澳划出地址一段设立中国海关。❶

赫德即指明阿理文前往查明一切，随后阿理文拟订了《青岛设关征税办法》。后经赫德与德国使臣反复协商核实后，1899年4月17日，赫德与德国代表海静签订《青岛设关征税办法》，主要内容有：①德国允于青岛地区设立海关，但应由德国人担任税务司，其他海关洋员亦应优先考虑德国人。②该关与德国官民文函往来均用德文。③输入胶州的华洋货物一律免税，若进口洋货复由胶澳租界运入中国内地，进口土货复由胶澳租界转运他口或出洋之时，则由中国税关照章征税，但租界内所产土货及由海路运来之物料制成品免征出口税。④船钞之收支及泊船规费等项不属税关管理。⑤德国允中国在胶州界内青岛地方建立海关。⑥中国政府在胶海关不另设海关监督。❷同一天，赫德在致总理衙门的申呈中称，"现经筹定办法，缮立英、汉文各一份，彼此画押存案。"其拟办法要旨：①该关所用洋员，由总税务司任用德国人。②德国界内所产各物免出口税；界内所用之物免进口税。③经过德界出口土货或进口洋货，华船只装运分别按照通商税则和中国税则办理。④通商各关监督之权交由关税务司掌理。赫德认为对于上拟办法，若总理衙门以为然，即可照办。否则，只能在沿边地方设立缉私处所。❸

依据这个征税办法，德国以允许中国在胶州设立海关，换取了海关税务司及洋员多用德国人，公文用德文，输入胶州的华洋货物免税，免交船钞收支及泊船规费，以及排斥中国海关监督等诸多便利。看重关税的赫德自然对此表示赞同，自身难保的清政府也只好同意。4月26日，总理衙门回复，赫德所拟"尚属妥协"，唯内有几处"德国属界"字样，应改为"德国租界"。待一切更正后，即可由他与德国代表商订画押。❹赫德奉此与德国海静大臣函商，所改字样均可照改，并商定海关开办之期即可自7月1日为始。赫德请示派阿理文任该处新关税务司。

参照前述方案，赫德在总理衙门与德国使臣之间往复酌商，几经交涉，最后议定参酌比照九龙等海关的办法，中国派德籍税务司在胶澳租借地设立中国海关，亦称青岛海关或胶海关，设立时间定于1899年7月1日。《青岛设关征

---

❶ 青岛市档案馆.帝国主义与胶海关［M］.北京：档案出版社，1986：9-10.
❷ 王铁崖.中外旧约章汇编：第1册［M］.北京：生活·读书·新知三联书店 1957：885.
❸ 青岛市档案馆.帝国主义与胶海关［M］.北京：档案出版社，1986：10.
❹ 同上：11.

税办法》作为第一个租借地海关的征税措施对日后其他租借地海关如大连海关设关征税起到了示范作用。自由港制度至1907年也被日本采用于关东州租借地。❶

青岛海关设立后,各国轮船在胶州租界航行无序,我行我素,走私违法都很普遍。面对种种乱象,1904年4月17日,赫德与德使穆默协商签订了《中德青岛设关征税办法续立附件》,以期规范德国租借地的轮船航行和贸易。主要内容有:①所有轮船准其驶赴内港来往,但须遵守1898年所定《内港行船章程》及相关章程。②持有牌照的华洋轮船主,可在青岛水面随意行驶和自由往返青岛和内地。③轮船出入青岛,船主须报关清单,完纳船钞。④防范偷漏、巡缉洋药走私、邮政推广事宜,德国应襄助办理。❷

(二)《会订青岛设关征税修改办法》的签订

《青岛设关征税办法》试行几年后,德国和清政府都不满意,这是双方始料未及的。

德国方面,原以为通过把整个租借地都划为自由港的范围,并规定由海路运进青岛口岸的货物均不征进口税,中国内地土货运至青岛亦照此原则免税或完税等有利条件,可以为租借地吸引大量的资金和货物,谋得租界内工商业的快速发展。但它数年的发展与德国欲将其建设成为繁荣的商业基地的设想,相去甚远。它没能发展成为"东亚贸易之中心"甚或"第二香港"。❸ 原因在于,一是这种优越的税制不是针对中国人的,而只属于靠总督府的订单养活的德国商人。鉴于列强对华人的欺压和歧视,中国商人怕惹麻烦,对外国租借地"敬而远之",多不愿进入胶澳租借买卖货物,因此中外贸易多在租借地边界的税卡进行,而不是德国原来设想的"将中国商人吸引到这里营业,使得这块租借地的贸易获得发展"。❹ 这样,自由港税制不是搭起了桥,而是垒起了墙。二是租界走私严重,免税区域范围广,而海关对于租界走私活动向来难以有效稽查,从而影响了正当的贸易,也妨碍租借地的发展。20世纪初,列强各国纷纷来华进行修约谈判,德国趁机要求对原《青岛设关征税办法》进行修订。

在中国一方看来,德人是仿香港例以青岛为自由港,在租界内销用物品不允征税。那么胶海关之征税只能以租界运出为限,这样免税区域太过广泛,税

---

❶ 高柳松一郎.中国关税制度论[M]//沈云龙.近代中国史料集刊:第74辑.台北:文海出版社,[出版年不详]:212.
❷ 青岛市档案馆.帝国主义与胶海关[M].北京:档案出版社,1986:13-14.
❸ 淮阴钓叟.青岛茹痛记[J].新青年,1916,2(3).
❹ 青岛市档案馆.帝国主义与胶海关[M].北京:档案出版社,1986:105.

关虽设，多数之分卡稽查仍不免于漏税，而距离较远之地方往来检查，官商均所不便。"事实将证明这个1899年的计划是不切实际的，主要是因为没有适当的规定来检查来往于租借地和内地的货物。"❶

就这样，中德两国目的虽异，但都认为有改正税关协约之必要。于是赫德与德国驻京大臣决定协商改订《青岛设关征税办法》，双方商谈的改订内容及原因，赫德于1905年4月27日致函税务处作了解释。首先，赫德列出了从1899年设关征税办法实施以来到1904年六年间每年共征货税数和其中的进口税，"历观已往征数，年胜一年，从此办去，定可卜其日增月盛。情势虽系如此，然在关员稽征仍不能为确有把握，而商货亦尚不能转运自由。"其次，指出了改订办法之内容。他与德国大臣一致商定：德国允在海边划一地界泊船和起下货物。出口货在下船前完出口税，进口货除指定货物免税外，余则起岸后未出新定之界前完纳进口税。德国不得阻拦关员在彼照章办事。中国同意将每次结底的进口税提出二成拨交青岛德国官宪。再次，赫德解释了如此改订的原因。之所以在中国领土上设关征税，还要给德国提成，是因为"现在办法系凡货运出租地方能纳税，不出租地留用之货一概不征，倘将租地留用之货改为征税，此新征之税本应由德国官员自得也"。为什么是提交德国"二成之数"呢？在于"开议之初，按税务司所存案卷核计约有一成货留于租地之内不纳关税，而按德员所核计者，则称留有三成，嗣经两面复行调查详核在关员，知留用者为一成五，而德员亦知不及三成，不过二成二三，于是折中定为拨交二成之数"。为减少清政府的疑虑和阻力，赫德诱使清政府，"如此订办是中国将向所未得之款拨交于人而收舍远就近，舍难就易之实数。自兹已往稽征既更有把握，税项当更增加，而商货之运输亦较昔自由无疑矣"。❷ 最后，在德国大臣电询德国政府可否订办之时，赫德亦呈请税务处将所议条款一并呈请清廷裁酌。

赫德与穆默反复相商后于1905年12月1日订立《会订青岛设关征税修改办法》，大意为：①由青岛德国殖民当局在租界内划定一无税区，区外由海关征税。但海关应将每年所征税收包括鸦片在内的进口货物关税的20%交给青岛殖民当局，作为中国政府津贴青岛租地之用。②规定租借地免税货物种类，如一切军用物资、公众之用品、运入租界内的邮政包裹等。③租借地内制成各

---

❶ 魏尔特.赫德与中国海关：下册［M］.陈敖才，陆琢成，李秀凤，等译.厦门：厦门大学出版社，1993：361.
❷ 王彦威纂辑，王亮编，王敬立校.清季外交史料：卷188［M］.北京：书目文献出版社，1987：2936–2937.

物，出口时按原料价格征税。❶ 次日，德国方面颁行《青岛德境以内征税办法章程》，嗣后经赫德接受。

这项旨在废止自由港制度而采用自由区制度的修改办法保护了德国在租借地的利益，也大大促进了租借地工业的发展。表现在：一则划定无税区带来的商贸发展效应。它消除了已往那种干扰保护区和内地间商贸交往的关税障碍，大批商人被吸引过来，从而带动了货物周转，促进了商贸发展。二则规定了大量货物的免税和租借地内工业产品出口的优惠待遇，德国可以直接利用廉价的中国原料在租借地加工，产品则无须海关查验即可直接销往中国各地。三则海关税收二成交殖民当局作为"酬答"的规定，可使殖民当局得以用中国的税款扩大殖民建设。所以修改方法实施后，自由港制度趋向完善，青岛口岸的工业和贸易得到飞跃式发展。1906年贸易总额达3070多万海关两，比1905年增长800多万两，大大超过已往的增长速度。❷ 同时，修改办法划定的无税区由整个租借地缩小为青岛港区一处，客观上有利于中国商人的竞争和关税的增加。

第一次世界大战期间，日本取代德国强行夺得了胶州湾租借地的一切特权。1915年8月6日，日本驻华公使与总税务司安格联缔结复设青岛海关之协约《恢复青岛海关协定》，日本完全继承中德间关于青岛海关之协约，遂自9月后复行设关征税。直至1922年，胶海关才摆脱日本，回归中国，结束它的殖民地性质。

二、大连设关征税约章

（一）与俄国商讨大连设关征税事宜

俄国强行租借辽东半岛时，1898年7月的东省铁路公司合同订明：俄国可在租地内自定税则，中国可在交界处征收货物进出租地之税。中国可将税关设在大连湾，开办及经理之事委派东省铁路公司代为征收。❸ 据此可知租借地之关税权属于俄国。俄国人宣称他们有权在大连建立海关，为中国征收税款，但要由俄国铁路局独立配置人员进行管理。若开这个先例，德国在胶州湾，法国在广州湾也会立即效仿，使中国处于四分五裂的境地。英、日领事建议中国不要这样干，赫德也这样建议。因为这将会产生最大的灾难，造成最大限度的

---

❶ 北京大学法律系国际法教研室. 中外旧约章汇编：第2册［M］. 北京：生活·读书·新知三联书店，1959：336-338.
❷ 梁为楫，郑则民. 中国近代不平等条约选编与介绍［M］. 北京：中国广播电视出版社，1993：552.
❸ 王铁崖. 中外旧约章汇编：第1册［M］. 北京：生活·读书·新知三联书店，1957：784.

分裂。但俄国人一意孤行，任命了税务司普洛塔谢夫（Protassieff），并说不管中国接不接受，他们要继续行事。赫德想以在牛庄任命俄国人为税务司换取在胶州线上的大连设立海关，但未果。❶ 中国在其境界线上虽有设关征税之权力，而为便宜计，则将中国税关设于大连而使东清铁路代办之。❷

1903年1月，赫德向负责俄国在华利益的璞科第（Pokotiloff）建议依据胶州模式在大连建立海关，永远任命俄国人为税务司，人员一般也由俄国人充任。5月底，璞科第向赫德提交了协议计划。赫德反对这个计划，原因有：一是根据这个计划，大连税务司的任命、调动及解职应通过东省铁路公司与总税务司之间的协议进行。赫德认为由于铁路公司的权力已失效，俄国领事应该是咨询的权力机关，应在税务司任命的问题上与之达成谅解。调动及罢免当然只能由赫德来执行。二是要求增加一条款，即对所有中国货物征收全额或半额的关税，对经过大连未取得完税证书的外国所有货物征收全额的进口税。三是拒绝接受计划中关于海关应向铁路公司偿还与在大连建立海关的前置性工作有关的所有费用。❸ 10天以后，赫德致函金登干称："俄国同意我的关于把大连海关的基地设在胶州的建议，但我们在一个重要的细节上意见发生分歧。他们说我任命的人都不称职，他们希望我让他们推荐一个人；他们要推荐普洛塔谢夫。……问题的关键是我拥有任命税务司的权力而俄国人也想拥有这个权力……俄国要占据东北和蒙古的欲望多年来已被觉察出来了，反对也是无效的。这必定要到来的，除非中国起来阻拦，而这个日子很遥远。"❹ 中俄间关于关税及他项协定均未及见诸实行，而日俄战争已发动。日俄战争使赫德和璞科第关于在大连开设海关的谈判突然停止。显然，赫德和清政府都未想到大连海关的协议最终是与日本，而不是与俄国达成的。

（二）拟订《会订大连海关试办章程》

俄国在日俄战争中败北，1905年9月，日俄订立《朴茨茅斯和约》，是年12月，中日签订《会议东三省事宜正约》。前一条约规定俄国同意将其在辽东

---

❶ 魏尔特.赫德与中国海关：下册［M］.陈敖才，陆琢成，李秀凤，等译.厦门：厦门大学出版社，1993：490–491.

❷ 高柳松一郎.中国关税制度论［M］//沈云龙.近代中国史料集刊：第74辑.台北：文海出版社，［出版年不详］：210.

❸ 魏尔特.赫德与中国海关：下册［M］.陈敖才，陆琢成，李秀凤，等译.厦门：厦门大学出版社，1993：490–491.

❹ Fairbank, Bruner, Matheson.The I.G.in Peking: Letters of Robert Hart, Chinese Maritime Customs, 1868–1907,（Vol-2）[M].The Belknap Press of Harvard University Press Cambridge, Massachusetts and London, 1975：1362.

半岛所有利权转让给日本，后一条约允认前一条约的所有规定。❶战败的沙俄从此退居中国东北北部，旅顺和大连租借地转归日本掌控。赫德为大连开设海关之事，重新和日本驻华公使内田康哉及继任公使林权助先后进行直接谈判。❷

日本接手旅大租借地后，清政府迭催日使照会合同由中国设立税关。但此时日本不依照中俄两国关于大连关税之协议，而将租借地作为自由港，采用青岛海关制度于大连。其理由有二：一因南满铁路公司代办关税，不合条理；一因青岛税关协约结果良好，故徇中国政府之请而采用之。❸大连确立的自由港制度及其发展，为大连设关打下了基础。由于大连成了日本的租借地，大连的开放与设关，日本坚持必须经它同意。外务部札总税务司与日使酌议办法，因"胶关派有税司兼关道之职分权柄，经接北洋大臣并无另设监督，大连湾亦属租地，情事相同"。为在大连开设海关，赫德奉命与日本驻华公使迭次妥商，并随时声明。一开始日本欲比照胶州当时实行的无税区的办法在大连湾设立中国海关。屡经磋商，旋因"日本政府不愿照行，遂议仍照胶州从前全界免征办法办理"。❹比照胶海关的管理模式及关税与贸易规则等拟立海关。

1907年5月30日，赫德与日本驻华公使林权助签订《会订大连海关试办章程》，该章程有《总纲》、（甲）《大连海关设关征税办法》（计18条）和（乙）《大连设关征税办法附件〈内港行轮办法〉》（计6条）三部分。其中规定和青岛设关征税办法基本一致。主要内容有：①海关由日本公使领导，职员尽可能启用日本人以控制进出租借地的货物。②对输入该租借地的消费品特意规定免税，在该租借地生产的或由该地的材料制造成的出口品，也免税。③从中国内地输入材料而在租借地内制成的物品，应按照胶州租借地的办法缴付同样的关税。从中国各通商口岸运来的中国货物应予免税，但从这个租借地运出的应照章缴纳关税。④已缴过税的外国货，包括日本的与其他国家的，从别的通商口岸再出口到大连的，给予退税，只要这些货物不经过日本边界而进入中国内地；如果这些货物从大连直接运往外国的，可免缴出口税。⑤由于海关在大连

---

❶ 北京大学法律系国际法教研室.中外旧约章汇编：第2册[M].北京：生活·读书·新知三联书店，1959：339.

❷ 魏尔特.赫德与中国海关：下册[M].陈敖才，陆琢成，李秀风，等译.厦门：厦门大学出版社，1993：523.

❸ 高柳松一郎.中国关税制度论[M]//沈云龙.近代中国史料集刊：第74辑.台北：文海出版社，[出版年不详]：212.

❹ 王彦威纂辑，王亮编，王敬立校.清季外交史料：卷205[M].北京：书目文献出版社，1987：3107，3167-3168.

而不是在中国边境执行职务，故而授权海关——因为无海关道台——发行出入内地的子口税单，并征收公认的子口税。⑥授权该海关对去内河航行的轮船发给执照，以便轮船来往于大连租借地外的各处内地。❶

设关章程签订后，当天，赫德向税务处申称，大连湾设关一事，奉札饬照胶州办法与日本妥议，其中稍有增改，"此次所订各节业经声明试办一年"。海关拟于1907年7月1日开办。税务处将议定各条款详加查核后，发现内有与胶州从前办法不甚相符之处，于是逐条签出，向外务部请示是否允协。并指出"至此项条款，总税务司并未将该合同先期呈候，转请核示，遽行签字，似有未协"。于是税务处札复赫德除原文抄附外，相应将送到洋文正本合同一份，并译汉文一份粘连签出各条，咨呈外务部查核。❷

外务部咨复税务处，因大连设关日本只允照胶州设关初次办法，此次议订的设关征税办法可作为试办章程。同时指出了几处须商改的细节问题，"该合同载关东州租界名目与中俄所订专条不符，应改为旅大租界。又中俄会订条约第四款载所定限在俄国所租之地，俄官不得有总督巡抚名目。此次合同内所载'关东州都督'改为'旅大租界办事大臣'。又合同第二条载该关所用各项'员役'，原宜选派日本国人，仍应将'员役'二字照胶州章程改为'洋员'"。外务部要求税务处将以上各项由赫德先向日本林使声明，一年后会议修改之时，再行更正。其余各条虽字句稍异，尚无关出入。胶州章程有民船征税一条，此系常关办法，自与大连有别。未经列入俱可照准。再副件内第七条为胶州章程所无，如何添入大连邮政办法，如何与胶州不同，当由总税务司详细申复，相应咨复税务处查照。❸

于是税务处告知赫德大连设关征税办法应行更正并声明各节，令其遵照办理。赫德复称，"惟因旅大租界与胶州情势间有不同之处，是以不能不将援减条款略为增损，以期适用"。至于外务部所指合同汉文内应该各字样，并如何添加，如何不同各处，赫德解释道，"汉文非正件，只系备阅之译文，所书之关东州、关东都督等系日本所用之字样，与租地之界限即界内之办法似属全无干涉"。此点倘再议备汉文自应设法避去。"又第二条将各项字样改为'员役'，系因胶州原件内'洋员'二字之讲解系指欧洲人，此英文既不得另词书写，则

---

❶ 北京大学法律系国际法教研室. 中外旧约章汇编：第2册［M］. 北京：生活·读书·新知三联书店，1959：394-397.
❷ 王彦威纂辑，王亮编，王敬立校. 清季外交史料：卷205［M］. 北京：书目文献出版社，1987：3166.
❸ 同上：3166-3167.

汉文亦须照改，然原件之用意则未曾改。又第三条将'该关洋员如愿更调，总税务司亦先行知会胶州巡抚'等字样，改写'该关税务司如应更调，总税务司亦先行知会关东都督'，并将原有之件'惟在关华人不在此例'一语删去，因原文浑言洋员，故有华人为对待之语。此次则有'税务司则华人'云云一语与上文语气即不连贯，故删之，并非不用华人之意。又胶州原件第十三条，征收洋、土药税厘转件，系因德国欲将界内所销洋、土税厘之款请关征收。今日本在旅大租界内既不征收，税则此条即属无用，其出界之洋、土药仍系照洋货通例，出界时照则征纳，故将第十四条改作第十三条，是则次序更改之故也。又胶州原件第十六条，系将民船暨民船所装之货物向来征税等事归税务司管理，惟日本租地向无民船征税之事，是以将全条删去。至民船所运之货征税一事，若有民船装货运进大连口出租界或自内地入租界出大连口，则照第六、七等条通例一体报关征纳。又第十五条'其通商口岸监督关道所有之身份权柄，大连关均与无异'字样，与原件第十七条之字样相同。事关入出地之单照必须预为言明。该关所发之单照并办理此项一切事宜与各口关道监督所办者效力相等，方与关务无碍。又胶州原件续立第五、六等条之邮政办法，此次将两条改并一条，系因日本不允他人在彼办理邮政事宜。关由中国地方运送邮件经过租界以赴中国他处，新订之第六条足以包括中国邮政此项应行各事，与胶州之办法大同小异。又续添第七条，不过言明凡在中国内港所行各事与租地内港无涉。"赫德的结论是，"以上改写各字样暨添入之条及不同之处，与大连关税实事无关出入"，除先向日本林公使声明外，应俟此合同试办期满时查看情形再行会议更正。❶

6月26日，双方在大连颁布中日《大连海关试办章程》，内容与前一章程基本相同，但有主要补充，规定凡供日本陆海军及警察官署应用的兵械、洋药及爆发物允许进口，其他则一概禁止。根据《大连海关试办章程》确定的海关管理体制，成为以后大连海关发展和变革的蓝本。

1907年7月，大连海关建立。它的监管区域包括大连、金州、旅顺三个区，及其分支部门监视的旅顺、金州、大连湾等五个口岸。大连海关归属中国海关总税务司管辖，并在大连海关处设税务司1人，全权负责处理一切事务工作，直接对海关总税务司负责。

大连海关是继青岛海关后在中国出现的又一个租借地海关，它基本沿袭了

---

❶ 王彦威纂辑，王亮编，王敬立校.清季外交史料：卷205［M］.北京：书目文献出版社，1987：3167–3168.

胶海关的管理方法和征税、贸易制度。从大连海关的设立及其相关征税办法制定和实施来看，它的主要目的在于维护日本帝国主义在华利益，为日本殖民当局对华政治、经济侵略大开方便之门，突出表现在：海关的设立与具体征税制度的谈判及签订乃至修订、海关税务司及关员的选派、海关征税与管理权的归属，等等，这些都是以日本的要求和利益为转移的。所以大连海关名义上是中国的，实际上都是日本扩大对中国政治、经济侵略的一个工具，是对中国主权的进一步侵犯，中国海关的半殖民地性质进一步加深了。此后，日本利用它控制的大连海关和租借地进出口贸易享受的优惠特权，把旅大租借地建成进一步控制东北市场的基地。如1912年，日纱在东北市场区占54.7%，压倒了英纱而居优势地位。同时，东北丰富的物产通过大连海关，源源不断地送往了日本。❶

当然，应该指出的是，虽然依照大连设关征税章程，大连海关的关税征收、组织机构以及管理模式等方面有别于中国他处海关，如诸多免税商品的规定，强制性规定税务司及以下全部关员均用日本人，等等，这些虽与他处海关之国际性质不同，但大连海关每年为中国征得了一定数目的关税，关员的选择基本上仍由总税务司赫德从日人关员中独裁任命之。不管怎样，大连海关在"九一八事变"前基本上还是隶属于中国海关系统的。

结　语

青岛与大连关设立及其旧关税制度很大程度上是为了调和外国自由港与中国商埠之间的矛盾。在租借地设立海关征税的方法举措迥异于中国其他海关，因为此等租借地在国际上的性质"实际上自租借国对于租借地之各种设施观之，与其对于殖民地之设施实无大异"❷。所以，租借地海关名义上仍为中国海关，但因各租借地占租国无视中国对租借地的主权，因而租借地海关实际只是占租国扩大对华政治、经济侵略的一个工具。虽然就关税方面而言，租借地与中国缔有的特别规定承认中国在租借地拥有关税主权，但清政府和赫德依然不能依靠所订章程完整地维护中国的关税及其他主权。

首先，清政府及赫德不能按照自己的意愿任用租借地中国海关任职人员。近代中国海关的一个显著特点是税务司专断。根据1864年的《通商各口募用外人帮办税务章程》，各关洋员的任免、奖惩和调动权均归总税务司赫德。名

---

❶ 梁为楫，郑则民.中国近代不平等条约选编与介绍［M］.北京：中国广播电视出版社，1993：578.
❷ 高柳松一郎.中国关税制度论［M］//沈云龙.近代中国史料集刊：第74辑.台北：文海出版社，［出版年不详］：209-210.

义上近代中国海关是归总理衙门和各地海关监督管辖，实际上是赫德和各关总税务司专断。而《青岛设关征税办法》虽然规定青岛海关为中国的征税机关，赫德持有海关人事任命权，但税务司及其他海关职员须用德国人。《大连海关试办章程》，也完全比照袭用了上述海关人员任用办法。税务司及其他关务人员的任免，赫德名义上有决定权，但必须与德国或日本协商决定，这实际上等于变相默认了青岛、大连海关为德、日帝国主义所操控。德、日的这些规定公然违背了中国海关管理章程，很显然，也是一种蔑视国际公法的侵权行为。

其次，租借地海关不是以主权国的中文，也不是以近代中国海关系统官方通用的英文，而是分别以德、日文办事行文，这既是对中国主权的严重侵犯，也是半殖民地海关行政方面的特点之一。同样，这对于一直标榜近代中国海关的国际性，实则操在英国手里和英国关员居多，并一直占据总税务司头衔的赫德来说，德、日的反常做法，也是他难以接受和无可奈何的事情。

再次，"无税"的自由港或自由区制度的实施使德、日获得诸多免税权。除了条约上规定的无税货物以外，凡在租借地内使用的多数进口货物，均有免税之特权；对于制造品之出口也获得减免税之特权。由于租借地全部或部分作为无税区域，而又不设境界税关，无论租借地官吏如何襄助，仍不能达到充分防止密运之目的，然而青岛海关还得对德国的襄助"酬谢"20%的海关收入。而在欧洲最早发达的自由港之制度，"本以设置于本国内之港湾，或以殖民地为限"。❶ 在中国，却将它置于租界。

最后，租借地海关监督管理的异化。近代中国每一个海关都设有海关监督一职，虽然海关监督只是各口海关名义上的最高行政长官，而在租借地海关设立章程里，一开始就明确提出不予设立海关监督，而由租借国德、日直接管理，连中国这种形式上的监督管理权也剥夺了。

总之，19世纪末出现的租借地和租借地海关，是对中国海关主权的进一步侵犯，海关的半殖民地性质更加深化了。

但是，德国和日本以租界为自由港，而允许中国于其地域内设置关税，以求两国利益之调和，这既是国际法上的新例，同时也称得上是中国关税行政上的一项新举措。德国抛弃其租地自由港制度，在高柳松一郎看来，它"采用其本国所行之自由区制度以便青岛占居中贸易之地位，俾有利于租界地工业之发展且更便于为中政府保护其关税收入也。约言之，即举租借地一并合于中国之

---

❶ 高柳松一郎. 中国关税制度论［M］// 沈云龙. 近代中国史料集刊：第74辑. 台北：文海出版社，［出版年不详］：215.

关税领土，学者间所称为关税加盟者是也"。❶

同时，依据协约章程，自由区域之划定虽系租借地政厅之权限，而自由区内货物之移动及自由区与外界之交通，则概归中国海关管理；凡出入于青岛之货物，均于出入自由区域时征税。故关税行政上之取缔最能生效，而租界地境界线及他处之监视所（除关于帆船贸易者外）遂而裁撤之，故就此点而论，实于中国有利。而就德、日而言，租借地之政厅不能随租借地之经济的发展而均沾关税之利益，而自由港主义虽能保护租借地域内消费人之利益，而不足以增进生产者之利益，即不适于促进工艺之发展也。❷ 相较于其他三处未设海关的"国中之国"租借地，青岛海关和大连海关又在一定程度上维护了中国的政治、经济权益。

---

❶ 高柳松一郎．中国关税制度论［M］//沈云龙．近代中国史料集刊：第74辑．台北：文海出版社，[出版年不详]：215.
❷ 同上：214–215.

第六章　赫德的缔约态度和立场

作为列强联合控制下的大清海关总税务司，清政府的"洋公仆"，赫德在调停中外纷争中，有时身兼几种角色于一身，这样的身份决定了他的缔约态度和立场。他不能像其他国家的谈判代表那样，坚决维护本国利益就行。也不能一味倒向中国、英国或其他列强等缔约国的任何一方，而是要不断权衡各方的力量和利益，作出最佳决策。赫德最初是被英国外交部门选派来华的，这种民族血缘关系注定了他不能不维护英国权利。而作为大清海关总税务司，赫德长期受到荣宠，必须设法提高关税收入，竭力维护清政府的政治权威。当然，也不能亏待自己，同时，还得兼顾其他列强的利益。

第一节　英国利益至上

赫德是英国免试挑选来华并经英国公使的推荐赴京，很快得到清廷重用的英国人。作为英国臣民和清政府雇员，他一仆二主的双重身份，及中国"洋大人"兼"洋仆人"的一身二任，决定了他必须既要维护英国的利益，也得效忠于中国，为中国谋利益。但事实上，一身二任，势必有所不能。作为英国人，尤其是当他面对的是英国公使，英国政府的代表，代表着自己的祖国时，赫德难免民族、种族感情至上，毕竟血浓于水。作为英国对华关系的代理人和实际执行者，赫德曾被问及，"不能中立时怎么办？"赫德曾不止一次坦承："我固是英国人也。"[1]"自然，我是一个十足的英国人。"[2] 显然，在中英利益发生冲突时，他是置英国利益于中国利益之上的。众所周知，主要由英国人统治的海关总税务司署乃英国在华基业的柱石，"英国在华利益，海关占大部分"。[3] 英国从第一任驻京公使卜鲁斯起就有意利用海关，"扶植这个机构并鼓励它在政界

---

[1] 郭嵩焘. 郭嵩焘日记：卷3 [M]. 长沙：湖南人民出版社，1982：49.

[2] Fairbank, Bruner, Matheson.The I.G.in Peking: Letters of Robert Hart, Chinese Maritime Customs, 1868–1907（Vol-1）[M].The Belknap Press of Harvard University Press Cambridge, Massachusetts and London, 1975: 471.

[3] 陈诗启. 中国近代海关史（晚清部分）[M]. 北京：人民出版社，1993：360.

从事隐蔽的活动"。❶ 以后英国公使不宜涉足的事情,往往交由赫德来办。"对于英国能流芳百世,赫德一生做出了非同小可的贡献。"❷

在斡旋中外交涉中,赫德忠诚维护英国在东方的海外殖民利益的突出表现:一是在谈判过程中竭力效忠英国;二是为英国攫取到尽可能多的条约特权。

一、谈判中竭力效忠英国

一部晚清外交史,实则一部"中英外交史"。在调停中外交涉中,赫德总是千方百计地伺机为英国服务。

（一）传授谈判机宜

在中英交涉中,为促成谈判和能使英国获得利益最大化,赫德经常向英国代表传授谈判机宜。比如,在中英修约时,赫德根据中方提供的信息和旨意不断与阿礼国信函往来商讨修约事宜,在开放口岸、厘金问题等方面不断向阿礼国传授谈判机宜。告诉阿礼国,要想维护英国在华的长远利益,须从长远着手,不能操之过急,以免适得其反;凡属中方未允之要求,让其他修约者提出。❸1885年底英军入侵缅甸时,清廷原想通过赫德预先以私人途径解决问题,可赫德竟指示金登干唆使英外交部令英军继续推进,强制订约约束缅甸,未经英国同意,永不得对外交涉。还一再劝慰英国让出朝贡的虚名,以获得通商等实利。中英藏印交涉中,赫德指示中方谈判代表赫政告诉英国代表保尔,要印度虚张声势,多所要索,才能达成目的。❹赫德的此番教导完全是站在英印的立场上,哪是一个公正调停人应有的立场。在其他中英交涉中,赫德都曾向英方代表传授过对付中国的谈判技巧。

（二）迎合英国的侵略意图

作为英国在华利益代言人,赫德在华期间在大的原则和立场上总是与英国保持高度的一致。

一是反对列强瓜分中国和国际共管中国财政。英国一向把发展对华贸易看得至关重要。除了商业利益外,英国不愿清政府亡国,还想挟持、利用清朝政

---

❶ 丁名楠,余绳武. 帝国主义侵华史:第1卷[M]. 北京:人民出版社,1992:201.
❷ 魏尔特. 赫德与中国海关:上册[M]. 陈敔才,陆琢成,李秀风,等译. 厦门:厦门大学出版社,1993:序4.
❸ Kenneth, Bourne, D.Cameron Watt. British Documents on Foreign Affairs: Reports and Papers from the Foreign Office Confidential Print, Part 1, Series E, Vol.20: 275.
❹ 中国近代经济史资料丛刊编辑委员会. 中国海关与缅藏问题[M]. 北京:中华书局,1983:145.

府来对付它的世仇俄法两国。赫德秉承英国的意志,调停时尽量维持清王朝的完整和统治。在庚子议和时强烈反对瓜分中国。英国一直将中国海关作为英国对华关系的基石。赫德密切配合英国,紧紧抓住海关总税务司职位。1885年,他直白地说海关"最关重要的是,它的领导权必须握在英国人手里"。❶ 为此还婉拒了英国驻华公使的任命。《辛丑条约》谈判时,列强提出由国际共管中国财政。英国外交部要求赫德"防止国际共管财政事"。它"对于海关将造成不利的局面"。❷ 赫德想方设法地"阻止成立一个国际管理委员会管理中国的财政"的方案。后来得知条约没有这一条款,赫德快慰地说:"海关将会扩张,而我们也将出人头地了!"❸ 由此可知,赫德力主保持中国的完整和反对国际共管中国财政并非都是出于为中国谋福利的利他主义冲动,更主要是为了英国的根本利益和自由扩大在华贸易。

二是侵夺长江流域和内河权益突显英国人的意志。赫德对英方的侵略意图总是心领神会,在侵夺长江流域和内河的诸多权益时,在陆续拟议修订的长江通商行轮章程上,尽可能地满足英方的贪欲,突显英国人的意志。英国公使窦纳乐因为清廷和赫德在拟议内港行船章程没有咨商他而提出抗议:极力反对章程将中国权益限制于通商口岸所在省份的内港,而要求中国的内港全部开放行轮;规定"内地水路"这个词要按《烟台条约》第三部分第四段的意思解释;反对内港航行这种权益仅行之于小火轮或汽艇,主张船只的大小由航行中的需要来决定,任何外商,对于因违反内港章程而受到的处分不服,得听便申请将案件依照1868年《会讯船货入官章程》办理。❹ 于是,赫德在修改制定《内港行船章程》时,充分考虑了英国的要求,窦纳乐的目的大多实现。❺

除此以外,赫德在缔结其他中外约章时,总是与英国的要求亦步亦趋。

(三)将中国的谈判秘密、内幕泄露给英国

利用职务之便或与清政府的特殊关系,好管事的赫德经常会打探到中外谈判的内幕,并及时地将它泄露给英国公使、官员或政府。

---

❶ Fairbank, Bruner, Matheson.The I.G.in Peking: Letters of Robert Hart, Chinese Maritime Customs, 1868–1907(Vol–1)[M].The Belknap Press of Harvard University Press Cambridge, Massachusetts and London, England, 1975: 619.

❷ 中国近代经济史资料丛刊编辑委员会.中国海关与义和团运动[M].北京:中华书局,1983:16.

❸ Fairbank, Bruner, Matheson.The I.G.in Peking: Letters of Robert Hart, Chinese Maritime Customs, 1868–1907(Vol–1)[M].The Belknap Press of Harvard University Press Cambridge, Massachusetts and London, 1975: 1254.

❹ 莱特.中国关税沿革史[M].姚曾廙,译.北京:生活·读书·新知三联书店,1958:330.

❺ 王铁崖.中外旧约章汇编:第1册[M].北京:生活·读书·新知三联书店,1957:786–787.

初到中国，赫德就向卜鲁斯提供了中国的财政信息，便利了卜鲁斯制定《天津条约》。卜鲁斯对此感激不已，说："要是没有赫德，没有他在中国的官方职位上了解到的关于中国财政安排的知识，我想我是没有办法在北京详细地制定《天津条约》的。……如果没有这个助手的话，我将无望地放弃实现赔款。"❶赫德还通过自己的建议和活动使《天津条约》与《北京条约》的各项条款，诸如开辟新的口岸、内地通商、子口税、鸦片合法输入等，得到了不同程度的迅速落实。1864年，赫德告诉巴夏礼"会审公堂"一事年内有可能付诸实行，并且答应让他阅看总理衙门的建议和赫德的改正意见。❷又如，英国要想切实控制直布罗陀海峡这一战略据点，需要同葡萄牙保持良好的关系。这种关系的有效实现很大程度上是通过赫德和金登干帮助葡萄牙取得对澳门的管辖权实现的。英国很关注中葡谈判，如1887年3月7日，英国公使彼得造访金登干，问及中葡是否可以达成协议。金登干告诉他极有可能，《烟台条约》的补充条款可望因澳门的合作而顺利施行。中葡《里斯本条约》签订后，赫德还指示金登干把草约内容秘密通知英国公使转达英国外交部。❸金登干在草约签署前通过其母亲向英国外交大臣庞斯福德作了详细汇报。学者邱克认为中国与葡萄牙关于澳门地位的条约是在英国的怂恿和影响下所签订的不平等条约。❹

滇案交涉在与威妥玛关系弄僵以前，赫德和威妥玛往商密切，经常在总理衙门前为英国谋利，译署函稿里有这样一段记载："冯道寄来译英国登记滇案簿内，载威使谓去秋商办此案，皆赖赫德之力，其功断不可忘，又谓赫德于交涉之务，有利于西人，必委屈周旋，请之总署等语。"❺

（四）为了英国利益，不惜向他国出卖中国利益

19世纪80年代，欧美国家的快速增长，对英国在世界贸易中的统治地位提出广泛的挑战。为了应对挑战，赫德总是千方百计地维护英国，为其争权夺利。

1895年，俄、德、法三国联合干涉还辽时，英国拒绝参与，其中重要因素之一是"它对日本写进和平条件中的诱人的商业利益打动了，它可以期望通

---

❶ 魏尔特.赫德与中国海关：上册［M］.陈敖才，陆琢成，李秀凤，等译.厦门：厦门大学出版社，1993：286.

❷ 布鲁纳，费正清，司马富.赫德与中国早期现代化：赫德日记（1863—1866）［M］.陈绛，译.北京：中国海关出版社，2005：99.

❸ 陈霞飞.中国海关密档——赫德、金登干函电汇编（1824—1907）：第8卷［M］.北京：中华书局，1995：509，603.

❹ 邱克.英人赫德与澳门问题［J］.广州研究，1987（12）：65.

❺ 王绳祖.中英关系史论丛［M］.北京：人民出版社，1981：157.

过援用最惠国条款来分享这些利益"。❶但眼光更为长远的赫德担心三国干涉胜利,英国的地位必将低落。因而极力主张清政府应该批准《马关条约》,割让土地,以抵制俄乘干涉之机,把中国拉到他身边。❷为实现英国所要求的澳门须与香港一体洋药税厘并征,赫德牺牲中国澳门利权换取葡萄牙的同意,以此来满足英国。《里斯本条约》签订后,赫德得意地告诉金登干:"香港法令所规定的合作和法令规定以外的合作对我们都很有用。我们并没有给英国任何交换条件。她只是在澳门必须也照办这一条件下答应合作。"❸中法越南纷争之初,赫德害怕冲突扩大,势必"驱使中国投入德国和美国的怀抱,英国人和英国的利益将被抛到一边去了"。❹所以,对津海关税务司德国人德璀琳斡旋签订中法天津《简明条款》充满忧惧:"德国的势力将因他(德)而高涨,英国的势力却衰沉下去。"甚至悲观地告诉金登干也许有一天会"把伦敦办事处移到柏林"。❺为改变此种局面,赫德竭力调停,一方面要求英国政府出面调停。他说,如果调停成功,"中国将对英国表示非常友好的敬重,今后英公使在此亦可有亲密而更有势力的地位"。❻另一方面欲压制中国向法国让步,如要求中方答应法国的赔款、划界、通商等要求。

二、竭力为英国攫取条约特权

1865年5月,赫德在日记中记下了他在中国的工作之一,是"获得中国开放,以汲取这个国家的资源,开采煤和其他矿藏"。❼因而,在中外交涉和拟订条约时,为英国谋取减税、开辟新口岸、内地通商通航、扩大贸易、鸦片税厘并征等权益,成了赫德一以贯之的主张。

(一)减免税权

为占领中国市场和获得更多的利益,赫德多次在谈判时主张对外国商品减

---

❶ 杨国伦.英国对华政策(1895—1902)[M].刘存宽,张俊义,译.北京:中国社会科学出版社,1991:18-19.
❷ 中国近代经济史资料丛刊编辑委员会.中国海关与中法战争[M].北京:中华书局,1983:55,362.
❸ 陈霞飞.中国海关密档——赫德、金登干函电汇编(1874—1907):第4卷[M].北京:中华书局,1992:518.
❹ 陈霞飞.中国海关密档——赫德、金登干函电汇编(1874—1907):第3卷[M].北京:中华书局,1992:624.
❺ 陈诗启.中国近代海关史(晚清部分)[M].北京:人民出版社,1993:360.
❻ 中国近代经济史资料丛刊编辑委员会.中国海关与中法战争[M].北京:中华书局,1983:55.
❼ 布鲁纳,费正清,司马富.赫德与中国早期现代化:赫德日记(1863—1866)[M].陈绛,译.北京:中国海关出版社,2005:341.

免进口税。中丹《天津条约》确定了土货出口免纳子口税，复运出口免纳正税的原则。洋货过境入口后复运他国，退还所纳正税。❶根据最惠国待遇原则，英国也一体均沾了这些减免税权。《藏印条款》明定亚东关五年内藏印贸易互免关税。中英修约时赞成进口的外国粮食复出口时免税，对某些指定用途的进口煤免税，却反对国产煤减税。❷在谈论鸦片税厘并征数额时，中英争执不下。赫德此刻完全偏袒英国，甚至对金登干说，当英国同意进口鸦片每箱交纳110两税金，只要任一列强反对，该国商人就可以运鸦片进入中国，按旧税率交30两而结关！认为"这是中国遇到的困难，英国不应为它烦恼"。并认为英国同意交纳110两税金是"做了一桩政治上正确的事，尽管它实际上无助于中国"。而英国可以推卸责任，意即英国人愿意这样办，至于别人，你中国爱怎么办是你自己的事。1887年，赫德坦承，税厘并征"将使印度鸦片比以往任何时候都会有更大的销售量，而且对消费者来说价格还要稍微便宜一些"。❸可见对鸦片进口实行税厘并征实质上无助于中国提高税收，反而保证了英国利益的最大化。

（二）开口通商权力

作为当时世界最发达的资本主义国家，英国在华追求的最大目标是商业利益最大化，力求整个中国对英国贸易开放。所以赫德对中国多开口岸始终期望较高，在1868年中英修约时，赫德不满英国仅要求开放温州一口的要求，认为沿海越多地方开放越好，海口、北海、台州、泉州都应开放，并列举了开放口岸的种种益处。英方应其要求增加开放三处口岸的要求。❹赫德继续推荐开放沿海六处，沿长江的岳州和南京等。❺清政府最终只同意开放温州。滇案交涉又为英国争得了开辟四口通商。中英缅甸谈判中，赫德要求中国应允云南边境择地一处开放对英贸易。中英藏印谈判，赫德为使中国答应印方开放帕里取代亚东作为互市点的要求，教唆赫政不妨将印度开放地点说得多些，然后才提

---

❶ 王铁崖.中外旧约章汇编：第1册[M].北京：生活·读书·新知三联书店，1957：200-207.

❷ Kenneth, Bourne, D.Cameron Watt. British Documents on Foreign Affairs: Reports and Papers from the Foreign Office Confidential Print, Part 1, Series E, Vol.20: 113.

❸ Fairbank, Bruner, Matheson.The I.G.in Peking: Letters of Robert Hart, Chinese Maritime Customs, 1868–1907 (Vol-1)[M].The Belknap Press of Harvard University Press Cambridge, Massachusetts and London, 1975: 466, 661.

❹ 张志勇.赫德与晚清中英外交[D].北京：中国社会科学院研究生院，2005：18.

❺ 王铁崖.中外旧约章汇编：第1册[M].北京：生活·读书·新知三联书店，1957：200-207；
Kenneth, Bourne, D. Cameron Watt. British Documents on Foreign Affairs: Reports and Papers from the Foreign Office Confidential Print, Part 1, Series E, Vol.20: 304.

帕里，就容易使中国情愿开放帕里，甚至同意开放别处。❶但由于清政府和西藏的毫不退让，《藏印条款》规定只准在西藏亚东开关通商。在商讨第二次英德借款时，赫德曾建议开放南宁和湘潭为通商口岸。❷但最终条约无此款。《马凯条约》又新开长沙、安庆等五处通商口岸。❸

此外，赫德还为英国争取在华引水权和会讯权中的便利，等等。

总之，尽管赫德一再宣称所谓"同时保护中国和英国利益"，事实上，作为大英帝国的子民，赫德总把为英国谋利放在首位，不管是现实的眼前利益抑或朦胧的远期目标。这点也可以从赫德及其亲信金登干在英国受到的尊敬、荣誉和隆重礼遇得到注脚。他的头衔，由一个普通的英国臣民变成皇家的爵士。1882年4月，赫德晋升为圣迈克尔和圣乔治上级爵士。英外交部的麦卡锡对金登干说，赫德晋升为圣迈克尔和圣乔治上级爵士是极为罕见的，赫德是在国外工作而得到这一地位的独一无二的英国人。❹1889年，赫德获封为英国圣迈克尔和圣乔治大十字勋章爵士，1893年成为从男爵。英国外交部甚至还要他担任驻华公使。1908年，赫德回国，被牛津大学和都柏林大学分别授予民法和法学博士，也成为其母校的第一位大学荣誉校长，经常被邀请出席招待会和宴会。也是在那一年，伦敦市、贝尔法斯特市和汤顿自治市都热烈地欢迎他，都举行仪式授予他荣誉市民。赫德享有的这些尊荣意味着他一生在华为英国作出的巨大贡献得到了英国政府的充分认可。

当然，毋庸讳言，赫德与英国方面在对华问题上也时有矛盾。英国商人和领事与赫德有发生摩擦和矛盾的时候。如海关的查禁缉私，使得英国商人的走私偷漏不那么容易了，为此，英国商人对于这种本国人治理本国人的管理，充满抱怨，甚至支持英国领事，否认中国海关英籍人员拥有处分违章的权力，所有海关案件应该由领事法庭裁决。英国领事则支持英商与赫德作对。英国政府也不总是买他的账，赫德曾向金登干抱怨："英国人的所作所为——领事馆是经常，公使馆是偶然——都是反对我的。"❺比如，赫德起草的维持缅甸每届十年向中国进贡的成例，以迂回吞并缅甸的十点意见，英政府起初并不采纳。滇

---

❶ 中国近代经济史资料丛刊编辑委员会.中国海关与缅藏问题[M].北京：中华书局，1983：144.
❷ British Parliamentary Papers：China，Vol.23[M].Shannon：Irish University Press，1971：41–42.
❸ 王铁崖.中外旧约章汇编：第1册[M].北京：生活·读书·新知三联书店，1957：107.
❹ 陈霞飞.中国海关密档——赫德、金登干函电汇编（1874—1907）：第3卷[M].北京：中华书局，1992：37.
❺ Fairbank，Bruner，Matheson.The I.G.in Peking：Letters of Robert Hart，Chinese Maritime Customs，1868-1907（Vol–1）[M].The Belknap Press of Harvard University Press Cambridge，Massachusetts and London，1975：389.

案谈判中，建议威妥玛乘机要挟中国开办造币厂，企图控制中国的铸币权。但英商以这是将"操纵货币的大权"交给中国官吏而对自己"十分不利"❶加以反对，威妥玛在谈判中就未提此事。在甲午战后延揽中国借款的时候，一开始英国政府对赫德的建议回应并不积极，赫德在日记中愤懑地写道："见到我在近二十年期间把发生的势态都警告过英国之后，最终中国还是落入俄法两国手中，我的愤怒就难以言状！"❷英国的报界对赫德也时有责言。如1902年12月底，伦敦《泰晤士报》收到其驻上海记者的电文，谈到"1899年6月在总税务司署任职的35位官员中，只有4位英国人"。❸赫德对此反驳道："今天每36个负责人中间就有18个英国人！"❹

诚然，赫德在华到处伸手为英国抓权的过程中，有时不被他的同胞所理解，经常会撞上英国商界及政界的壁垒。其实他们的最终目的别无二致，利益相通，都是为英国或英人的利益服务，只不过是手段各异。英国政府或商人要么举措张扬，赤裸裸地侵略，目标尽显；要么目光短浅，急功近利。而赫德则是目光长远，讲究策略，尽量在为英国谋取最大利益时不着形迹，善于借某些与本国商人或局部和暂时利益相异甚或相悖的策略来为英国谋求整体或长远利益。正如金登干所说："谁都不能理解和赞许您为中国已经做了的和正在做着的一切，除非他亲眼看到了您在北京的地位和意向。"❺这也正是赫德的高明所在，因为中国仍有利用的价值，多少应考虑中国的利益，这样做除了符合公义和常识，还能取得清廷的好感和支持，"这样议定的条约才能收到诚信的效果"。赫德的精明却加深了他与领事和英商在基本方向一致前提下的诸多分歧，他虽然感到遗憾，却还是认为，总的说来"得大于失"。❻

当然，赫德与英国方面的争执是暂时的、相对的，而为他们服务则是长期的和绝对的。这点最终也得到了英国的理解和充分肯定。

---

❶ 北华捷报，1876-11-16.
❷ Fairbank, Bruner, Matheson.The I.G.in Peking: Letters of Robert Hart, Chinese Maritime Customs, 1868-1907（Vol-1）[M].The Belknap Press of Harvard University Press Cambridge, Massachusetts and London, 1975: 1066.
❸ 泰晤士报，1902-12-22（36957号，第5版，第5栏）.
❹ Fairbank, Bruner, Matheson.The I.G.in Peking: Letters of Robert Hart, Chinese Maritime Customs, 1868-1907（Vol-2）[M].The Belknap Press of Harvard University Press Cambridge, Massachusetts and London, 1975: 1368.
❺ 陈霞飞.中国海关密档——赫德、金登干函电汇编（1874—1907）：第1卷[M].北京：中华书局，1992: 538.
❻ 故宫博物院明清档案部.义和团档案史料：下册[M].北京：中华书局，1959: 14.

第二节　维护清政府的统治和利益

《清史稿》称赫德是"食其禄者忠其事"❶的忠臣。作为清廷"客卿",恪尽职守、效忠清王朝是赫德天经地义的职责所在。当然,也是为英国和自身利益考量,还有出于正义感和同情心。在中外谈判缔约中,当谈判对象是英国或牵涉英国利益时,虽然赫德将感情的天平更多地倾向于英国,但也会尽可能地去维护中国的权益。在与其他西方国家交涉或拟订中国国内性质的约章时,赫德多能倾心投入,为中国争取权益。但是由于清政府自身国力衰弱的限制,赫德为中国争得的利权有限。

一、效忠和维护清政府的原因

赫德由一个英国翻译和外交官很快升至中国海关总税务司的位子,精明的他清楚地知道,自己除了要维护英国的权利外,还必须获得清政府的信任和支持,竭力效忠清王朝,对清王朝鞠躬尽瘁。同时,他的出身背景和所受的教育也驱使他这样做。

(一)"食其禄者忠其事"

中国海关总税务司是中国的朝廷命官,理当竭力为中国效劳,否则就会被解职。曾国藩的这番话,让赫德在日后帮助总理衙门处理外交事务时始终铭记在心:凡是对大清国和贵国都有利的事儿,我定会支持;对贵国有利而对大清国无害的事儿,我不会反对;如果对大清国有害的事儿,无论对贵国多么有利,我都会以死相抗争。❷

清廷虽然慑于英国的强横,无法任命一个中国人担当此任,但可以任命别的英国人或他国人,李泰国的遭遇就是前车之鉴。所以,赫德经常强调海关是中国政府的机关,海关税务司是中国政府的雇佣者,是中国政府的仆人,"自然要求能有对中国更好的解决办法"。❸不仅如此,清王朝的存亡与英国及赫德自身利益也休戚相关。英国的繁荣富强离不开中国这个广阔的市场,海关又是赫德的栖身之所,中国是"他的第二祖国",❹唇亡齿寒。因此确保清王朝与海关的安全,也就是变相在保护英国和赫德本人的利益。

---

❶ 赵尔巽.清史稿卷 435 [M/OL].http://www.wenxue100.com/book_Lishi/25.thtml.
❷ 吴煮冰.洋人撬动的中国 [M].北京:中国画报出版社,2017:276.
❸ 中国近代经济史资料丛刊编辑委员会.中国海关与中法战争 [M].北京:中华书局,1983:71.
❹ 魏尔特.赫德与中国海关:下册 [M].陈敖才,陆琢成,李秀风,等译.厦门:厦门大学出版社,1993:368.

正因为如此，赫德常把海关是同时为中国和英国服务的话挂在嘴上。供职中国期间，赫德为英国争取各种权益坚持不懈，毫不动摇，同时为维护清王朝的政治权威也忠心耿耿，为中国的改革和进步也殚精竭虑。这些既使他得到中英政府的信任和倚重，也为他赢来许多赞誉。马士认为："赫德爵士一直是英国使馆历任首长的指导顾问和朋友，可是他对中国政府的忠诚是从未被怀疑过的，他对于使馆的指导作用使得中英两国同受其益。"[1] 高柳松一郎说："赫德为总税务司历四十余年之久，彼精通中国语言及中国情形，自始即深得中国政府之信任，彼以忠于中国为一生使命，关务以外，直接间接参与贡献于国政之枢机者亦不少。"[2] 慈禧"一再承认她所信任的总税务司对她忠心耿耿"。魏尔特称"赫德具有强烈的亲中国色彩"。[3] "有人说，他把中国海关的利益放在他个人利益之上。"[4] "他从不把英国的利益放在中国利益之上。"[5] 上述言辞虽然有为赫德歌功颂德而故意夸大之嫌，但也从一个侧面反映出他们对赫德为中国尽忠的肯定。

（二）正义感和同情心的驱使

赫德的普通家庭出身及早年受过的良好学校教育和多年的基督教熏陶使他较其他外国人更富有正义感和同情心。来华抵港后的首个周日，他便列出13项自订守则，力求活出基督教徒的榜样，"遇有做好事的机会时，不要轻易放过而无所作为"[6]。这种情感在他的日记里常有流露。

针对近代中国的困境，赫德屡次上书言事。1865年，提出有关中国改制强国的《局外旁观论》，力荐中国应进行内政外交领域的改革，特别提到条约及守约的重要性。中法战争后（1884年后）又呈递《续旁观论》。1898年初，赫德再度上书朝廷，提交改革方案，以求消弭日益严峻的瓜分危机，题为《旁观末论》。[7] 自言四十多年来，一直希望能帮助中国走上自强之路，前后上书

---

[1] 马士.中华帝国对外关系史：第2卷［M］.张汇文，姚曾廙，杨志信，等译.北京：商务印书馆，1963：407.
[2] 高柳松一郎.中国关税制度论［M］//沈云龙.近代中国史料集刊：第74辑.台北：文海出版社，[出版年不详]：127.
[3] 魏尔特.赫德与中国海关：下册［M］.陈敖才，陆琢成，李秀风，等译.厦门：厦门大学出版社，1993：绪论8，163.
[4] Wright. Hart and the Chinese Customs［M］.The Queens University，1950：862.
[5] 汪敬虞.赫德与近代中西关系［M］.北京：人民出版社，1987：84.
[6] Hart, Robert, edited and with narratives by Katherine F. Bruner, John K. Fairbank, Richard J. Smith：Entering China's service：Robert Hart's journals，1854–1863［M］.Cambridge，Mass，CEAS，Harvard University，1984：14.
[7] 戴一峰.中国海关与中国近代社会：纪念陈诗启先生百年诞辰文集［M］.厦门：厦门大学出版社，2021：25-26.

数十次，可均不奏效。在中国面临严重危机时，再做《旁观末论》呈阅，虽知依然行不通，"特尽我心耳"。❶赫德"极思助中国自强"的强烈愿望跃然纸上。

对于列强对中国不公正的指责或侵犯，赫德经常为中国辩护。哪怕是自己的祖国，也不总是偏袒。比如，1865年7月，威妥玛在给罗素勋爵的报告中指责清王朝"违约犯规"，或者"不履行条约"，它除非"开发资源""利用自己的人力和手段"或同外国列强和解，否则"就势必垮台"。赫德则写道："我不知道它对条约有任何违背和破坏的意向；除了潮州这个例外，以及皇帝不接见外国公使，我不知道条约未被履行。""事实上是我们将条约强加给他们，很少（甚至全未）顾及这个条约个别条款可能对他们会有影响；我们坚持将他们带入遵守国际惯例的大家庭——在吵嚷推搡中拽着他们进去，却不作非常有远见的安排慰藉他们——而且以这样的信念自我安慰，以为从长远看，这样做不管怎么说都是为了取得进步。""宽容正是我们这样基督教国家的责任；……中国人毋须为此感激我们；我们拼命使自己进入他们的家园，除非我们打算将他们赶出去，我们就应当真正一如常人所承认'互相让步'的原则行事。""我认为他们希望遵守条约，行事公正公平。但是他们理所当然要求我们也遵守条约，行事公正公平。"❷另外，赫德对英国在瓜分中国狂潮中的行径颇有微词，认为"英国在九龙的所作所为一直是很令人恼火的"。❸

对于其他国家对中国的侵犯，赫德指责更多。比如，对于德国强占胶州湾，赫德表达了强烈的愤慨和谴责，认为巨野教案不是群氓的暴力行为，而是夜间的偷盗引起的，中国立即派人进行了处理，而德国人竟未经谈判就占领胶州湾，"毁了30多年外交往来的成果，应该受到全世界的谴责"❹。20世纪初，他接连写了数篇文章，公开大胆地为中国辩护，潜在地批评洋人，在西方引起很大反响，遭致了许多抨击，但赫德说"我确信自己是对的，我真诚希望中国以外的国家成为中国的朋友，避免可能产生相反结果的事情"。对于中国被列强凌辱的遭遇，赫德表达了深切担忧和同情。比如，在列强瓜分中国之际就说："如果各国不去惹中国，她还能像先前一样保持完整。但是他们不停地

---

❶ 赵中孚. 翁同龢日记[M]. 台北：成文出版社，1970：2144.

❷ 布鲁纳，费正清，司马富. 赫德与中国早期现代化：赫德日记（1863—1866）[M]. 陈绛，译. 北京：中国海关出版社，2005：378-380.

❸ 魏尔特. 赫德与中国海关：下册[M]. 陈敉才，陆琢成，李秀风，等译. 厦门：厦门大学出版社，1993：369.

❹ 同上：335.

朝着这个方向或那个方向撕扯她，她就要松散瓦解了。"❶他对此时依旧颟顸的清政府哀其不幸，怒其不争，"可怜的中国，甚至到现在……还没有认识到真正改革的必要。他们会被连续打击和威吓到放弃所有的东西。可是不管什么忠告、什么警告，都无法激励他们挺直脊梁骨，磨利爪子"❷。所以他忧心忡忡地告诉金登干："我无法告诉你，我一直是多么的为中国的困境而担忧。"❸

毋庸讳言，以上赫德的这些情感，是来自内心的真实的。这也成为他捍卫中国利益的内在驱动力。

二、对中国利益的维护和争取

在晚清对外交涉中，不管是在与英国交涉还是同其他西方国家的谈判中，赫德多能尽心为中国着想，设法捍卫中国的权益。

（一）中英约章交涉中对清廷的维护

中英交涉时，赫德处境比较为难，虽然他总是自觉不自觉地将英国利益放在首位，但对英国的过多要索或无理要求，赫德也能仗义执言，让英国适可而止，不要过分索取。

一是不满威妥玛对中国的肆意要索。滇案交涉中，赫德对威妥玛的反复无常和肆意要索很不耐烦，多次建议清政府派使臣赴英国直接交涉，力请李鸿章到烟台来对付威妥玛。他不满威妥玛和其首席顾问梅辉立的好战态度。赫德需要英国与中国和平相处，所以想采取措施，努力使威妥玛就范，否则他将独立采取行动来解决问题。

二是努力争取以金单位为标准修改税率，提高税率。由于白银对黄金的兑价不断下跌，影响到以洋税为抵押的外债的偿还。1898年李鸿章出访欧洲时，赫德为其拟写备忘录，指出应该重新宣布关平两的固有价值。在20世纪初修订税则税率的会议上，赫德又让中国重提以金单位为标准来修改税率，遭列强反对。1902年中英商约修订前一年，1901年，赫德即向外务部提出六条建议：乘修改税则之机将税率提到值百抽十五或二十，内地厘卡如裁撤，增收之税要

---

❶ Fairbank, Bruner, Matheson.The I.G.in Peking: Letters of Robert Hart, Chinese Maritime Customs, 1868–1907 (Vol–1) [M].The Belknap Press of Harvard University Press Cambridge, Massachusetts and London, 1975: 1194, 1255.

❷ 魏尔特.赫德与中国海关: 下册 [M].陈敖才, 陆琢成, 李秀凤, 等译.厦门: 厦门大学出版社, 1993: 368.

❸ Fairbank, Bruner, Matheson.The I.G.in Peking: Letters of Robert Hart, Chinese Maritime Customs, 1868–1907 (Vol–1) [M].The Belknap Press of Harvard University Press Cambridge, Massachusetts and London, 1975: 1197.

足抵已撤之厘金；轮船行驶内河不致与主权有碍；传教、领事裁判权、最惠国待遇以及中外商人应共同遵守同一章程，等等。对于马凯提出的24款修约草案，赫德建议，草案未提修改税则，但此事须急办。并提醒中方，应当"以我所与者易我所求"，不必只偏重英方，随请随允。这次修约没有武力相逼，不必匆忙定议，而是应乘此机会，将已往不妥之处改正。❶赫德此处向中方传授的谈判机宜均是为了维护中国之权益，这也成了以后中方代表谈判的指南。

此外，阿礼国在修约谈判中欲以增加进出口税来交换内陆航行，又提出内地居住、开挖矿藏等要求。赫德对前者坚决反对，也指出了后者的不可行，阿礼国只好作出让步。滇缅交涉，清政府将保留缅甸"朝贡"的虚名作为解决问题的首要条件，赫德和曾纪泽努力争取，最终条约规定每十年由缅甸人致送贡品，"为中国保住了面子"。❷在《藏印条约》的交涉中，赫德最初所拟四款还算比较公允，但被印方全盘推翻。

总之，在中英交涉中，对于相互对立的谈判双方，赫德像个夹在婆婆和媳妇中间处境尴尬的男人，虽然难以做到两全其美，但始终在寻求万全之策，竭尽所能地安抚双方。应当承认，赫德对中国权利有过争取和维护，但相对于维护英国利益而言，又显得有限。

（二）向他国争取清廷权益

在与除英国以外的其他列强交涉中，如果不牵涉或少牵涉英国利益，赫德能比较多地捍卫中国权益。主要表现有：

一是中葡谈判初期支持中国。在中葡澳门谈判中，一开始赫德是完全支持中国的。在最初获悉葡萄牙欲与清廷立约事后，他于1862年5月与6月两度致函总理衙门，指出中国有权继续在澳门设关征税及征税的重要性；言明澳门仍是中国土地，澳人租住须得向中国缴纳租银增至一万二千两；葡萄牙不得享受"一体均沾"之优待；不许他国干预澳门问题。后在《中葡和好贸易条约》换约之际，中方发现了其中的破绽，赫德提醒薛焕："如果你们希望澳门被认为是中国领土，条约就必须修改；如果你们希望将它被看成是葡萄牙的领土，条约可以维持原样。"并建议总理衙门"明确宣布澳门仍属中国领土"。❸此约

---

❶ 中国近代经济史资料丛刊编辑委员会.辛丑和约订立以后的商约谈判[M].中华人民共和国海关总署研究室，编译.北京：中华书局，1994：6.

❷ 魏尔特.赫德与中国海关：下册[M].陈敖才，陆琢成，李秀凤，等译.厦门：厦门大学出版社，1993：217.

❸ 布鲁纳，费正清，司马富.赫德与中国早期现代化：赫德日记（1863—1866）[M].陈绛，译.北京：中国海关出版社，2005：164.

中国因故未批准互换。随即，赫德提出由中国收购澳门的"玛斯计划"，并着手进行，然未果。赫德上述建议确实颇尽洋人臣仆的忠诚。但是在19世纪80年代，赫德为满足英国提出的澳门在洋药税厘并征上必须与香港一体照办的要求，赫德操纵的《中葡拟议条约》严重损害了中国领土主权，此举严重违背了调停人应持的公平正义。虽然在中葡澳门主权问题的后续交涉中，赫德试图有所挽回，甚至一直在寻求机会重拾"玛斯计划"，但均无济于事。

二是尽心斡旋中法越南交涉，促成战争的终结。此次交涉，赫德虽然反对法国的侵略，同情中国，但也提出了一些有损中国的建议，比如一再压制清政府答应法国的索赔要求，承认法国并吞越南的事实，规劝中国对法国妥协。这是由于赫德担心中国军力不敌法国，付赔款而避免战争，以免遭致更大的损失是上算的，所以为此努力辩论和活动。他告诉金登干，他的"同情却属于中国的主战派"，此话不假，所以，最初赫德竭力劝阻中法双方卷入战争，甚至要金登干在欧洲报纸上发表一旦发生战争将对法国不利的言论，以阻止法国。并"期待在某个地方会突然出现能扭转局面的人，从而卫护了正义（中国的事业是正义的）"。❶ 调停期间，他本渴望回国，但觉得自己在"吃了中国人的饭那么长的时间以后"，在中国危难之际"不能离开他们"。❷ 翁同龢也说赫德"极言启衅当慎，知非游说，乃衷言也"。❸ 应当承认，赫德是"旁观者清"，他的主张诚为务实、理智之言，并不是存心偏袒法人的妄说。如果当时接受赫德的建议，也许后来就不会有基隆被占、饮泣马江的悲剧。战争打了一年多，最后还是回到了原点，越南被吞并。条约虽没有争得朝贡一节，但也为中国争得了清政府一向看重的中越往来"必不致有碍中国威望体面"这一虚文。赫德和金登干的艰难斡旋最终促成了战争的终结，这对交战双方都是有利的。所以赫德才会同时受到中法政府的认可和支持。

三是在庚子议和中为中国效力和主持公道。义和团运动使赫德也深受其害，但他能逆清廷墙倒众人推和西方反华声浪而动，敢于公开写文章称赞义和团的爱国，敢于在谈判中虎口索食般为清政府争利（当然也是为他自己和英国），体现出了他的正义感和智慧、勇气。他主张的谈判途径和方案，对当时

---

❶ 陈霞飞.中国海关密档——赫德、金登干函电汇编（1874—1907）：第3卷［M］.北京：中华书局，1992：282，290，584.

❷ Fairbank, Bruner, Matheson.The I.G.in Peking: Letters of Robert Hart, Chinese Maritime Customs, 1868-1907（Vol-1）［M］.The Belknap Press of Harvard University Press Cambridge, Massachusetts and London, 1975：469.

❸ 陈义杰.翁同龢日记：第四册［M］.北京：中华书局，1989：1781.

意见不一的列强起了一种导向作用，稍微减轻了各国对清政府的压榨，列强共管中国财政的企图未能实现，客观上有益于濒临崩溃的清王朝。慈禧太后为褒奖赫德的赞助，赏加了他太子少保衔。

还有，赫德根据国际通行的做法，在谈判拟订的诸多中外邮政约章中，较好地维护了中国的邮政主权，他拟定的《续订招工章程条约》保护了华工的权益。赫德在主导拟订有关引水、中外会讯和长江通商等国内法性质的约章时，也曾试图尽力效忠清政府。如草拟1867年引水章程时，将行使引航事务管理权置于总税务司及其下属手中，并加进"优待"中国人的条文，特别强调考选雇用引航员不能歧视华人，希冀对列强已经侵夺中国的引水业有所挽救。拟订的《上海海关扣留案件条款》试图维护中国权益，可惜此章程很少实施。之后修订的各国《会讯船货入官章程》，客观上有利于维护中国的海关主权，减轻领事对中国权益的侵害，对外商走私偷漏也有所遏制。尽管章程在实施中打了折扣，但有个会讯程序，虽属形式，也聊胜于无。

一句话，"客卿"赫德因职责所在，以及由于正义感、同情心的驱使，在众多中外谈判缔约中，基本上能为清王朝尽忠效力，努力维护中国的权益和权威，以至于魏尔特说，赫德是"中国最忠实的公仆，以及中国最大利益的捍卫者"。❶但由于中国的羸弱，列强的贪婪蛮横，赫德的诸多努力难以收到预期的效果，尤其是当面对的谈判对象为英国时，赫德发挥的作用更是有限。为此，对于赫德的谈判缔约，国内学界看法众说纷纭。

第三节　谋取自身权益

赫德在晚清中外约章交涉中积极筹谋，设法捍卫英国和清王朝的利益，可以用"皮之不存，毛将焉附"来形容赫德与二者之间的依存关系。晚清中外交涉有些涉及海关和税务，需要赫德出面或向他咨询，于是他应邀介入谈判。有些本不是赫德职责范围内的事，但他总在密切关注交涉进展并伺机插手，个中原因之一就是：利己，谋取自身利益。赫德斡旋交涉的利己表现主要有三。

一、确保和巩固总税务司的职位

作为中国海关的首脑，总税务司不仅在中国海关拥有至高无上的权力和地

---

❶ 魏尔特.赫德与中国海关：上册[M].陈敖才，陆琢成，李秀凤，等译.厦门：厦门大学出版社，1993：285.

第六章　赫德的缔约态度和立场

位，而且是清王朝多方面的重要依靠，所以这个肥缺一直被其他列强所觊觎，这正是赫德一直担忧和要竭力维护的。

在赫德看来，任何交涉都可能跟他息息相关，插手交涉可以获取种种权益，规避某些风险。他一直希望中外能和平相处，即使有冲突可以通过谈判解决，不要升级到战争。因为一旦中外交战，他便左右为难，就得权衡采取什么立场，支持谁？反对谁？就得担心中国海关总税务司的宝座自己还坐得稳吗？从德人德璀琳助签中法天津《简明条款》后，赫德给金登干的密电中可以看出当时赫德的嫉妒和惊慌。他说英、德在华势力将因德璀琳的积极调停而变得此消彼长了。担心自己的得意日子即将终结，也许有一天会把伦敦办事处移到柏林。❶ 所以，为避免中外之间发生战争而殃及池鱼（赫德自己），赫德不但自己亲自出马，而且发动其亲信金登干、胞弟赫政频频介入调停。中法战争虽不可避免，但赫德及金登干竭力调停，力争早日结束战争。中法战争斡旋成功后，赫德颇为得意地告诉金登干："现在我在这里非常有势力，将来也还会如此，而且只要我留下来，我的势力会越来越大。"❷ 中英在缅甸和藏印问题上免开战火，赫德及赫政的斡旋也起了很重要的缓冲作用。因调停成功，赫德继续当他的总税务司，并扩大了权限。

英国在三国干涉还辽中的不作为，俄、法对总税务司位子的觊觎，使赫德对英国非常不满，担心自己将职位不保。此后为巩固这个职位，他更加积极地活动。在为英国承揽第一笔清政府对日赔款败于俄法后，赫德此后继续努力竞争。在清政府筹借后来的对日赔款中，面对法国的竞争干扰，赫德要求英国应降低条件，劝说汇丰银行减少费用，提高折扣，一再强调揽得借款的重要性，只有这样才能打破法俄对中国的财政及海关的控制，要看到中国人在商业、工业和政治上依然具有的远大前途，千万不要因为贷款条件高而把中国人推到别国怀抱中去。❸ 汇丰银行基本采纳了赫德的建议，降低了条件，从而为英国争得了诸多经济、政治利益，增强了英国对海关的控制。赫德也与总理衙门多次讨论，迫使总理衙门答应总税务司一职永远用英国人。❹ 并将它作为第六款写入《英德续借款合同》。此后45年内，各列强都在觊觎的总税务司位置只能掌

---

❶ 中国近代经济史资料丛刊编辑委员会.中国海关与中法战争 [M].北京：中华书局，1983：158，189.

❷ 陈霞飞.中国海关密档——赫德、金登干函电汇编（1874—1907）：第4卷 [M].北京：中华书局，1992：681.

❸ 陈霞飞.中国海关密档——赫德、金登干函电汇编（1874—1907）：第9卷 [M].北京：中华书局，1996：8.

❹ British Parliamentary Papers：China，Vol.23 [M].Shannon：Irish University Press，1971：41–42.

控在英国人手中。这样,赫德不仅为自己,也为英人45年占据总税务司一职获得了可靠的条约保障。赫德松了一口气,英国对海关的控制地位万无一失,而对自己在总署的地位也甚为满意。❶况且,赫德自己在中国的放贷投资,至少有三万二千英镑。❷

二、增辟通商口岸

英国传教士、外交官、商人和殖民者都沉浸于通商口岸的世界——延伸开来即整个英帝国的世界。这些人塑造了英国对中国的态度。他们通过通商口岸透视中国,并在这一体系里解释、沟通他们的立场。❸海关的存在主要归因于条约通商口岸体制。作为总税务司,赫德尤其清楚增开口岸对海关和自身的重要性。因而,致力于通商口岸的开辟和扩大是赫德在中外交涉中一以贯之的主张。在中英交涉中赫德为英国立下了汗马功劳,开辟了众多的通商口岸。除这些以外,赫德谈判中涉及的通商口岸还有:中丹《天津条约》第十一款规定"各国议定通商口岸如牛庄、天津……各口,丹国商民亦可任便出入",权益一体均沾。《中法越南条款》指定保胜以上,谅山以北,法国商人在此拥有各种权利,以及应该遵守的规章如同通商各口。1887年底的《中葡和好通商条约》订立,中国所有通商口岸均允葡萄牙人居住和贸易。❹葡国可均沾列强在通商口岸的各项权益。在商讨第二次英德借款时,经与赫德多次讨论,总理衙门同意:开放南宁和湘潭;如修建铁路将开放大连湾。❺但遭到俄国的反对。

增辟通商口岸对赫德本人的好处主要有:一则可以使海关特别是他本人的地位得到巩固和扩大。这点从他得知中国接受烟台协议(此约开辟五个新口岸)后,致金登干函中可见一斑:"到3月份我需要派一些人到新的口岸去……经此事件后,海关比以往任何时候都强大,我认为在今后的二十年之内绝无翻

---

❶ 陈霞飞.中国海关密档——赫德、金登干函电汇编(1874—1907):第9卷[M].北京:中华书局,1996:19.

❷ Fairbank, Bruner, Matheson.The I.G.in Peking: Letters of Robert Hart, Chinese Maritime Customs, 1868–1907(Vol-2)[M].The Belknap Press of Harvard University Press Cambridge, Massachusetts and London, 1975: 1378.

❸ 何娜.清史研究在英国[J].胡祥雨,译.清史研究,2019(2):6.

❹ 王铁崖.中外旧约章汇编:第1册[M].北京:生活·读书·新知三联书店,1957:199,424–425,468.

❺ British Parliamentary Papers: China, Vol.23 [M].Shannon: Irish University Press, 1971: 40.

船的可能！我开始感到我毕竟相当出色地驾驭了这条航船。"❶口岸越多，海关随之设得也越多，需要的税务人员也越多。赫德利用手中的人事任免权，可以广施恩惠，他的亲戚也得以大沾其光。比如，海关内班 300 多名职员中有 8 人是他的家族成员：一位儿子，一位兄弟，两位小舅子和四位侄子。❷这些人的升迁都比较快。比如，赫德的弟弟赫政一度被赫德推荐为总税务司的继承人；妻弟裴式楷一到中国海关就被任命为税务司；裴式模一来到中国被任命为江海关税务司；儿子赫承先年仅 22 岁时就被任命为伦敦办事处秘书，进而出任过办事处副主任；外甥梅乐和进入中国海关，后任税务司；妹夫吴秉文任津海关税务司；表弟叶德加曾任中国海关税务司。还有一位年事已高的远房亲戚在中国，几年后被任命为汕头关税务司。❸

二则可以提高赫德的收益。海关本是一个油水衙门。正式担任总税务司的第三个年头，赫德就写道："自从我来到这个国家……生活富足得令人羡慕。"❹口岸越多，清政府的税收也会增多，赫德和海关税务人员的收益也会水涨船高。所以当初已议定增开五个通商口岸的滇案交涉出现波折时，赫德郁闷地电告金登干："我看到威妥玛要把滇案抛开，就劝他在索取尽可能多的好处的同时，要勇敢地作出让步。""因为海关年度经费刚得到增加，又刚获准为服务满七年的每人发给一年的年金，现在发现我们所期望的宁静就要这样毁于一旦，这太令人不愉快了！"而缔约尘埃落定后，赫德欣喜的是，"实质性的好结果是新开四个口岸和沿长江装卸货物的安排"。❺这就不难理解为什么赫德会对增辟通商口岸乐此不疲了。

三、扩大税务司权限

自从担任总税务司以来，赫德就一直全盘掌管着中国海关大权。但他并不满足，一直伺机扩大海关权限，利用拟订中外约章之机，总是设法多方为海关揽权。

---

❶ Fairbank, Bruner, Matheson.The I.G.in Peking: Letters of Robert Hart, Chinese Maritime Customs, 1868—1907（Vol-1）[M].The Belknap Press of Harvard University Press Cambridge, Massachusetts and London, 1975: 224.

❷ 魏尔特.赫德与中国海关：下册[M].陈敖才，陆琢成，李秀风，等译.厦门：厦门大学出版社，1993: 565.

❸ 吴煮冰.洋人撬动的中国[M].北京：中国画报出版社，2017: 281-282.

❹ 布鲁纳，费正清，司马富.赫德与中国早期现代化：赫德日记（1863—1866）[M].陈绛，译.北京：中国海关出版社，2005: 409.

❺ 陈霞飞.中国海关密档——赫德、金登干函电汇编（1874—1907）：第 1 卷[M].北京：中华书局，1992: 413, 415, 464.

赫德长期觊觎中国常关和厘金的管理权。本来海关和常关在征课上有严格的规定和区别，海关专管轮船贸易以及通商口岸鸦片进口税的征课；地方督抚通过常关负责民船贸易和鸦片厘金的征收。海关和常关的征课本来泾渭分明，互不干涉。但赫德有意在《烟台条约》中规定，今后由海关来统一征收所有进入通商口岸的鸦片进口税和厘金，这就是所谓的"洋药税厘并征"，由海关取代常关来征收厘金。后来的《烟台条约续增专条》商定税厘并征金额为110两，全国划一。在实施这一规定时，需要英国和澳门的合作。由赫德代表中方同葡方签订了《会订洋药如何征收税厘之善后条款》，中国通过确认澳门的"居住"权换取了澳门当局的配合。在拱北设海关后，在澳门界内验货和征收税厘。赫德以葡方提出的撤卡为挟制，接管了粤省六厂常税厘金以及粤海关所管全省各关口的华船贸易，侵害了中国内地常关的税厘之权。对此赫德甚是得意，"总的来说，我们业已胜利。现在我已将各通商口岸往来香港和澳门的民船贸易，从粤海关监督的掌握中抢了过来，置于税务司们的管辖之下"❶。

剥夺了两广总督和粤海关监督手里管理港、澳工作的权利后，赫德还不满足，逐渐将触角伸向其他口岸的厘金。趁中方委托他筹借第三笔对日赔款之机，要求指定某处厘金作为抵押，无路可走的总理衙门只得照准。草合同依从赫德的意见，由他管理盐税和厘金，并允许将来扩大管理范围，❷赫德对此欣喜不已。正式合同规定，借款除照旧以中国通商各关之洋税作抵外，还辅以苏州、淞沪、九江三处货厘，宜昌、鄂岸、皖岸三处盐厘作抵。各项厘金即行派委总税务司代征。❸这样苏州等七个地区常关厘金的征收工作移交于海关管理，这就剥夺了有关地方官员的征税权力。

赫德还觊觎其他权力。通过长江通商章程、引水、会讯、招工等章程，把中国的主权一点一点转移到海关，实为集中于总税务司而已。比如在拟订引水章程时，提出所有港口的引水权应该集中于海关总税务司之下的理船厅手中。在滇案交涉中，曾建议威妥玛提出造币厂及邮政设施，1896年，终于掌握了邮政大权，将与外国缔结联邮章程的权力收入彀中。20世纪初的中葡商约谈判中，赫德让在沪参与议约的裴式楷转交给商约大臣吕海寰的节略里，依然坚持其唯"海关与税收"是瞻的一贯立场，只要能增加税收，设立新关，修筑铁路、粮食免税运澳、开放内河航行权等损害中国主权之事，在他眼里，统统可

---

❶ 陈霞飞.中国海关密档——赫德、金登干函电汇编（1874—1907）：第4卷[M].北京：中华书局，1992：597.
❷ 中国近代经济史资料丛刊编辑委员会.中国海关与英德续借款[M].北京：中华书局，1983：36.
❸ 王铁崖.中外旧约章汇编：第1册[M].北京：生活·读书·新知三联书店，1957：734–735.

让与。

总之，赫德在中外交涉中不遗余力地调停，也旨在巩固和扩大自身权益。对于交涉中所获成绩，他也是比较满意的。正如他致金登干函中所言，自从1885年公使馆的插曲以来，他们赢得了汉城、济物浦、釜山、香港、蒙自、龙州以及目前在重庆等地设置海关，还负责办理鸦片厘金的税务，商定了香港和澳门的协议，连同签订了葡萄牙、哲孟雄和重庆等条约——成绩真不坏呀！❶ 并且在海关总税务司任上，积累了大量财富。他在家购置了不少地产。单是在公私债券和房地产方面的私人投资至少有十五万七千多英镑，❷ 以致陈炽说，赫德"家资之富，可以敌国"❸。

第四节 "内西人而外中国"兼顾列强利益

一生几乎与英国维多利亚女王统治时期相始终的赫德，对于资本帝国主义国家疯狂开拓海外市场和殖民地的贪婪、凶残和霸道有着本能的体会、深刻的认识。加上自身的"洋人"身份，无法泯灭的民族意识，使得他在处理对华关系时，"内西人而外中国"，往往会自觉不自觉地维护外国的利益。常用海关的所谓"国际性"来协调各国对海关的争夺和对华贸易的发展，基本依据各国贸易实力大小来分配各国在海关的职员人数。处理中外冲突时，往往也会有意无意或自觉不自觉地站在列强的立场上，维护他们的利益。

一、交涉中直接为单个国家争利

赫德深知，"没有受不平等条约支撑与炮舰外交庇护下的外国势力在中国存在并享有的特权，清帝国海关就不会诞生"❹，因此，在谈判缔约中，不忘投西方国家所好。

一是协助丹麦均沾了各列强在华特权，并开辟新的权益。1863年中丹《天津条约》的谈判、反复修改、翻译，赫德均参与其中。该条约为外国人开

---

❶ 陈霞飞.中国海关密档——赫德、金登干函电汇编（1874—1907）：第5卷[M].北京：中华书局，1994：233.

❷ Fairbank, Bruner, Matheson.The I.G.in Peking: Letters of Robert Hart, Chinese Maritime Customs, 1868-1907（Vol-2）[M].The Belknap Press of Harvard University Press Cambridge, Massachusetts and London, 1975：1463.

❸ 陈炽，赵树贵.陈炽集：庸书·税司[M].北京：中华书局，1997：96.

❹ 布鲁诺.英帝国在华利益之基石：近代中国海关（1854—1949年）[M].黄胜强，丁晔，冯赞，等译.北京：中国海关出版社，2012：1.

辟了三大新的利权：一是为洋人在"各口并各地方""租地盖屋"之特权提供法律依据。"并各地方"字样为已往条约所无，此约中这几个字的加入扩大了列强的侵华范围。二是为非法取得豆石、豆饼的转运贸易权获取了法律依据。中丹《天津条约》首次将以往条约禁止的豆石、豆饼的转运贸易特权载入其中，允许转运，并"立刻被一切国家的商人和船只所援用"。❶ 三是为外商获得复进口半税的特权，存票由3个月延长至1年。根据最惠国待遇条款，中丹《天津条约》的签订，丹麦均沾了已往条约特权，其他列强也同样均沾了丹麦条约攫取到的新利权，列强的协同侵略加深了中国的半殖民地化。

二是为葡萄牙争得对澳门的永据、管辖权。这是赫德在斡旋中外交涉中出卖中国利权最多的一次。尽管来华初期赫德能公正地维护中国的利益。但当碰到香港鸦片税厘并征问题时，赫德很快倾向了英国，拿中国的利权让与葡萄牙。为使葡萄牙答应协助中国征收洋药税项，赫德签订的《中葡拟议条约》给予葡萄牙澳门及属地的管辖权，还在关卡和拱北问题上擅作让步，使中国在后续谈判中处处被动，澳门地位问题无法更改。中葡《里斯本条约》签订后，赫德致电澳门总督："您已经击败了我。您已获得比我们两人当初商定的草案内更多的利益，而我所得反倒少了。"又向金登干坦言："草约已使葡萄牙大有收获，但我相信中国也可得利。"草约大大损害了中国的主权，赫德竟然如此狡辩，"至于我们给澳门的，对于中国不算什么，而对葡萄牙却所获甚大"。但也担心"中国可能有一天会找到葡萄牙而使这种局面无法继续。那是葡萄牙害怕的事，既然害怕就要设法避免"。办法就是中国"'承认'这局面并且不去变动它"，"给葡萄牙的一个'明文'或文件以取得葡萄牙对中国鸦片征税工作的合作"。葡萄牙则"未经中国首肯决不滥用这'明文'而出让澳门"。赫德自以为"双方政府的体面都照顾到了……这笔交易我们可以认为做得相当成功"。❷ 此时的赫德完全是站在维护葡萄牙和英国利益的立场，而无视中国主权。在20世纪初的中葡商约谈判中，赫德全盘肯定葡方所提增改条款草案，想以此换取葡方承认税则、修建铁路、澳门设关。由于赫德仍只注重税收的增加，而罔顾中国主权，所以在这段时期的中葡交涉中，他所起的作用就非常有限。

三是在中法越南交涉中压制中国向法国妥协。北黎事件后，赫德奉命参与交涉，因他认为中国是弱方，只能屈从法方意志，所以反复劝告乃至胁迫清政

---

❶ 马士.中华帝国对外关系史：第2卷 [M].张汇文，姚曾廙，杨志信，等译.北京：商务印书馆，1963：128.

❷ 陈霞飞.中国海关密档——赫德、金登干函电汇编（1874—1907）：第4卷 [M].北京：中华书局，1992：518-519，603.

府满足法国的索赔条件，至少也要给予一定的经济利益作补偿，但遭到中国的坚决拒绝。1884年8月，又向法国代表巴德诺拟写一解决办法，即中国答应在边疆利益捐输的名义下，十年内每年付给法国八百万法郎，法国维持安南进贡，作为交换，以保持清廷的面子。但法国连进贡之虚名也不肯给清廷。10月又威胁清政府接受法国提出的和谈四条件。赫德曾说《巴黎草约》"对中国完全不利""双方比较，法国尽得所欲，毫无所损，保有实益而以虚名惠人"。❶对于赫德及金登干在谈判中的调停，法国心怀感念之情。几年后金登干告诉赫德，法国驻华公使"毕乐曾同葡外交大臣谈及茹费理和佛来新讷对我们是如何的信任等等"。❷

再如，中方曾希望通过海关提供轮船来解决英方提出的内河航行这个修约要求，但赫德指使阿礼国对此表示反对，因为它不会使任何外国人受益。❸可以说，赫德在中外交涉中时刻不忘要照顾到西方国家。

二、为西方国家谋取集体利益

中国海关作为外国人控制下为列强利益服务的机构，外籍税务司制度从诞生伊始就代表了以英国为主的西方国家的在华利益。赫德作为外籍税务司制度的最高执行者，自然时刻牢记以维护洋人的整体利益为己任。在帮助清政府制定规章制度或缔结对外条约时，赫德经常为西方国家谋取共同利益。早在1863年，赫德记下了法国公使柏尔德密的话，"在这里，一位公使的处境绝不惬意，因为一方面不得不支持中国人，另一方面又不得不猛烈攻击他们"。"所有各外国政府的利益，除细节外，都是一样的，那就是中国应当安定和治理得当，而不是变得强大并且转而反对外国人。"❹这也基本上成为赫德在华处事的原则。他一直支持中国，希望中国安定和治理顺当，但也不希望中国反对外国人，并一直在努力维护外国人在华利益，尤其是商业利益。赫德认为："设立海关的主要目的是征收关税——而不是干预商业经营；因此规章应尽可能少些

---

❶ 中国近代经济史资料丛刊编辑委员会.中国海关与中法战争[M].北京：中华书局，1983：63.
❷ 陈霞飞.中国海关密档——赫德、金登干函电汇编（1874—1907）：第4卷[M].北京：中华书局，1992：571.
❸ Kenneth, Bourne, D.Cameron Watt. British Documents on Foreign Affairs: Reports and Papers from the Foreign Office Confidential Print, Part 1, Series E, Vol.20: 276.
❹ 布鲁纳，费正清，司马富.步入中国清廷仕途：赫德日记（1854—1863）[M].傅曾仁，刘壮翀，潘昌运，译.北京：中国海关出版社，2003：339.

限制，而商人的要求应尽可能充分研究并予以满足。"❶ 在协助清政府制定政策或调停中外交涉中，都遵循这一宗旨，以至于后来出现"大清国在贸易上对外国人实行优待。外国人无论在江上航行或做生意，都比当地人享有优惠"❷ 这种怪现象。

赫德在三次续订长江通商、内港行船专章中突显外国人的意志，使这些章程在近代长江航运史和通商史上打下了深刻的殖民地烙印。1861 年《长江各口通商暂行章程》和《各国通商各口通共章程》两项章程除肯定了外商的内河航行和沿岸贸易特权，并规定了有利洋商、影响深远的"复进口税"制度，也默认了中央政府对于洋船载运土货的沿海贸易。《内港行船章程》最终承认了外轮的内河航行特权。这一系列章程掠夺了长江为首的中国内河、内港航权，阻碍了中国民族航运业的发展。赫德拟订的《各海口引水总章》使得洋人得以从立法到执法管理全方位干预中国引水，而且外国人申请充当引水人也优于华人。另外，在列强的压力下，在《总章》的实施中，赫德总是背着清政府对各国商人、领事采取退让态度，以消除他们的恶感，保证海关的稳定。赫德制定的《会讯船货入官章程》对中国亦有诸多不公，对违章处罚太轻，而且为了减少海关决断不了的案件上诉至北京，不引火烧身，在执行《会讯船货入官章程》时，赫德反复告诫各关税务司，息事宁人，"常令各地税务司尊重犯规者之申辨（辩），轻与处罚了事，务期回避《会讯章程》之规定焉。"❸

庚子议和时，赫德的一些建议，比如，海关兼管常关，尤其是赔款还本付息要求数十年逐年摊还，不能提前偿付，使赔款成了中国的长期外债，也巩固了英籍税务司制，使之至少延至 1940 年；在罗掘赔款财源上，在避免"黄祸"问题上，也总为外国在华长远利益着想，并不要求外国彻底放弃在华特权。另外赫德一直在交涉中强调的增辟新口岸也几乎是外国政府的一致要求。赫德所致力追求的长江和整个内地市场的开放，也是近代以来英国及其他西方侵略者所梦寐以求的。比如，复进口税方案的提出、确定及其权限的不断扩展，贩运土货的纳税办法，外船在中国沿海贸易的合法化，很大程度上都是旨在为外商扩大市场和掠夺原料，赫德日记坦承将复进口税与子口税、免税单、退税并

---

❶ 布鲁纳，费正清，司马富.赫德与中国早期现代化：赫德日记（1863—1866）[M].陈绛，译.北京：中国海关出版社，2005：391.

❷ 郑曦原.帝国的回忆——《纽约时报》晚清观察记[M].李方惠，郑曦原，胡书源，等译.北京：生活·读书·新知三联书店，2001：48-19.

❸ 高柳松一郎.中国关税制度论[M]//沈云龙.近代中国史料集刊第 74 辑.台北：文海出版社，[出版年不详]：273.

列，是作为帝国主义对中国侵凌的四种单据标志之一。❶

赫德长期为列强各国服务谋利，甚至引起了他的同胞的嫉妒。《泰晤士报》驻上海记者的电文谈到海关的事情时说："不可否认，在北京，海关对各列强国的商业微利看得比英国的利益要重。"❷当然，赫德不是无偿地为外国付出，他也得到了列强的有力支持，双方互为后盾。这从列强对他的支持就可以看出赫德与西方整体利益的密切关系。德国大力支持由赫德主管的海关来履行赔偿的任务，理由之一为赫德"是大公无私的对于我们的经济利益予以公平的考虑""中国筹付我们的战费，首先并主要地依靠海关……来满足要求"。"海关系统之适当改组，赫德爵士职权之扩大，及其职员之充分增加，似乎是解决财政问题应争取的目标""把海关提供分期赔款的款项尽可能地直接交给欧洲收款处，不使中国人过手是有利的"。❸在《辛丑条约》签订后的商约谈判前，德国驻北京公使依然建议，由于英国主持的贸易谈判经常符合各国的利益，最好是让英国先发条约谈判的球。❹

赫德曾历数了洋人在华享有的种种特权，比如，外商按1860年的价格纳5%的税，就可在30来个条约口岸通行，运进洋货和输出土产；如再交进出口税额一半的子口税，就能在内地销售洋货或出口土货。只要交纳出口正税或进口半税，就可以在各个条约口岸间运销中国货物。可免税运进家庭物品。"无论在什么地方他们都不受中国的管辖，而是把自己置于本国官员即领事管辖之下。""除了食盐以外，他可以自由进口他认为能够找到市场的任何东西。而除了大米以外，他也可以出口这个国家所有的、能够推销出去的东西。他对世界各地的通信，有每周一次的邮政传递。……"总而言之，"条约的制定者为他取得了他所要求的一切，而中国政府也全部加以应允"。❺以上特权的取得，其中很大部分要归功于赫德。

当然，也应该承认，赫德并不是在所有具体的事情上与西方各国总是保持一致，他们也有矛盾冲突之时。如赫德及海关税务司与外国领事之间，在对外商发号施令、对于违法船货的没收上等存在利益的冲突。此外，海关税务司成

---

❶ 布鲁纳，费正清，司马富. 赫德与中国早期现代化：赫德日记（1863—1866）[M]. 陈绛，译. 北京：中国海关出版社，2005：9.

❷ 泰晤士报，1902-12-22（第36957号，第5版，第5栏）.

❸ 陈诗启. 中国近代海关史（晚清部分）[M]. 北京：人民出版社，1993：444.

❹ 魏尔特. 赫德与中国海关：下册[M]. 陈敖才，陆琢成，李秀凤，等译. 厦门：厦门大学出版社，1993：430.

❺ Robert Hart: These from the Land of Sinim—essays on the Chinese Question [M]. London: Chapman & Hall, LD, 1903: 76–78.

立后收税、查禁走私漏税，直接影响到西方在华商人的利益。赫德和税务司与外国商人之间，也不时起冲突。但是赫德与外国领事和商人的矛盾是次要的和暂时的，他对他们长远利益的维护才是最主要的和长久的。赫德与其前任李泰国一样，"赢得了外商们的尊敬，并且使他们相信他的海关行政是为了商务利益，因而也是为了他们自己的利益而工作的"。❶赫德在华近五十年，不仅英中政府不断为他封官加爵，而且诸多西方国家也为其加了各种荣誉头衔，比利时、瑞典、法国、奥地利、意大利、罗马教廷、葡萄牙、荷兰、普鲁士、丹麦、挪威、俄国和日本都授给他勋章，其中至少有 11 枚大十字勋章。❷例如，1870 年，瑞典授予他 VASA 骑士勋章；1878 年，法国政府授予他荣誉勋位上级爵士勋章；1879 年，英国政府授予他圣迈克尔和圣乔治十字勋位爵士；1889 年，英国政府授予他圣迈克尔和圣乔治大十字最高级勋位爵士；1893 年，英国政府封他从男爵爵位。此外，比利时、奥地利、意大利、葡萄牙、荷兰、德国等政府，也授予他各种荣誉。❸

事实上，在中国的大地上，赫德袒护列强，列强支持赫德，赫德地位更加巩固上升，又进一步增加了他的财富和权力，从而可以更好地为外国服务。结果作出牺牲的总是中国。

总之，由于近代中国海关，虽冠中国之名而行英国人统治之实，其与英国及其他列强在华利益的密切关系也体现在赫德缔约时对他们利益的维护。赫德在中外交涉缔约中的态度、立场非常复杂，呈现交搭叠盖之状，难以绝对区分，仅从维护某一方利益的角度观察是不够的。就赫德的出身、所处的地位和职责所在来说，他是在中国海关掌权的英国人（一个西洋人），总税务司的地位首先是外国给英国人的，然后才是清政府给他的，他毕生追求的爵士爵位也来自英国。这就决定了英国、中国和列强的利益，都要考虑和照顾，前两位是不能得罪的，也不会得罪的，后者也不便得罪，当然更不能亏待自己。费正清曾对赫德领导的海关进行这样的评价，鉴于 1860 年以后西方在中国的优势地位，海关不仅有益于西方商人，也有益于中国行政官员，它使中国政府能够应付某些迫切的问题，也使西方商人能更有效地开拓中国市场。外籍税务司在对外贸实行监督管理和征税的过程中，必须同时兼顾中国的有限主权和外国人的

---

❶ 马士.中华帝国对外关系史：第 2 卷[M].张汇文，姚曾廙，杨志信，等译，北京：商务印书馆，1963：34.
❷ 魏尔特.赫德与中国海关：下册[M].陈敖才，陆琢成，李秀凤，等译.厦门：厦门大学出版社，1993：573.
❸ 吴煮冰.洋人撬动的中国[M].北京：中国画报出版社，2017：278-280.

商业特权。❶ 在曾经的英籍税务司魏尔特眼里，海关所代表的不仅仅是中方利益，也不仅仅是洋人利益，而是被视为各国不同利益可以融合，以服务于各国利益的一个典范。❷ 西方人的这些评价同样适用于赫德的外交斡旋。

确实，作为一个英国人，他把为英国人谋利放在首位。作为海关总税务司，他关注的焦点是增加海关税收，增强对清政府的影响力，巩固清政府的政治权威，提高自身和海关人员的待遇，巩固自己的总税务司职位。作为西洋人，他要努力巩固外籍税务司制度，扩大和巩固列强在华的集体利益。所以，赫德在调停缔约中，多方周旋，巧妙应对，似乎不分伯仲，到处示好，以至于缔约国都感激他。但赫德终究是英国人，他的所做所为都以英国的利益为出发点。虽然也曾竭力效忠清王朝，但因过于追求税收利益，而对中国失去某些主权和一些危害民众生计的问题不太关心。

---

❶ 陶文钊．费正清集［M］．林海，符致兴，等译．天津：天津人民出版社，1992：51.
❷ Wrrght, Stanley F. Hart and the Chinese Customs [M]. Belfast: M. Mullan & Son Ltd, 1950: 7.

第七章 赫德的斡旋手段和策略

在调停激烈的中外交涉时,周旋于中英及列强的政治夹缝之间的赫德处境一直比较尴尬。他不能简单地倾向缔约的任何一方,而是要照顾到各方利益,既要捍卫英国和中国的权益,又要兼顾自身和列强的利益。因此,为使缔约成功,赫德绞尽脑汁,使出浑身解数:威逼利诱,软硬兼施;让虚名争实利;抓大放小,先易后难;两面光,奉行不偏不倚的"骑马"政策;笼统承诺,含混过关;进行秘密外交,等等。通过种种斡旋手段和策略,赫德在中外矛盾对立的缝隙之间做到了游刃有余,左右逢源,从而促成了数十个中外约章的成功缔结。

第一节 威逼利诱 软硬兼施

威逼利诱,软硬兼施是赫德在调停中外纷争中使用最多的手段。为使交涉的一方作出让步,他会强调另一方的优势和强硬态度,反之亦然。同时他会指出在某一问题上妥协的好处,以及不让步所带来的后患,以此逼迫诱使双方让步,从而达成妥协。每次交涉伊始,中国颇能坚守主权,但对方往往索要很多,赫德便将他的这一策略派上用场。他曾总结其前任李泰国的"失策之处在于他没有向中国人表明这对他们来说会有什么好处"。"他们对这样颐指气使地提出条件,不能不感到恼火。"❶亦即李泰国只知威逼,而不懂利诱,赫德则巧妙地将二者融会贯通。他这一策略对中国、英国及其他交涉国都使用过,并且产生了一定的效果。

一如在中法越南交涉中赫德反复威逼利诱中方妥协。当清政府不顾赫德的力劝决意介入法越问题时,赫德于1883年11月呈递节略,夸大其词恫吓阻止清政府:中国一动手,双方并非只在越南交战,法国水师将在中国沿海作战,陆军必前往北京,占据他处或北京,而中国当时军力胜算不大。北黎事件后,赫德反复压制清政府答应法方的索赔要求遭拒,又向总署电递节略进行威胁:

---

❶ 布鲁纳,费正清,司马富.步入中国清廷仕途:赫德日记(1854—1863)[M].傅曾仁,刘壮翀,潘昌运,译.北京:中国海关出版社,2003:338-339.

偿款一节，中国原应不认赔偿，惜至此地步，非可论理，只能论力。此时之力，唯法国有之。时下赔偿4000万两，比一年后将增至赔偿4万万两要强。❶但依然碰壁。10月，法国总理茹费理经赫德提出和谈四条件，赫德揣测变相赔款的第四条很难通过，便恫吓总理衙门，说台北一带恐怕被法军占据，刘铭传军退入内山，法国将派大量舰船来华。法国现须急速办理：谋占台南北全郡，并毁各炮台营盘；派新兵往东京；得台地立埠后，冬季再扰沿海、沿江各炮台。赫德欲以此逼迫中方接受新拟条款，否则将台地全失，非数千万不能赎回，而且中国沿海七省之屏障恐有不测。再次遭拒后，不甘心的他竟然说倘若中国大败法国，势更不妥。因为法国败了越要战，反而不肯和。❷随着谈判和战争的交错进行，法国放弃了赔款要求，也没有进军北京。到了1885年3月，正当中法双方已达成基本共识时，清军在前线重创法军，战败的法国拨款增兵意欲再战。赫德害怕中国战场上的胜利使主战派反对议和，撤回已经答应的让与，眼看谈判即将功败垂成，遂向金登干连发密电，敦促法方赶快在《停战条款》上签字。

二如在中葡澳门交涉上屡次威逼利诱中葡双方让步。赫德谙熟清廷的腐朽短视，或以鸦片税利为诱饵，或以列国干涉之危词以恫吓，使用瞒骗欺诈的手法说服清政府；或以葡方答应征税合作即可获得澳门地位条款为诱饵，或以中国拒绝澳门地位条款、彻底缉私来挟制葡萄牙，促成了多个中葡条约的缔结。1886年12月，赫德指示金登干探询中国是否可用澳门地位条款换取葡萄牙在征税上的合作和允设洋药趸船或堆栈。同时诱惑葡方说，此乃承认澳门地位的大好时机，机不可失。并反复要他警告葡方，如果澳门不予合作，中国的彻底缉私措施对澳门大大不利，而有效合作，则可取得条约和地位条款。于是葡方撤回拱北的原提案，但要求明白指出澳门的附属地，遭曾纪泽等极力反对。赫德遂提醒葡萄牙立刻答应征税合作，就能办到地位条款，否则，两个星期后就只能取得永久租赁，再迟一个月必致毫无所得。葡方随后答应趸船办法，但拱北要求维持现状。赫德乃急电金登干警告葡萄牙认清形势，中国已经允准的事情，也可以不准；中国所能给予的，也可以收回。中国船只如果都不去澳门，澳门怎能继续生存？并暗示葡萄牙各卡如在税务司管理下，赫德可以为葡萄牙人提供方便。赫德自认为打破僵局的办法之一是，"只有连哄带骗，下种以后

---

❶ 廖宗麟.中法战争史［M］.天津：天津古籍出版社，2002：755-756，760.
❷ 中国史学会.中法战争：（6）［M］.上海：上海人民出版社 1957：5-6，16-18.

顺其自然，慢慢让它开花结果"。❶

三如在中英交涉中威逼利诱手段的使用。在滇案交涉中，赫德配合威妥玛虚张声势，以战争威胁中方作出最大让步。他虽明知中英"不会打仗"，❷却极力渲染战争的可能性。故意告诉总理衙门大臣文祥，有5万多英军已在仰光待命，以应付中方的故意挑衅。❸鼓吹英国可随意在西洋和东方作主、用兵。❹当时清政府对各国情况茫然无知，果为威妥玛、赫德的虚张声势、战争讹诈所吓倒，满足了英方的大多数要求。为了配合英国取得对哲孟雄的保护权，赫德指示其胞弟亦为中方谈判代表的赫政威胁驻藏帮办大臣升泰，"如中国反对，英国必将抛开中国直接与西藏交涉，难免又惹起军事行动，对西藏固不利，对中国也很难堪"。还恐吓说俄人窥伺甚亟，如不早图，将来难免开放全藏。中英双方争执藏印通商、游历问题僵持不下时，赫德令赫政诱导英国："开放亚东而取得建立行栈权利，岂不比争开未必到手的帕里，又不能得建立行栈权利更佳？约内不提自由旅行事，日后听此项权利自行发展，岂不更妥？"在总理衙门可能配合藏人反对"英人置地造屋并派驻官员"时，赫德传授赫政应付升泰之法，仍旧提出准许英人置地造屋并派商务人员驻寓亚东两点为理所当然之事，并吓唬升泰，如不答应，会惹翻印度，重新提出已经撤回的要求。如中国放任西藏自主，印度就将撇开中国径自与西藏交涉办理。且说英官驻寓亚东，还可保证和平秩序。❺

此外，赫德在庚子议和及延揽贷款的谈判中也不忘使用威逼手段。当中外纠结于谈判和惩凶孰先孰后时，赫德传授外国谈判者可以对中国说，他们已经解决了其他所有的问题，就差清政府是接受还是拒绝这最后一点了。接受，他们就签字；否则，就撕毁所有已经达成的协议！赫德教导外国谈判者只要这样说，中国谈判大臣马上就会同意接受。谈判这个楔子，与其他的楔子一样，只有一开始就找准着力点，才能把大块物件劈开。❻在第三笔对日赔款的还款期临近而筹款无门时，赫德乘机提出向汇丰银行商借，前提是以盐厘抵押，遭翁

---

❶ 陈霞飞.中国海关密档——赫德、金登干函电汇编（1874—1907）：第4卷[M].北京：中华书局，1992：558，561，640.

❷ 陈霞飞.中国海关密档——赫德、金登干函电汇编（1874—1907）：第1卷[M].北京：中华书局，1992：367.

❸ 赵长天.孤独的外来者——大清海关总税务司赫德[M].上海：文汇出版社，2003：73.

❹ 王彦威纂辑，王亮编，王敬立校.清季外交史料：卷6[M].北京：书目文献出版社，1987：117.

❺ 中国近代经济史资料丛刊编辑委员会.中国海关与缅藏问题[M].北京：中华书局，1983：87，141，150，155-156.

❻ 赫德.这些从秦国来——中国问题论集[M].叶凤美，译.天津：天津古籍出版社，2005：67.

同龢反对。赫德乃威胁说，如果3月一款未还，各国将谓中国利权扫地，将派人合力来干预。最后翁同龢只得让步。❶

当然，赫德的这种威胁不全是针对中国，有时因不满英国的贪婪和固执，赫德也会以此来对付英国。如在滇缅交涉中，赫德屡以中国出兵或引发其他列强的干涉来威胁英国接受他的提议。最初建议英国听任缅甸维持十年一贡的传统，换取英国在缅甸采取任何行动。并威胁英国，不要派兵入缅，否则中国也定会从云南出兵，其结果只能激起中国更加仇恨英国，相反，进贡却无损于英国。当英方推说赫德的提案需由印度事务部决定，赫德则敦促英国外交部妥速解决，因为印度事务部一耽搁，也许会激使中国派兵五万自云南入缅，并将对英外交部的抗议提交各条约国，从而引起列强的干涉。还以中国可能不与英国发展边境贸易，甚或发生战争相威胁。如继续进贡，中国将不出面干涉，否则，中国就将干涉。自尊的中国，宁愿从事无希望的战争而不肯轻易放弃进贡。即使中国现在能甘心沉默不采取行动，将来边境贸易也将无从发展。英国再拖下去，将引起中国或其他国家的干预。如有耽搁，难免发生危险。❷

一句话，威逼利诱，软硬兼施是赫德在中外斡旋中经常使用的一种外交手段，先抛出一些诱饵来引谈判者上钩，不行即进行威胁；或者先行恫吓，再示以诱惑。这种手段虽然并非屡试不爽，但大多数情况下还是奏效的。

第二节 让虚名争实利

精通汉语和中国传统文化、官场文化的赫德，深知爱面子、图虚荣是中国社会的普遍现象。尤其是对于一个曾经自视甚高如今却日趋没落的老大帝国的统治者，维持表面的尊严，其意义绝不止于爱慕体面虚荣，而是为维持其摇摇欲坠的统治所必需。因而赫德在华时常把实际利益归于西方国家，而巧妙地为清政府保留面子。比如，他经常告诫税务司在工作中表面上要给足中国面子，具体实践中却不必重视他们；各口税务司作为海关监督的顾问，必须力戒站在前台，发号施令，而要退居幕后，让海关监督自然而然地言听计从。这种让虚名争实利的伎俩，赫德也将之反复运用于中外谈判缔约中。这既表现在对朝贡问题的争取上，也体现在谈判的技巧上。

---

❶ 陈义杰.翁同龢日记：第6册［M］.北京：中华书局，1998：3092.
❷ 陈霞飞.中国海关密档——赫德、金登干函电汇编（1874—1907）：第8卷［M］.北京：中华书局，1995：508-509，523-524.

一、对朝贡权利的争取

近代，随着列强的入侵，中国周边的藩属国一个个脱离中国而沦为西方国家的殖民地或半殖民地。为保留藩属国的朝贡传统，阻止列强对它们的并吞，清政府进行了艰难的交涉，甚至不惜一战。为争得藩属国对清廷的继续朝贡，赫德苦心孤诣，想尽办法，去维护软弱而又虚荣的朝廷所看重的虚幻的宗主权名义，反复劝告英法等国让出虚名，获取实利。

中英缅甸纷争时，赫德一开始建议英国不应干涉缅甸进贡中国事，这样，中国或可听任英国采取任何行动。所谓"进贡"只是一种实物租金而已，进贡也只是承认中国的宗主权。因为中国对缅王不册封，不干涉其内政。英国如同意缅甸照旧向中国进贡，英国可与缅甸订立条约来约束缅王，可在有利地点吸取云南的财富，英国领事、商人可驻扎中缅通商之地。这样，英国取了实利，只是让出虚名，还能保住中国的友谊，"虚名无损于实利，而实利能左右虚名"。❶ 北黎事件后，中法双方因索赔问题争执不下，赫德向法使巴德诺建议，中国答应在边疆利益捐输的名义下，十年内每年付给法国800万法郎，但要求法国维持安南进贡，作为交换。越廷须每二年进贡一次于中国王朝，维持已往的惯例，以保持清廷的面子。但巴德诺连进贡之虚名也不给清廷保留，认为这等于间接否认法国的保护权。❷ 在其亲信中国海关伦敦办事处主任金登干赴巴黎谈判时，赫德电告金登干在附加条款内加上：草约内"威望体面"一词不包含安南王一向定期致送的礼品和贡物，继续与否，由安南王自择。并要金登干解释，"贡"可自择，保全了中国体面，中国决不会要求"贡"。赫德还指使金登干奉劝法国，将边界北面的荒野山地划归中国，与法国无实质损失却可安静地占有南面土地，条约可提供充分的边境便利。如果拒绝，法国将为还未能到手的东西持久地战争下去，两相比较，法国尽得所欲，毫无所损，保有实益而以虚名惠人。正如金登干告诉茹费理的，"法国得到了一切东西，而且毫无所失，'法国保有了实力，只将影子抛弃给中国'"。赫德建议法国接受自柯内、竹南迤南，划向西南在万邦以南越过红河那条线作为边境线。如能接受此点，可保全中国的荣誉。❸

---

❶ 陈霞飞.中国海关密档——赫德、金登干函电汇编（1874—1907）：第8卷［M］.北京：中华书局，1995：508—509，523—524.

❷ 中国史学会.中法战争：（7）［M］.上海：上海人民出版社，1957：242.

❸ 陈霞飞.中国海关密档——赫德、金登干函电汇编（1874—1907）：第8卷［M］.北京：中华书局 1995：27，366，384.

二、谈判技巧上让虚名争实利

在谈判技巧上赫德也注意维护清政府的面子。比如，在字面上照顾中国的虚荣，或者指使对方故意多提条件，再让中方讨价还价，让中国表面占上风。

中法越南交涉时，赫德曾要金登干转告茹费理，特别需要筹划的是中国的面子，高压和公开表示不信任都有伤中国的面子，而和解的语言和对中国各种困难的体谅将获得酬答。赫德清楚得很，"中国愿意和平，但不肯'丢脸'以取得和平"。问题是"丢脸""倒并不是丧失事物本身，而是丢掉它的名义"。因为知道虚名在中国的重要性，所以赫德特别指出，虽然中国要和平，但为了虚名，它会真打的。叮嘱金登干提醒法方，"不必要的匆忙和不耐烦以及有伤中国面子的压力，都会造成阻碍和困难。……条约内将力避足以引起反感的字句"。又说假定关于当时争执不下的大米条款必须保留，在文字上要用不致引起反感的措辞。但赫德极力主张取消这一条，理由是禁运大米并不能使法国得到物质利益，反而伤了中国人的面子和双方已达成的谅解。❶

当赫政对于印方要求开放帕里为互市地点而感到畏难时，赫德便向他传授谈判策略：中国人办事时只要求得面子上光彩好看，通商问题可顺势办理。教唆他先最好把印度方面的条件开得很高，要求开放许多地点，然后再提帕里，就可以使中国情愿开放帕里或别处。"唯有使谈判面子上好像是中国人的胜利"，才可有望成功。要"小心地使你的鱼能够自来上钩"。而且，"印度必须虚张声势，多所要索，才能达成目的"。中国代表想要办得光彩，印度多提一点，然后再减掉一些，可使中国代表自己和别人都心满意足，而印度则就此获得实际胜利。❷但后来由于清政府的坚持，只肯开放亚东。在开放帕里无望时，赫德转而要赫政劝导印度总督应取得实利，接受开放亚东，获得在此建立行栈的权利。

赫德在帮助清政府争得虚名的情况下，往往使中国付出了不同程度的代价。而这种名予而实不至的策略，恰好迎合了清廷苟安的心理需要。所以赫德尽管出卖了中国的利益，损害了中国主权，但依然能得到朝廷的感恩戴德。可以说在很大程度上，"赫德的成功来自于他懂得怎样在极端尴尬的情况下，适

---

❶ 陈霞飞.中国海关密档——赫德、金登干函电汇编（1874—1907）：第8卷［M］.北京：中华书局，1995：385，394-395，414，655.

❷ 中国近代经济史资料丛刊编辑委员会.中国海关与缅藏问题［M］.北京：中华书局，1983：144-145.

当保全这些官员的面子和维护他们的尊严"❶。

第三节　笼统承诺　含混过关

要使对立的谈判双方尽快达成一致意见，赫德在谈判中频繁采用的还有笼统承诺，含混过关这一招，即把一些双方争执不下的问题运用笼统词句表达，不作明确规定，先含混过关，缔结条约，取得暂时解决，其中隐含的问题留待以后伺机解决或不了了之。

首先，赫德将这种手段在中葡澳门交涉中发挥得淋漓尽致。葡萄牙侵占澳门之心本不限于澳门本岛，而是包括澳门邻近的水路要塞百余里的地区。这是清政府绝对不会答应的，可是出于英国和自身私利，吃定了清政府目光短视的赫德，利用英文字句的多义译文一步步指导葡方先含蓄隐蔽一点，用笼统词句获得"占据"澳门的承诺，再图蚕食"澳门属地"。

为减少谈判阻力，赫德把葡方谈判代表罗沙提出的"永远居住并占据澳门"，说成"居用"澳门。把罗沙提出"占据和统治对面山"，说成是"驻扎管理对面山至内港之中途"。❷ 在《拟议条约》中允准葡萄牙永据统治澳门半岛及其属地，却把允诺给葡萄牙的"永据统治"在给总理衙门的《申呈》中说成"永驻管理"，懵懂的总理衙门以为二者之间没有多大区别，没有表示异议。当双方就中国设立的缉私关卡存废问题争执不下时，《里斯本条约》签订前夕，赫德指示金登干"草约内不必提关卡"，但要说明关卡在总税务司管理下，继续执行职务。草约应用笼统字句，而不用确切字句为妥。《里斯本条约》签订后，路透社伦敦电讯说，中葡已签订专约，将澳门割让给葡萄牙。赫德生气地说电讯内"割让"字眼简直是胡闹，这样必惹中国发脾气。中国如果纠正这种说法，葡萄牙又会生气。所以他要再"耍些花招"，赶紧转告葡方在议会里绝对不提中国割让了土地，免得给此后的条约谈判设置障碍。赫德为了避开"割让"这个敏感和不光彩的词，以免遭总理衙门的彻底拒绝，在罗沙赴华之前再次嘱咐金登干，罗沙条约翻译词语译得重，就会将事情弄糟。罗沙要求在条约内用条款承认澳门是葡萄牙的，并大大扩大澳门属地范围。❸ 赫德则

---

❶ 布鲁纳，费正清，司马富. 步入中国清廷仕途：赫德日记（1854—1863）[M]. 傅曾仁，刘壮翀，潘昌运，等译. 北京：中国海关出版社，2003：297.

❷ 黄庆华. 中葡关系史（中）[M]. 合肥：黄山书社，2006：758.

❸ 陈霞飞. 中国海关密档——赫德、金登干函电汇编（1874—1907）：第4卷[M]. 北京：中华书局，1992：615-616.

坚持先不指明附属地，含混过关再说，先签立含有"澳门及其附属地"等字样的条约。等将来葡萄牙毫无悬念地占据了澳门时，再在纸面上规定澳门的附属地。拟订正式条约时，赫德反复强调地位条款的英文用词要特别慎重，英文用perpetual occupation，中文要含蓄笼统，提到就行，少说为妙。❶ 果然，最终签订的《中葡和好通商条约》，中文用的是"大西洋国永居、管理澳门"，而对应的英文本中，"居用"二字用的是"perpetual occupation"（"永久居住"或"永久占领"），而不是本该用的"perpetual living"。并且规定，两国对条约如有异议，以英语本作准。至于界址问题，规定以后两国派员会商，另订专约。❷ 这就为日后的谈判与争执埋下了伏笔。

英文本故意用含混、歧义的词语来表述澳门的地位条款，显系葡萄牙人和赫德的别有居心。在中葡交涉中，赫德为了英国的利益和增加税收，罔顾中国领土主权，挖空心思算计中国，埋下不少祸根。他坦承是采取了"连哄带骗"的手段才促成这个条约的缔订。❸

其次，中法越南交涉，赫德也连续使用笼统含混的手段。北黎事件后，双方为赔偿问题僵持不前时，他提议，"偿款万不能免，而名目可不拘定"❹。为避开"赔偿"这个敏感的词，建议中国以边疆利益捐输的名义十年内每年付给法国800万法郎，换取法国维持安南每二年进贡一次于中国王朝，但法使巴德诺认为这等于间接否认法国的保护权，因而拒绝。法国后来要求中国作出答应遵守1884年的《简明条款》的保证。赫德怕引起中国的反对，指示金登干："为了法国，最好不明提保证，即暂时占据台湾，而把它视为当然，那里的军队，可留到订立详细条约或为最后撤退备好便利的运输之时。"后又再次叮嘱金登干提醒法方："虽然保证的字样，已经故意避免，但是第三款，实际上已提供保证，法国军队可留在台湾直到中法全权代表规定日期为止，也就是详细条约规定中国军队自北圻各处先行完成撤退的日期，和法军随后自台湾撤退的日期。事实将证明中国政府的诚意，条约内将力避足以引起反感的字句。"在基本达成一致意见的时候，为了不出意外，赫德让金登干转达茹费理，赫德前

---

❶ Fairbank, Bruner, Matheson.The I.G.in Peking: Letters of Robert Hart, Chinese Maritime Customs, 1868–1907, (Vol-1)[M].The Belknap Press of Harvard University Press Cambridge, Massachusetts and London, 1975: 671, 673.
❷ 王铁崖.中外旧约章汇编：第1册[M].北京：生活·读书·新知三联书店，1957：523，529.
❸ 陈霞飞.中国海关密档：赫德、金登干函电汇编（1874—1907）：第4卷[M].北京：中华书局，1992：640.
❹ 王彦威纂辑，王亮编，王敬立校.清季外交史料：卷73[M].北京：书目文献出版社，1987：760.

提三款是使用了笼统词句，以最简单形式，包含了现时所需要的谅解。强调现阶段不宜用更确切的词句，以免将来总理衙门为完全履行津约时缺少回旋余地。❶赫德这种使用笼统隐晦语言达到交涉目的的做法与李鸿章"华不必明认属国，法不必明认保护"❷的主张可谓如出一辙。

最后，中英交涉中笼统隐晦手段的运用。中英在藏印和缅甸问题上，因为送礼和朝贡问题意见分歧，各不相让，赫德便在谈判或拟议条约中尽可能使用含蓄笼统的语言，意图通过这个障眼法含混过关。在《藏印条约》谈判中，赫德指示赫政，在条款内最好用笼统词句，避免确切的定义，在基本原则确定后，通商自易解决。由于清政府高度重视"照旧"送礼，赫德便电示赫政，所提出的草案，用含混词句解决来函送礼问题是最好的方法。对于印方所提方案，赫德对其进行修正后这样电示赫政："条约本文可用笼统字句，但双方全权代表可换文划定分水岭，并说明送礼并非进贡，来函（禀）亦不含有致敬之意。"❸中缅交涉时，赫德建议英国同意缅甸继续向中国进贡，但在拟议条约时，文内可不用"吞并""进贡"等字样，至于进贡之事，可用其他足使中国满意而无碍于英国的词句。❹

总之，赫德经常通过使用隐晦语言的方式对一些缔约双方争执不下、一时解决不了的问题作笼统处理，缓和双方的矛盾，以利达成一致协议，使问题得到暂时解决，避免事态升级。比如，中法战争的结束，中英缅甸问题的解决，中英藏印和中葡澳门问题的暂时缓和等，都与赫德的这一斡旋策略有关。

第四节　奉行不偏不倚的"骑马"政策

赫德在复杂的国际冲突中，善于利用平衡术，从容应对各种问题。在他担任总税务司40多年里，从未因人事问题引起国际外交波澜。他的这种高明的平衡、两面光的手腕同样也屡次用于中外约章交涉中。赫德作为一个"客卿"，而非中国人，不论是作为中方代表、幕后操纵者，抑或中方顾问或翻译的角色参与中外交涉，其地位和立场均复杂而微妙。由于各方利益纠葛，他不能只像

---

❶ 陈霞飞.中国海关密档——赫德、金登干函电汇编（1874—1907）：第8卷[M].北京：中华书局，1995：391-395，406-407.
❷ 李长仁.李鸿章全集：第8册·电稿卷1[M].长春：时代文艺出版社，1998：5034.
❸ 中国近代经济史资料丛刊编辑委员会.中国海关与缅藏问题[M].北京：中华书局，1983：97，108-109.
❹ 陈霞飞.中国海关密档——赫德、金登干函电汇编（1874—1907）：第8卷[M].北京：中华书局，1995：523-524.

某一国家代表那样，一心扑在本国，全身心地为本国效劳就行。他既要同时维护各方的利益，又要劝说各国让步，并避免遭致怨恨。因此，为人圆滑的赫德煞费苦心，努力探寻各方的需求，然后从中找到利益的平衡点，再作出貌似公允、不偏不倚的调停人姿态。让人觉得谈判双方似乎都是他推心置腹的朋友，从而赢得谈判各方的信任，求得问题的解决。

在调停中葡澳门地位矛盾时，赫德对中葡双方都进行了威逼利诱，貌似不偏袒任何一方。他利用清政府害怕葡萄牙将澳门交于其他列强管辖的顾虑和扩大财源的迫切需要，促使中方放弃澳门租金和澳门管辖权。同时，又诱迫葡萄牙抓住时机，答应在澳门征税问题上同英国一样，以获取与清政府签订条约的机会。赫德最初在《拟议条约》中让中国失利太多，此后希望能有所补救，一再劝告葡萄牙的讹诈要适可而止，极力规劝葡国总督收回关于拱北的要求。葡方只好由开始坚决要求完全索取到只要拱北一部分。对于葡萄牙要求的澳门属地问题，并不作满足葡萄牙的明确规定，也迫使葡方在关卡问题上让步。

在处理中英矛盾时，"一仆二主"，要两头讨好，顾此不失彼，确实很难。但赫德尽量把"两片布"按照他"认为稳妥的方式拼在一起，并把它们缝起来"。❶ 亦即在为英谋利益的前提下，取悦哄骗清政府。从他和郭嵩焘对话的"骑马论"就可看出他的英吉利人本色。郭嵩焘曾问赫德帮中国还是帮英国，赫德说，他谁都不敢偏袒，譬如骑马，偏东偏西便坐不住，他只是两边调停。郭嵩焘进一步追问，无事时可以中立，有事不能中立，怎么办？赫德并不讳言："我固是英国人也。"❷ 赫德在协调中英纠纷时始终贯彻和实践着这套"骑马理论"。1889年，由于没有圆满解决哲孟雄照旧来函和送礼问题的把握，升泰不愿回纳荡重开谈判。赫德要赫政先返纳荡与印度谈判代表商谈，设法向印方说明，大清是一个自视甚尊的大国，英国和世界各国都与它以平等地位建立外交关系，僵持将影响中英关系，而在传统体制和文字上做些让步对印度有益无损。同时又要赫政劝说升泰，印度统治哲孟雄已成事实，在坚持要求哲孟雄"照旧"来函及送礼上，必须考虑这点。❸ 力劝双方各退让一步，以利问题的解决。中英修约中，赫德致函阿礼国，先是站在中方立场全面阐述对厘金问题的看法，促使阿礼国接受中方已作让步。同时进一步劝说总理衙门在厘金问题上作出更多的让步。赫德连续致函阿礼国，解释要他先接受所获结果，目前不

---

❶ 陈霞飞.中国海关密档——赫德、金登干函电汇编（1874—1907）：第1卷[M].北京：中华书局，1992：414.
❷ 郭嵩焘.郭嵩焘日记：卷3[M].长沙：湖南人民出版社，1982：49.
❸ 中国近代经济史资料丛刊编辑委员会.中国海关与缅藏问题[M].北京：中华书局，1983：88-89.

进一步逼迫中国会有益和得策的理由。同时总结英方实际的收获，阿礼国对此表示同意。由于赫德的劝说，双方互有让步，就厘金问题达成共识。在中方坚持不肯让步的问题上，赫德告诫阿礼国不要一味地讨价还价，以免谈判破裂。1876年6月的滇案谈判，威妥玛向总理衙门提出要么同意其全部要求，要么将岑毓英提京审讯。赫德则劝总理衙门大大方方地接受威妥玛的条件，同时又劝威妥玛在索取尽可能多的好处的同时，要作出让步。❶

事实上，在谈判中，只有劝说双方各有让步，才能达成妥协。赫德在缔约双方之间往复磋商，以貌似公正公允，设身处地为对方考虑的友好角色进行调停，减少了对方的敌意和谈判的阻力。中外双方能各让一步，取得共识，在条约上签字，是离不开赫德这种两面光的"不偏不倚"的极力撮合。

第五节　抓大放小　先易后难

每次中外交涉，问题繁多，交涉双方都不肯轻易让步，解决起来困难重重，千头万绪从何下手？赫德只好相机办理，灵活应对，并不希冀毕其功于一役，一蹴而就，而是抓大放小，先易后难。抓住主要问题，容易处理的先行解决，先缔约解决某一层面或某一阶段的问题，而把次要问题和棘手的问题留到以后处理。

中法越南问题的谈判关键点，是越南的地位问题和早日结束战争问题，所以赫德在一再要求清政府满足法国的赔款问题上调处失败后，就劝说法国放弃赔款，重点放在与中国订立停战条约上。调停主要以解决这些问题为主，其他如中法越南划界、通商和退兵等问题都是次要的。1884年底，赫德让金登干使英国外相格兰维尔相信：总理衙门已经应允，如果法国答应附加条款，中国将照津约批准。现阶段不要提基隆，要点解决了，次要的自可随之解决。1885年初，谈判有了较大进展，赫德提醒金登干让茹费理尽快接受提议的解决方案，抓住实质性的东西，避免快要到站的火车出轨。"重要关键在于认清根本要点，在现阶段任何可以搁起或足使功败垂成之点，都可以不提，俟商订详细条约时再补漏洞。"关于对案，避免提新问题；商务谈判留待建立和平后再说。赫德要金登干尽力防止于已议定的三款外再有增改，特别避免另提北圻撤兵及停火不包括北圻等。只要草约一签字，其他商务谈判、撤兵等都易解决。3月

---

❶ 陈霞飞.中国海关密档——赫德、金登干函电汇编（1874—1907）：第1卷[M].北京：中华书局，1992：413–414.

16 日，赫德连发两电给金登干：草约一签字，他的任务即终了。其余问题可由李鸿章去办。商务问题可以与下一谈判代表圆满解决。不要让次要的问题延误主要问题——北圻和和平——的解决。至于中国将在何时何地建铁路等问题可留待随后解决，目前首要问题是使草约签字，使谈判成为可能。所以他一再催促金登干争取尽快签字。提醒金登干，商务条约无论派谁谈判，都应训令他在更清楚地了解北圻情况之前避谈细节，而仅解决要点。❶ 所以赫德尽力先争取早日签订停战草约，取得停战承诺，再签订正式条约。勘界和通商都是留待战争结束再去解决的。这样就降低了谈判的难度，有利于主要问题的解决。

在澳门主权问题交涉中，显然澳门地位归属问题是双方争执的焦点。赫德为了让澳门同意与英国合作进行鸦片税厘并征，首先就在《拟议条约》中答应让与葡萄牙澳门的管辖权。遭到中方的坚决反对后，赫德便劝告罗沙在取得他能够到手的东西以前，暂不提新问题。最稳妥的办法是先不指明附属地，先签立条约。条约内有了"澳门及其附属地"等字，将来日子一久，自会形成更有利的东西。等到葡萄牙按照条约占据和治理澳门已经没有疑问，到那时再在纸面上规定澳门的附属地。❷ 在谈判接近尾声时，中葡为如何交出逃犯一节意见相左，赫德劝说总理衙门不必为此"无用者较量，致误有用之大事"。最好将此事留待订约后遇有此等事出，再妥商办理，以免罗沙负气回国，因小失大。由于害怕此时谈判破裂，自己在南方为鸦片税厘并征而做的一切工作落空，赫德次日又致电总理衙门，不可因小失大。目前可暂虚此条，候他日另议，赶快将条约办定。❸ 1887 年 10 月 2 日，赫德告诉金登干：总理衙门不肯正式批准草约，但可以在草约外答应一个普通条约，说明澳门现状可以不变，对于澳门民船贸易从轻订立税则。赫德奉劝罗沙接受，否则，总理衙门就要以撕毁草约来报复，这件事以后永远不会再提起。反之，如接受，总理衙门永不会再找澳门麻烦，那么再过十年二十年，现在的大臣不在了，仍然会有已往的草约、条约等记录在案，可以为后任大臣们所遵循。特别是现在的反对情绪到那时都将消失，葡萄牙的治权更加巩固之后，占据自然可以被人承认。❹

---

❶ 陈霞飞.中国海关密档——赫德、金登干函电汇编（1874—1907）：第 8 卷 [M].北京：中华书局，1995：393，403，406–407，426.

❷ 陈霞飞.中国海关密档——赫德、金登干函电汇编（1874—1907）：第 4 卷 [M].北京：中华书局，1992：610–611.

❸ 中国第一历史档案馆，澳门基金会，暨南大学古籍研究所.明清时期澳门档案文献汇编：第 3 册 [M].北京：人民出版社，1999：370.

❹ 陈霞飞.中国海关密档——赫德、金登干函电汇编（1874—1907）：第 4 卷 [M].北京：中华书局，1992：642.

赫德这种抓大放小，由易到难的斡旋策略有利于尽快解决主要矛盾和阶段性的问题，结束暂时的对立状态，从而达成协议，缔结条约。但是这种交涉手段往往也会带来一些隐患。因为他只是使主要矛盾得以缓解或解决，一些隐含的、次要矛盾以后就会成为新矛盾的导火线。比如，中葡《拟议条约》由于没有明确澳门及其属地的范围，导致了后来《里斯本条约》和《中葡和好通商条约》的谈判，但这两个条约依然未明定界址，只是规定以后两国派员妥定界址，再特立专约。所以这次条约又遗留下了重要的澳门划界问题的隐患，以致中葡两国划界谈判一直处于相持状态，纷争不断，悬而未决。又如，《烟台条约》规定了鸦片税厘并征，却没规定并征的数额，这一条约迟迟未得到英国的批准换文，后来又增添了续约的谈判和缔约。其他不少条约也遗留下后续争执不休的问题。

除了上述谈判策略外，排挤他人，秘密外交；灵活处理，随机应变等策略也是赫德常用的交涉手段。前一策略在中法战争交涉中，被赫德屡次提及其重要性。谈判中，赫德总是对掌控的机密资料守口如瓶，唯恐外传误事，连其专管洋务的上司总理衙门也"不敢"全部如实告知。他告诉金登干，自己得把事情亲自抓在手里，并保守秘密，这是取得成功的唯一机会，甚至不让李鸿章知道和插手。不仅如此，他还要求总理衙门严守秘密，并停止其他各路谈判。同时也要求茹费理对每一件事保持极度的秘密，直到恢复公开谈判为止。[1]后一手段在中法交涉中也是反复使用的。一开始赫德极力阻止清廷介入战争。中法开战后，赫德不断随着形势的变化及时调整自己的策略。比如，压制清政府对法赔款失败后，就放弃这一点，转争朝贡权和对越南的宗主权，这点也行不通后，改争划界……总是一计不成，又生一计，不达目的不罢休。

总之，处于赫德这样的位置，处理晚清频繁的、错综复杂的中外交涉和条约缔结，既要使各方在获利最大的同时又问题最少，又要使各方利益达到平衡，又要尽快结束战争或避免战争，缔结条约，实在需要高超的谈判技巧和高度的政治智慧。赫德说过，"谈判这个楔子，与其他的楔子一样，只有一开始就找准着力点，才能把大块物件劈开"。[2]为寻找或达到这个着力点，赫德一改前任李泰国锋芒毕露、傲慢蛮横的做法，也不同于威妥玛的"技巧极为笨

---

[1] 陈霞飞.中国海关密档——赫德、金登干函电汇编（1874—1907）：第8卷[M].北京：中华书局，1995：391-392.
[2] 赫德.这些从秦国来——中国问题论集[M].叶凤美，译.天津：天津古籍出版社，2005：67.

拙……处处惹怒他们……只会对其发号施令，而不会喻之以理"。❶ 他善于巧妙周旋，使尽了各种手段和策略，促成 60 多个约章的成功缔结，并常在攫取到英国和自身的利权后还能让缔约国感受到他的"友谊"和"帮助"，对他感激不已，这恰是赫德的最大成功和过人之处。

---

❶ 布鲁纳，费正清，司马富. 赫德与中国早期现代化：赫德日记（1863—1866）[M]. 陈绛，译. 北京：中国海关出版社，2005：393.

第八章 赫德的条约观与缔约特点

一部中国近代史在很大程度上就是一部近代中外关系史,近代中国与西方国家签订了数百个条约,仅赫德染指中外交涉与缔约,时间近半个世纪,缔约国多至十几个国家,缔约 60 多个,条约内容包罗万象。如何看待这些中外条约?赫德有其鲜明的观点,他的交涉缔约也具有一些突出特点。

第一节 赫德的条约观

英国学者布鲁诺认为,"赫德始终把海关定位为一个中国行政机构,设立海关目的是为效忠清廷、服务百姓。然而,他确实也明白海关代表着西方价值观,并有责任在华推行这些价值观,只是海关的重点仍是效忠清廷"[1]。"效忠清廷""推行西方价值观",这些在赫德对待中外条约问题上也有一定的体现。在中外条约关系上,赫德提出了很多观点,尤其是在义和团运动时期写的一系列文章中反复论及这个问题。其观点大致可以归纳为晚清条约是外国逼勒或恳求的产物、承认条约的不平等性、中国应严格遵守条约、改进中外条约关系等四个方面。

一、晚清条约是外国逼勒或恳求的产物

赫德对中外条约的认识有个由浅入深的过程。初入中国的赫德为列强的入侵和逼订条约进行开脱。在其 1865 年呈递的《局外旁观论》中,赫德声称,来华外人因身、物需要凭借条约的保护,"是以道光年间,始动干戈,嗣有条约"。这里赫德把第一次鸦片战争爆发的原因归之于英国人因身、物需要凭借条约的保护,显然实在掩盖英国的侵略本质。可"条约所允,地方常有违背""无奈复动干戈",后北上换约,"仍以夷相待,违约阻止,复致兴兵……致有庚申年之事",初次定约,不以条约为重,只"聊作退兵之策"。[2] 此处则

---

[1] 布鲁诺.英帝国在华利益之基石:近代中国海关(1854—1949 年)[M].黄胜强,丁晔,冯赞,等译.北京:中国海关出版社,2012:7.

[2] 中华书局编辑部,李书源.筹办夷务始末.同治朝(四)卷 40 [M].北京:中华书局,2008:1668-1669.

把第二次鸦片战争爆发的原因归咎于中国的不懂或不遵守条约，当时中国不懂条约虽是实情，但把战争起因仅归于此，显然还是在为列强的侵略开脱。

到了义和团运动时期，赫德公开坦言，中外条约关系的开始不是始于友好协商，而是中国"在历经了数千年唯我独尊和闭关自守之后，已迫于形势及来犯者的巨大优势，而与世界其他国家结成了条约关系"。中国是"在进行了主张平等和强加条件的首次打击之后"，中外"条约关系便开始了"。因而"条约不是自愿交往而是恳求交往的产物，它们被接受是在被打败后而不是在协商后"，并且，中国的条约"是由外国谈判者起草的，假如说不是命令式的话，也是如此匆忙地草拟和缔结的，以至他们忽视了，或者说根本没有把麻烦的问题和有关省份的情况调查清楚"。因而，"条约虽然得到上谕的批准和认可，却从未受到欢迎和得到切实的贯彻"。❶

除了武力逼勒条约外，赫德认为，还有一种缔约情况，就是外国通过恳求欺诈的手段而签订的。他说，"外国谈判者一般多少表现出恳求的态度，而中国就宽宏大量地同意（如中国人自己认为的那样）与恳求者订立条约关系"。"但当条约批准文本一交换，中国让与的条约利益，即刻在对方手中变成了条约'权利'，如果中国不能履行它的新的条约义务，灾祸就临头了！"因为"那些条约的执行者早已准备好了如何解释条约文字，但中国官员仍然照原先的那样去理解条约"。从而使中国有种被伤害和"被出卖"的感觉，这样，"条约关系就陷入了外国谈判者预先设置的圈套中"。外国人的如此做法"只能使中国人看到对外交往更黑暗的一面，或者使中国人顶多是容忍而不是鼓励对外贸易"。❷赫德的这番观察和言论一定程度上反映了近代中外条约关系中中方的颠顶无知、被愚弄和西方的狡黠、阴狠的实情。

赫德认为，在中国人眼里，除了《阿礼国条约》之外，"没有一次谈判是均等公平"，也一直认为《阿礼国条约》未被批准是有损害的。因为它是在从容不迫的、以一种同情和友好的态度和协商的气氛中签订的。此约不被批准，似乎证明了中国人的一种说法，"即中国人的利益必须始终为保证外国人的利益而让步"。❸赫德也曾就条约与海关的关系论述海关的作用。他说，条约总是制定者从外国立场出发强迫签订的。这正是当时的客观事实，中外条约无不是西方战争或武力威胁下逼迫中国权力让与的产物。

---

❶ 赫德.这些从秦国来——中国问题论集［M］.叶凤美，译.天津：天津古籍出版社，2005：33，45，87，123，45.
❷ 同上：46.
❸ 同上：46.

二、承认条约的不平等性

赫德公开承认中外条约的不平等性及其被西方人滥用。他说，条约"总是制定者从外国立场出发强迫签订的。因此，极端重视的首先是要求外部（国）贸易的发展，而不是发挥（中国）内部的潜在能力"。根据条约而建立的海关外籍税务司制度，是"为使贸易按照规定的方式进行，为使中国人按照条约规定强加于他们的贸易方向行动"❶。"通过条约，规定了权利，协议了特权，联络了各国。"条约关系下中国对外交往的特点是，"本国的司法权力被削减了，沿岸贸易的国家保护性垄断权被取消了，本地教民得到了外国人的保护"❷。赫德还对一些具体的条约原则或条款的危害进行了分析。

一则"治外法权是包含在一系列条约中的中心思想"，是一种分裂的因素。它有损民族自豪，导致中国人看不起自己的政府和官员。它使"外国人违法不受中国法庭审判"，它"还有某种橡胶似的延展性"，扩大了条约的适用范围，"不仅使个人享受这一特权而且他的财产也享受"。这一原则使外国人"没有义务遵守中国的法律"。二则"最惠国待遇"条款始终在阻挡变革。它"妨碍了中国政府为换取特殊利益而保证和承认作出各种改善"，因为先来的谈判者只要求享受后来谈判者索取的权益，而"拒绝受到任何条件的约束"❸。三则"值百抽二点五的子口税"规定被滥用。他认为，虽然"值百抽五的税率也许据称是无可非议的和合适的"，但它附带规定的值百抽二点五的子口税，就好比是对外商的货物实行免税。❹ 这一条款忽视了各省的实情和需求，未经各省讨论即作出安排，给各省造成严重的困境。持子口税单本来只适应于外商及外商持有货物的条款，在实施中被不道德的外国人和中国人滥用，中国人用之逃避省里的税项，外国人则用它来替中国人托运货物收取托运费。"省级行政因子口税单被滥用引起的种种困难，对于中国来说如同芒刺在背。"四则外国轮船排挤了当地的帆船。对于自己亲手拟订的数个长江通商章程和内港行船章程带来的影响，赫德认为，尽管外国轮船"运费比较便宜，货物比较安全，航行比较快，可以购买保险。以及一切按规则进行，使贸易得到发展，旅客也逐渐增

---

❶ 陈诗启．中国近代海关史（晚清部分）[M]．北京：人民出版社，1993：序2.
❷ 赫德．这些从秦国来——中国问题论集 [M]．叶凤美，译．天津：天津古籍出版社，2005：97，107.
❸ 同上：87，104，43.
❹ 即允许从口岸将货物运入内地和从内地将货物运至口岸，无论距离远近，只需交纳百抽二点五的子口税。赫德．这些从秦国来——中国问题论集 [M]．叶凤美，译．天津：天津古籍出版社，2005：43.

多"。但是，外国人的出现，使中国原有的水运贸易和帆船主遭到致命的打击。"50年前，由中国帆船队承担的牛庄和南方各口岸间的沿海贸易现在几乎都被摧垮了，大部分南方贸易也已由本地船只转为外国船只进行了。""过去的本地投资人，现在变成了穷人。"五则一些通商条款带来了破坏。一些通商条款引进了外国的竞争，伤害了本地商人或助长了投机取巧的人。"条约规定的各项通商条款没有充分考虑中国的情况、困难、方式和需求，而这些通商条款的实施，并未使地方和中央的官员更乐于接受对外贸易。"六则传教问题不经意地干预了地方司法权和陈规旧习。"最严重的那种地方暴乱都发生在传教士宣教的场所。""传教士在中国各地传教，获得的果实，就是一批中国基督徒。但中国基督徒未能赢得他们同胞的尊敬和好感。"❶

赫德特别指出了《天津条约》的危害。它使沿岸贸易权向外国轮船开放，使帆船主破产，与帆船运输相关的各种本地贸易也深受其害。传教士以此在内地建房居住，并干涉地方政务，还引起教民与非教民的争吵。❷

总之，赫德指出条约"从中国得到的是外国人认为他们需要的而不是中国愿意让与的，它们不包含互惠的内容"，它们的规定仅仅单方面索取，而没有相应的让与。"假如我们得到了什么的话，站在中国人的立场上来看就是过多地失去了什么。"❸尽管赫德以极其委婉的话语概括了西方列强在中国攫取的部分条约权益，但字里行间里都透露出条约缔结的强制性和不平等性，违背了中国人的意愿。

三、中国应严格遵守条约

尽管认为中外条约是不平等的，但基于阶级立场和当时的国际环境，赫德认为中国应严格遵守条约，这不仅是他在19世纪60年代初期的主要任务——"创建一个全新的机构，使中国能够履行它对外贸易和外国船运业的条约义务"，而且"要保证它的管理权充分地集中在总理衙门"❹，也是他的一贯主张。赫德在《局外旁观论》中指出，西方国家根据条约进入中国，中国无法拒之于门外，因清政府最初的不懂条约也不知遵守条约才遭致了两次鸦片战争的灾

---

❶ 赫德.这些从秦国来——中国问题论集[M].叶凤美，译.天津：天津古籍出版社，2005：44，46-47，87，4，129，4.
❷ 同上：99.
❸ 同上：123-124.
❹ 魏尔特.赫德与中国海关：上册[M].陈敖才，陆琢成，李秀凤，等译.厦门：厦门大学出版社，1993：295.

难,规劝清政府,此后在边界、传教、商务,甚至内外所遇到的困难等各方面都要照约办理。因为"现在某事当行,某事不当行,已有条约可凭","民间立有合同,即国中立有条约。民间如违背合同,可以告官准理;国中违背条约,在万国公法准至用兵。败者必认旧约,赔补兵费,约外加保方止"。又说"既定有条约,必应于边界循照定章,必应准传教而保护奉教,必应于贸易之事遵守各章"。因为"若违章,有动兵之举,国乱之灾。违约者或因不肯照约,或因不能照约。若不肯,必有出而勉强者;若因不能,必有起而代行者……一经动兵,外国有得而无失"。❶其中虽不乏为侵略辩护和恫吓之词,但也说出了部分实情,因为"战争可以在现有的国际法规范之下改变交战国之间的条约关系,确立新的权利义务。这是战胜国强加于战败国的,仅反映了两者的实力,而难以符合国际正义"。❷

为此他建议清朝政府对外遵守条约,与西方国家建立正常的外交关系,互派使节。此后,中国在对待条约上稍有犹豫,赫德便来提醒甚或施压,这点在中法勘界谈判中尤为突出。谈判前赫德即向总理衙门上节略,说要避免法国在勘界上的寻衅,"惟在中国守约,而守约之要,则为两端:一则分界务须照新约明文办理;一则边界商务章程须照新约明文商议,若中国于此稍有违易,则法必执此为柄,而寻衅有词也"❸。他的守约节略成了此后中法商务谈判以及中越粤、滇勘界的指导思想。

经过第二次鸦片战争的打击后,中国已经有了守约意识并开始信守条约。如曾国藩说:"夷务本难措置,然根本不外孔子忠信笃敬四字。"❹其中的"信"既指守定和约,已订之约既然无法改变,应予以遵守,防止列强约外侵渔,也指"恩信""威信",自立自强,完善自己,而非顺从侵略,听信奴役。对此赫德也予以承认,同时也希望列强信守条约。1865年,英国公使威妥玛向国内汇报指责清王朝"违约犯规"时,赫德则不以为然,不认为中国对条约有任何违背和破坏的意向。且认为是英国将条约强加给中国,未顾及条约对中国的影响,是他们强行地将中国带入遵守国际惯例的大家庭。在赫德看来,英国既然

---

❶ 中华书局编辑部,李书源.筹办夷务始末:同治朝(四)卷40[M].北京:中华书局,2008:1668-1670.
❷ 李育民.晚清中外条约关系研究[M].北京:法律出版社,2018:35.
❸ 中国近代经济史资料丛刊编辑委员会.中国海关与中法战争[M].北京:中华书局,1983:204-205.
❹ 曾国藩.曾国藩全集:第14卷·书札[M].北京:中国致公出版社,2001:5323.

希望中国遵守条约，行事公正公平，那么英国自身也应如此。❶ 所以，英国不予批准《新定条约》，赫德为之觉得非常遗憾。因为中方对此约满意，奕䜣在奏折中如此评价此约："其所不能迁就者，悉为删除，其量为予允许者，仍求钤制。"❷

另外，赫德还把条约作为中国前进的推动力。1869 年 6 月，正当蒲安臣率领清政府代表团前往欧美有约各国访问时，赫德针对蒲安臣的言论发表了《中国问题纪略》一文，其核心的论点，就是只能是以不平等条约"为中国进步的推动力"。❸ 因为在赫德看来，中国人遵守条约是可以获益的。理由是，"相当数量的人从对外交往中获得了利益：生产者为产品找到了新开放的市场，消费者的需求通过新旧两条供应渠道得到满足，旅行者已经能够快速而价廉地到处旅行，商人们赚到了钱，调查员查访到了事实，学生们已把目光投向从前梦想不到的知识，而有病的人已经得到适当的医治"。❹

四、改进中外条约关系

由于列强利用条约特权在中国为所欲为，引发了诸多中外冲突，尤其是此起彼伏的教案最后汇集成轰轰烈烈的义和团运动，赫德为之非常痛心，并有责言，"外国商人享有特权地位，不受中国的司法管辖；传教士也同样超脱了中国法律的束缚，他们的到来促使各种流弊滋生；外国官员根据条约采取了其他地方闻所未闻的行动。所有这些不正常现象产生的总体效果就是给中国人一种耻辱和不公平的感觉，以及一种创伤"。不过，他又乐观地认为"这种创伤如能对症下药还是可以治愈的"。❺ 所以对于今后中外关系如何发展，赫德围绕旧的条约依然要保持，但要进行改进为主旨，苦口婆心地提出了诸多看法和建议。

一是关于谈判和交往方式。赫德认为，对外交往和对外贸易两者都会对中国有利，但是，要使对外交往受到欢迎，那么它必须是和谐的；要使对外贸易受到鼓励，那么它必须有规范而无诈取。深谙谈判之术的赫德指出，谈判不应用命令式的方式，而要设身处地站在中国的角度全面考虑。他说，谈判要缓

---

❶ 布鲁纳，费正清，司马富. 赫德与中国早期现代化：赫德日记（1863—1866）[M]. 陈绛，译. 北京：中国海关出版社，2005：378—380.
❷ 中华书局编辑部，李书源. 筹办夷务始末：同治朝（八）卷 79 [M]. 北京：中华书局，2008：3207.
❸ 陈诗启. 中国近代海关史（晚清部分）[M]. 北京：人民出版社，1993：274.
❹ 赫德. 这些从秦国来——中国问题论集 [M]. 叶凤美，译. 天津：天津古籍出版社，2005：124.
❺ 同上：89.

慢、谨慎、全面透彻地考虑不同意见和要求。中国二十来个省，每个省本身就是一个王国。来中国的谈判者，必须把自己放在对方的位置用对方的眼睛观察问题。这将会赢得中国谈判大臣对其他的可取之处和有利条件的赞同，而且会使他们去争取中国政府的支持，这样就能保证制定的规则产生真正的效果。赫德声称：中国是最平和的和最少侵略性的国家，好的政策是允许它继续朝这个方向发展，而不是使它感到有必要朝其他的方向发展。……友好地进行观点交流，即使不是痛痛快快的交流，都是达到相互了解、相互祝愿和互利互惠的唯一保证。毕竟中国人也是人，与他们相处最好的办法是，像人应该被对待的那样对待他们。❶这些也是赫德多次成功斡旋中外交涉的经验之谈。

二是关于治外法权和最惠国待遇条款。首先是放弃治外法权。赫德认为，就治外法权对主权构成的干涉来说，不应该将它再多保留一天，它是"造成一切损害的根源"。在写于1900年10月的《中国与重建》一文中，赫德指出，要想中外彼此都能接受并遵行条约，加深彼此的了解，只需要一种完全的、根本的、原则的改变，那就是放弃治外法权。"只要我们放弃治外法权，关系立刻就会改变过来，积怨就会消除，友好善意就会随之而来，贸易会到处不受限制，资产投资和资源开发也可避免不必要的障碍。"而且"作出放弃治外法权的让步时不应有保留和限制性条件，从而达不到应有的效果"。这样做的好处在于，"在制定条约时作出这样的原则变动，将会给商人和传教士拓宽活动范围，而不会给他们带来更多的限制；将会使领事和公使的工作变得简单易处理，而不是更复杂化"。"拔除了这根侮辱性的刺"，就可以"使中国政府与其他政府处于平等地位"。自信这是一项有成功希望的试验。❷赫德非常清楚治外法权和最惠国待遇对中国带来的严重伤害。

可是他也清楚地知道这两项利权给西方人带来的重大利好，要他们放弃是很难的。所以1901年，他在北美评论上发表的《中国及其对外贸易》一文中又说："不管是老的条约继续有效，还是目前的动乱过后谈判新的条约，治外法权和最惠国待遇两项必然都会被保留。"但"关于最惠国待遇，要增加一个附加条款，即任何国家，凡是要求分享中国给予另一国的任何利益，必须接受给予这些利益的条件和受这些条件的约束这样做才是公平的，也是为了总体的利益"。❸

---

❶ 赫德.这些从秦国来——中国问题论集[M].叶凤美，译.天津：天津古籍出版社，2005：46，52，135-136.
❷ 同上：124，91-95.
❸ 同上：51.

赫德还给被诟病不已的子口税制度、沿岸贸易、内河轮船航行等问题提出了不少改进建议。

一句话，在赫德看来，将谈判问题公允地提出，就可确实获得成功；同时也能保证地方和省里的需要会得到充分的商议；贸易得到保护，利益得到保障。中外交往真正重要的，就是"通情达理、深思熟虑和重视对方，以及互惠互利"。为使将来的交往不再受到以往问题的困扰，为使将来的日子可以在和平互惠中度过，最佳办法是让"己所不欲，勿施于人"通行于国际关系中。❶

此外，赫德在一些条约上所持观点不与英国或中国同。比如，英国批准《烟台条约》，赫德却希望不批准才好，"希望有人在议会中重新提出质询"，"简直不大期望英国正式批准《烟台条约》"。❷ 对于条约中清政府看重的中国主权的丧失，赫德却并不看得很重。中葡《里斯本条约》签订后，中国丧失对澳门及属地的管辖权，赫德竟然说，这"对于中国不算什么"。❸ 至于中国坚执对越南、缅甸、哲孟雄等藩属国的宗主权不放手，赫德则认为清政府只是在图虚名。对于一些国内法性质的专门约章，赫德更多地将其当作稻草人，并不认真执行，如会讯章程、引水章程等。

总体上看，赫德指出近代中外条约的签订是列强逼勒和恳求的结果，道出了当时的实情。在义和团运动后，在中外条约关系问题上，赫德对外国批评较多，特别指出了治外法权、最惠国待遇、子口税单等条款的弊端，甚至要求毫无保留地取消外国人的治外法权。赫德关于取消治外法权的建议后来在《马凯条约》中有所体现。该约第十二款内载："一俟查悉中国律例情形及其审断办法及一切相关事宜皆臻完善，英国即允弃其治外法权。"❹ 赫德自己也一直以此矜夸于世。曾经为赫德立传的中国最后一任海关总税务司李度（L.K, Little）说过：赫德"是以坚决废除（外国在华的）治外法权而著称的"。❺ 赫德改善

---

❶ 赫德.这些从秦国来——中国问题论集[M].叶凤美，译.天津：天津古籍出版社，2005：76，129，135.

❷ Fairbank, Bruner, Matheson.The I.G.in Peking: Letters of Robert Hart, Chinese Maritime Customs, 1868–1907, (Vol-1)[M].The Belknap Press of Harvard University Press Cambridge, Massachusetts and London, 1975: 247.

❸ 陈霞飞.中国海关密档——赫德、金登干函电汇编（1874—1907）：第4卷[M].北京：中华书局，1992：518–519.

❹ 北京大学法律系国际法教研室编.中外旧约章汇编：第2册[M].北京：生活·读书·新知三联书店，1959：109.

❺ Fairbank, Bruner, Matheson.The I.G.in Peking: Letters of Robert Hart, Chinese Maritime Customs, 1868–1907, (Vol-1)[M].The Belknap Press of Harvard University Press Cambridge, Massachusetts and London, 1975: Introduction27.

谈判方式、改进条约的建议对列强的肆意勒索起了一定的缓和作用，这在《辛丑条约》的订立中有一定的体现。

不过，虽然赫德对"最恨和约，祸国殃民"的义和团持同情态度，非常清楚中国人对列强强加的条约恨之入骨，对条约造成中国的种种弊害也了然于心，但始终要求中国严守条约，从不敢，也不愿提出废除条约（尽管提出来列强也不会答应），反而主张，"必须承认外国谈判者完全有理由采用条约形式"，并为外国的谈判者、公使、领事进行辩护。认为谈判者为"保障双方的不同利益也已竭尽所能。他们的继任者，那些要对条约作出阐释并看到条约被不折不扣地执行的公使和领事们一直都是公正、讲理和为人着想的人"。[1] 他提出的改进条约关系的办法，似乎也在为中国考虑，但归根结底是为了在更好的氛围下实现列强利益的最大化。这也说明赫德这个被誉为清政府"忠实顾问"的臣仆，却始终不会动摇其为西方国家谋利的立场。

第二节 赫德缔约特点

在近代持续不断的中外交涉中，赫德总是伺机插手、积极应对，且始终处境尴尬，内心矛盾。总体上看，赫德缔约既具有明显的阶段性特点，也呈现出一定的整体性特征。

一、赫德缔约的阶段性特点

与19世纪60年代后列强侵略中国的轨迹和中国外交人才的成长情况相呼应，赫德的缔约活动呈现出以下阶段性特点。

（1）19世纪60年代，操纵制定了一大批国内法性质的专门约章。这一阶段清政府用商业、领土主权暂时满足了列强要求，列强也需要时间将通过两次鸦片战争勒索到的条约特权付诸实践，暂时停止对中国进行大规模的武装侵略，中外关系进入"友好合作"时期。但洋人在尽情享受条约特权的同时，也不断进行条约外的侵渔，列强之间，外商和领事与中国政府和海关之间不断发生争执和矛盾。比如，各列强为争夺中国引水主权闹得不可开交，海关因查禁外商走私偷漏与外商及领事关系紧张，外国商船要求开放中国长江及其他内河、内港，列强大肆偷运贩卖华工出国，等等，这一切迫使清政府必须设法因应。而朝中大员缺乏应对能力和经验，正如赫德所言，当时只有万分之一二的

---

[1] 赫德.这些从秦国来——中国问题论集[M].叶凤美，译.天津：天津古籍出版社，2005：89.

人知有条约,"然未认条约之重"和"违约之害",❶且朝中大员也不为列强所认可。因而在中国政治舞台上初露锋芒而后谦逊圆融的赫德成了列强或清政府共同求助和任命制定约章的最佳人选,为此,赫德拟订了近十个国内法性质的专门约章,如数个长江通商章程,《会讯船货入官章程》《各国各海口引水总章》《续定招工章程条约》,等等。

(2)19世纪70—90年代,缔结了一批涉及领土主权、藩属朝贡的条约。此一阶段,中国出现边疆危急,不但英、法、俄等强国侵吞蚕食我国边疆近邻,连欧洲小国如葡萄牙等也乘机要挟,勒索特权。其间,中国虽已有初懂近代外交的人才,如曾纪泽、李鸿章等人,但毕竟是凤毛麟角。而因掌管税收卓有成效在华声名鹊起的赫德乘此机会,积极插手交涉,扮演着各种重要角色,使清廷须臾不可离。这一时期的中法越南地位交涉、中英缅甸朝贡通商谈判、中英关于哲孟雄主权及亚东通商条约、中葡澳门主权谈判等重要交涉都是由赫德或委派金登干与赫政全权代表中国政府,直接或间接指导与对方进行交涉的,并代表中国缔结了20余个条约。由于这些条约,中国丧失了大量领土、商业主权,周边藩属一个个脱离中国。

(3)20世纪前后,在海关以外的交涉缔约中地位下降。在这期间,列强掀起瓜分中国狂潮,直至中国沦为"洋人的朝廷"。因列强展开全方位的激烈竞争和勒索,中外交涉较已往更为频繁。赫德继续积极介入调停。但因上一阶段斡旋,他有损中国领土主权,引起地方督抚的严重不满和警惕。同时,随着中国近代外交知识的增加和主权意识的增强,对赫德的依赖有所降低。赫德只能充当调停人、顾问或翻译,几乎无缘做清廷的全权代表。虽然他在两次英德借款和庚子议和中表现活跃,但影响不如从前。此后的中英、中葡商约谈判,赫德没能直接参与其中,只是充当会办或顾问。但是,在海关管辖领域,赫德依然发挥着清廷代表的作用,与德、日谈判缔结了数个胶澳、大连租借地设关征税章程,以及分别与法、英、德、日等国缔结了互寄邮件、包裹章程。

二、赫德缔约的整体性特点

除了以上阶段性特点外,赫德缔约还突显出以下整体性特点。

(1)多头进行、持续不断。近代中国,命运多舛,多灾多难,外交纷争一波未平,一波又起,从未停歇过。这也使得热心业余外交的赫德忙得不可开

---

❶ 中华书局编辑部,李书源.筹办夷务始末:同治朝(四)卷40[M].北京:中华书局,2008:1669.

交。赫德从 1861 年代理总税务司插手中外约章的拟订起，到他 1908 年离京返英，48 年时间里，共参与拟定中外约章 60 多个。并且大多数约章的拟订不是一蹴而就的，而是要前后经过几年甚或数十年时间的谈判磋磨才得以缔结。因此，赫德在调停时，也是多头同时进行，常常是这一调停还没结束，下一交涉又开始了，根本没有喘息的机会。比如，在斡旋中英缅甸纷争期间，他同时又在关注和插手中法越南勘界谈判、中法续议商务谈判、中英香港鸦片贸易协定交涉、中英藏印问题谈判，等等。为此，他有过喜悦，有过疲倦，也有过抱怨。赫德调停中外交涉的忙碌艰辛和喜怒哀乐，在他的日记以及其与金登干的往来函电中，有诸多记载和倾诉。

（2）处境尴尬，内心矛盾。作为一个西洋人，赫德任职于中国朝廷，从工作职责和道义上讲，他应该全心全意服务中国；但从民族情感和人之本性来看，他又无法切实做到这一点，从而饱受批评、讥讽。他虽坦诚条约对中国的侵略性，侵害了中国权益，却仍要求中国严守条约，因为他深知违背条约将会遭遇的打击。在他涉足中外交涉时，不管他以何种角色出现，也不管面对的是中国和英国，还是中国与其他国家，他都处在一个尴尬、为难的境地，不能超然地旗帜鲜明地站在任何一方。所以很多时候左右为难，内心充满矛盾和痛苦，找不到全力捍卫清廷的万全之策。局外人的非议，难以体会局中人的艰难，如在滇案交涉中，他对金登干说，作为英国人，他支持英国公使威妥玛坚持提署理云贵总督岑毓英到京审讯的做法；但作为中国海关总税务司，他反对这样做。[1] 因为这种矛盾立场，使得赫德许多时候台上台下言行不一致。有时当面劝说谈判双方各让一步，貌似公允，不偏不倚，暗地里却在使损招，或两面讨好。比如，在中英藏印交涉中，要赫政指使印度代表在谈判中开高价，多方索要，以迫使中方让步。在中法越南交涉和中葡澳门交涉中对法国和葡萄牙等都有类似的做法。赫德的这种矛盾心理及其结果，有时会赢得中外的好感，如促成中丹《天津条约》的缔结，就同时赢得了丹麦使臣拉斯勒福和总理衙门大臣奕䜣的感谢。有时却费力不讨好，如中英对《阿礼国条约》的不满态度就是这方面的典型。

---

[1] 陈霞飞. 中国海关密档——赫德、金登干函电汇编（1874—1907）：第 1 卷 [M]. 北京：中华书局，1992：415.

第九章 赫德缔约之评价与启示

赫德作为一个英国人,一个列强共管下的中国海关总税务司,这种身份使得他成为晚清外交舞台上和中外条约关系中一个非常重要而复杂的人物。在晚清诸多中外交涉及60余个中外约章的谈判缔结中,赫德曾长期起着全权代表、调停者、翻译或顾问的作用,协助、支配、操纵谈判,甚至越俎代庖,虽后期地位有所下降。赫德尽管坦承条约是外国用武力强加给中国的,侵害了中国权益,却不主张废除条约,而是要求中国严格遵守条约;虽然真心同情中国,斡旋时曾欲努力维护清政府的统治,但又极大地损害了中国。"落后就要挨打"是赫德缔约和近代中国留给后人最深刻的教训之一,但是,如果屈辱感和被害者情结只是在后来者心中不断加强而不是变成理性的反思和潜能的觉醒,那么,后人并没有真正汲取晚清及赫德缔约的教训。

第一节 赫德缔约之评价

近代中国这部血泪交织的历史,赫德及其形形色色的洋人跻身华夏颐指气使、肆意干政。一生几乎与英国维多利亚女王时代相始终的洋人赫德,作为江河日下的清廷臣仆,屡屡参与列强角逐的中外交涉缔约,自然生前死后均备受关注和非议,后人对他的研究热潮也经久不衰。陈绛先生曾说:"近代中国自始至终贯穿着侵略与反侵略的严重斗争,同时又存在着现代性对传统的冲击和两者的融合。这一侵略与反侵略和传统与现代两种矛盾同时并存、互相交叉的基本格局,表现在赫德个人的双重身份和地位上如此突出,使人们对这个历史人物的评价更具有尖锐的争议性。"[1] 诚如此言,国内外对赫德的评价截然不同。

一、国内外评价大相径庭

1.国外肯定

基于不同立场或偏见,国外对赫德的缔约评价都持肯定、欣赏的态度,评

---

[1] 陈绛,郭志坤.陈绛口述历史[M].上海:上海书店出版社,2016:153.

价颇高。比如，赫德认为自己授意金登干与法国所订《巴黎草约》"对中国完全不利""法国尽得所欲，毫无所损，保有实益而以虚名惠人"。❶19 世纪末的英德两次借款中，突出强调在借款还清之前海关的管理机构必须继续由英国把持。特别是在中葡澳门问题上为了英国和自己的私利，偏袒葡萄牙，严重损害了中国领土主权。……尽管如此，赫德的外甥即海关第四任总税务司梅乐和则因为担心中国民族主义史学家可能会把总税务司描绘成纯粹的帝国主义工具，所以他有意利用赫德为总税务司塑造一个良好形象。❷曾担任中国海关税务司的英国人魏尔特的专著《赫德与中国海关》更是言过其实地把赫德塑造成一个真诚、高效与公正的管理者形象，认为赫德在中英修约中挽救了条约，"他为使其成为中英关系史上显著的里程碑——即第一个不强行使用武力制定的条约作出了贡献"。更是赞誉赫德"在许多危机中，他个人的影响和超人的知识挽救了满清王朝和中华帝国免遭灾难"。❸曾经在上海黄浦滩的海关大楼前矗立的赫德立姿全身铜像（1942 年太平洋战争爆发时被毁），时任美国哈佛大学校长埃里奥特在铜像的石基座上所书铭文称赞赫德是："中国国营邮政局的擘划经营者，是中国政府所信任的顾问，是清朝政府的忠实朋友。他是一位温文而有耐性，智慧而具果断力的人，曾经克服了无数重大的困难，而终于完成了造福于中国与全世界的伟业。"❹

总之，国外对赫德服务中国这件事几乎众口一词地给予褒奖。

2. 国内否定多于肯定

国内学者见仁见智，毁誉参半，是之非之，逐渐出现了一个由全盘否定或相对理性分析的变化过程，但总体上否定多于肯定。否定论者多纠缠于条约中中国所付出的沉重代价。

一是 20 世纪 80 年代前中国学界几乎一致全盘否定，认定赫德是个阴险狡猾的侵略分子，是列强的侵华工具，是以英国为首的西方列强侵华的代理人、帮凶。王绳祖、丁名楠、陈瀚笙等史学家对赫德在晚清约章交涉中的活动及作用进行的全面性批判很具代表性。王绳祖多次抨击赫德在《烟台条约》交涉中损中助英，揭露赫德在中法战争中"'居间转圜'如此卖力，……是为了达到他个人的野心和扩大英国资本家在华的侵略权利。他不仅'贪恋薪俸'，而且

---

❶ 中国近代经济史资料丛刊编辑委员会. 中国海关与中法战争［M］. 北京：中华书局，1983：63.
❷ 何娜. 清史研究在英国［J］. 胡祥雨，译. 清史研究，2019（2）：4.
❸ 魏尔特. 赫德与中国海关：下册［M］. 陈敖才，陆琢成，李秀风，等译. 厦门：厦门大学出版社，1993：506，557.
❹ 陈绛，郭志坤. 陈绛口述历史［M］. 上海：上海书店出版社，2016：148–149.

用心'深狠'，想借此机会，争取清政府的信任，从而进一步干涉中国对外事务。"❶ 丁名楠说："赫德是一个十分狡猾的侵略分子""怂恿清政府满足葡萄牙攫夺中国领土的野心的，正是赫德、金登干等英国侵略分子。"❷陈瀚笙等在所编海关丛书的前言也辛辣地谴责了"赫德、安格联等帝国主义分子"。❸20世纪80年代后，汪敬虞深刻揭露赫德在晚清中外约章关系上，善于做表面文章，内心却极其狠毒，等等。二是否定之中有肯定，承认赫德是维护西方整体利益的"忠诚卫士"，但不排除在交涉某些约章或个别条款上的积极作用。20世纪80年代以来，随着新史料的发掘和编辑出版，学界对赫德有了更广泛深入的了解，加上学术环境的宽松，一些学人对赫德的约章交涉评价趋向一分为二。颇具代表性的有邱克、陈诗启、文松、张志勇、曹必宏、王宏斌，等等。三是肯定之中有否定，虽然在某些约章谈判拟订中为清政府争得一定利权，但最终是为了一己私利及扩大英国在华利益。改革开放后，在研究中国走向近代化方面，不少国内学人对赫德评价很高。但涉及赫德约章交涉上，基本上是肯定之中有否定。

二、本书观点

赫德身居中国期间（1854—1908），中国总体上一直处于一种危机状态，并且在很多时候处于一种外敌入侵或民族内乱的战争状态，其间几乎所有重大事件中都跳动着赫德的身影。赫德参与斡旋中外交涉是一把双刃剑，既为深陷中国历史上中外冲突最激烈时期的清政府排忧解难，维护了某些权益，发挥过缓冲作用甚至积极作用；但又损害了中国主权，加深了中国的半殖民地化，对中国的发展起了阻碍作用。

1. 一定程度上缓解的中西冲突有利于清朝统治

一方面，赫德对中国这块整整生活了54年的土地和对"中国人作为一个民族，比其他任何民族都优越"❹的认识使他对中国产生了一种特殊的感情，加上职责所在的担当意识，以及作为一个虔诚的基督教教徒，他对清政府积弱不振的颓态，甚为惋惜和同情，极愿伸出援助之手，在列强面前表现出一定的

---

❶ 王绳祖．中英关系史论丛［M］．北京：人民出版社，1981：139．
❷ 丁名楠，余绳武，等．帝国主义侵华史：第1卷［M］．北京：人民出版社，1992：186，325．
❸ 中国近代经济史资料丛刊编辑委员会．中国海关与缅藏问题［M］．北京：中华书局，1983：前言2．
❹ 布鲁纳，费正清，司马富．赫德与中国早期现代化：赫德日记（1863—1866）［M］．陈绛，译．北京：中国海关出版社，2005：214．

理性和原则，为中国据理力争，能尽心力实行其心志，特别在朝廷有危难、无人支撑的时候体现得更加鲜明。近代中国的外交窘境，郭嵩焘将其形象概括为"一味蠢、一味蛮、一味诈、一味怕"。❶ 在中国毫无外交经验时，赫德不厌其烦地向总理衙门唠叨，要尽快改变这种状况，否则会吃更大的亏，并不辞辛劳、频繁地介入中外交涉纷争，充当清政府需要的多重角色，想方设法为清廷出谋划策，协助拟订条约，在中国走向近代外交和处理中外条约关系上，也确实解决了不少急迫的问题。中英修约谈判，赫德和总理衙门顶住压力，拒绝了英国提出十九项不平等要求中最主要的部分。滇案交涉中，中英关系没有断裂很大程度上归功于赫德的智谋和巧妙周旋。他的积极调停，使中法早日结束了战争，平息了中英在缅甸问题上的冲突，基本上解决了中英在藏印问题上的对峙。为清政府筹措了两次应急的英德借款，并在借款利息、佣金、折扣等方面一再要求英方银行降低条件。哪怕义和团损毁了他的房屋和家产，也没有动摇他对清廷的忠诚，而是借英国杂志发表数篇文章高声地传达着自己对于中国的同情心，庚子议和时呼吁保留清王朝，"当它的气数已尽时，让中国人自己来处理它"，强加给中国的条件"必须是可行和公正的"❷。希望列强不要过多地榨取中国。他制定的国内法性质的约章提供了解决引水争端、走私偷漏冲突等问题的基本规范和原则，对约束列强的无限制侵略具有指导性意义。诸多联邮章程的签订有助于中国的邮政现代化，缔结的租界设关征税章程一定程度上有利于维护中国在租借地的关税权益。

虽然赫德在诸多方面也对清政府怒其不争、哀其不幸，但总体上，他对中国是友好的、谅解的，认为中国虽然是"在各式各样的错误中蹒跚地向前走，但却总是在前进"。❸ 不能否认，赫德也是支持中国的，对中国常怀忧患之心。他中年即已光耀门庭，晚年本可安度，然而在 20 世纪前后，中国面临危难之时，他以六七十岁的高龄，仍在四处奔走，呼吁各国善待中国。即使知道大清王朝气数已尽，还是本着殉臣的忠诚努力维持它的苟延残喘，自信"2000 年的中国将大大不同于 1900 年的中国！"还准确地预见到俄国可能是"第一个将中国国权交还中国的国家"。❹ 所以，不管出于何种动机，赫德殚精竭虑的斡

---

❶ 郭嵩焘撰，梁小进主编.郭嵩焘全集 8［M］.长沙：岳麓书社，2018：419–420.
❷ 赫德.这些从秦国来——中国问题论集［M］.叶凤美，译.天津：天津古籍出版社，2005：62–63.
❸ 马士.中华帝国对外关系史：第 2 卷［M］.张汇文，姚曾廙，杨志信，等译.北京：商务印书馆，1963：弁言 4.
❹ 赫德.这些从秦国来——中国问题论集［M］.叶凤美，译.天津：天津古籍出版社，2005：31，107.

旋在一定程度上巩固了清政府的统治。在中国外交走向近代化的征途上，赫德的推动、提携作用是不能小觑的。在一个民族自尊心屡遭打击的时代，人们从赫德的身上看到了少有的强者同情和助力弱者的人性光辉。

马士的"中国最友好而且又是最贤明的顾问就是赫德爵士"❶之说并非虚言。同样，《泰晤士报》在赫德去世后的评价是："在解决危机的过程中，赫德爵士的个人影响力和卓越见解，使清朝皇族和大清帝国得以从清国官吏因愚蠢而造成的后果中，一次次地被拯救出来"❷，此说除去立场上的偏见外，也部分反映了实情。当时的中国官方评价说，赫德"颇与闻交涉，号曰'客卿'，皆能不负所事"，"食其禄""忠其事"❸，赫德去世后被追封为太子太保，从清廷得到的各种荣宠无以复加。

2. 加深了中国的半殖民地化

赫德参与中外缔约是与西方资本主义阔步前进，特别是英国维多利亚女王在全球建立大英帝国时代相伴相生的，赫德虽长时期赢得了中国政府的信任和敬佩，但随着他海关总税务司职位的日益巩固和在职业生涯里所积聚的个人权力的日益膨胀，赫德周旋于外国列强与清廷间的准外交角色又超出了清政府的初衷。首先，基于血缘关系和国家、民族利益，赫德不免存有私心，积极保护西方在华利益。古今中外，各个民族对自己祖国的利益都会本能地维护。赫德坦诚，"民族感情是一个永久性的因素，这是必须承认的"。❹他对英国的偏袒自不必说，比如，海关的总税务司职位当时乃至以后长期受制于英国之手、两次庞大的英德赔款在还期之前中国不得或加项归还，或清还，或更章还❺的规定就出于赫德之手。其次，受到列强的掣肘。他的海关税务司职位是国际共管下的外籍税务司制度的产物，也因中国的虚弱，在斡旋中，他不能不受到外商利益、英国及其他列强外交政策的掣肘。有时候，必须按照列强的要求为他们提供必要的服务，各国《各海口引水总章》就是在这样的情形下出台的。指出赫德遭遇的掣肘，并非想为其辩护，掩饰其私心和局限性，只是指明，这诸多不平等条约的缔结不是哪个人的原因，是那个时代的问题。最后，为满足一己私利、私欲损害中国权利。这突出体现在19世纪后期几个中葡条约的谈判拟

---

❶ 马士. 中华帝国对外关系史：第2卷[M]. 张汇文，姚曾廙，杨志信，等译. 北京：商务印书馆，1963：弁言4.
❷ 赫德爵士之死——非凡的生涯[N]. 泰晤士报，1911–09–21.
❸ 赵尔巽. 清史稿卷435[M/OL]. http://www.wenxue00.com/book–LiShi/25–435.thtml.
❹ 赫德. 这些从秦国来——中国问题论集[M]. 叶凤美，译. 天津：天津古籍出版社，2005：31.
❺ 王铁崖. 中外旧约章汇编：第1册[M]. 北京：生活·读书·新知三联书店，1957：735.

订时，在使中国丧失对澳门及其属地的管辖权问题上，赫德协助葡萄牙共同侵害中国。又如，诸多通商口岸的被迫开放、对中国常关税厘征收权的掠夺、外商对沿海贸易和内河轮船航行权的侵犯，等等，赫德都难辞其咎。尽管在赫德眼里，或许从长远看，通商口岸的开放，外轮航行于中国内河、内港，既有利外人，也会给中国带来某些便利，但在当时中国人没有能力与外国人竞争或未能对此充分运用前，这些举措带来的直接结果就是加剧了西方的政治、经济侵略，恶化了中国人的生存环境，将中国置于一个更加不利的境地。因而，赫德干预中国外交及缔约，又进一步加深了中国的半殖民地化。所以，1906年7月，清廷专门成立税务处来取代外务部对海关的管辖，切断总税务司和外务部的关系，不让赫德再插手中国的外交事务。

同时，也应该指出，在分析赫德斡旋中外交涉缔约的功过是非时，应该不溢美，不隐恶，不故意拔高或贬低。自然，赫德缔结的部分约章或条款捍卫了中国权益，遏制了列强的进一步侵渔，但这些功绩并不仅仅是赫德一人所为，比如，八国列强最终没有瓜分中国，不仅仅是因为赫德的强烈反对，更主要的是义和团运动中中国人所表现出来的反抗外来侵略的坚强意志，及列强间因矛盾无法调和遂作妥协。每一次谈判立约，几乎都有清政府或总理衙门在背后的指示和支持，更有地方督抚的奋力抗争，才使对方的欲壑不能尽遂其愿。比如，当时督粤的张之洞等以划界抗疏力争，葡萄牙霸占澳门的阴谋卒不得逞。

同样，赫德插手缔结的约章对中国造成的危害，也不能全部算在赫德一人头上。在评价赫德缔约时，一定要结合当时的时代背景，忠实地依据史料及赫德在缔约中的具体作为，辩证地分析。例如，有损于中国的引水总章拟订之初，赫德提出了一些有利于中国的建议，但遭到列强否定。庚子议和时，他是屡次奉列强之命罗掘详细的中国财源报告。《辛丑条约》中许多将中国完全沦为半殖民地的条款如拆毁炮台、驻扎军队、设立使馆区等条款就与赫德无关，因为"战争本身已为外交划出了定局"。❶ 楷尔朴兰氏所著《万国史》论欧洲外交也有一断语曰："外交之合离必归墟于利害""兵争之力足以转旋世运。"❷还有其他约章中，中国某些利权的让与和丧失，或是列强逼勒的结果，或是清政府为避战求和而作出的妥协退让，赫德只是忠实地执行，并非赫德一人的主张。如左宗棠的临终遗折就道出了越南和战的无奈，"实为中国强弱一大关

---

❶ 陈旭麓：近代中国社会的新陈代谢[M].上海：上海人民出版社，1992：98.
❷ 国家图书馆分馆.清末时事采新汇选：第10册[M].北京：北京图书馆出版社，2003：4948-4949.

键"❶。积贫积弱的清政府在外交中是没有多少话语权的,这是当时弱肉强食的历史条件强加给赫德的限制,换了别人也未必见得情况会大为改观。再就是,也要看赫德是否有主观的侵略故意,如调停中法之争时,赫德频频压制清廷进行赔款,是因为他认为"偿付赔款而避免战争是得策的",只能委曲求全,尽管他的"同情却属于中国的主战派"。❷指出这一点,并不是有意偏袒赫德而为之开脱,只是说明,近代中外交涉缔约中中国权益的丧失,那些沉重的责任不能都归结到斡旋者或签字人的头上,这不是哪个人能够承担得了的,还是要当时的整个社会来承担。

由上所知,把赫德缔约的功或过全部加之于他这个斡旋人或谈判代表,不管是美化他的调停协助作用还是众口一词地谴责他的侵略性,都是有失公允的。李育民先生说过,晚清时期的中外条约关系,"与主权国家之间正常的条约关系不同,也与其本应具有的性质大相径庭,更主要反映了西方列强的强权政治及其用暴力与中国建立的不平等的新关系"。"一方面在内容上使中国的主权受到侵害,蒙受着不平等的耻辱,另一方面又从形式上给中国带来了近代国际关系的新模式,是一种将强权政治与近代交往形式融于一体的畸形关系。"❸这段话同样适用于评价赫德与晚清中外缔约。俗话说:盖棺定论。可是有不少人死后数十年甚至数百年,对他的评价也还是没定论的。赫德调停有功,但功绩有限;也有过,虽不必负全责,但作为英国通过对海外殖民地的统治来建设大英帝国的代表人物之一,在调停活动中,他始终以英国利益为重,同时还要兼顾其他列强权益,他极力敦促清廷加紧内政和外交改革,连推带拽着助力中国融入"国际大家庭",实质就是使中国以半殖民地的地位成为世界资本主义体系的附庸。总之,在晚清中外缔约活动中,赫德作为西方代表的作用始终大于中国的"客卿"。

第二节 赫德缔约之启示

孟子说:知人论世。赫德作为西方代表的作用始终大于中国的"客卿",把晚清诸多不平等条约的缔结及国家外交权益的丧失归罪于赫德一人,赫德有罪不当辞、不值得同情的一面。但这并不能使那些执政误国的朝中君臣乃至全

---

❶ 李扬帆.走出晚清:涉外人物及中国的世界观念之研究[M].北京:北京大学出版社,2005:161.
❷ 陈霞飞.中国海关密档——赫德、金登干函电汇编(1874—1907):第3卷[M].北京:中华书局,1992:584.
❸ 李育民.晚清中外条约关系研究[M].北京:法律出版社,2018:39.

体国民有理由推诿逃避责任。杜牧在《阿房宫赋》中慨叹"秦人不暇自哀,而后人哀之;后人哀之而不鉴之,亦使后人而复哀后人也"。今人同样须引以为鉴,所有的爱国之士,如果看看赫德晚清缔约史,不禁令人泪下沾襟,但不能仅停留在对屈辱历史的集体悲情般的回忆之中,或纠缠于赫德的负面影响而肆意攻讦,而是应善于从中吸取教训和经验,获得启迪。

第一,落后就要挨打。这条近代中国留给后人最深刻的教训在晚清中外交涉中尤其凸显。首先,落后战败就要被逼订城下之盟,完全满足胜利者的贪欲。近代史上,中外之间的战争,实际上开战前胜负已经决定。不管人们承认与否,事实上时代越发展,就越呈现出优胜劣汰的趋势。唯实力者获胜,别无他法。无论政治、商务、军事,无不如此,而外交只是其中之一而已。赫德参与缔结的不平等条约,其不平等不仅体现在具体的条文上,更是体现在其主要反映战胜者的意志这一基本精神上。❶ 且不说两次鸦片战争后被迫订立的一系列不平等条约,赫德插手的《辛丑条约》完全是一个城下之盟。所谓的谈判,实质是列强之间进行的利益争执与分割,清政府只有任人宰割的份。弱国、小国都可狐假虎威,大国更是蚕食鲸吞。洋人洋船在华横冲直撞,外交纷争频发,如中法越南交涉、中英缅甸交涉和藏印交涉,等等,中国虽有理,也据理力争过。但话语无力,强权者压根拿弱者不当回事。约章中有利于中国的条款,也往往被视作具文。面对强权者,失去的权益非口舌所能挣回,既有主权也非笔墨所能捍卫。其次,"人穷志短"。战场上打不赢,政治、经济、外交上更受制于人。内忧外患的连续打击,清政府财政几近崩溃,甲午战败两次赔款无力偿还,只好到处乞求列强借款,庚子巨款又接踵而至,赫德尽力罗掘,朝廷屈认对方所开条件,明知被肆意勒索,却又奈何何?还得涎着脸祈求人家开恩提供借贷。明知调停人赫德难免"内西人而外中国",不得不一次又一次请他出马缓冲紧张的中西关系,然后给予回报。

第二,当政者要心怀天下,远见卓识,进行务实外交。这是近代中国外交或赫德斡旋缔约外交留给后人的又一深刻教训。虽说"弱国无外交",但事实上,越是弱国,面临外敌入侵时,越需要当政者心怀天下,韬光养晦,正确把握自身利益和国家利益、面子观念和国家主权,孰轻孰重。但是,近代中国当政者或因沿袭传统积习,或因私欲心重,或因见识有限,给列强造成可乘之机。比如,最初列强对中国海关的掠夺,继之赫德又接管内地常关税和厘金的征收,却还能赢得清政府的支持。不能说这些与中国海关、常关的长期中饱

---

❶ 罗志田. 帝国主义在中国:文化视野下条约体系的演进[J]. 中国社会科学,2004(5):194.

私囊和低效毫无关系。近代国人也有因外交知识的贫乏,一时短视,在交涉中,屡次出现争之不当争,弃之不该弃的遗憾。比如,在中丹《天津条约》谈判中,奕䜣等人在丹使拉斯勒福违背当时清廷的规定(即先经天津三口通商大臣所允,才可赴京谈判)这个程序问题上始终纠缠,态度强硬。待对方对此作出妥协后,奕䜣在是否同丹麦签约以及具体条款谈判等关键问题上,却少了应有的据理力争,轻易应允丹方的很多要求,大大丧失了中国主权。中英交涉被狡猾的英国窥破软肋,屡以实利归英国,以虚名归中国。在鸦片税厘并征问题上,主要为了税收的增加,听从英国和赫德的鼓动,与葡萄牙签订了损害澳门及其属地主权的条约,为后来葡萄牙无止境的讹诈埋下了隐患。在处理中法越南交涉中,没能真正做到两害相权取其轻。在当时大兴洋务亟需资金和安定局面,且中国没有绝对实力保卫属国的情况下,失去越南名义上的宗主权与强国法国正面交战,究竟孰重孰轻?当时比较理性、务实的赫德和李鸿章都是主张避战求和的,这与曾国藩和当时洋务派的主和外交实乃"隐忍徐图"自强之道,可谓异曲同工。但当政者在清流派"大快人心"的主战鼓动下,没有能够审时度势,以退为进。先是不到一个小时中国11艘军舰全部被打沉,洋务运动后苦心经营20年的福建水师全军覆没,继之基隆、镇南关、谅山等地也一度被侵占,前线将士付出无数鲜血和生命后,越南依然脱离中国而去。而且,福建水师的瞬间覆灭对李鸿章心里造成了阴影,在日本凌辱中国时始终不敢主动让北洋水师大胆一试,处处被动挨打,丧失战机。晚清外交,争小节而遗大体,终致全盘皆输,这种教训何其深刻。

第三,高瞻远瞩,理智辩证借才异国。在国际交往非常频繁的今天,仅仅依靠本国人、华人还不够,还得适当借才异国。尽管洋人来到中国,有其自私利己的一面,但多少也总有利他、可利用的一面,对此不妨因势利导,积极汲取他们的长处和优点,化不利因素为有利因素。赫德外交缔约的心路历程也提醒后人要避免两种极端。

一是不要看到洋人就谓"非我族类其心必异",外国人终归是外国人,抱一种敌视情绪,对其一定条件下提出的积极建议进行疑谤、心存戒心,或者不分青红皂白过度夸大他的消极面。比如,赫德敦促清政府尽快向西方社会学习的诸多建议,如造轮船、修铁路、设电线、开矿山、铸银钱、办实业、行"善法"等,与其日后外人请办,不如自己早办,早日摆脱被动局面。可在当时多被视为"包藏祸心",朝廷"断不可从其所请",这种排外多于理性,虽乃一个伟大的文明从至尊地位上被轰下来后的自然反应,但它阻碍了自己的进步。赫德的诸多建言犹如一潭死水里投进去几块石头,仅仅激起几圈涟漪后又复为一潭死水。对于赫德来说，那个时代的中国简直像是一辆陷在泥沼中的牛车，拉拽不动，也许只有现代的中国人才能懂得赫德的良苦用心。赫德为此屡屡叹息，晚年自言"四十年食毛践土，极思助中国自强。前后书数十上，无一准行者，大约疑我不实不公耳。今中国危矣，虽欲言而无可言矣……我再作《旁观末论》呈阅，我已知中国万不能行，特尽我心耳"，❶ 这段话值得后人深思。

二是要避免走一种盲目相信、过分依赖外人的极端。赫德的性格、能力乃至斡旋策略手段均有其过人与过硬之处，我们首先应虚心承认，然后努力学习并加以借鉴与超越。但晚清政府对赫德则过于倚重，相对忽视了自身的发展与进取。赫德积极干预各领域，发挥的作用越大，清政府就越发须臾不可离，并让他一再推迟探亲或离职。清政府的这种过分依赖反而成为自己发展和改革的阻力。所以，对待外来资源要理性灵活，辩证对待，既不能失去自我，也要正视对方，真正做到洋为中用，取其精华，去其糟粕。这需要一定的鉴别力。

第四，重视培养外交人才，充分借力海外华人。这是赫德缔约留给中国的一个重要启示。近代中国的失败外交，一是败在力不如人，二是败在才逊于人。由于晚清外交国家主权观念的淡薄，近代外交理念和人才的缺失，负责交涉人员的颟顸大意，主动奉送权益或粗心大意失利而不自知的情形时有发生。所以，要想在谈判桌上取胜，未雨绸缪，培养储备有胆有识、灵活机智的外交人才是一国外交所必需的。

近代中国，形形色色的洋人跻身华夏颐指气使、肆意干政。清政府要维护主权，要直面语言不通、价值观和行事方式迥异的洋人，还要改良技术与制度，不得已"雇用洋员"乃"师夷长技"的不二法门。这些朝廷"客卿"在服务清廷的同时，也成了趁机为其母国谋大利之人，其中尤以英国精心推荐的赫德为甚。赫德就是一个为英国谋大利的出色的外交人才。赫德本是中国的"客卿"，却能得到英国政府和国民的高度重视、褒奖和尊重。

这也启示我们，一方面要积极择优挑选供职于国外政府、机构的中国人，要求他们恪尽职守服务供职国。也要引导他们忠诚与报效祖国，同时积极向国外介绍中国特色社会主义制度、道路和理论，宣传中国文化与价值观。另一方面对于当今供职于世界各地的华人这笔巨大的财富，国家和人民都要用一种正确、理性的态度来对待他们，并充分利用、发挥他们熟悉所在国家的优势，为我们的现代化外交和中华民族的伟大复兴服务。

综上所述，赫德缔约将晚清中外交涉舞台上的一个调停角色扮演得鲜活灵

---

❶ 赵中孚. 翁同龢日记 [M]. 台北：成文出版社，1970：2144.

动，不管他有多大程度的私心与忠心，如何保护英国和西方的利益，但确实在激烈的中外关系中起了一定的缓冲，也给中国的近代外交一定的原始推力。他非同寻常的机智和鉴别力、未雨绸缪的积极主动性、对清朝的同情和忠诚等将会深深印刻在历史之中。同时，赫德缔约也昭示后人，真正要改变弱国外交的悲惨命运，还是要靠中国人自己。总之，赫德的缔约活动从一个侧面反映了来华洋人对近代中国外交转型施加的正负影响，折射出中国在近代历史转型激荡中的仓促应对和坎坷命运，也是中国陷入半殖民地半封建过程的重要标志。

参考文献

一、档案、史料

[1] 张佩纶. 涧于集·奏议：第2卷[M]. 丰润涧于草堂张氏，1918.

[2] 李慈铭. 越缦堂日记：第42册[M]. 上海：商务印书馆，1920.

[3] 故宫博物院. 清光绪朝中法交涉史料：第1—22卷[M]. 北京：故宫博物院文献馆编印，1932—1933.

[4] 中国海关的起源、发展和活动文件汇编：第1卷[M]. 上海：总税务司署统计科，1937.

[5] 中国史学会. 鸦片战争：第5册[M]. 上海：神州国光社，1954.

[6] 王铁崖. 中外旧约章汇编：第1册[M]. 北京：生活·读书·新知三联书店，1957.

[7] 对外贸易部海关总署研究室. 中国海关与中法战争[M]. 北京：科学出版社，1957.

[8] 北京大学法律系国际法教研室. 中外旧约章汇编：第2册[M]. 北京：生活·读书·新知三联书店，1959.

[9] 故宫博物院明清档案部. 义和团档案史料：上下册[M]. 北京：中华书局，1959.

[10] 中国科学院历史研究所第三所. 刘坤一遗集：第1—6册[M]. 北京：中华书局，1959.

[11] 郭廷以，王聿均. 中法越南交涉档[M]. 台北："中央研究院"近代史研究所，1959.

[12] 中国近代经济史资料丛刊编辑委员会. 中国海关与中葡里斯本草约[M]. 北京：科学出版社，1959.

[13] 赵烈文. 能静居日记[M]. 台北：学生书局，1964.

[14] 许同莘. 许文肃公遗集：（一）[M]. 台北：文海出版社，1968.

[15] 许景澄. 许文肃公遗集：（二）[M]. 台北：文海出版社，1968.

[16] 盛宣怀. 愚斋存稿[M]. 台北：文海出版社，1968.

[17] 赵中孚. 翁同龢日记[M]. 台北：成文出版社，1970.

[18] 义和团文献汇编：一[M]. 台北：鼎文书局，1973.

[19] 吴丰培. 清季筹藏奏牍：第2册，升泰奏牍·卷四[M]. 拉萨：西藏人民出版社，1979.

[20] 方行，蔡尚思. 谭嗣同全集[M]. 北京：中华书局，1981.

[21]郭嵩焘.郭嵩焘日记：卷3[M].长沙：湖南人民出版社，1982.

[22]黄濬.花随人圣庵摭忆[M].上海：上海古籍书店，1983.

[23]聂宝璋.中国近代航运史资料：第1辑上册[M].上海：上海人民出版社，1983.

[24]太平天国历史博物馆.吴煦档案选编：第5辑[M].南京：江苏人民出版社，1983.

[25]天津社会科学院历史研究所.1901年美国对华外交档案——有关义和团运动暨辛丑条约谈判的文件[M].济南：齐鲁书社，1984.

[26]中国近代经济史资料丛刊编辑委员会.中国海关与英德续借款[M].北京：中华书局，1983.

[27]中国近代经济史资料丛刊编辑委员会.中国海关与中法战争[M].北京：中华书局，1983.

[28]中国近代经济史资料丛刊编辑委员会.中国海关与义和团运动[M].北京：中华书局，1983.

[29]中国近代经济史资料丛刊编辑委员会.中国海关与邮政[M].北京：中华书局，1983.

[30]中国近代经济史资料丛刊编辑委员会.中国海关与缅藏问题[M].北京：中华书局，1983.

[31]青岛市档案馆.帝国主义与胶海关[M].北京：档案出版社，1986.

[32]台湾文选史料丛刊第四辑：清德宗实录[M].台北：大通书局，1987.

[33]顾廷龙，叶亚廉.李鸿章全集：（三）[M].上海：上海人民出版社，1987.

[34]王彦威纂辑，王亮编，王敬立校.清季外交史料1—5册[M].北京：书目文献出版社，1987.

[35]萧德浩，吴国强.邓承修勘界资料汇编[M].南宁：广西人民出版社，1990.

[36]中国第一历史档案馆.义和团档案史料续编[M].北京：中华书局，1990.

[37]天津市档案馆.三口通商大臣致津海关税务司札文选编[M].天津：天津人民出版社，1992.

[38]陈霞飞.中国海关密档——赫德、金登干函电汇编（1874—1907）：第1—9卷[M].北京：中华书局，1992—1996.

[39]萧德浩，黄铮.中越边界历史资料选编：下[M].北京：社会科学文献出版社，1993.

[40]王尔敏，陈善伟.清末议定中外商约交涉——盛宣怀往来函电稿：上册[M].香港：香港中文大学出版社，1993.

[41]中国近代经济史资料丛刊编辑委员会.辛丑和约订立以后的商约谈判[M].北京：中华书局，1994.

[42]庄树华.澳门专档：第3册[M].台北："中央研究院"近代史研究所，1995.

[43]李翰章编纂，李鸿章校勘.足本曾文正公全集：书札·卷18[M].长春：吉林人民出版社，1995.

[44]赵树贵，曾丽雅.陈炽集[M].北京：中华书局，1997.

[45]陈义杰.翁同龢日记：第1—6册[M].北京：中华书局，1989—1998.

[46] 李长仁.李鸿章全集：第1—12册[M].长春：时代文艺出版社,1998.

[47] 苑书义,孙华峰,李秉新.张之洞全集：第1—12册·电牍[M].石家庄：河北人民出版社,1998.

[48] 中国第一历史档案馆,澳门基金会,暨南大学古籍研究会.明清时期澳门问题档案文献汇编：第2—3册[M].北京：人民出版社,1999.

[49] 中国史学会.中国近代史资料丛刊·中法战争（二—七）[M].上海：上海人民出版社,2000.

[50] 中国第二历史档案馆,中国藏学研究中心.西藏亚东关档案选编：上册[M].北京：中国藏学出版社,1996.

[51] 北京市档案馆.北京档案史料[M].北京：新华出版社,2002.

[52] 中国第一历史档案馆.庚子事变清宫档案汇编：1—18[M].北京：中国人民大学出版社,2003.

[53] 国家图书馆分馆.清末时事采新汇选：第1—10册[M].北京：北京图书馆出版社,2003.

[54] 海关总署《旧中国海关总税务司署通令选编》编译委员会.旧中国海关总税务司署通令选编：第1—2卷[M].北京：中国海关出版社,2003.

[55] 任青,马忠文.张荫桓日记[M].上海：上海书店出版社,2004.

[56] 文庆,贾桢,宝鋆.筹办夷务始末（全八册）[M].上海：上海古籍出版社,2008.

[57] 中华书局编辑部,李书源.筹办夷务始末：同治朝1—10册[M].北京：中华书局,2008.

[58] 王彦威,王亮辑编.李育民,刘利民,李传斌,等点校整理.清季外交史料：1—10册[M].长沙：湖南师范大学出版社,2015.

[59] 世续,陆润庠等纂修.清德宗实录[A/OL].http://www.wenxue100.com/book_zhuanti QingShiLu/12.thtml.

[60] 郭嵩焘撰,梁小进主编.郭嵩焘全集[M].长沙：岳麓书社,2018.

[61] 邓承修.语冰阁奏议·中越勘界往来电稿[M].台北：文海出版社,[出版年不详].

[62] 夏燮.中西纪事卷17[M]//沈云龙.近代中国史料集刊第十一辑.台北：文海出版社,[出版年不详].

[63] 高柳松一郎.中国关税制度论[M]//沈云龙.近代中国史料集刊：第74辑.台北：文海出版社,[出版年不详].

[64] 英国外交部档案：F.O.17/1334.

[65] 英国议会文书,中国,第1号,（1876）.

[66] 赵尔巽.清史稿[M/OL].http://www.wenxue00.com/book_LiShi/25.thtmil.

二、专著

[1] 杨德森.中国海关制度沿革[M].上海：商务印书馆，1925.

[2] 曾友豪.中国外交史[M].上海：商务印书馆，1926.

[3] 吴君如.近世中国外交史[M].上海：神州国光社，1933.

[4] 邵循正.国立清华大学研究院毕业论文集刊 中法越南关系始末[M].北平：国立清华大学，1935.

[5] 卿如楫.美国侵华史：第2卷[M].北京：生活·读书·新知三联书店，1956.

[6] 中国史学会.义和团[M].上海：上海人民出版社，1957.

[7] 丁名楠，余绳武，张振鹍，等.帝国主义侵华史：第1卷[M].北京：人民出版社，1973.

[8] 王树槐."中央研究院"近代史研究所专刊——庚子赔款[M].台北：精华印书馆，1974.

[9] 郭廷以.近代中国史纲：上册[M].香港：香港中文大学出版社，1980.

[10] 刘伯奎.中法越南交涉史[M].台北：学生书局，1980.

[11] 王绳祖.中英关系史论丛[M].北京：人民出版社，1981.

[12] 邮电史编辑室.中国近代邮电史[M].北京：人民邮电出版社，1984.

[13] 刘培华.近代中外关系史：上册[M].北京：北京大学出版社，1986.

[14] 汪敬虞.赫德与近代中西关系[M].北京：人民出版社，1987.

[15] 中国航海学会.中国航海史（近代航海史）[M].北京：人民交通出版社，1989.

[16] 蔡渭洲.中国海关简史[M].北京：中国展望出版社，1989.

[17] 王立诚.中国近代外交制度史[M].兰州：甘肃人民出版社，1991.

[18] 江天凤.长江航运史（近代部分）[M].北京：人民交通出版社，1992.

[19] 陈诗启.中国近代海关史（晚清部分）[M].北京：人民出版社，1993.

[20] 梁为楫，郑则民.中国近代不平等条约选编与介绍[M].北京：中国广播电视出版社，1993.

[21] 李育民.近代中国的条约制度[M].长沙：湖南师范大学出版社，1995.

[22] 朱荣基.近代中国海关及其档案[M].深圳：海天出版社，1996.

[23] 张振鹍.中法战争：第1册[M].北京：中华书局，1996.

[24] 李文海，匡继先.世纪噩梦——近代中国不平等条约写实[M].北京：中国人民大学出版社，1997.

[25] 黎仁凯，成晓军，池子华，等.义和团运动·华北社会·直隶总督[M].保定：河北大学出版社，1997.

[26]陈旭麓.近代中国社会的新陈代谢[M].上海：上海人民出版社,1992.

[27]王尔敏.晚清商约史[M].香港：香港中文大学出版社,1998.

[28]刘广生,赵梅庄.中国古代邮驿史[M].北京：人民邮电出版社,1999.

[29]王宏斌.赫德爵士传——大清海关洋总管[M].北京：文化艺术出版社,2000.

[30]陈旭麓,顾廷龙,汪熙.义和团运动[M].上海：上海人民出版社,2001.

[31]徐万民,李恭忠.中国引航史[M].北京：人民交通出版社,2001.

[32]廖宗麟.中法战争史[M].天津：天津古籍出版社,2002.

[33]赵长天.孤独的外来者——大清海关总税务司赫德[M].上海：文汇出版社,2003.

[34]中国海关学会.赫德与旧中国海关论文选[M].北京：中国海关出版社,2004.

[35]熊志勇,苏浩.中国近现代外交史[M].北京：世界知识出版社,2005.

[36]李扬帆.走出晚清：涉外人物及中国的世界观念之研究[M].北京：北京大学出版社,2005.

[37]戴一峰.中国海关与中国近代社会：陈涛启教授九秩华诞祝寿文集[M].厦门：厦门大学出版社,2005.

[38]虞和平,谢放.中国近代通史3：早期现代化的尝试（1865—1895）[M].南京：江苏人民出版社,2007.

[39]黄庆华.中葡关系史[M].合肥：黄山书社,2006.

[40]李育民.近代中外关系与政治[M].北京：中华书局,2006.

[41]吕一燃.中国近代边界史：下卷[M].成都：四川人民出版社,2007.

[42]澹台卓尔.历史的底气：中国制造的万国来朝[M].北京：中国国际广播出版社,2008.

[43]陈旭麓.中国近代史十五讲[M].北京：中华书局,2008.

[44]王尔敏.弱国的外交：面对列强环伺的晚清世局[M].桂林：广西师范大学出版社,2008.

[45]刘利民.不平等条约与中国近代领水主权问题研究[M].长沙：湖南人民出版社,2010.

[46]张志勇.赫德与晚清中英外交[M].上海：上海书店出版社,2012.

[47]何志辉.近代澳门司法制度与实践[M].北京：中国民主法制出版社,2012.

[48]邢超.致命的倔强：从洋务运动到甲午战争[M].北京：中国青年出版社,2013.

[49]陈绛,郭志坤.陈绛口述历史[M].上海：上海书店出版社,2016.

[50]吴煮冰.洋人撬动的中国[M].北京：中国画报出版社,2017.

[51]李育民.晚清中外条约关系研究[M].北京：法律出版社,2018.

三、论文

[1] 章勃.收回引水权问题[J].国闻周报,1931,8(27).

[2] 于能模.外人在华享有内河航行与沿海贸易权之条约根据[J].东方杂志,1931,28(22).

[3] 邱克.英人赫德与中葡澳门交涉史料[J].岭南文史,1987(2).

[4] 邱克.英人赫德与澳门问题[J].广州研究,1987(12).

[5] 张寄谦.金登干(J.D.Campbell)与中国海关[J].近代史研究,1989(6).

[6] 王栋.中英《马凯条约》的谈判与签订[J].学术月刊,1996(4).

[7] 薛鹏志.中国海关与庚子赔款谈判[J].近代史研究,1998(1).

[8] 黎明.澳门问题的历史回顾[J].云南师范大学学报,1999(6).

[9] 孙宝根.论近代中国海关缉私制度的确立[J].广西民族学院学报,2004(2).

[10] 曹必宏.赫德与中法谈判(1884—1885年)[J].历史档案,2005(3).

[11] 高嘉懿.中法战争中的晚清外交[J].军事历史研究,2005(3).

[12] 张志勇.赫德与晚清中英外交[D].北京:中国社会科学院研究生院,2005.

[13] 刘利民.试论不平等条约对中国领水主权的限制[J].湖南师范大学社会科学学报,2005(3).

[14] 彭巧红.中越历代疆界变迁与中法越南勘界问题研究[D].厦门:厦门大学,2006.

[15] 贾熟村.义和团时期的赫德[J].湖南科技学院学报,2008(2).

[16] 李永胜.1902年中葡交涉述论[J].安徽史学,2007(2).

[17] 李育民.晚清时期条约关系观念的演变[J].历史研究,2013(5).

[18] 何娜.清史研究在英国[J].胡祥雨,译.清史研究,2019(2).

[19] 张志勇.赫德与中法越南交涉[J].近代史研究,2019(2).

四、报刊

[1] 申报,1884—1905.

[2] The Times,1865—1911.

[3] 东方杂志,1931,28(22号).

[4] 国闻周报,8(27).

[5] 新青年,1916—1920.

五、译著、英文资料

[1] 莱特.中国关税沿革史[M].姚曾廙,译.北京:生活·读书·新知三联书店,1958.

[2] 伯尔考维茨.中国通与英国外交部[M].江载华,陈衍,译.北京:商务印书馆,1959.

[3]约瑟夫.列强对华外交[M].胡滨,译.北京:商务印书馆,1959.
[4]马士.中华帝国对外关系史:第1卷[M].张汇文,章巽,倪徵噢,等译.北京:商务印书馆,1963.
[5]马士.中华帝国对外关系史:第2卷[M].张汇文,姚曾廙,杨志信,等译.北京:商务印书馆,1963.
[6]马士.中华帝国对外关系史:第3卷[M].张汇文,姚曾廙,杨志信,等译.北京:商务印书馆,1960.
[7]季南.英国对华外交(1880—1885)[M].许步曾,译.北京:商务印书馆,1984.
[8]国外中国近代史研究:第十辑[M].杨卫东,译.北京:中国社会科学出版社,1988.
[9]布热津斯基.大失败——二十世纪共产主义的兴亡[M].军事科学院外国军事研究部,译.北京:军事科学出版社,1989.
[10]乔纳森·斯潘塞.改变中国[M].曹德骏,竺一莘,周定国,等译.北京:三联书店,1990.
[11]杨国伦.英国对华政策(1895—1902)[M].刘存宽,张俊义,译.北京:中国社会科学出版社,1991.
[12]葛松.李泰国与中英关系[M].中国海关史研究中心,译.厦门:厦门大学出版社,1991.
[13]陶文钊.费正清集[M].林海,符致兴,等译.天津:天津人民出版社,1992.
[14]费正清,赖肖尔.中国:传统和变革[M].陈仲丹,潘兴明,庞朝阳,译.南京:江苏人民出版社,1992.
[15]魏尔特.赫德与中国海关:上、下册[M].陈敄才,陆琢成,李秀风,等译.厦门:厦门大学出版社,1993.
[16]郑曦原.帝国的回忆——《纽约时报》晚清观察记[M].李方惠,等译.北京:生活·读书·新知三联书店,2001.
[17]布鲁纳,费正清,司马富.步入中国清廷仕途:赫德日记(1854—1863)[M].傅曾仁,刘壮翀,潘昌运,等译.北京:中国海关出版社,2003.
[18]布鲁纳,费正清,司马富.赫德与中国早期现代化:赫德日记(1863—1866)[M].陈绛,译.北京:中国海关出版社,2005.
[19]赫德.这些从秦国来——中国问题论集[M].叶凤美,译.天津:天津古籍出版社,2005.
[20]滨下武志.中国近代经济史研究:清末海关财政与通商口岸市场圈[M].高淑娟,孙彬,译.南京:江苏人民出版社,2006.
[21]布鲁诺.英帝国在华利益之基石:近代中国海关(1854—1949年)[M].黄胜强,丁晔,

冯赞，等译. 北京：中国海关出版社，2012.

[22]《泰晤士报》. 帝国的回忆：《泰晤士报》晚清改革观察记[M]. 方激，编译. 重庆：重庆出版社，2014.

[23] Robert Hart. These from the Land of Sinim——Essays on the Chinese Question [M]. London: Chapman & Hall, LD. 1903.

[24] Morse H B. The International Relation of the Chinese Empire（v.2）[M]. Kelly and Walsh, 1910.

[25] Wright. Hart and the Chinese Customs. Published for the Queens University [M]. Belfast: M. Mullan & Son Ltd, 1950.

[26] China Maritime Customs. Documents Illustrative of Origin, Development, and Activties of China Customs Services, Vol.1-7 [Z]. Shanghai: Statistical Department of the Inspectorate General of Customs, 1937-1940.

[27] Foreign Relations of the United States, Affairs in China. 1901 [Z]. 1941 中国影印.

[28] British Parliamentary Papers: China, Vol.23 [M]. Shannon: Irish University Press, 1971.

[29] Robert Hart. The I. G. in Peking: Letters of Robert Hart, Chinese Maritime Customs, 1868-1907 [M]. Belknap Press of Harvard University Press, 1975.

[30] China Imperial Maritime Customs. Proposals for the Better Regulation of Commercial Relations [Z]. Shanghai: Statistical Department of the Inspectorate General of Customs, 1876.

[31] Hart, Robert, edited and with narratives by Katherine F. Bruner, John K. Fairbank, Richard J. Smith. Entering China's service: Robert Hart's journals, 1854-1863 [M]. Cambrige, Mass, CEAS, Harvard University, 1984.

[32] Bourne, Kenneth, D Cameron Watt. British Documents on Foreign Affairs: Reports and Papers from the Foreign Office Confidential Print, Part 1, Series E, Vol.20 [M]. University publication of America, 1989-1995.

[33] Hart, Robert, edited and with narratives by Richard J. Smith, John K. Fairbank, Katherine F. Bruner. Robert Hart and China's early modernization: his journals, 1863-1866 [M]. Harvard Univ., 1991.

[34] British Documents on Foreign Affairs: Reports and Papers from the Foreign Office Confidential Print, Part 1, Series E, Vol.20 [R].

附录　赫德参与签订的主要中外约章

1. 各国长江各口通商暂行章程　　　　　　　　1861 年 10 月 9 日
2. 各国通商各口通共章程　　　　　　　　　　1861 年 10 月 9 日
3. 中葡和好贸易条约　　　　　　　　　　　　1862 年 8 月 13 日
4. 各国长江收税章程　　　　　　　　　　　　1862 年 11 月 20 日
5. 中丹天津条约　　　　　　　　　　　　　　1863 年 7 月 13 日
6. 中英上海海关扣留案件条款　　　　　　　　1865 年 10 月 27 日
7. 各国出口土货拆动改装章程　　　　　　　　1866 年 2 月 8 日
8. 中英法续定招工章程条约　　　　　　　　　1866 年 3 月 5 日
9. 各国客船行李免税货物拖带轮船三项章程　　1867 年 4 月 27 日
10. 各国会讯船货入官章程　　　　　　　　　 1868 年 5 月 31 日
11. 各国各海口引水总章　　　　　　　　　　 1868 年 11 月 3 日
12. 各国茶末减税章程　　　　　　　　　　　 1868 年 11 月 16 日
13. 中英新定条约（阿礼国条约）　　　　　　 1869 年 10 月 23 日
14. 中英新修条约善后章程：新修税则　　　　 1869 年 10 月 23 日
15. 中英轮船往来港澳章程　　　　　　　　　 1874 年
16. 中英烟台条约　　　　　　　　　　　　　 1876 年 9 月 13 日
17. 各国内港江河行船免碰及救护赔偿审断专章 1880 年 1 月 8 日
18. 各项船钞分别征免章程　　　　　　　　　 1882 年
19. 中法停战条件　　　　　　　　　　　　　 1885 年 4 月 4 日
20. 中法越南条款　　　　　　　　　　　　　 1885 年 6 月 9 日
21. 中法桂越边界勘界节录　　　　　　　　　 1886 年 3 月 25 日
22. 中英缅甸条款　　　　　　　　　　　　　 1886 年 7 月 24 日
23. 中法勘界办法节录　　　　　　　　　　　 1886 年 8 月 1 日
24. 中葡拟议条约　　　　　　　　　　　　　 1886 年 8 月 10 日
25. 中葡续订洋药专条　　　　　　　　　　　 1886 年 8 月 10 日
26. 中英香港鸦片贸易协定　　　　　　　　　 1886 年 9 月 11 日
27. 中法滇越勘界节略　　　　　　　　　　　 1886 年 10 月 19 日
28. 中葡会议草约（里斯本条约）　　　　　　 1887 年 3 月 26 日

29. 中法粤越勘界节录	1887年3月29日
30. 中法续议界务专条	1887年6月26日
31. 中法续议商务专条	1887年6月26日
32. 中葡和好通商条约	1887年12月1日
33. 中葡会议专约	1887年12月1日
34. 中葡会订洋药如何征收税厘之善后条款	1887年12月1日
35. 中英藏印条约	1890年3月17日
36. 中英藏印条款	1893年12月5日
37. 中英德两国借款草合同	1896年3月11日
38. 中英德续借款合同	1898年3月11日
39. 各国内港行船章程	1898年7月13日
40. 各国修改长江通商章程	1899年4月1日
41. 重定长江通商各关通行章程	1899年4月1日
42. 中德青岛设关征税办法	1899年4月17日
43. 中法互寄邮件暂行章程	1900年2月3日
44. 辛丑各国和约	1901年9月7日
45. 续修增改各国通商进口税则善后章程	1901年8月29日
46. 中英续议通商行船条约	1902年9月5日
47. 中葡增改条款	1902年10月15日
48. 各国水师雇用华船报关查验章程	1902年
49. 中葡分关章程条款	1903年1月27日
50. 中日代寄邮件暂行章程（三件）	1903年5月18日
51. 中国及英属印度邮政局互订代寄邮件暂行章程	1903年10月27日
52. 中德青岛设关征税办法续立附件	1904年4月17日
53. 中法互寄包裹暂行章程	1904年10月21日
54. 中葡通商条约	1904年11月11日
55. 中英互寄邮件暂行章程	1904年12月29日
56. 中德互寄邮件暂行章程	1905年10月25日
57. 中德会订青岛设关征税修改办法	1905年12月1日
58. 中英代寄邮件暂行章程	1905年12月27日
59. 中德改订青岛租界制成货物征税新章	1907年4月17日
60. 中日会订大连海关试办章程	1907年5月30日
61. 中日大连海关试办章程	1907年6月26日